U0559696

空间考古学导论

郭华东　王心源　陈富龙　王　成等　著

科学出版社

北京

内 容 简 介

考古学的发展不但依赖于考古工作的开展和资料的积累,依赖于相关理论和方法论的探索,同时有赖于当代科学技术的广泛应用。今天,遥感考古已经从航空走向航天,从可见光波段向红外和微波电磁波段延伸。不仅如此,还从考古现场研究走向实验室虚拟研究,以及遥感技术与地理信息系统、导航定位技术和地球物理、地球化学及其他相关技术的整合,这便是空间考古技术方法的特点。

本书是国内外第一部关于空间考古理论、应用和发展的专著,是联合国教科文组织国际自然与文化遗产空间技术中心科研骨干在空间考古领域开展理论研究与应用实践的结晶。全书从空间观测技术的工作流程与原理谈起,结合考古学的发展历程和基本技术方法,全面系统地介绍了包括遥感观测技术在内的空间信息技术应用于文化遗产研究的理论基础、研究方法和应用案例,并提出了空间考古学的构想。

本书适合考古、遥感应用以及科技考古与空间考古领域的科研人员及学生阅读。

图书在版编目(CIP)数据

空间考古学导论/郭华东等著.—北京:科学出版社,2020.8
ISBN 978-7-03-065464-9

Ⅰ.①空… Ⅱ.①郭… Ⅲ.①空间信息技术–应用–考古学–研究
Ⅳ.①K85-39

中国版本图书馆 CIP 数据核字(2020)第 098540 号

责任编辑:王 运 柴良木/责任校对:王 瑞
责任印制:肖 兴/封面设计:图阅盛世

科学出版社 出版
北京东黄城根北街 16 号
邮政编码:100717
http://www.sciencep.com

三河市春园印刷有限公司 印刷
科学出版社发行 各地新华书店经销
*
2020 年 8 月第 一 版 开本:787×1092 1/16
2020 年 8 月第一次印刷 印张:16 3/4
字数:390 000
定价:218.00 元
(如有印装质量问题,我社负责调换)

自　序

1994 年 4 月 18 日，中央电视台新闻联播节目播出一条重点科学新闻，"今天，一个中国科学家小组开展了'星机地'立体同步雷达观测实验"，这里报道的是我们雷达遥感团队的科学实验项目。笔者时任航天飞机雷达对地观测计划雷达穿透性项目负责人，项目科学目标是阐明多波段多极化雷达对干沙的穿透能力。项目组在我国北部干旱区设计实施了美国奋进号航天飞机、中科院遥感飞机和地面测量系统三位一体实时同步观测实验。利用成像雷达，我们不仅探测到明代和隋代古长城，而且识别出明代两期古长城和干沙掩埋下的古长城。同时，研究证明了在多波段多极化组合中，L 波段 HH 极化具有更好的穿透性和线性地物识别能力。*Science* 等国际期刊做了报道，航天飞机雷达计划被称为三大地学新发现之一，在全球形成广泛影响。这也成为本雷达遥感团队将应用领域扩展到考古方向的开端。

我们开始酝酿建立一个学术平台以系统地开展遥感考古研究。2000 年 11 月，在中国科学院和国家有关部门支持下，依托中国科学院遥感应用研究所、国家博物馆、华东师范大学组建的"中国科学院、教育部、国家文物局遥感考古联合实验室（JLRSA）"在北京成立，并先后在浙江、河南、安徽、陕西、江苏、内蒙古、云南等地建立了实验室所属的 10 个遥感考古工作站。JLRSA 重点开展电磁波与古遗址相互作用机理、不同古遗址类型特性和空间分布特点、遥感考古信息获取技术与古遗址弱信息提取、古遗址虚拟现实与古环境再现等研究，形成一个自然科学与人文科学融合交叉的有特色的研究平台和工作网络。2005 年，JLRSA 代表我国加入联合国教科文组织（UNESCO）"利用空间信息技术监测世界自然与文化遗产地开放计划"。

有了专业的研究机构，进一步开展学术建设十分重要。这些年来我们成功申请主办了两次香山科学会议，第一次是 2003 年在北京召开的以"人类文化遗产信息的空间认识"为主题的第 216 次香山科学会议，第二次是 2014 年同样在北京召开的以"文化遗产空间观测与认知"为主题的第 487 次香山科学会议。会议研讨了空间技术在探测文化遗产中的独特作用、空间技术与古人类遗址和环境重建、文化遗产综合研究对技术的需求等问题。我们提出空间考古的五大科学问题：文化遗产信息的空间探测理论与方法，文化遗产探测与保护的空间技术，空间考古技术的适用性，自然与人类活动对文化遗产影响的认知，文化遗产古环境重建与人地关系。第 216 次会议认为构建"国家遥感考古体系"的条件已趋成熟，第 487 次会议提出了建立"空间考古学"学科体系的建议。

遥感考古是无国境的事业。在国内开展学术研讨的基础上，我们进一步将学术交流推向国际范围，发起创建了每两年一届的系列国际遥感考古会议，先后在中国、意大利、印度、美国等国家举办，其中在北京主办了两次会议。2004 年 10 月，由中国科学院、科技部、教育部、国家文物局和国家自然科学基金委员会主办，JLRSA 承办了"首届国际遥感考古会议"。2012 年 10 月，由中国科学院和联合国教科文组织主办，中国科学院对地观测与数字地球科学中心和国际自然与文化遗产空间技术中心承办了"第四届国际遥感考古会议"。大会上国内外学者云集，研讨电磁波和古遗址目标作用机理、信息传递、信息分离、考古信息不确定性问题，分析安第斯山脉中南部早期政治中心，探索哥斯达黎加古代人类居住遗址，绘制利比亚东尼加地区的考古图，追踪埃及中部和德耳塔地区的古遗迹，探讨丝绸之路、长城和大运河等大型线性遗址的空间信息应用，系统的学术交流促进了研究的不断深入。

在我们团队的发展中，贯穿全过程的最重要的成果莫过于联合国教科文组织国际自然与文化遗产空间技术中心（HIST）的成立。HIST 可谓是 10 年筹备、10 年发展。2000 年遥感考古联合实验室揭牌后，先后召开全国遥感考古会议、香山文化遗产信息会议、国际遥感考古会议，2005 年加入 UNESCO 空间遗产计划，2006 年中国科学院向 UNESCO 提出建立空间遗产二类中心的建议，2007 年中国科学院代表团专访 UNESCO，2008 年 UNESCO 第 179 届执行局会议通过 HIST 可行性报告，2009 年 HIST 获 UNESCO 第 35 届大会批准，2010 年 UNESCO 总干事博科娃与国务委员刘延东签署包括 HIST 在内的"合作谅解备忘录"。

2011 年 4 月，HIST 获国务院正式批准，中国科学院院长白春礼代表中国政府与 UNESCO 总干事博科娃签署了共建中心的协议。2011 年 7 月 24 日，HIST 正式成立，成为 UNESCO 在全球设立的第一个基于空间技术的世界遗产研究机构。HIST 是一个非营利学术组织，旨在利用空间技术，协助联合国教科文组织及其成员国开展对世界自然和文化遗产、世界生物圈保护区和世界地质公园的监测与评估工作，并针对全球环境变化和自然灾害开展工作，建立世界遗产空间技术研究示范基地，并提供科学咨询、技术开发和人员培训等服务。10 年来，HIST 成就非凡，研究成果从文化遗产到自然遗产，研究目标和范围从中国的长城、大运河、丝绸之路到柬埔寨、突尼斯、缅甸等亚非国家，研究手段上从航空航天观测到大数据人工智能，人才培养上从国内博士生计划到亚非拉多国青年学者和遗产地管理者……同时，HIST 是国际数字地球学会中国国家委员会数字考古专业委员会、"数字丝路"国际科学计划数字遗产工作组和卓越中心的依托机构。UNESCO 对 HIST 的第一个 6 年执行期评估评价为"取得了杰出成就"。目前，HIST 正走在第二个 6 年执行期的大道上。

在第 487 次香山科学会议上，笔者作题为《文化遗产信息的空间观测机理与科学认知：构建"空间考古学"》的主题评述报告，提出了"空间考古学"概念及建立学科体系的设想。自那时起我们团队就开始进行系统的研究。呈现在大家面前的这本《空间考古学导论》，既是我们学界需要探讨的科学方向，也是 HIST 建设 10 年一个方面的小结。需要指出的是，本书介绍的空间考古学的很多技术、方法和理论，也广泛适用于自然和文化遗产空间探测的诸多方面。

自 2000 年 JLRSA 成立至 HIST 运行的第 10 年，已经历了 20 年。长期以来，我们团队的工作得到了各方面的大力支持。谨此向一直支持我们工作的联合国教科文组织、中国联合国教科文组织全国委员会、中国科学院、教育部、科技部、自然资源部、住房和城乡建设部、国家文物局等部门和领导深表谢意，也借此机会衷心感谢并祝福 HIST 和原 JLRSA 的各位同事！愿我们共同的事业蓬勃向前，愿我们携手为我国和联合国的空间遗产发展作出更大的贡献。

中国科学院院士

UNESCO 国际自然与文化遗产空间技术中心主任

2020 年 6 月 30 日

前　言

在人类文明发展的历程中，产生了丰富的文化遗产，这些遗产是人类对过去的传承，是人类赖以生存的现实根基，是人类代代相承的宝贵财富。自 1972 年联合国教育、科学及文化组织（简称联合国教科文组织，United Nations Educational Scientific and Cultural Organization，UNESCO）通过《保护世界文化和自然遗产公约》以来，截至 2019 年 7 月，世界遗产总数已达 1121 项，分布在全球 167 个国家和地区。其中，中国拥有世界遗产 55 项，数量上与意大利并列全球第一。发现、监测、保护、管理和研究世界遗产，尤其是蕴含政治、经济、文化、宗教、科技、军事、农业、交通、水利等多方面信息的大型遗产，对研究人类文明发展历程、指导人类未来可持续发展具有重要的意义。

空间信息技术集成了遥感、空间定位系统、地理信息系统、虚拟现实、网络信息和地球物理探测等技术，能够有效获取、分析和展示人类赖以生存的地球的物理、化学和生物属性，被广泛用于资源调查、地图测绘、环境监测、防灾减灾和城市规划等领域。近年来，由于观测范围广、光谱范围大、分辨率高、信息获取速度快、时间尺度长、客观性强等优势，空间信息技术在文化遗产研究领域发挥着越来越重要的作用。

1879 年，德国学者斯托尔茨在伊朗波斯波利斯城的废墟上进行了空中拍照，这是已知最早在空中拍摄的古迹照片，也是空间信息技术在文化遗产中的首次应用。100 多年来，随着空间信息技术的迅猛发展，从卫星、飞机、移动观测站等多平台上获取的多光谱、多角度、多分辨率、多尺度、多模式的光学和微波空间观测数据，结合地理信息系统、虚拟现实、空间定位系统和地球物理探测，为环境考古、文化景观考古、古地理重建、古遗址文化资源管理提供了丰富的数据资源和重要的技术支撑，为精确提取自然与文化遗产的空间信息、监测全球变化背景下的遗产地时空演变奠定了不可或缺的科学基础。

本书从空间观测技术的工作流程与原理谈起，结合考古学的发展历程和基本技术方法，全面系统地介绍了包括遥感观测技术在内的空间信息技术应用于文化遗产研究的理论基础、研究方法和应用案例，并提出了构建空间考古学的设想。全书共八章。第一章介绍了包括光学遥感、微波遥感和激光雷达遥感在内的对地观测技术的工作原理和分类，并基于文献计量分析方法，对文化遗产空间观测领域的国际科研布局进行了调研分析。第二章系统地介绍了我国及西方考古学的发展历程，以及当代考古学的基本技术方法和考古学理论的发展。第三章通过归纳考古遗存的时空信息特征，分析了全谱段电磁波与考古目标的相互作用机理，指出了空间技术在考古中的适用性。第四章、第五章分别阐述了如何将遥感技术和其他空间信息技术与考古学有机结合。第六章介绍了空间信息技术应用于亚、欧、非、美四大洲的文化遗产案例。第七章以丝绸之路、大运河、长城为例，着重介绍了应用空间信息技术研究我国大型文化遗产的方法、过程与研究成果。第八章是本书的最后一章，基于前七章的理论分析和案例研究，展望了空间信息技术应用于文化遗产的发展趋势，提出了构建空间考古学的需求，归纳了空间考古学的研究体系、研究对象和研究任务，以及开展空间考古学科教学的教育基点与培育方法。

本书是目前国内外第一本关于空间考古理论、应用和发展的专著，是联合国教科文组织国际自然与文化遗产空间技术中心（International Centre on Space Technologies for Natural and Cultural Heritage，HIST）科研骨干在空间考古领域开展理论研究与应用实践的结晶。本书由郭华东提出总体撰写思路和大纲，并负责最终定稿。第一章由郭华东和陈富龙联合撰写；第二章由唐际根撰写；第三章由陈富龙撰写；第四章由王心源、陈富龙、王成、习晓环分别撰写，由陈富龙统稿；第五章由陈富龙撰写；第六章由王成、习晓环撰写；第七章由王心源、骆磊、邓飚、朱岚巍、刘传胜共同撰写；第八章由郭华东与王心源联合撰写。由郭华东牵头，陈富龙、王心源对全书进行了多次统稿与校对。参与各章节编写的人员还有王萌、唐攀攀、Nabil Bachagha、刘洁和祝晓坤等，王萌对全书做了大量的辅助性工作。

本书得到中国科学院"地球大数据科学工程"A 类战略性先导科技专项—项目三"数字一带一路"—课题五"一带一路自然–文化遗产保护与发展"（XDA19030500）、国家自然科学基金（41771489）的资助和支持。期望本书的出版，能够为国内外同行和科研工作者提供参考和借鉴，共同推动空间考古学科的建立和发展。

目　　录

第一章 空间观测技术

空间观测技术能获取人类赖以生存的空间数据，并通过数值分析、信息加工和知识传播，提升人类认知世界与适应社会等方面的能力。狭义的空间观测技术，特指遥感对地观测技术，即依托卫星、飞船、航天/航空/低空飞行器为载荷平台，利用可见光、微波、激光雷达等电磁波谱段对地表目标进行探测与观测，接收自生发射或反射回来的电磁波信号，实现地物谱段特性分析及高精度成像。依据载荷平台，狭义空间观测技术可分为天基、空基和低空三大类型。广义的空间观测技术，又统称综合性观测技术，不仅把地理信息技术和导航定位技术纳入其中，也囊括了以地基为数据获取手段的地球物理探测技术，以及具备综合数据获取的大数据分析、挖掘、模拟、展示等能力的网络信息技术、科学大数据处理技术和虚拟现实技术等。广义空间观测技术实现了地球观测空间从上空/地表至次地表/地下的延伸，进而强化了技术在数据分析、信息表达与知识认知等领域的能力。综合性观测技术及其在空间考古的能力与作用，将在第五章重点阐述。

第一节 遥感对地观测技术

遥感，就是从遥远的地方观察地面。遥感的科学定义即不直接接触物体，通过探测仪器接收来自目标地物的电磁波信息，进而通过信息处理实现对目标的判读与识别。遥感作为一个对地球表面进行探测的主体系统，不同平台和传感器所获得的影像范围、空间分辨率和时相特征各不相同，从而可构成一个对真实世界的映像模型。我们把不同区域、不同时相、不同传感器特征的遥感影像所表达的地理空间称为影像空间。

遥感是从空间感知地面的特征和变化，其范围可从全球到实地不同层次间变化。在影像应用分析中，分辨率（resolution）是至关重要的概念，并可表现为多重含义。简单来说，影像分辨率就是成像系统对图像细节分辨能力的一种度量，也是影像中目标细微程度的指标。它表示景物信息的详细程度。强调成像系统是因为系统的任一环节都有可能对最终影像分辨率造成影响，对"影像细节"的不同解释又会对影像分辨率有不同的理解：对影像光谱细节的分辨能力表达称为光谱分辨率（spectral resolution）；对影像成像过程光谱辐射的最小可分辨差异称为辐射分辨率（radiometric resolution）；对同一目标的序列影像成像时间间隔称为时间分辨率（temporal resolution）；对影像目标的空间细节在图像中可分辨的最小尺寸称为空间分辨率（spatial resolution）。

根据电磁波谱段及传感器主被动工作模式，当前遥感观测技术包括光学遥感、微波遥感和激光雷达遥感三大主流方式。

一、光学遥感

光学遥感，按传感器探测波段的不同，可分为紫外、可见光和红外遥感。其中紫外波段（波长 $0.05 \sim 0.38\mu m$）的太阳光被低、中、高大气层分别强烈散射和被大气中的臭氧等微量气体强烈选择吸收，因此该遥感技术对大气密度、大气臭氧、气溶胶及其他卫星气体的密度和垂直分布极为敏感。可见光遥感利用人类眼睛可见的谱段（波长 $0.4 \sim 0.7\mu m$）进行空间观测，由于易理解和解译，可见光波段是早期航空摄影和目前最常用的光学工作波段，因此若无特殊强调，光学遥感常泛指可见光遥感。相对于前两者，红外遥感一般工作波段在 $0.76 \sim 1000\mu m$，即利用红外传感器探测远距离外场景反射或辐射红外特性差异信息，以确定地面/次地表物体性质、状态和变化规律。

（一）工作流程

光学遥感影像是对地物电磁波谱特征的实时记录。人们可以根据记录的影像特征——光谱特征、空间特征、时间特征等，来推断地物的光谱性质。不同地物特征和性质不同，在影像上的表现不一，因而可根据它们的变化和差异来识别和区分不同的地物。也就是说，光学遥感影像解译是通过影像提供的各种识别目标的特征信息进行分析、推理与判断，最终达到识别目标或现象的目的。但是，影像上所提供的这些信息并非直接呈现，而是通过复杂的色调、结构及它们的变化纹理表征出来。为了解译这些信息，需具备光学遥感背景知识，包括专业知识、地理区域知识与遥感系统知识。

专业知识指需要熟悉所解译学科的相关知识，包括地物成因联系、空间分布规律、时相变化以及地物与其他环境要素的内在联系等。例如，遥感地质找矿，需具备地层、构造、蚀变带等与找矿直接相关的地质知识和经验。此外，影像记录的内容是多种信息的综合，且往往有意义的地质现象被植被、土壤所覆盖，因而还需要了解植物、土壤等相关知识，并能将这些知识有机地联系起来进行综合分析。可见，解译人员需具备应用导向的综合学科知识。

地理区域知识指区域特点、人文自然景观等。每个区域均有其独特的区域特征，即地域性，它影响到影像上的图形结构等。因而，影像解译时，解译者对这一地区的了解是相当重要的，能帮助解译者直接识别、认识地物或现象。

遥感系统知识是基本的。解译者必须了解每张影像是怎样生成的，不同的遥感器是如何描述景观特征的，它采用了紫外、可见光和红外的哪种谱段，具有多大的分辨率，用什么方式记录影像，以及这些因素是如何影响影像与其隐含的有用信息等。

在日常生活中，由于人眼使用了可见光谱段，工作者具备解译影像的基本经验，包括识别明暗色调差异、区别影像结构、识别目标几何等属性特征。但是，遥感影像解译与日常观察习惯有三点不同：①遥感影像通常为顶视而不同于平日里的透视；②光学遥感影像可包括紫外、红外电磁波谱段，同人们熟悉的可见光谱段表现不同；③遥感影像常以一种不熟悉或变化的比例和分辨率描述地球表面。因此，遥感应用者需要多对照地形图、实地地物进行观测，以增强立体感和景深印象，纠正视觉误差并积累影像判读经验。简而言之，为了提高识别物体和特征的能力，需要训练、学习和积累经验，遥感影像解译与目标识别是一个经验积累的递进过程。

（二）主要载荷系统

根据数据分辨率和是否免费开源方式，有望应用于考古研究（通常要求空间分辨率优于 30m）的在轨光学遥感载荷平台可包括 Landsat-7/8、Sentinel-2、DigitalGlobe 高分辨率光学卫星（QuickBird、WorldView-1/2/3/4 和 GeoEye-1）以及国产的高分一/二号、资源三号卫星等。

1. 免费开源中分辨率 Landsat-7/8 和 Sentinel-2

美国陆地卫星 Landsat-7/8 分别于 1999 年 4 月和 2013 年 2 月发射升空。其中 Landsat-7 卫星装备有改进增强型专题制图仪（enhanced thematic mapper plus，ETM+）；它有 8 个波段的感应器，覆盖了从红外到可见光的不同波长范围，其中 ETM+全色波段分辨率为 15m，热红外为 60m，其他光谱波段为 30m。作为 Landsat 系列的后续卫星，Landsat-8 卫星装备有陆地成像仪（operational land imager，OLI）和热红外传感器（thermal infrared sensor，TIRS）；OLI 被动感应地表反射的太阳辐射和散发的热辐射，有 9 个波段，其中全色波段为 15m，剩下波段分辨率均为 30m；TIRS 有两个热红外波段，对应空间分辨率为 100m。

Sentinel-2 卫星用于执行全球环境与安全监视（global monitoring for environment and security，GMES）计划中的多光谱遥感成像任务，由欧洲委员会和欧洲太空署共同执行；用于检测全球陆地状况、农业估产、土壤和水覆盖勘查、内陆河道和海岸地区监测，以及提供大气吸收和扭曲数据修正，相对于 SPOT-5 和 Landsat-7 卫星具备较高的分辨率和重访能力。Sentinel-2 目前由两颗卫星组成，其中 Sentinel-2A 于 2015 年 6 月发射，而 Sentinel-2B 于 2017 年 3 月发射升空；卫星设计服务 7 年，双星组网可实现 5 天重访（赤道附近）；卫星主要传感器为多光谱成像仪，覆盖了 13 个谱段，幅宽为 290km，其中 4 个可见光和 1 个近红外谱段的空间分辨率为 10m，6 个红光边缘谱段和短波红外谱段分辨率为 20m，而 3 个大气校正谱段分辨率是 60m。

2. DigitalGlobe 高分辨率卫星

DigitalGlobe 是一家全球领先的商用高分辨率地球影像产品和服务供应商。2013 年，其与 GeoEye 合并，因此，具备了 QuickBird、GeoEye-1、WorldView-1/2/3/4 等 6 颗亚米级高分辨率的光学卫星。作为世界上最先提供亚米级分辨率的商业卫星，QuickBird 发射于 2001 年 10 月，提供 0.61～0.72m 全色波段和 2.44～2.88m 多光谱遥感数据，重访周期 1～6 天。2008 年 9 月发射成功的 GeoEye-1 由美国地球眼公司（现为 DigitalGlobe 公司）提供服务。该卫星不仅能提供 0.41m 全色波段和 1.65m 多光谱波段的高分辨率遥感影像，还能实现 3m 的准确定位精度。GeoEye-1 传感器包括红、绿、蓝和近红外四个谱段；设计寿命大于 10 年，扫描宽度 15km，重访周期短于 3 天。WorldView-1/2/3/4 是 DigitalGlobe 公司主推的又一光学高分辨率卫星系列。其中，WorldView-1 于 2007 年 9 月升空，专注于提供全世界 50cm、重返 1.7～4.6 天的全色高分辨率影像。WorldView-2 于 2009 年 10 月升空，能提供 0.5m 全色波段和 1.8m 多光谱遥感影像，该卫星不仅提供可见光和近红外标准谱段，还具备海岸、黄、红边和近红外 2 四个额外谱段，其重访周期可以控制在 1 天。WorldView-3 于 2014 年 8 月发射，该卫星能提供 0.3m 全色、1.2m 8 波段多光谱和 3.7m 8 波段短波红外影像；作为世界上最高分辨率的光学遥感卫星，它可以分辨更小、更细的地物。由于同时覆盖可见光、近红外、短波红外光谱特征，WorldView-3 具备极强的定量分析能力，并在植被监测、矿产探测、海岸/海洋监测、考古勘查等方面拥有广阔的应用前景。发射于 2016 年 11 月的 WorldView-4 保留了与 WorldView-3 分辨率一致的 0.3m 全色和 1.24m 多光谱波段。在改进方面，WorldView-4 能支持用户进行精确的 2D 或 3D 地图制图、变化监测和图像分析。WorldView-4 提供精准的特定地理位置定位，即用户可以在没有地面控制点的情况下确定地球表面自然或人工地物精度达到 4m（CE90）。该卫星能够在 4.5 天或更短时间内重访，飞行高度可以根据许可进行变更，进而获得 0.25m 分辨率的遥感影像。

3. 国产高分辨率卫星

资源三号卫星是我国第一颗民用高分辨率光学卫星，于 2012 年 1 月发射，搭载了四台光学相机，包括一台地面分辨率为 2.1m 的全色 TDI CCD 相机、两台地面分辨率为 3.6m 的前、后视全色 TDI CCD 相机以及一台分辨率为 5.8m 的正视多光谱相机，能测制 1∶5 万比例尺的地形图，为国土资源、农业、林业等领域提供服务，并填补了我国立体测图这一领域空白。资源三号卫星数据设计寿命 5 年，可长期、连续、稳定地获取立体全色、多光谱影像以及辅助数据，实现对地球南北纬 84° 以内地区无缝影像覆盖。该卫星星下点全色和多光谱幅宽为 50km，设计重访周期为 5 天。

高分二号卫星是我国自主研制的首颗空间分辨率优于 1m 的民用光学卫星，继承了高分一号卫星的工作特点，搭载有两台高分辨率 1m 全色、4m 多光谱相机（红、绿、蓝和近红外标准谱段），具有高定位精度和快速姿态机动能力等特点。高分二号卫星发射于 2014 年 8 月，星下点最高分辨率可达 0.8m，标志着我国遥感卫星进入了亚米级"高分时代"。该卫星幅宽为 45km，重访周期（侧摆时）为 5 天，主要用户包括国土资源、城市、交通、林业等部门及其他需求行业的研究人员。

二、微波遥感

电磁波是电场和磁场在空间中交替传播形成的，并伴随有电磁能量的传递（郭华东等，2000）。微波是其中的一种形式，可分为毫米波、厘米波、分米波和米波，波长为 1~1000mm。微波遥感就是利用传感器接收并识别各地物发射或反射的微波信号，继而提取所需的信息。自 20 世纪 60 年代兴起至今，微波遥感已经在军事、气象、陆地、水文、海洋等领域展现出了重要的应用价值。

（一）工作特性

微波遥感虽然起步晚于光学遥感，但发展十分迅速，原因是它有以下优势。

1. 微波具有全天时、全天候工作能力

不依赖于太阳作为照射源是微波和可见光最根本的差别，因此即使是在夜间，微波遥感也能够探测到地面目标的信息。红外线同样可以在夜间工作，但是它受到大气衰减和云雨的影响很大。微波的波长要显著大于可见光和红外线的波长，较强的穿透力减弱了云雨天气的影响。微波的云层透射率因波长而异，冰云对任何波长的微波都没有影响，水云的影响主要集中在波长小于2cm甚至是1cm的微波上。雨对微波的影响比云更大，但当波长大于4cm时，这种影响也是可以忽略的（Ulaby et al.，1981）。因此，雷达影像在热带和亚热带多云多雨地区考古研究中更具优势。

2. 微波具有一定的地面穿透能力

雷达常用于监测埋藏于地表下或有植被覆盖的古遗迹，如已经干涸的沙漠古河道、热带雨林中的古建筑物等，这是因为微波具有一定的植被和地表穿透能力。穿透能力与波长和地物类型密切相关。通常情况下，波长越长，穿透能力越强。在相同的条件下，L波段（25cm）的穿透能力约是K波段（1cm）的25倍。再以植被为例，短波只能给出植被上层信息，长波则能给出植被下层和次地表的信息，如森林，发射厘米波的传感器只能接收到树顶反射的雷达信号，而发射米波的传感器则可以同时接收来自树顶、树干以及地面的散射信号；如小麦，厘米波接收的是小麦和表层土壤反射的信号，而米波接收的则是表层土壤和下层土壤反射的信号。地物的介电常数也可直接影响微波穿透能力。媒介介电常数越高，微波信号对其穿透能力就越弱。地物的介电常数主要由湿度控制，如干的砂砾、干雪以及干的冰层都很容易被微波穿透，穿透深度可达几米甚至上百米，而潮湿土壤的穿透深度只有几厘米到数米；同时微波信号穿透深度与液态水含量也并非呈简单线性关系（Ulaby et al.，1981）。此外，穿透深度还受到传感器发射功率、波束入射角以及地表粗糙度等其他因素的综合影响。

3. 微波获取的信息与可见光/红外线不同，是遥感技术重要组成部分

可见光获取的是地物表层分子的谐振特性，而微波获取的是地物面、体的几何特性和介电特性，因此两种技术手段可以形成有效互补。例如，微波电磁波振幅信息可用于地物类型的识别和地表形态描述。微波尤其对具有特定走向的地物非常敏感，如道路、水路、管道、围墙和峡谷等，对这些线性地物的识别在考古中可起到指导性作用。某些地区没有明显地表特征，或者被植被遮挡，或者地形变化剧烈（如风成景观），微波对介电特性的灵敏提取能力，使其成为该复杂场景遥感信息提取的唯一有效工具。主动微波系统同时能记录电磁波相位信息，可用于大地水准面的测定和地表形变的高精度监测，在考古目标发现和保护利用中发挥重要作用。

虽然有众多优势，但是微波遥感在其发展之初也存在一系列问题，如传感器的空间分辨率低，特殊成像方式增加了数据处理和解译的难度等。然而，随着传感器工艺和数据处理技术的不断提高，这些已经不再成为微波遥感应用的障碍。要认识并应用微波遥感，必须了解微波作为一种电磁波所具有的一些基本特征，包括以下几点。

（1）叠加特性。当两个或者多个波源产生的波在空间上某点相遇时，首先遵循波传播的独立性，每个波都将保持自己原有的特性（波长、频率、传播方向等）继续传播。但同

时电场和磁场都是矢量场，要遵循矢量叠加原理，该质点的实际位移就是各个波引起位移的矢量和。根据这个特性可以把任何有周期的复杂波形看成多个简单波形叠加的结果，傅里叶变换就是利用这个原理，把复杂的周期函数用一系列简单的正弦波、余弦波表示，在多个领域取得了广泛的应用。

（2）干涉特性。当两个或者多个波源产生的波频率、振动方向相同，相位差恒定时，这些波在空间相遇叠加，就会出现某些地方振动加强、某些地方振动完全抵消的现象，这就是波的干涉。侧视雷达系统采用的是相干微波源，在一个分辨单元内波束遇到地物可能会发生随机散射，回波相干叠加就造成雷达图像上出现颗粒状或斑点状的噪声，在降低了图像分辨率的同时也影响了后续的判别和处理。

（3）极化特性。电磁场是电场和磁场相互垂直传播的横波，极化指的是其中的电场振动方向的变化趋势。变化趋势可能是一个圆、椭圆或者保持不变，对应的极化方式分别是圆极化、椭圆极化和线性极化。线性极化是雷达遥感中常用的极化方式，又可分为水平极化（H）和垂直极化（V）。电场矢量与入射面（雷达发射的垂直于地面的扫描波束形成的平面）垂直时为水平极化，两者平行时为垂直极化。若雷达传感器发射和接收的极化方式相同，则得到同极化（HH 或 VV）图像；若发射和接收的极化方式不同，则得到交叉极化图像（HV 或 VH）。不同极化方式的电磁波能获得地物不同的散射特征，从而为探测目标提供了丰富的信息。

常用于微波遥感的传感器可分为非成像传感器和成像传感器，依据工作模式的不同又可分为被动式和主动式。被动式传感器只用于接收目标的微波辐射信号，常见的有微波辐射计，可用于探测地物的亮度温度。主动式传感器自身发射无线电波并接收目标的反射信号，常见的有散射计、高度计和侧视雷达。散射计主要用于精确测量地物目标的信号强度及其所反映的表面/体散射或反射特性，也可用于入射角、波长、极化等要素对地物散射特性的影响研究。高度计通过发射波束和接收波束之间的时延计算离目标的距离，其在飞行器导航和着陆系统中发挥着重要的作用，也可用于测量海浪的高度。搭载在飞机或卫星上的侧视雷达传感器不断地向垂直于航线的方向发射波束，每条波束覆盖地面上一个窄的条带区域，传感器接收这个区域中地物的反射信号并经信号处理最终形成图像。

（二）主要载荷与系统平台

受限于空间分辨率，成像雷达，尤其是合成孔径雷达（synthetic aperture radar，SAR）可望成为空间考古的唯一、有效的微波遥感方式。根据 SAR 载荷平台，成像雷达主要包括星载与机载（无人机）两大类型。

1. 星载 SAR

目前在轨的星载 SAR 系统，以高分辨率、多波段、多极化的第二代 SAR 系统为主，包括 X 波段的 TerraSAR/TanDEM、COSMO-SkyMed，C 波段的 Sentinel-1 A/B、RADARSAT-2 和高分三号，以及 L 波段的 ALOS PALSAR-2。

1）X 波段

TerraSAR-X 是固态有源相控阵的 X 波段 SAR 卫星，发射于 2007 年 6 月。TerraSAR-X 重访周期为 11 天。该星具有 3 种成像模式，其中高分辨率聚束模式：1m 分辨率，覆盖范围 5km×10km，具有可变的距离向分辨率和景幅大小、几何分辨率高、入射角可选、多种极化方式等特点。条带模式：3m 分辨率，覆盖范围 30km×50km，以入射角固定的波束沿飞行方向推扫成像；主要特点是几何分辨率高、覆盖范围较大、入射角可选，能生成双极化和全极化数据。扫描模式：16m 分辨率，覆盖范围 100km×150km，天线在成像时沿距离向扫描，使观测范围加宽，同时也将降低方位向分辨率，可应用于大面积监测，这种模式的主要特点是中等几何分辨率、覆盖率高，能够平行获取多于 4 个扫描条带的影像，入射角可选，单极化方式。作为 TerraSAR-X 的姊妹星，TanDEM-X 发射于 2010 年 6 月，其载荷平台参数基本与前者一致。此外，通过运行轨道调制，两颗姊妹星可以在不到 200m 的距离同步飞行，进而实现全球高精度 WorldDEM 的绘制。

COSMO-SkyMed 是意大利航天局和意大利国防部共同研发的高分辨率 X 波段 SAR 星座，共由 4 颗卫星组成，分别发射于 2007 年 6 月、2007 年 12 月、2008 年 10 月和 2010 年 11 月；该星座重复访问周期可低至 1 天。每颗 COSMO-SkyMed 卫星所荷载的传感器可以在三种波束模式下工作，提供 5 种分辨率的产品：①聚束模式，包含模式 1 和模式 2，其中模式 1 只限于军用，模式 2（即 Spotlight-2）的分辨率高达 1m，幅宽 10km×10km；②条带模式，包含 Himage 和 PingPong 两种成像模式，分辨率分别为 3m 和 15m，幅宽分别为 40km×40km 和 30km×30km；③扫描模式，包含 WideRegion 和 HugeRegion 两种成像模式，分辨率分别为 30m 和 100m，幅宽分别为 100km×100km 和 200km×200km。COSMO-SkyMed 系统是一个可服务于民间、公共机构、军事和商业的两用对地观测系统，其目的是提供民防（环境风险管理）、战略用途（防务与国家安全）、科学与商业用途，并为资源环境监测、灾害监测、海事管理及科学应用等相关领域的探索开辟更为广阔的道路。

2）C 波段

Sentinel-1 卫星是欧洲太空署 GMES 计划中的地球观测卫星，由两颗卫星组成，载有 C 波段合成孔径雷达，可提供连续图像（白天、夜晚和各种天气）。Sentinel-1A 地球监测卫星在 2014 年 4 月发射，之后，欧洲太空署在 2016 年 4 月发射了 Sentinel-1B 地球监测卫星，进而实现了短至 6 天的重复访问。Sentinel-1 航天器设计携带一个 12m 长的 C 波段合成孔径雷达天线，并安装有两块长 10m 的太阳能电池板。Sentinel-1 卫星与太阳同步轨道，轨道周期约为 96 分钟，运行寿命预计为 7 年，数据存储容量 1410Gbit 和 520Mbit/s X 波段下行容量，在此期间，卫星可以进行长达 400km 的扫描，每天提供 8000Gbit 的图像。Sentinel-1 A/B 是免费开源数据，主要成像模式包括条带（空间分辨率 5m×5m）、干涉宽幅（空间分辨率 5m×20m）以及甚高宽幅（空间分辨率 20m×40m）模式。其中干涉宽幅是通用模式，具备单极化和交叉计划成像能力。Sentinel-1 设计应用主要包括海冰测绘、海洋环境监测、地面运动监测、森林制图、水和土壤管理及测绘等。

RADARSAT-2 卫星是加拿大太空局与 MDA[①] 公司之间的独特的合作项目，是 RADARSAT-1 卫星的后继星，发射于 2007 年 12 月，设计寿命 7～12 年，重访周期 24 天。与 RADARSAT-1 卫星相比，RADARSAT-2 卫星具有更为强大的成像功能，为世界上最先进的 SAR 商业卫星之一。首先，RADARSAT-2 卫星可根据指令在右视和左视之间切换，

① MacDonald Dettwiler and Associates。

所有波束都可以右视或左视，这一特点缩短了重访时间，增加了获取立体图像的能力。其次，RADARSAT-2 卫星保留了 RADARSAT-1 卫星的所有成像模式，并增加了聚束模式、超精细模式、四极化（精细、标准）模式、多视精细模式，使得用户在成像模式选择方面更为灵活。最后，RADARSAT-2 卫星改变了 RADARSAT-1 卫星单一的极化方式，RADARSAT-1 卫星只提供 HH 极化方式，RADARSAT-2 卫星可以提供 VV、HH、HV、VH 等多种极化方式。其中，聚束模式、超精细（宽幅超精细）模式对应空间分辨率可分别达 1m 和 3m。

高分三号卫星是中国高分专项工程的一颗遥感卫星，也是中国首颗分辨率达到 1m 的 C 频段多极化合成孔径雷达卫星，由中国航天科技集团有限公司研制，发射于 2016 年 8 月。总体而言，高分三号卫星在 SAR 载荷和系统设计上进行了全面优化，具备高分辨率、大成像幅宽、多成像模式和长寿命运行等特点，主要技术指标已经达到或超过国际同类卫星水平。高分三号卫星具备 12 种成像模式，涵盖传统的条带成像模式和扫描成像模式，以及面向海洋应用的波成像模式和全球观测成像模式，是世界上成像模式最多的合成孔径雷达卫星。其主要应用包括海洋环境监测与海事管理、减灾与灾害应急、水资源与环境监测、气象/国土/住建/交通/测绘等行业动态监测、评估与服务。

3）L 波段

ALOS PALSAR-2 是日本宇宙航空研究开发机构主导研发的先进对地观测卫星，搭载着工作在 L 波段的 PALSAR-2 传感器，是 ALOS 的后继星，发射于 2014 年 5 月。在 ALOS 基础上，该卫星将在测绘、区域观测、灾害监测和资源调查等领域发挥更大的作用，其重复周期已由 ALOS 的 46 天减少到 14 天，以期更好应对全球环境问题，并为社会经济发展提供近实时的数据情报。PALSAR-2 有 3 种工作模式，包括：聚束模式，分辨率 1m×3m，幅宽 25km；条带模式，分辨率根据成像不同模式，分别为 3m、6m 和 10m，其对应的幅宽位于 50～70km；扫描模式，提供 350km 和 490km 两种幅宽，对应分辨率分别为 60m 和 100m。值得一提的是，该卫星提供全极化工作模式，能提供最高 6m 空间分辨率的全极化 SAR 数据。

2. 机载 SAR

相对于星载，机载 SAR 系统具备操作灵活、用户定制、超高分辨率和多极化等工作优势；在克服多云多雨地区数据获取困难的过程中，星载 SAR 系统设计与试验日益发挥着不可或缺的作用。限于篇幅，此处仅介绍美国国家航空航天局（National Aeronautics and Space Administration，NASA）喷气推进实验室（Jet Propulsion Laboratory，JPL）的无人飞行器合成孔径雷达（uninhabited aerial vehicle synthetic aperture radar，UAVSAR）系统以及我国自主产权的机载多波段多极化干涉 SAR 测图系统。

1）UAVSAR 系统

NASA 的 UAVSAR 的主要研制目标是小型的极化 L 波段合成孔径雷达，用于无人飞行器或最小限度有人驾驶的飞行载具，针对目标物即时成像，进而执行自动导航与精准攻击技术。JPL 主要负责雷达设计、制作与操作以及资料分析，Dryden 飞行研究中心提供 RPI（重复轨迹干涉仪）中间平台（NASA C-20A G-Ⅲ）以及飞行操作，还要研制精确自动驾驶仪平台。UAVSAR 具有 24 个元件阵列，可透过吊舱安装在 G-Ⅲ 或其他无人机上，在 L

波段（1.2GHz）是全极化的，装有易操作的电子扫描阵列天线，使用即时的全球定位系统（global positioning system，GPS）和改进的自动驾驶仪，执行小于10m的通道飞行路线，还可执行夜间自主雷达操作。值得指出的是，UAVSAR支持差分雷达干涉，即可利用干涉技术从飞机传感器上向地面发射微波能量脉冲，检测观测场景的微小形变信息。

2）机载多波段多极化干涉SAR测图系统

该系统由国家测绘局研制，旨在对多云雾、重大自然灾害等测绘困难地区，实现全天时、全天候快速成图。该系统继承了机载SAR机动灵活、高分辨率、高精度等优势，能获取地面0.5~5m分辨率的多种高清晰影像数据，满足了1：1万到1：5万比例尺的数字化产品测图以及地表覆盖数据产品制作的需求，为解决复杂地形区域的测图难题提供了切实可行的技术手段。该系统已成功地用到汶川、玉树地震灾害灾情信息获取与评估，以及国家西部测图工程横断山脉地区雷达航空摄影等测绘任务中。测图系统由机载多波段、多极化干涉SAR数据获取集成系统、SAR测图工作站和SAR数据预处理与分发系统3部分组成，可广泛用于地形测绘、应急响应、资源调查监测、重大工程建设监测等领域，在提升我国对地观测技术水平方面具有广阔的应用前景。

三、激光雷达遥感

（一）工作系统

激光雷达是现代激光技术与光电探测技术相结合的产物，相对于传统的微波雷达（radar），它将电磁波波长延伸至光学频段（Wagner et al.，2006），是一种以激光器作为发射光源、采用光电探测技术的新型遥感技术。在工作原理上，激光雷达与微波雷达相似，区别在于前者是以激光为信息载体，可以测距、定向，并可通过位置、径向速度和物体反射、散射等特性来识别目标特性（戴永江，2002）。

激光雷达系统一般由发射系统、接收系统、信号处理系统以及控制系统组成。

1. 发射系统

发射系统包括激光发射器、激光调制器、光束控制器和光学发射天线。激光发射器由激光电源和激光器等组成，用于产生和发射激光。激光调制器能将发射的激光调制成探测所需的连续波或脉冲，并形成探测所需的特定频率、幅度、偏振化、相位、脉宽、脉幅和重复频率。光束控制器的主要功能是控制激光束在空间的位置、方向及激光束宽度。光学发射天线（发射望远镜）通过改变激光束宽度和波形形状来获得所需的波形参数，使探测目标获得的能量达到最大。

2. 接收系统

接收系统包括光学接收天线和光电探测器。前者通常也称为接收望远镜，主要任务是接收目标的反射和散射信号，并经能量汇集后输入光电探测器的光敏面。后者获取天线接收的信号，并将其转换为电信号。

3. 信号处理系统

信号处理系统包括信号预处理和信号处理两部分。前者利用前置放大器将电信号进行匹配滤波、去噪、信噪比增强，以及频率、相位和偏振等预处理，再经主放大器放大到一定功率。后者将预处理后的信号处理为含有速度、距离、角度和目标图像特征的信息，然后通过模/数转换器转变为数字信号，最后转变为可分析、显示及传输的数据和图像信息。

4. 控制系统

控制系统包括伺服系统和通信系统。伺服系统主要是利用处理器提供的角速度和角度信息来控制激光雷达对捕获目标的跟踪。通信系统将处理器输出信号以光电通信方式传输到其他控制中心并进行存储或其他操作（戴永江，2002）。

（二）激光雷达系统类型

自 20 世纪 60 年代以来，激光雷达已经从最初的简单测距发展到多种系统。通常根据搭载平台、激光波长、激光发射波形、介质、探测方式及功能用途等来进行分类。本节结合考古应用特点，将激光雷达分为以下几大类。

（1）按搭载平台分为天基、空基和地基激光雷达三类。天基激光雷达主要以卫星、航天飞机、太空站等航天器为平台；空基激光雷达主要以固定翼飞机、直升机、无人机等航空器为平台；地基激光雷达主要包括地面（三脚架固定）、船载、车载以及手持激光雷达等。

（2）按激光发射波形分为脉冲激光雷达和连续波激光雷达。前者主要利用激光脉冲在发射和接收信号之间往返传播的时间差来进行测量；后者则是一种间接方式，利用无线电波段频率对激光束进行幅度调制，测定调制光往返观测目标一次所产生的相位延迟，最后根据调制光波长计算此相位延迟所代表的距离，其测量精度较高。

（3）按接收回波类型分为波形激光雷达和离散激光雷达两种。波形激光雷达可对回波信号进行精细采样，采样次数可达几百次，能进行波形重构；离散激光雷达仅进行有限次回波采样。

（4）按光斑大小分为大光斑激光雷达和小光斑激光雷达。例如，星载激光雷达地球科学激光测高系统（geoscience laser altimeter system，GLAS）的光斑约为 70m，属于大光斑激光雷达系统，其密度小，通常无法成像，但可以形成完整的波形数据。机载激光雷达光斑大小通常从几厘米到几十厘米，属于小光斑激光雷达系统，扫描密度高，只记录光斑内有限次回波，构成三维点云数据，可以对扫描区域进行三维成像。地基激光雷达通常也属于小光斑激光雷达系统，获取的点云密度更高，点位精度和建模精度更高。

第二节　文化遗产空间观测文献计量分析

20 世纪中后期发展起来的空间观测技术（包括遥感技术、全球定位技术、地理信息系统、虚拟现实技术），为提高文化遗产保护工程管理水平带来了契机。空间观测技术能够客观地反映人类历史文化印迹的空间分布规律和特性，为历史文化环境保护和研究开启了一扇新的科技之窗，使我们能够从全方位、多时相的角度去认识和重现人类文明历史的进程。今天，人类已经能够获取越来越多的高光谱分辨率、空间分辨率和多波段、多极化遥感数据，空间观测技术已成为历史文化遗产保护和管理的重要组成部分。空间观测技术信息平台，可以把人类历史的发展和文化遗产更加科学生动地展示在世人面前，推进文物保护事业信息化建设，加强文物保护、提高文化遗产保护工程工作科学决策和宏观管理能力。

　　文化遗产是人类的宝贵财富。人类文明历经上下几千年，还有很多文化遗产有待发现，对如此众多的文化遗产进行观测和保护及探查，是一个世界性难题。随着科学技术的发展，空间观测技术当仁不让地成为最有效的手段之一。空间观测技术是从空间探测地球并对地球目标进行科学分析和研究的科学技术。这一技术，可从探测与发现、监测与评估以及数据整理与保护三方面实现智慧化管理。空间观测技术因其能够实现宏观、快速、准确的监测效果，经过近十几年的发展，已在自然与文化遗产的发现和保护中发挥了越来越大的作用。

　　2001 年，联合国教科文组织与相关国家空间机构发起了"利用空间信息技术支持世界遗产公约的开放计划"。2005 年，中国科学院加入了上述开放计划。经过几年富有成效的合作，双方建议依托中国科学院对地观测与数字地球科学中心（现中国科学院空天信息创新研究院），建立一个用于世界遗产监测与保护的空间技术中心，这一建议被联合国教科文组织和中国政府批准。2011 年 7 月 24 日，联合国教科文组织国际自然与文化遗产空间技术中心正式成立。

　　自 20 世纪 70 年代以来，遥感卫星在考古研究中得到大量的应用。遥感技术结合地理信息系统、虚拟现实等技术，不仅可以对文物古迹进行精细研究、数字化保存和三维展示，而且对大型线性文化遗产的发现、海底水下考古等都将发挥其他传统手段难以比拟的作用。遥感考古已成为目前国内外考古界日渐广泛运用的一项新技术。2014 年召开的主题为"文化遗产空间观测与认知"的第 487 次香山科学会议上，会议主席郭华东院士提出了建立"空间考古学"学科体系的设想。基于文献计量分析方法，本节对文化遗产空间观测领域研究的国际科研布局进行调研与分析。

一、数据来源与分析工具

　　数据来源为 Web of Science 核心合集（SCI-EXPANDED、SSCI、CPCI-S），数据采集时间为 2018 年 2 月 9 日。为尽量全面调研文化遗产空间观测领域研究相关文献，文献采集中尽量全面搜集考古或文化遗产、空间观测技术相关关键词，并对其进行组合检索；同时对遥感类期刊中限定检索与考古和文化遗产相关关键词，对考古类期刊中限定检索与空间观测技术相关关键词。基于兼顾全面获取相关文献和减少检索噪声的原则，通过多种方法的组合检索，采集到相关文献共 7052 篇。接着，对数据集结合 VOSviewer、CiteSpace、HistCite、TDA 等数据分析工具进行分析，以期通过大数据窥见该领域总体概况。除特别说明外，所统计的发文量及被引频次均以全部著者统计（按照采集的数据集中署名的国家、机构、作者来统计）。

二、研究论文发展变化趋势

　　从相关文献的年代分布（图 1.1）来看，早在 20 世纪 20 年代，已经出现了文化遗产的空间观测研究文献报道，但80年代以前，每年的相关研究文献仅在10篇以内；80年代中期以来，每年相关研究文献开始达到10篇以上，1995年以来文献数量迅速增长。

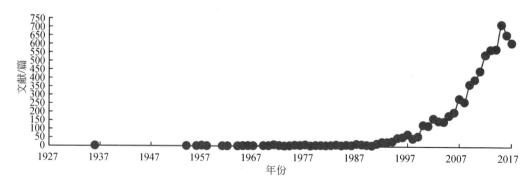

图 1.1　文化遗产空间观测领域研究文献增长趋势

三、研究的力量分布与比较

（一）主要研究国家分布

通过分析该领域论文产出的国家分布可知，文化遗产空间观测领域论文著者分布在世界上100多个国家和地区，其中发表论文最多的20个国家所发表的论文总量占全球该领域论文的近90%，美国、意大利、英国、西班牙、法国、德国、中国（数据不包括台湾）7个主要发文国家所发表的论文占近70%以上。

为反映国际上文化遗产空间观测研究领域的主要研究国家，分别按照文化遗产空间观测研究发表论文量和论文被引频次对研究国家进行了排序，分别列出了发表论文最多和论文被引频次最高的20个国家（表1.1和表1.2），及其论文数、被引频次、篇均被引频次、高被引论文数（2007年以来）以及高被引论文比例等可比指标。美国、意大利和英国是三大主要研究国家。中国在文化遗产空间观测领域研究论文产出量居世界第7名，但是被引频次仅位列世界第14名，说明中国在文化遗产空间观测领域论文数量虽多，但是高影响力论文较少。

表 1.1　文化遗产空间观测领域发表论文最多的 20 个国家

国家	排名	论文数/篇	被引频次	篇均被引频次	高被引论文数/篇	高被引论文比例/%
美国	1	1441	21102	14.64	14	0.97
意大利	2	1381	10824	7.84	2	0.14
英国	3	886	10991	12.41	5	0.56
西班牙	4	501	4105	8.19	3	0.6
法国	5	488	6744	13.82	5	1.02
德国	6	429	6009	14.01	12	2.8

国家	排名	论文数/篇	被引频次	篇均被引频次	高被引论文数/篇	高被引论文比例/%
中国	7	294	1399	4.76	1	0.34
希腊	8	284	2327	8.19	0	0
澳大利亚	9	238	3454	14.51	6	2.52
加拿大	10	222	3316	14.94	4	1.8
比利时	11	192	2116	11.02	1	0.52
土耳其	12	132	556	4.21	0	0
日本	13	131	1085	8.28	0	0
波兰	14	114	601	5.27	0	0
奥地利	15	109	1447	13.28	2	1.83
葡萄牙	16	100	826	8.26	3	3
捷克	16	100	626	6.26	1	1
瑞士	18	94	1578	16.79	1	1.06
罗马尼亚	18	94	258	2.74	0	0
荷兰	20	90	1278	14.2	1	1.11

表1.2　文化遗产空间观测领域被引频次最高的20个国家

国家	排名	论文数/篇	被引频次	篇均被引频次	高被引论文数/篇	高被引论文比例/%
美国	1	1441	21102	14.64	14	0.97
英国	2	886	10991	12.41	5	0.56
意大利	3	1381	10824	7.84	2	0.14
法国	4	488	6744	13.82	5	1.02
德国	5	429	6009	14.01	12	2.8
西班牙	6	501	4105	8.19	3	0.6
澳大利亚	7	238	3454	14.51	6	2.52
加拿大	8	222	3316	14.94	4	1.8
希腊	9	284	2327	8.19	0	0
比利时	10	192	2116	11.02	1	0.52
以色列	11	85	1627	19.14	1	1.18
瑞士	12	94	1578	16.79	1	1.06
奥地利	13	109	1447	13.28	2	1.83
中国	14	294	1399	4.76	1	0.34
荷兰	15	90	1278	14.2	1	1.11
南非	16	63	1100	17.46	2	3.17
日本	17	131	1085	8.28	0	0
丹麦	18	74	968	13.08	4	5.41

国家	排名	论文数/篇	被引频次	篇均被引频次	高被引论文数/篇	高被引论文比例/%
新西兰	19	40	904	22.6	2	5
瑞典	20	88	860	9.77	0	0

（二）全球主要研究机构

为反映国际上文化遗产空间观测领域的主要研究机构，本部分按文化遗产空间观测领域发文量以及论文被引频次对机构进行了排序，将发文量和论文被引频次排名前15的机构分别列于表1.3和表1.4，并给出各机构的论文数、被引频次、h指数、国家、篇均被引频次等可比指标。发文最多的机构主要集中在欧洲国家，其中意大利机构最多，其次是法国和英国。意大利国家研究委员会下属有考古与建筑研究所（Institute of Archeological Heritage-Monuments and Sites，IBAM）、文化遗产保护与促进研究所（Institute for the Conservation and Promotion of Cultural Heritage，ICVBC）、文化遗产应用技术研究所（Institute for Technologies Applied to Cultural Heritage，ITABC）等多个专门研究所，可见意大利对文化遗产保护的重视。

表1.3　文化遗产空间观测领域被引论文最多的15个机构

机构	论文数/篇	被引频次	h指数	国家	篇均被引频次
意大利国家研究委员会	376	3385	28	意大利	9
法国国家科研中心	293	4298	35	法国	14.67
比利时根特大学	110	1138	18	比利时	10.35
佛罗伦萨大学	101	837	16	意大利	8.29
西班牙高等科学研究理事会	98	1102	15	西班牙	11.24
罗马大学	90	697	13	意大利	7.74
剑桥大学	89	2323	29	英国	26.1
中国科学院	82	496	11	中国	6.05
博洛尼亚大学	80	866	17	意大利	10.83
米兰理工大学	78	550	13	意大利	7.05
索邦大学	77	1696	19	法国	22.03
伦敦大学学院	73	840	15	英国	11.51
牛津大学	70	1220	19	英国	17.43
巴黎第六大学	67	1646	19	法国	24.57
塞萨洛尼基亚里士多德大学	67	659	15	希腊	9.84

表1.4　文化遗产空间观测领域被引频次最高的15个机构

机构	论文数/篇	被引频次	h指数	国家	篇均被引频次
法国国家科研中心	293	4298	35	法国	14.67
意大利国家研究委员会	376	3385	28	意大利	9

续表

机构	论文数/篇	被引频次	h 指数	国家	篇均被引频次
剑桥大学	89	2323	29	英国	26.1
马克斯·普朗克学会	49	2040	23	德国	41.63
索邦大学	77	1696	19	法国	22.03
巴黎第六大学	67	1646	19	法国	24.57
索邦巴黎西岱大学	49	1642	20	法国	33.51
加利福尼亚大学圣地亚哥分校	56	1389	17	美国	24.8
悉尼大学	51	1331	17	澳大利亚	26.1
哈佛大学	41	1297	17	美国	31.63
牛津大学	70	1220	19	英国	17.43
巴黎第九大学	56	1211	16	法国	21.63
爱丁堡大学	35	1139	14	英国	32.54
比利时根特大学	110	1138	18	比利时	10.35
西班牙高等科学研究理事会	98	1102	15	西班牙	11.24

第三节　小　　结

　　目前，空间观测技术已经涉及考古探测的很多方面，但仍然存在学科整合性不够、综合研究不充分的问题。如何突出探测技术的综合性，深入挖掘空间信息与环境因子的关联度，以及实现海量、异构信息的融合处理还有待进一步研究。例如，3S 技术中的 GNSS 和 RS 数据需要融入 GIS 统一坐标框架才能完全发挥空间信息的优势；同时，非空间属性类型的环境要素、考古资料也需要与遗址空间结构内容进行"叠加"和"融合"，以完成信息复合及信息挖掘。另外，空间观测技术能够有效地辅助和支持大区域文化遗产保护，可以为大范围的文化遗产保护实施提供有效技术手段。然而，基于空间观测技术的遗产管理与保护系统，没有注重技术的综合与功能统一，即专题系统之间没有共享机制，存在标准规范与技术系统不统一的问题，进而不能满足对大面积、多领域、多形式的文化资源保护需要。

参 考 文 献

戴永江. 2002. 激光雷达原理. 北京：国防工业出版社.

郭华东，等. 2000. 雷达对地观测理论与应用. 北京：科学出版社.

Ulaby F T, Moore R K, Fung A K. 1981. Microwave remote sensing: fundamentals and radiometry. Artech House, (1): 321-327.

Wagner W, Ullrich A, Ducic V, et al. 2006. Gaussian decomposition and calibration of a novel small-footprint full-waveform digitising airborne laser scanner. ISPRS Journal of Photogrammetry and Remote Sensing, 60 (2): 100-112.

第二章　考古学及其发展

考古学在《中国大百科全书·考古学》中被定义为通过研究地下遗迹、遗物复原古代社会，并探讨历史发展规律的学问。然而这一长期被考古学界使用的传统定义并未完全涵盖当代考古学的内容与发展方向。作为一门研究"古代"的学问，考古学除了通过考察人类活动的各种遗存复原古代社会，寻找事物特别是历史发展演变的规律之外，还包括利用古代遗存本体以及所获得的有关古代的各种知识服务于当代社会。这一定义不仅推动考古学由单纯的历史分支学科演变为独立学科，同时使得这门学科拥有了更为广阔的平台，并且具备了应用学科的特征，其研究手段和研究方法也更为丰富。

考古学研究的对象，除遗物、遗迹、遗址三类古代遗存之外，还包括遗物、遗迹、遗址的空间关系和存在方式，以及与之相关的各种自然要素和观念要素。

遗物指相对较小的人工制品，也称为"可移动文物"，如用于炊煮的各种器皿、劳作的工具、作战的兵器、佩戴的饰品、食用的麦粒等。遗迹，又称为"不可移动文物"。它指那些埋藏在地下的大型遗存，如倒塌的房屋、废弃的道路、用过的水井、埋葬死者的墓葬等。中国的长城和英国的巨石阵是最典型的遗迹。遗址是指遗迹和遗物的埋藏地点。

遗迹、遗物都通过一定的状态埋藏在地下，其形貌和相互之间的空间关系本身具有重要的考古学意义，因此考古学重视古代遗迹、遗物存在状态。这是考古学与文物学的重要区别。

考古学的研究对象还包括与古代各种遗存相关的自然遗物。炭化的或饱水状态的木块、种子、果实等，植物留在黏土上的印痕，甚至是肉眼看不到的植物遗存（可以通过特殊方法在实验室中从适合的样品中提取出来），如孢粉、植硅石、硅藻、植物DNA、淀粉颗粒等，不但能为我们复原与人类相关的植被情况，许多植物遗存还能带来关于古人饮食的信息。类似地，考古学家也能通过分析动物骨骼、粪便化石、足迹以及其他肉眼不可见的动物遗存，如脂肪酸等来了解古人的生活细节和当时的环境信息。

考古学研究的对象也包括古人的观念与信仰，如太阳的升起与古墓朝向的关系。

考古学研究的内容，或者说考古学关心的问题，是有关"古代"的各种大小知识。小而言之，如古人如何生活（吃什么、用什么）？他们掌握了哪些技术？建立了怎样的社会？有什么样的信仰？大而言之，如人类如何起源？农业如何起源？文字如何起源？国家如何诞生？社会如何复杂化？人类文明如何演进？探索这些事物背后的发展规律，是考古学研究的核心任务。

与建筑学、经济学等能够为社会带来直接效益的学科不同，考古学需要证明自己存在的价值。许多人可能从来没有认真思考过考古学能够为我们带来什么实际效益，似乎人们需要考古学，仅仅是因为觉得它非常有趣，所以许多人乐于观看介绍考古发现的电视节目。然而，考古学的价值，不仅仅局限于可以满足人类对过去的兴趣，其还可以创造可观的经济效益，甚至美化环境，改善生态。例如，长城、敦煌莫高窟、秦始皇兵马俑等给地方经济带来巨额收益。当遗址保护与城市建设有效结合在一起时，遗址公园便起着改变"千城一面"的效果。例如，掌握了元、明、清三朝的建筑遗迹在北京的分布规律，就可以在城市规划中，利用这些埋藏在地下的遗迹，为现代北京的城市布局服务，使一些具有历史意义的建筑遗存，成为现代北京的景点，让忙碌的现代人在闲暇之余或在街心公园赏花的同时，能够领略中国的历史文化。而当遗迹、遗物被收藏起来陈列在博物馆时，城市的文化生态也随之改变了。

考古学最核心的目的在于从古代事物中获取各种知识，探索事物和社会发展的规律。例如，从超长时间维度思考人类社会与环境的关系，物质成就与技术成就的关系等。对事物发展规律的掌握，可以向现代社会提供直接的服务。例如，1980 年在秘鲁开展的"台地农业计划"，就是由考古学家和园艺师发起的，他们发现采用传统农具和古老的耕作方式比现代农业更适于当地的具体条件，并且在以此方式帮助当地居民之后，增加了当地农产品的产量。

同时在考古学学科发展过程中，由于研究对象和研究问题的独特性，也培养出了研究者独特的思考问题的方式和解决问题的方法。它为人类锻炼自身的思维提供了一种新形式。

第一节　西方考古学的起源

现代考古学起源于西方。英文考古 "archaeology" 一词便来源于拉丁文 "arkhaiolo-gia"。

1650 年，北爱尔兰阿马的大主教詹姆斯·乌舍尔发表著名的乌舍尔年表。年表中，他根据《圣经》，推算出人类是上帝于公元前 4004 年创造的。这个结论虽然已经成为笑柄，但事件记录了人类对自身起源的思考。这正是考古学诞生的基础。

现代考古学的诞生与西方人的一系列田野发掘活动有关。托马斯·杰斐逊（Thomas Jefferson，1743～1826 年）是美国第三任总统，也是美国独立宣言（1776 年）的主要起草人。托马斯·杰斐逊的爱好之一就是考古学。1784 年，他在自家田园发掘一处印第安人坟冢时，并未依循当时的一般性做法——不断下挖直至文物出土为止，而是在坟冢上开出仅可容身的缺口，以便入内研究。他所采用的"探沟性"发掘方法，已是考古发掘的先河。

希腊人创造的爱琴文明，被描述为"神在人间的时光"，众多神话传说流传至今。德国人海因里希·施里曼（Heinrich Schliemann，1822～1890 年）就是在神话故事的浸润中长大的。出于童年的梦想，他在商业领域取得巨大成功之后突然开始热衷于发掘古代遗存。他自己组织考古发掘，使得荷马史诗《伊利亚特》与《奥德赛》中长期被认为是文艺虚构的国度——特洛伊、迈锡尼和梯林斯重现天日。

一个学科的诞生，除了要有技术实践之外，还要有理论的支撑。17 世纪 30 年代初，英国地质学家莱伊尔出版了一部书，名为《地质学原理》。书中他阐述了一种被称为"均变论"的观点，认为地质现象是长时间积累的后果，而地层记录了过去的变化。这是考古学诞生的一个重要条件。1836 年，丹麦考古学家汤姆森（C. J. Thomsen，1788～1865 年）出版《北方古物指南》一书。汤姆森在书中将丹麦国家博物馆中的藏品划分成有时间意义的石器时代、铜器时代、铁器时代三个阶段，创立了考古学相对年代的基础思想——"三期论"。"三期论"思想被称为"现代考古学的基石"，它的提出是考古学形成的标志性事件。1859 年，英国生物学家查尔斯·达尔文发表《物种起源》一书，并在该书中首次把生物学建立在完全科学的基础上，并以全新的生物进化思想推翻了"神创论"和"物种不变"的理论，使褴褛中的现代考古学有了科学基础并健康成长。19 世纪 80 年代，瑞典考古学家奥斯卡·蒙特柳斯（Oskar Montelius，1843~1921 年）广泛利用类型学方法，将欧洲北部的青铜时代分为 6 个前后发展的阶段，随后又将新石器时代分为 4 个阶段。他甚至试图将他划分的阶段赋予绝对年龄。他的研究工作，使考古学中的类型学方法逐渐走向成熟。20 世纪初，德国考古学家古斯塔夫·科西纳广泛使用"考古学文化"的概念研究考古材料。随后英国考古学家戈登·柴尔德改造和完善了考古学文化的概念，使之成为现代西方考古学的重要理论基石。19 世纪后期和 20 世纪末，考古学在西方赢得了地位。伴随着西方工业文明的强大，田野考古活动逐渐向欧美以外的地区扩展。

第二节　中国考古学的诞生

东方的文明古国所在地是西方早期殖民者对外扩张的主要地区。古埃及因其悠久的历史和灿烂的文化，成为西方考古学扩张的据点之一。埃及考古学至今仍是西方考古学的重要分支。1922 年，英国人哈瓦德·卡特发掘了新王国时期古埃及法老图坦卡蒙（Tutankhamen，公元前 1334 年~前 1325 年或 1323 年在位）的墓葬。

中国人对古代的兴趣，绝不亚于西方。屈原的《天问》是《楚辞》中的著名篇章，以内容深奥著称。在《天问》中，屈原对传说中的许多事件发出了疑问。公元前 6 世纪，有人在野外捡到一枚奇怪的石箭头，不明来历，便去问孔子。孔子看过后，指出这是古代北方的肃慎民族用的。这是许多中国考古界人士熟悉的"楛矢石砮"的故事。但这只是个研究文物的例子，距考古学的产生还很遥远。地下文物古迹在汉、唐之时就受到高度重视。由于地下出土了一件青铜鼎，汉武帝将其年号改为"元鼎"。司马迁撰写《史记》，曾从长安出发，足迹遍及江淮流域和中原地区，所到之处均考察风俗，采集传说。宋人将对"古代"的兴趣推向极致。宋代学者和一部分官员开始热衷于搜集古铜器、古碑刻，并对这些文物加以著录，对其铭文加以考释，逐渐形成一门学问——金石学。元祐七年（1092 年），宋代学者吕大临著《考古图》。这是一部著录当时宫廷及私家古铜器、古玉器的专书。该书按器类编排，每件器物均摹绘图形、铭文，记录原器尺寸、重量、容量、出土地点，并逐一考证。虽然从严格意义上说它只是一部文物著作，但以"考古"为书名，以器物为著录对象，是一部距考古学很近的著作。宋代金石学之盛，还反映在其他学者取得的一批成果上。欧阳修、薛尚功、黄伯思、赵明诚、洪适等人皆是此门学问的推动者。赵明诚所著的《金石录》是宋代的另外一部重要的金石学著作。该书著录了作者所见从上古三代至隋唐五代以来，钟鼎彝器的铭文款识和碑铭墓志等石刻文字，是中国最早的金石目录和研究专著之一。全书共三十卷，前为目录十卷，后为跋尾二十卷，考订精核，评论独具卓识。元、明两代，金石学相对处于低潮。清代，由于清朝统治者实行"文字狱"政策，知识分子不得不埋首于故纸堆中，金石学重新跃居显学的地位，涌现出顾炎武、黄宗義、朱彝尊、钱大昕、孙星衍、翁方纲、阮元、吴式芬、王昶等一大批学者，刊行了 1400 余部金石学著作，呈现出一派繁荣的景象，金石学的研究范围明显扩大。金石学发展到清末，突然间出现学术资料的三大发现，即安阳殷墟甲骨卜辞、敦煌莫高窟藏经和北京大内档案。这三大发现，特别是安阳殷墟甲骨卜辞的发现，有力地促成了金石学向现代考古学的转型。

　　19 世纪和 20 世纪之交，部分中国知识先驱如章太炎、梁启超等开始接受西方新史学。1900 年，章太炎在《訄书》中提到"凡皇古异闻，种界实迹，见于洪积石层，足以补旧史所不逮者"。1901 年梁启超在《清议报》上发表了《中国史叙论》，这是他原本打算撰写的中国通史的导言部分，其中讲到 19 世纪中叶以来欧洲考古学家将史前时期划分为石器时代、铜器时代、铁器时代三期，并将中国古史传说与此比附。梁启超所认识的考古学，显然已经不是中国传统的金石学，而是西方的考古学。汉语"考古学"中的"考古"二字，并非直接从英语单词"archaeology"翻译，它是 1902 年由中国留日学生汪宝荣从日文中转译过来的。汪荣宝在《译书汇编》杂志发表《史学概论》一文，文中多次提到"考古学"。因此是日本人先以汉字"考古"翻译了英文"archaeology"，才使得中文的"考古"二字成了现代考古学的汉语名词。由于"考古"二字早已被金石学家用于古物研究，以"考古"一词翻译"archaeology"实属很自然的事情。20 世纪初，中国上古史体系在历史学领域展开的"古史辨运动"的冲击下，几乎完全被推翻，三皇五帝的传说时代被否定。这使得我们无法再依靠史料，而是需要出土的实物材料来重新塑造起中国上古史。疑古思潮的掀起呼唤着中国近代考古学的出世。与此同时，以民主、科学为旗帜的五四运动，倡导西方的现代科学方法和科学精神；而西方近代考古学又是深受近代自然科学影响的学科，这为考古学后来在中国的诞生和迅速发展创造了十分有利的条件。

第三节　考古学在中国的发展

　　19 世纪末 20 世纪初，大批西方学者、探险家和传教士进入中国从事考古活动，包括瑞典人安特生（J. G. Anderson）在北京周口店和河南渑池的发掘，斯文·赫定（Sven Hedin）在新疆的发掘（1890 年、1894～1896 年、1998 年、1900～1901 年）；英籍匈牙利人斯坦因（M. A. Stein）在新疆、甘肃的发掘（1900～1914 年）；日本人鸟居龙藏在辽东的发掘（始于 1895 年），关野雄在山东的发掘（1902 年和 1907 年）等。

　　安特生早年从事地质学工作，1914～1924 年出任中国北洋政府农商部矿政司顾问期间，逐渐对考古学产生兴趣。中国考古学史早期的几项重大发现都与安特生有关。1918 年，他考察北京房山周口店，确认了周口店遗址的科学研究价值。三年后，他在周口店龙骨山发现石英石片，由此推测"古人类"的存在。这一年，奥地利古生物学家师丹斯基在周口店龙骨山开展试掘。除了周口店遗址，安特生还发现了中国第一个史前村落遗址——河南渑池县仰韶遗址，在 1921 年对其进行了为期 2 个月的正式发掘。安特生将此次发现的文化命名为仰韶文化，这是中国近代考古学史上的第一个考古学文化名称。

　　中国学者自己开展的田野考古学工作起步较晚。1922 年，北京大学成立了考古学研究室，聘马衡为主任。第二年，马衡考察了河南孟津、新郑出土铜器地点和汉魏洛阳故城遗址。1924 年，北京大学成立了考古学会。中国学者第一次自行主持的考古发掘，是 1926 年由从美国学习人类学归来的李济和袁复礼主持的山西夏县西阴村遗址的发掘。此次发掘，采取了比较科学的遗物记录法，比安特生的发掘方法更显进步，而且出土了丰富的遗迹和遗物，加深了对仰韶文化的认识。中国考古学早期发展史上的另一件大事是 1927 年中瑞西北科学考察团的成立。这是中国和瑞典共同组建的一个考古科研团体。瑞典学者斯文·赫定（Sven Hedin）、北京大学教授徐炳昶（字旭生）被推选为中方团长，黄文弼代表北京大学考古学会参与其中。1927 ~ 1933 年，中瑞西北科学考察团在内蒙古、新疆进行了大量的考古工作，如高昌故城、交河古城遗址及高昌墓地的调查发掘等，其中以居延烽燧遗址的勘察与万余枚汉代简牍的发现最为瞩目。1928 年，中央研究院历史语言研究所成立，内设考古组。这是中国第一个专门的考古研究机构。同年，考古组派董作宾到安阳殷墟进行调查发掘。1929 年，中国地质调查所设立新生代研究室，同年北平研究院史学研究会成立，内设考古组，该研究机构的设立标志着考古学在中国逐渐扎根。1921 ~ 1931 年，是中国考古学孕育、诞生、初步发展的时期。在这一阶段中，北京猿人、仰韶文化、殷墟遗址等重要发现不仅在当时震惊中国甚至全世界，而且也对中国考古学的发展产生了深远影响。时至今日，北京猿人、仰韶文化、商文化研究依然属于考古学研究的中心内容。

在所有的早期考古活动中，安阳殷墟的发掘起到了奠定现代中国考古学基础的作用。而且由于殷墟发掘迄今没有间断，殷墟发掘的历史可以看成现代中国考古学发展的缩影。1928 年 10 月，中央研究院历史语言研究所派董作宾专程前往殷墟调查，由此开启了中国学术机构自行组织并独立完成田野考古的历史。1929 年初，在美国哈佛大学获得人类学博士学位的李济被聘请为中央研究院历史语言研究所考古组主任，并亲自领导和主持安阳殷墟的考古工作。始于 1928 年的殷墟发掘分多个阶段，第一阶段的发掘由于日本侵略中国而于 1937 年终止。中华人民共和国成立后，于 1950 年再次启动殷墟发掘。1958 年，中国科学院在殷墟设立工作站，持续发掘至今，基本没有间断。殷墟发掘自首次发掘至今，历史脉络十分清晰。发掘技术从最初的探沟法，发展到探方法，再到大面积揭露；地层控制从最初的无层位发掘到水平层位发掘，再到自然层位发掘；发掘与研究对象从最初的单纯寻找甲骨到以找甲骨为主，兼顾其他遗物，再到遗物之外兼顾各种遗迹现象，再到今天关注遗迹和遗物现象的同时，还关注遗迹和遗物的背景关系，将自然信息也纳入研究范围。记录方式从早期的发掘日记到规范的探方记录，再到今天的计算机数据管理系统；遗址管理从最初的专注于科研到今天的科研与文化遗产保护并重。殷墟发掘所经历的技术、方法和思想的变化，记录了中国考古学成长的轨迹。

第四节　考古学的基本技术方法

考古学的基本技术方法可以概括为遗址探查技术、考古发掘技术、遗迹遗物提取技术，以及其他分析研究。

一、遗址探查技术

最初的考古发现，常常缘于偶然。农民修路、打井、建房，都可能发现古遗址或古文物。考古学作为一门科学，需要有发现古遗址的专门手段。现代考古学探查古遗址的技术手段日益丰富，最常见的技术包括以下几类。

（一）文献分析

部分古遗址，尤其是大型遗址可能被文献记录下来，或者有部分线索被保存下来。因此文献资源是发现古遗址的重要手段（Renfrew and Banh，1996）。中国古代文献丰富，各种不同类型的史料中都保存有古遗址的线索，各种地方志中，保留的历史地理线索更多。这些线索都是寻找古遗址的重要资源。

（二）徒步调查

徒步调查是广泛应用的发现遗址的手段。通常由若干人组成调查组，在地面徒步行走，观察和采集地表标本，对采集对象进行分析并将分析结果标注在地图上，最终根据采集的地面标本判断地下遗迹埋藏情况。其原理是地面古代遗迹或遗物历经时间后仍然暴露在地表，或人工或自然原因，原本埋藏在地下的遗物有可能被转移至地表。中国的黄土分布广泛，众多遗址栖于黄土之中，地面调查因此成为探查古遗址的有效手段。现代意义上的徒步调查已经发展出多种不同方式，如重点调查（intensive survey）、全覆盖调查（full coverage survey）、区域调查（regional survey）等。这些调查方式已经不是简单的遗址探查技术，同时也是研究技术。

（三）考古钻探

由于绝大多数遗址或遗址的主体遗迹历经岁月埋藏于地下，通过钻探了解遗址埋藏情况成为必然。利用钻探工具提取地层样本，观察地层土质土色的变化和包含物，可以了解古遗址或古遗迹某个点的情况。

现代考古学发展出多种钻探手段。洛阳铲、地质钻、汽车钻等成为考古钻探的主要工具。洛阳铲是中国考古学界应用最为普遍的钻探工具。洛阳铲最初是一种盗墓工具，因20世纪初发明于洛阳闻名。洛阳铲之所以广受欢迎，是因为它操作简单、便于携带。铲头深入地下后，每铲只提取某一深度的一段土样，而且要保证这段土样是未被搅动的原生地层样本，这样操作者就可以比较准确地掌握某一深度的真实地层情况（图2.1）。

在中国北方地区，尤其是黄土覆盖区，绝大部分遗址都经过了洛阳铲钻探。钻探对于了解遗址分布范围、遗址之间的空间关系、遗迹间的功能关系等都相当有效。因此钻探既是发现遗址的手段，也是考古研究的手段。

（四）高空摄影与遥感

高空摄影技术应用于考古始于20世纪初。1906年，英国人已经利用热气球拍摄过著名的巨石阵遗址。随后在意大利、叙利亚、捷克等地的考古工作中开始采用高空摄影技术寻找和记录遗址。20世纪40年代以后，高空摄影技术在英国、美国等考古工作中广泛应用（Renfrew and Banh，1996）。例如，20世纪70年代，考古学家通过高空摄影手段，发现了美国西南部著名的Chaco Canyon遗址的古道路。英国及其他主要欧洲国家图书馆中保

图 2.1　洛阳铲使用示意图

存了大量原本出于不同目的的高空摄影照片，这些照片为寻找遗址提供了大量信息。

　　遥感技术是一种可以更大幅度观察地表或地表浅层的手段。遥感技术应用于考古学，有助于观察发现大规模遗址或大体量遗迹。随着图像成像条件（航空摄影、卫星成像）、成像技术、图像传送技术和图像解析技术的提高，遥感技术在古遗址探查、遗址绘图、遗址跟踪监测、遗址保护利用等方面正日益发挥重要作用。

（五）遗址预测技术

　　20 世纪末，一些考古学家开始尝试通过总结已知遗址的分布规律，提炼各种参数，并在此基础上寻找未知遗址。这项技术在英国、希腊等国的实践取得了一定效果，但在中国尚未推广。

二、考古发掘技术

　　17 世纪 30 年代英国地质学家莱伊尔出版的《地质学原理》促成了考古学的诞生。由于认识到地层能够记录历史，考古学开始形成科学的发掘方法和记录方法：按照埋藏的深度和自然层位发掘记录地下的遗迹、遗物。而发掘对象的地层关系是按"层"记录的，不同空间位置的对象仍然需要进行"层位"的判别，因此水平位置的控制同样重要。在考古学发展过程中，垂直层位关系经历了由"水平层位"向"自然层位"的过渡，平面作业则经历了由探沟法、格子法向平移法、自由法的过渡。

　　探方法是英国考古学家莫蒂默·惠勒（Mortimer Wheeler，1890~1976 年）发明的。探方法在中国长期占据考古发掘的主导地位。直至今天，探方法仍然在中国考古界普遍使用。后来英国学者发展出 Context 发掘法，并在 20 世纪 80 年代后普遍采用。Context 发掘法严格来说是一种记录方法。20 世纪 90 年代初，该方法被介绍到中国但并未被普遍接受。20 世纪 90 年代后期，部分考古学家尝试采用平移法发掘，即从某个断面观察并判断出层位关系后，逐层向外清理。但严格地说，平移法仍然是探方法的一种，没有本质区别。以地层学为基础的探方法仍然是田野考古发掘的主流方法。发掘过程中，获取标本的手段最初比较简单。最初的关注对象主要是各种文物标本或墓葬、房址、道路等生活设置，因而较少采用特殊手段或设备。随着研究的需要，细小的标本，包括非人工制品的种子、小动物骨骼等越来越受到重视。干筛法、浮选法等手段逐渐应用于田野发掘中。

考古记录技术的发展与田野发掘技术的发展相始终。英国考古学界由于采用 Context 发掘法，其记录是以田野作业中观察到的对象编号的，如灰坑，Context 发掘法采用的编号是灰坑的边壁。与此不同，中国考古学界普遍采用的是以遗迹或遗物为对象的编号记录法。给予编号的原则是 "发掘时间+地理位置+探方编号+地层层位+遗迹单位或遗物号的顺序号"，如 1998ABDT6H5，表示 1998 年安阳白家坟东地第 6 号探方 5 号灰坑。其中"安阳白家坟东地" 是以其拼音首字母 ABD 表示的，记录的手段主要是绘图、照相、三维扫描等。2000 年以后，随着设备的改进，全站仪、载波相位差分技术（real time kinematic，RTK）、高精度 GPS 等为探方法带来了巨大的便利。近年来，越来越多的学者尝试利用新设备，将遗址整体布控，利用全站仪、RTK、高精度 GPS 等对整个遗址布探方编号，全部编号在野外定位后纳入电脑制图，由此实现实际发掘区与遗址整体之间的无缝"嵌入"。遗址范围内，无论是否发掘，全部在探方布控之中。

当前考古界正在研发新的记录平台。预计不久，在新的软件操作平台下，野外发掘出土的各种遗迹和标本（文物）都可在计算机中进行三维定位及相对年代估判，实现遗址形成过程的 "同时性" 和 "历时性" 复原。

三、遗迹遗物提取技术

搞清楚古代遗迹和遗物的年代是考古工作最重要的问题。没有年代学就没有考古学。许多考古发现的年代可以用文献记载来确定。许多城址和帝王贵族陵墓在史籍上都有记载，一些中下层官员和百姓的墓葬常常有墓志铭出土，记载了墓主的生卒年代。古代青铜器上，有时也带有各种铭文，可以判断这件器物的主人和年代。但考古年代学作为考古学的重要支撑，并非指这类简单的判定年代的方法。最常见的考古年代有地层年代、类型学编年、^{14}C 年代等。

通常所说的年代，可分为绝对年代和相对年代两种。相对年代不标明遗迹或遗物的精确时间，只关心相对的早晚。绝对年代指准确的时间，通常可以用数字表示。最典型的绝对年代是日历年代，即某年某月某日。

（一）地层年代

地层学是考古科学的基本方法之一。其原理是不同时期的人类活动所留下的遗迹和遗物，会在地下形成不同的地层或遗迹单位，由于堆积过程中的自然顺序，这些地层或遗迹单位之间便具有了相对的年代关系，即被叠压或被打（挖）破的地层堆积与遗迹单位一定早于叠压或打（挖）破它们的地层堆积与遗迹单位。考古学家在田野操作中，最重视的便是这种地层关系，唯恐搞错了地层。因为地层错了，年代关系就乱了，进一步的研究更无从谈起。

中国学者掌握地层学方法始于 1931 年梁思永在河南安阳后冈遗址的发掘，在这次发掘中成功观察到了以红陶片为主体的仰韶文化、以黑陶片为主体的龙山文化和以灰陶片为主体的商文化的"三叠层"堆积。此后（1932 年）在秋口同乐寨的发掘中，再次找到了仰韶—龙山—小屯"三叠层"。

图 2.2 所示为考古工作者在殷墟获得的一组地层关系：A 是 3000 年前的古地面；B 是商族人迁入后所形成的地层（考古学上也称文化层）；C 是经过一段时间后，商族人在既有文化层上夯筑的房基（表明有人直接将房子盖在这一地点），图中可以观察到用黄土夯打的房基面在剖面上是不连续的。M1 和 M2 是两座墓葬的剖面，这两座墓葬打破（切入）了房基 C 并将其连续的夯土层分割成三段。通过细致的地层观察，考古学家可以获得该地点的"遗址形成过程"：这一带原本没有人类堆积；大约 3000 年前的某个时候，商族人开始在这一带活动；又过了一段时间，商族人在这里建起了房舍；房舍废弃后，这里变成了墓地，其中两座墓葬挖在房基之上。除了研究地层关系外，考古学家当然还会从这些地层或遗迹单位（房基、墓葬）中收集各种遗物，如碎陶片、木炭、烧土、动植物标本等。地层学不仅仅用于编年，同时也是研究遗迹空间关系的重要手段。

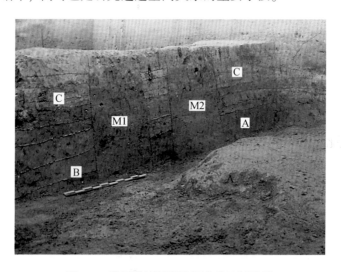

图 2.2　安阳殷墟田野发掘中的地层关系

（二）类型学编年

1902 年，英国考古学家皮特里从尼罗河流域纪年前墓葬中的大量陶器群入手，从陶器的形制变化归纳出器物形制和装饰的递变过程，由此建立起一系列的陶器发展序列，为早期埃及墓葬的研究提供了一种"序列断代"方法。这一序列确定之后，一旦人们在某个未知墓葬中发现一种列在已知年代序列之中的陶器，就可以判定这个墓葬的年代。

类型学编年的原理是不同时代的器物（或遗迹）均有其时代特点，根据这些特点将器物（或遗迹）分类，可以掌握研究对象的年代早晚。

在中国考古学界，李济是最早系统整理殷墟发掘品的学者。他采用一种独特的分类方法。他的分类法体现在 20 世纪 40 年代出版的《殷墟陶器图录》和《记小屯出土之青铜器》两部书中，基本原则是以数字加罗马字母表示器物所具有的不同部位的特征。例如，以数字"0"表示圜底，以数字"2"表示圈足，以"3"表示三足，分别可以称为"圜底目""圈足目""三足目"。"目"确定后，其下一级的特征是足部以上的形态，用数字随其后表示。同目器物的更具体的个性特征，则以罗马字母紧随其后表示。李济关于殷墟陶器的分类方法看似客观，其实很烦琐且不便于把握。有时按他的分类原则给出一个器物序数号，甚至连器类都不能判定，所以他在使用这套分类的同时，不得不使用金石学家的定名法，如称铜觚为"觚形器"、称铜爵为"爵形器"、称铜鼎为"鼎形器"等。但李济分类法中体现的尽可能摒弃主观因素的分类思想一直影响着后来整个中国考古学类型学的发展。

殷墟文化的第一个陶器编年直到20世纪50年代才由北京大学邹衡编制出来，并被称为分期。早在1933年，董作宾在其《甲骨文断代研究例》一文中，根据他提出的"十项标准"将殷墟出土甲骨卜辞分为五期，因而殷墟的陶器分期可以根据一些陶器或陶器出土单位与卜辞的共存关系加以联系。这样殷墟的陶器编年或分期就有了比较明确的时代。殷墟分期确立之后，许多课题随之也就提了出来，如西北冈王陵的陵主问题、青铜器的编年问题等。殷墟的研究进入了一个全新的阶段。如图2.3所示为殷墟遗址出土陶鬲的类型学编年，图中由左至右排出了殷墟从早到晚不同时期的商代陶鬲的形态演变，显示出殷墟时期的陶鬲遵循着裆部由高逐渐变低的明显规律。其他文物大抵以同样的方法排定。殷墟文化Ⅰ、Ⅱ、Ⅲ、Ⅳ期所排出的每种典型陶器的特征，就成为一种"断代"的标准。即使博物馆内的传世品，参照殷墟文化分期，也能初步断定其属于商王朝的哪一阶段。无论文物出自何地，只要所出标本的形态一致，即使没有地层关系，也可以判断它是否属于商文化，并能在商文化的时间标尺中找到其位置。因此殷墟文化分期具有全国性意义，它为各地同一时段的考古学研究提供了比较准确的时间标尺。

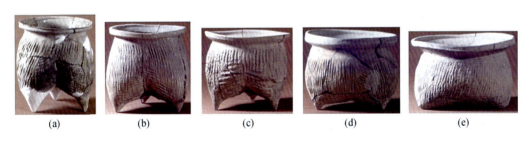

| | | | | |
| (a) | (b) | (c) | (d) | (e) |

图 2.3　殷墟遗址出土陶鬲的类型学编年

需要说明的是，类型学编年方法不仅是一种单纯的年代学方法，同时更是一种考古学文化谱系的分析方法。它可以用来进行"文化因素分析"，观察不同地点、不同考古学文化，甚至不同国别之间的文化关系。例如，殷墟文化分期的成功，同时也为全中国考古工作树立了典范。大约从20世纪60年代开始，文化分期工作就成为各地考古学文化研究的重点内容，为接下来探讨不同考古学文化的关系、确立中国考古学文化谱系奠定了基础。

(三) ¹⁴C 年代

^{14}C 年代法是考古学家进行绝对年代测定的最常用的方法。1949 年，在第二次世界大战期间，美国国防部从事原子弹和生物放射性研究的化学家威拉德·利比利用碳的放射性发明了这一方法。原理如下，宇宙射线的中子轰击地球的空气，与其中的氮气发生反应，产生碳的同位素 ^{14}C，它含有 14 个中子而不是通常的 12 个，这两个额外的中子使得原子核变得不稳定，因此易于发生衰变。

威拉德·利比最初计算出的 ^{14}C 半衰期为 5568 年，后来修正为 5730 ± 40 年。^{14}C 和一般的碳元素相同，也可以和普通的碳组成空气中的二氧化碳。植物以二氧化碳进行新陈代谢，因此它们体内碳的比例与大气中碳的比例相同。各种动物以食物链的方式保持着相同的碳元素。但是，一旦有机体死亡，没有新的碳元素进入体内，它们体内的放射性碳就开始衰变。过了约 5730 年之后，只有一半的 ^{14}C 残留下来，而过了约 11460 年之后，^{14}C 就只剩原来的四分之一。于是，测算古代有机体内的 ^{14}C 的含量，根据它的衰变速率就可以计算出生物体死亡的时间。

考古发现的大量有机物都可以成为 ^{14}C 标本，如木头、灰烬、骨骼、贝壳等。同一出土单位（如同一墓葬）的发掘品由于经常与这些有机物共存，只要知道了有机物的年代，通常便可以知道其他发掘品的年代。因此 ^{14}C 测年在考古年代学研究中应用极为广泛。

年龄大于 7.5 万年的生物体，残留的 ^{14}C 已经很少，因此 ^{14}C 年代法通常用于测定 7.5 万年，特别是 5 万年以内的发掘品的年代。^{14}C 测年对样品的量有一定要求。但随着技术的改进，现在已可采用更为精确的加速器质谱法（accelerator mass spectrometry，AMS）来改善 ^{14}C 测年技术，可以直接对碳原子计数。因而可以用更少的样品，甚至几毫克炭屑就可以进行测定，而且结果要比传统方法更为精确。

与 ^{14}C 年代技术密切相关的是树木年轮技术。树木在生长过程中会在其横截面上留下年轮。受气候降雨的影响，年轮会出现宽窄不同。利用年龄连续的古木，可以建立一个区域长期的连续的树木年轮表，从现在一直上溯到几百年甚至几千年前。如果考古发掘中出土了树木，以该树木的年轮与已知的树木年轮表对照，即可以断代。目前世界各国都在建立自己的树木年轮表。其中美国的树木年轮表达到了公元前 6700 年，爱尔兰的树木年轮表达到了公元前 5300 年，而德国的树木年轮表达到了公元前 8500 年。中国也已经建立起自己的树木年轮表。树木年轮表不仅可以用来直接断代，还可以用于 ^{14}C 年代校正。1966 年以来，考古学家根据树木年轮方法对放射性碳测定的数据进行校正，并制订了校正曲线，可以将放射性碳年龄转化为实际年龄。如果能够测量出两个或两个以上的 ^{14}C 年代数据，则校正更加精确。

中国的 ^{14}C 年代技术在近年发展迅速。例如，北京大学购置的 ^{14}C 专用的加速器质谱仪，年测样能力达到 2000 个以上。中国科学院地球环境研究所与西安交通大学也合作建有加速器质谱仪。

除上述年代学方法之外，常用的考古年代学方法还有钾氩法、铀系法、含氟量分析、黑曜石水合法、古地磁法、热释光法、光释光法等。

四、其他分析研究

前文提到的区域调查技术，尤其是地层学和类型学，均是极其重要且最常用的考古学研究方法。除此之外，考古学还根据已知条件的不同或研究对象的不同，发展出丰富的研究方法。

（一）考古发掘品与出土文献、传世文献参证

将考古材料与出土文献、传世文献结合，是中国考古学者独有的研究手段。这是一种已知条件比较特殊情况下的方法，源于金石学。汉代，特别是北宋以来，学者常常见到铸有铭文的青铜器或者刻有文字的石器。文字古朴者，需要借助传世文献才能识读理解。甲骨文、敦煌藏经洞文书被发现后，通过传世文献研究地下文献蔚然成风。除解释文字之外，更有学者通过出土文献研究历史。王国维将出土文献与传世文献相互印证的方法称为"二重证据法"（表 2.1）。甲骨文字的考释与商史研究，便是典型的"二重证据法"。

表 2.1　20 世纪部分学者利用"二重证据法"考释文字和研究历史举例

卜辞考释	考释方法的变化
孙诒让	主要与金文比较，兼采字形比较和偏旁分析法
罗振玉	逆推法，"由许书以溯金文，由金文以窥书契"
王国维	不偏重单纯文字考证，强调"情状""义例""假借""变化"，善于以纸上史料与卜辞相印证，提出"二重证据法"
郭沫若	将甲骨卜辞的考释推进到综合论史
唐兰	对照法、推勘法、偏旁分析法、历史考证法
于省吾	参演考证法，求定形、定音

考古学诞生后，原来以出土文献与传世文献相互参证的"二重证据法"又进一步发展为地下考古材料与文献的更全面参证。在中国现代考古学诞生之初，殷墟科学发掘成功地证实了中国古代文献中记载的商王朝的确切存在。《尚书》和《史记》等传世文献记载了中国商王朝的王系及重大事件。1899 年甲骨文被发现，1917 年王国维发表著名的《殷卜辞中所见先公先王考》及《殷卜辞中所见先公先王续考》，将传世文献的商先公先王世系与出土于安阳殷墟的甲骨文相对照，证实了商王朝确切存在。1928 年开始的殷墟科学发掘显示，出土甲骨文的安阳殷墟遗址是商代后期都邑所在，是商王朝存在的地下实证。

考古学至今仍在发挥着巨大的史学作用。近年的新闻热点"曹操墓"就是典型的例子。一代枭雄曹操在东汉建安二十五年正月廿三庚子日（公元 220 年 3 月 15 日）卒于洛阳，享年六十六岁。根据曹操在建安二十三年（公元 218 年）六月颁布的《终令》以及他临死前《遗令》的要求，最终被安葬在邺城西郊。关于这一点，古代文献的记载十分清晰。2008~2009 年，河南省文物考古研究院在安阳县西高穴村发掘了一座东汉末期大型墓葬。根据该墓葬目前的考古发掘状况可以归纳出以下 10 个知识点：①墓葬位于曹魏邺城

西南的一处岗地上，其东部约十里①有传说中的西门豹祠；②墓葬规模宏大；③墓葬规格很高，墓主人身份非同凡响（墓室尺寸、结构、建墓材料、女性陪葬人均可说明）；④这座墓葬是东汉末年的（出土文物的风格、画像石的技法是东汉末年的，文字的书体也是汉末隶书形式）；⑤墓主人生前可能有过军事经历（墓里出土的戟、剑、铠甲可证）；⑥墓主人生前可能颈部或头部有过病症或不适（收缴的"魏武王常所用慰项石"可证）；⑦墓主人死后称"魏武王"（墓中出土的刻有"魏武王常所用挌虎大戟"和"魏武王常所用挌虎大刀"的八件石牌可证）；⑧墓主人后世又被称为"魏武帝"（鲁潜墓载，其墓在"故魏武帝陵西北角西行四十三步"）；⑨墓中葬有一男两女，其中男性年龄在 60 岁以上，属墓中最年长者；⑩墓葬未见封土，相对西汉、东汉贵族死后普遍实行厚葬而言，墓中虽有少量珠玉，但基本上都是墓主人生前"常所用"之物，某种程度上确可以理解为薄葬。以上述纯粹由考古资料推出的 10 个知识点作为已知条件来反读文献，特别是我国古代留下来的正史，曹操是唯一可以以其身世、身份与西高穴大墓中的所有知识点相吻合的。文献参证法的核心证据，其实还是来源于考古发掘材料本身。

（二）体质人类学

考古学研究的不仅仅是青铜器、玉器、瓷器，还包括人类的骨骼。这种研究人类骨骼的学问，通常称为体质人类学。它是考古学的一个分支。

人类由于生长环境、生活方式不同，个体间呈现着一定差异，同时随着年龄增长，骨骼也会发生变化。通过观察其变化规律，即可判断种族、年龄、性别、病理、食性、营养程度，甚至生活方式等。

尼罗河流域的木乃伊能否告诉我们数千年前古埃及的某种传染病？中国长沙马王堆西汉女尸是怎么死的？陶寺那具女性骨架的腹部怎么会插入了一个牛角？殷墟那名 25 岁年轻男子头部的半截戈头是否足以致命？无数的问题需要古病理学知识。的确，木乃伊的古病理研究已经告诉我们 3000 年前尼罗河流域曾经出现过血吸虫病；长沙马王堆一号汉墓古尸的古病理研究，也已经证明墓主人轪侯夫人生前曾患有冠心病、多发性胆石症、全身性动脉粥样硬化，这是我们关于西汉时期人类的健康状况研究的一例。

（三）动物考古

考古遗址中发现的破碎动物骨骼可以告诉我们许多有关古代人类狩猎、畜牧和食用牲畜以及使用牲畜的信息。通过古代动物遗骸研究问题的考古行为，称为动物考古。

动物考古学的目的是要重建古环境和人类的行为。在分析一个考古遗址中的动物群时，考古学家往往会发现古人类的狩猎目标集中在少数物种，这种偏爱可能是出于经济上的考虑，如大型动物的肉量要远远多于小型动物，所以这是一种所谓最佳食谱的选择；还有出于方便的因素，有些动物要比另外一些动物易于捕猎，或数量丰富，所以成为主要的狩猎对象。除此之外，文化禁忌也会影响捕猎动物群的结构，如博茨瓦纳多比地区的布须曼人对于捕食动物有一系列非常复杂的个人年龄和性别的禁忌。虽然特殊的狩猎习性十分

---

① 1 里 = 500m。

普遍，但是考古学家对于人们为何要猎取某几种特定动物的原因很难做出解释。例如，旧石器时代晚期华北的峙峪人猎取野马和野驴，法国西南部的梭鲁特人集中猎取野马，中石器时代英国的斯塔·卡遗址的人类集中猎取赤鹿和獐，而北美洲地区伊利诺伊州瓦巴什河谷中石器时代的人类猎取白尾兔作为他们的主食。

考古遗址中的大动物可以帮助我们了解古代人类生活的环境和摄取肉食的情况。由于大部分骨骼十分破碎，所以学者一般从中寻找能够帮助鉴定物种的部分，如牙齿和犄角，以了解人类利用的是哪些动物。但是，大部分的动物骨骼受保存状况的制约，鉴定的准确性也会受到影响。因此，在鉴定的结果上会出现种、属、科等级的不同。鉴定到种的物种最为精确，而鉴定到科的物种就比较模糊。例如，有时通过一些残破的牙齿只能确认它们属于猫科动物，不知道究竟是虎还是豹。有的有蹄类动物如羊、牛和羚羊等，其不同种群的牙齿都没有什么明显的区别，这就需要借助于它们的角来进行分辨。特别是羚羊，它们的种群特征主要反映在不同的犄角上。

考古学家还要统计不同物种的数量来评估动物群的丰富程度。数量统计有两种典型方法，第一种是鉴定标本的数量，这是根据发现的动物骨骼进行鉴定、统计得出的数量。这种统计有它的缺陷，因为骨骼会破裂成很小的碎片，计算骨骼的绝对数量没有什么意义。所以，这种方法一般和第二种方法即动物个体最少数量统计方法一起使用。第二种方法一般根据对特定部位骨骼，如下颌骨的统计来计算遗址中发现的骨骼所代表的最少个体数量。

动物遗存也可以帮助我们确定一个遗址被使用的季节，并深入了解环境的季节性变化。但是，大动物对气温和环境的适应范围比较大，能力比较好，所以有时并非很好的环境和植被标志。因此，有时单一物种无法说明一个遗址的生存环境。例如，河南安阳小南海旧石器时代晚期遗址中，出土了披毛犀、水牛、猩猩的化石，说明适应了完全不同生态环境的动物确实能够共生在同一区域。

分析动物骨骼可以提供人类利用动物资源的策略和季节性等信息，这除了需要鉴定动物种属之外，还需要分辨动物性别和年龄。性别分辨有时比较简单，如大多数鹿类只有雄性才有鹿角；野猪只有雄性长着较长的獠牙。正是有些动物的两性差别比较明显，所以考古学家发现在伊朗史前土丘遗址的人们曾有选择地控制羊群，多数公羊在成年之前被屠宰，而母羊则可活到成年。动物年龄一般通过牙齿萌出和磨损来判断。年龄识别可以帮助我们了解古代人类的食谱和屠宰方式，并判断这些动物是否开始驯化。如果动物是通过狩猎获取的，那么动物年龄可能比较随机。圈养动物的情况中，幼崽出生和屠宰时间比较一致，且目的往往是用来应付一年里食物短缺的季节，所以根据这些动物年龄判断会得出比较一致的结果。英国中石器时代斯塔·卡遗址中猎取的赤鹿死亡年龄在1岁左右，正值初夏季节，说明当时人类利用赤鹿年幼比较容易猎取的特点来获取肉食。

微小动物对环境波动比较敏感，比大动物更能够反映气候与环境变迁。而且，微小动物一般是自然埋藏，能够比较客观地反映周边环境，而大动物往往是人类狩猎的对象，所以它们的存在具有选择性。例如，我国华北旧石器时代遗址中常常有大量鼢鼠，反映了冰期的干冷气候。美国一位动物学家发现南非的沙丘鼹鼠个头与降雨量有关，降雨量大和植被茂盛时，鼹鼠的个头就较大。于是他从距今11000～9000年南非一处洞穴遗址中发现个体明显大于先前的鼹鼠的现象，由此判断这一时期降雨量增加。

　　有时，昆虫也能提供重要的环境和人类活动信息。例如，英国昆虫学家在伦敦附近的一处新石器时代遗址中发现了一种 5000 年前的甲虫，与此同时，榆树的花粉下降。这种甲虫能够传播导致榆树生病的真菌，因此就为 5000 年前榆树的减少提供了一种解释。还有，寄生虫的发现也能为环境和人类经济形态的变迁提供信息。例如，在跨湖桥遗址里发现了一种人畜共患的寄生虫——鞭虫的卵，而跨湖桥遗址的先民已经开始驯养猪，很可能说明人类在将猪驯化后，开始染上了这种寄生虫病。

　　开始动物驯化是人类经济和生存方式的重大变化，所有家畜都源自野生动物，驯养动物的起源可能和人口的增长与粮食匮乏有着密切的关系。在考古遗址中分辨驯养动物的骨骸是一件困难的工作，因为人类会以各种方式影响他们的家畜，如用育种来培养含肉量多的动物，或增加羊毛的产量，或屠宰雄性和年老的个体来控制畜群的性别和年龄。经过人类的驯养，许多动物的体态和特性都发生了非常大的变化，以至于无法再在野生状态下生存。

　　一般来说，早期驯养的动物和野生物种骨骸之间的差异非常小，难以区分，因此在考古学上很难根据一些零星的骨骸来判断某种动物是驯养的还是野生的。考古学家必须分析大量的骨骸样本，研究动物由选择过程、食物结构、觅食习性变化所导致的诸如体型、性别上的变化。例如，猪的驯化在牙齿形态上很难反映出来，野猪和家猪的牙齿几乎是相同的，但是家猪牙齿的尺寸要比野猪小，而且犬齿退化，齿列会因头部的缩短而变得拥挤。野猪的身体特征和家猪也有着很大的区别。例如，野猪头长和体长之比为 1 : 3，现代家猪头长与体长之比为 1 : 6；野猪生长发育慢，出生一年后才达 30 ~ 40kg，而家猪出生半年后就能达到 90kg 以上；成年野猪体重在 100 ~ 200kg，而成年家猪可达 300 ~ 500kg。对跨湖桥遗址出土的猪骨骼的研究，发现其颌骨缩短、牙齿特征弱化，但是牙齿尺寸缩小要比骨骼尺寸改变缓慢，齿列凌乱，有龋齿，这些都是明显家畜化的特征，表明跨湖桥是我国出土最早畜养家猪的史前遗址。华北最早的家猪出土于距今 7500 年的河北武安磁山遗址。

　　尽管如此，我们还是无法分辨野生山羊和家羊的区别，它们的体形和牙齿都没有什么变化。我们也无法单单根据骨骼和牙齿来分辨山羊和绵羊。对巴基斯坦新石器时代遗址中牛群的研究，发现动物个体有减小的趋势，但环境因素可能也起到了一定的作用。因为，冰期以后许多野生物种也有个体变小的趋势。许多驯化导致体质特征的变化，如绵羊产毛的数量无法通过考古分析获知。有时，从某些工具的出现和存在可以推断驯化动物的存在，如犁、辕和挽具等。目前，世界范围内最早驯化的动物是狗，在 1.2 万年前以色列的一座墓葬里，有一只幼犬陪葬。目前，考古学家已开始采用 DNA 来追寻家畜驯化的历程，并发现许多家畜，如牛和羊都有许多独立的起源点。从目前的考古证据来看，狗和猪的驯化也应该是多源的。

（四）植物考古

　　植物考古是研究古环境的主要内容，也是了解古代人类食物链的基础。长期以来，植物考古不如动物考古受人重视，这是因为考古遗址中动物化石常常十分丰富，而植物则很难保存下来。20 世纪 50 年代，欧美考古学界在近东地区和中美洲地区掀起了一股探索农业起源的热潮，其中最有代表性的就是美国考古学家布雷德伍德开展的伊拉克扎尔莫计划和麦克尼什在墨西哥的特化坎计划。当时，丹麦学者海尔比克（H. Helbaek）参加了布雷德伍德的多学科小组，向美国学者介绍了植物考古的理论与方法，即通过人类与植物界的互动来研究文化和经济的演变。之后，由于新考古学提倡文化生态学和强调文化的适应功能，植物考古在欧美获得巨大的进展，研究领域扩展到各个方面，除了孢粉和植硅石之外，研究对象还包括植物微体遗存，如淀粉颗粒、硅藻组织、植物 DNA、植物蛋白质电泳分析、稳定碳同位素分析等。植物考古的信息为我们提供了古代人类对环境的适应状况，也被广泛用来探索世界各地农业起源的具体过程（陈雪香，2007）。

　　20 世纪初，孢粉分析主要被用来做年代测定，之后才被考古学家用来重建古环境。孢粉是孢子和花粉的总称。从植物学上说，花粉是种子植物（被子植物和裸子植物）产生的大量显微镜水平的单细胞结构，它携带精子到雌性器官以便受精。更低等的孢子植物不生产花粉，而是一种复制体，称为孢子。孢粉本身具有的一系列特点为环境和断代研究创造了有利条件：①孢粉产量非常大，使其保存下来成为孢粉化石的可能性增大，为研究提供了方便；②孢粉壁易于保存，因为它含有的孢粉素结构复杂，极难氧化，在高温和浓酸的环境中也难以溶解，因此在地质年代里，孢粉可以被保存下来，即使是浅变质的岩石中也能保存一定数量的孢粉；③孢粉的体积很小，直径只有几十微米，密度较小，而且有的花粉还生有适于飞翔的气囊，易被风或水搬运到一定的距离之外，因此在一定范围内孢粉的成分相混合，使孢粉组合具有综合的特征，为地层对比提供了条件；④由于上面的原因，地球表面保存了丰富的孢粉，地质时期也与现今的情况相对应，所以在陆相、海相沉积都能找到一定的孢粉化石；⑤通过孢粉分析，运用数理统计的方法，不但能确定植物群的成分，而且获得了统计资料，以便更精确地分析和解释植物群的性质。

　　植硅石是植物细胞中微小的硅化颗粒（植物蛋白石），它们在植物腐烂和焚烧之后仍能保存下来。和孢粉类似，植物所产的植硅石数量非常多，能够在沉积物、陶器、房屋的白灰面，乃至石器和动物牙齿上长期保存下来，而且不同植物具有不同形态和尺寸的植硅石，能够帮助我们进行识别。由于植硅石的形态和大小差异很大，一般难以鉴定到属和种。但是，它对于我们了解人类对某些特殊种类的植物，如水稻和玉米的栽培和利用，具有特别重要的意义。在实际工作中，将植硅石和孢粉结合起来研究，可以取长补短，对复原环境和经济形态有很大的帮助。例如，美国学者在对巴拿马盆地获取的岩心分析中发现，植硅石证据表明毁林造田和玉米种植发生在距今 4850 年前，而孢粉证据却比植硅石晚了 1000 年。这说明，早期的农耕和玉米栽培活动规模较小，几乎没有在地层中留下孢粉（科林·伦福儒和保罗·巴恩，2004）。

　　硅藻是具有硅质细胞壁的单细胞藻类，它们在湖沼中有大量的分布，硅藻的细胞壁在其死亡后能够保存下来，所以在泥炭和湖相沉积中非常丰富。硅藻具有特定的形态和纹饰，所以能够对它们做出十分准确的鉴定。一组硅藻反映了当时水域植物种类的组合和藻类群体的产量，同时间接地反映了水体的盐碱度和营养状况。根据不同种类硅藻对环境的不同要求，如盐分和营养状况等，我们可以对当时的环境进行复原。硅藻可以指示水的盐分，所以被用来了解海侵或地壳抬升。例如，从跨湖桥遗址鉴定出的硅藻有海链藻、小环藻、菱形藻、针杆藻等各种淡水和潮间带海水环境的藻类，所以能够从不同地层中各类硅藻的种类和比例了解遗址当时的环境和被海水淹没的过程。荷兰的一些湖滨遗址的硅藻分析，也揭示了发生在公元前 800 年的一次海侵中，海水的入侵导致当地人类居住中断。

像木头这样的大型植物遗存在饱水和干燥的环境里都能保留下来，供植物学家做直观的分析和鉴定。除了可以鉴定树木种类的木头外，坚果壳、果核和植物种子等也容易存留。例如，在跨湖桥遗址出土了大量的核桃、梅核、杏核、酸枣、菱角、芡实、麻栎果、栓皮栎和白栎果等。当时的人大量储藏栎属坚果、菱角和芡实等富含淀粉的食物，以应付野生食物资源的季节性波动。此外，水稻也成为当时人们利用的一种食物资源，他们对它的生长进行有意识的操纵，开始了驯化的过程。

植物考古研究中，浮选法的应用具有划时代的意义。浮选法又称为"水洗分离法"，从 19 世纪起在工业上被用来选矿，后来被考古学家用来寻找沉积物中一般肉眼难以察觉的种子和小动物骨头。早在 1860 年，澳大利亚考古学家就首次用浮选法发现了古埃及遗址土块中的谷粒和其他植物种子，之后，浮选法在考古学的植物采集中发挥越来越大的作用。它的运用被誉为"史前考古学资料数据采集的一场革命"。

最典型的例子是对伊朗阿里·科什遗址的发掘，美国考古学家弗兰纳利在 1961 年的第一个发掘季节结束后写的报告中断言，这个遗址的植物遗存很少，没有农业的迹象，人类的经济形态以狩猎为主。两年之后，他们采用了一种改良的浮选技术，从土墩遗址的各个层位里发现了超过 4 万颗植物种子，提供了该遗址完整的植物利用历史，显示了小麦和大麦在农业中日趋重要的发展趋势。弗兰纳利在总结研究工作时说，他们先前的报告确信植物十分稀少，然而事实并非如此，他们在 1961 年发掘中所缺乏的正是发现它们的能力。同样，对叙利亚莫累比特史前聚落遗址土样的浮选，揭示了公元前 800 年的先民仍依赖野生的小麦和大麦，没有人工栽培的迹象。在北美洲地区，浮选法的利用证实了美国中西部和东部地区曾种植过热带作物和本土栽培作物，将园艺学的起源推前到了比伍德兰早期（相当于新石器时代早期）还早的古代期（相当于中石器时代）晚期。

麦克尼什对墨西哥特化坎河谷的十几个遗址进行了发掘，从这些遗址里发现了 8 万件野生植物的遗存和 2.5 万件玉米的标本，提供了墨西哥高原农业起源的详细证据。河谷最早的狩猎采集者以狩猎兔子、鸟类和龟鳖为生。在公元前 6700 ~ 前 5000 年间，当地居民开始利用豆类和苋类为食物。他们旱季居住在洞穴里，开始栽种南瓜和鳄梨。同时，还利用碾磨盘、石杵和石臼来碾磨坚果和植物种子。通过不同时代遗址出土的野生植物与栽培植物的比例，麦克尼什重建了当地农业起源的历史过程。证据表明，过渡型驯化的玉米长度不超过 20cm。公元前 5000 年的人类仍然主要以采集野生植物为生，只有 10% 的食物来自驯化的作物，其中包括南瓜、葫芦、豆类、辣椒和玉米。到了公元前 3400 年，特化坎居民三分之一的食物来自农业，这一时期狗被驯化，并出现了定居的聚落。到了公元前 2300 年，陶器开始出现，人们也开始栽培和食用杂交的玉米种类。

（五）地质考古

对人类生存环境的研究受到重视后，地质学中的许多方法被借鉴到考古学中，如地质沉积学、磁化率、岩相学等方法均受到重视。中国商代考古研究中，考古学家利用岩相学手段，比较了安阳殷墟出土陶器与山东、陕西以及河南南部的陶器，证明殷墟遗址形成之初，人口从各地迁徙而来，文化面貌呈现显著的多样性。但由于在诸文化面貌的多样性之中，来自山东的陶器占据主流，而且分布于殷墟核心地带，从而推测著名的"盘庚迁殷"活动有可能来自山东地区，这是一项重大的学术认知。当前的地质考古越来越融入考古科研之中。在古环境分析数据的获取、人地关系方面取得了重大进步。

（六）生化考古

了解人类的生存状况是考古学的重要目的之一。考古学可以直接从人骨、器物上的残渍、古尸胃中的食物遗存和粪便来了解人类的食谱。食谱的概念可以分为某餐的饭食和长期的饮食结构两个方面，器物的残渍和古尸胃中的食物属于饭食，而龋齿、病理及骨骼中碳和氮同位素及微量元素可以显示长期的饮食结构。因此考古学借鉴生物化学学科知识，发展出多种分析古代人类生活结构的技术手段。

1. 碳、氮同位素

碳同位素的分析原理是人体骨骼30%是骨胶，与其他蛋白质一样，骨胶中的碳是由两种恒定的同位素^{13}C和^{12}C构成。这两种碳元素在食物中含量各异，由人体新陈代谢作用而保持恒定，因此^{13}C和^{12}C的比值可以反映食谱。在温带地区，大部分植物在光合作用中形成3个分子的碳，称为C_3植物。在热带和亚热带地区，植物有较长的光照，并吸收较少的水分，碳结构为4个分子，称为C_4植物，这类植物包括玉米、小米、甘蔗等。C_4植物要比C_3植物含有较多的重恒定碳同位素，因此$^{13}C/^{12}C$的值较高，这一值用$\delta^{13}C$表示。因此，主食为玉米和小米的人群，其骨胶中要比未食用这类食物的人群含有更高的$\delta^{13}C$值。由此分析可以获知经济形态及农业的发展。碳同位素也可以帮助确立食物中陆生和海生食物的比重，因为海洋性食物中的碳同位素与C_4植物相仿。法国学者对夏朗德一处洞穴中出土的尼安德特人骨骼进行碳同位素分析，发现他们的食物几乎全是肉食。采用这种方法，考古学家发现丹麦史前人类食谱的变迁，在中石器时代人类主要依赖海洋资源，到新石器和青铜时代人类开始主要依赖陆生植物资源。同样，对委内瑞拉奥里诺科平原史前居民骨骼的碳同位素分析，发现在公元前400年当地主食中，玉米（C_4植物）取代了木薯（C_3植物）。

氮同位素分析的原理是氮同位素^{15}N与^{14}N在植物中含量不一。然而氮在豆类中含量特别低，这是因为豆类能将氮元素固定在土壤里，所以植株中含量贫乏。一般来说，植物中$^{15}N/^{14}N$值（用$\delta^{15}N$表示）要高于陆生食草动物，而淡水贝类的$\delta^{15}N$值又比植物和陆生食草动物高。根据这项值，结合生态环境，可以确定不同食物资源和种类，特别是非常低的$\delta^{15}N$值可以表明豆类作物的引入。

2. 锶同位素

锶元素含量是肉食和素食的重要指示剂。自然环境中的锶无处不在，植物直接从土壤中吸取锶，因此含量很高。锶和钙在动物体中是能够互相置换的元素，但是动物在吸收营养时有一种偏向钙而排斥锶的倾向，没有排泄掉的锶就以置换钙的方式沉积在骨骼中。食草动物要比食肉动物摄入更多的锶，所以在同一地区食草动物的骨骼中的含锶量要比食肉动物高。同样，主食为植物的人，骨骼中的含锶量要比主食为肉类的人高。分析古人类骨骼中的含锶量对于了解史前社会从狩猎采集经济向农业经济转变特别有用。应用这一方法，考古学家已经确定了西欧地区、北美洲地区和中美洲地区等农业经济开始的年代。各种动植物的含锶量不同，因此骨骼中不同的含锶量可以更加具体地帮助确定食物的种类。例如，在植物中豆类和阔叶植物的含锶量要比草类高，坚果的含锶量最高。海洋贝类的含锶量要比淡水贝类高，而鱼类的含锶量又比植物高。根据地理条件的差异和骨骼中含锶量的比例，可以帮助确定某一地区古人类是主要食用高锶食物，如坚果、鱼类、阔叶植物，还是主要食用低锶植物，如玉米等。

3. DNA 技术

20 世纪 80 年代下半叶，美国加利福尼亚大学伯克利分校的一批人类学家根据对 147 名各大洲不同人种妇女胎盘细胞中的线粒体 DNA 的分析，将所有现代人的起源追溯到 20 万年前生活在非洲的一位妇女。这一被称为"夏娃理论"或"走出非洲"的假设对学术界产生了巨大的冲击。这意味着人类起源和进化的主干在非洲，其他各大洲的古人类代表都不过是进化中的旁支。1997 年德国莱因汉斯博物馆和慕尼黑大学的分子人类学家联手，采取聚合酶链式反应分析方法，确认欧洲典型尼安德特人的线粒体 DNA 序列处在现代人类序列的变异范围以外，因此不可能是我们的直系祖先。这一进展被列为当年世界十大科技成就之一，一些西方媒体甚至认为其意义可以和人类登陆火星相媲美。

中国分子人类学家根据对中国 56 个民族中 28 个民族群体基因样本的分析，认为现代中国人的祖先在距今 6 万～4 万年前从非洲出发向东经印度洋，取道东南亚进入中国华南地区。这意味着，原来科学界所公认的中国人自北京猿人和其他古人类类型进化而来的传统观点遇到了严峻的挑战。后来，用 19 项信息更为丰富的 Y 染色体指标揭示东亚人群父系传承的遗传学研究在美国斯坦福大学完成。对包括中国 21 个不同民族的人口、中国 22 个省份的汉族人口、3 组东北亚人口、5 组东南亚人口，以及 12 组非亚裔人口在内的大量样本分析，表明东南亚人口要比东北亚人口拥有更大的变异。这意味着东南亚大陆应是东亚现代人群最早的定居点。根据 Y 染色体变异速率的推算，晚期智人进入东南亚的时间在距今 60000～18000 年前，紧接着开始了向北的迁徙过程。与此同时，另有一批晚期智人群体从东南亚开始向南迁徙，进入马来西亚和印度尼西亚并到达太平洋群岛。虽然，分子人类学证据对中国人来源的解释在目前并没有得到中国古人类学家和考古学家的认可，但是古人类学和考古学的发现最终可以对遗传学分析做出的解释加以检验。

从体质人类学证据来说，美洲印第安人属于蒙古人种，一般认为他们的祖先在最后冰期白令陆桥出现时从西伯利亚来到北美洲。一些分子人类学家认为，这些早期的迁徙者在穿过白令陆桥进入新大陆时需要突破几个瓶颈，这就会限制抵达美洲人群的多样性。而且，亚洲人群和北美洲土著人群之间的遗传差异一般是在他们分离之后产生的。于是，衡量两者之间的遗传距离可以估计他们抵达北美洲的时间。一个初步的估算是，亚洲人群和北美洲土著的先祖分手的时间是在距今 42000～21000 年前。不久前，美国埃默里大学的分子人类学家分析了中美洲现在在语言上相近的 7 个部落的线粒体 DNA，证明他们原来属于同一个部落，与另一个部落在距今 10000～8000 年前分离。这个年代是根据线粒体 DNA 百万分之二点二的突变速率来计算的。这些分子人类学家还对全美洲 18 个部落的线粒体 DNA 进行分析，利用与上述相同的突变速率计算他们与最早先祖分离的时间，答案是距今 29000～22000 年前。对这项研究的批评在于，研究人员依赖一个无法确定的假设，所有观察到的遗传差异是在这些部落来到美洲后开始出现的，是否有可能这些差异是在这些部落抵达美洲之前就已形成的呢？将现在离得很远的美洲印第安群体的遗传学异同加以比较，可以确定他们都有一个共同的祖先，这些群体在距今 30000～15000 年前开始分离。有些分子人类学家甚至指出，美洲所有印第安土著居民的 95% 来自单一的共同先祖，很可能是在冰期一起跨过白令海峡的几个家庭。研究显示，Y 染色体的两种特殊变异被发现在美洲印第安人与西伯利亚中部的 14 组人群中，这表明美洲印第安人的祖先很可能源自西伯利亚中部的一批原始人群。遗传学证据同样表明，今天主要生活在北美洲北极圈附近的爱斯基摩-阿留申和纳代尼土著属于来自亚洲的较晚的迁徙者后代，他们大约在 7500 年前到达北美洲。

1979 年，一位苏联地质学家在西伯利亚叶卡捷琳堡郊外的一座很浅的丛葬墓中发现 9 具几乎完整的人骨，还有 14 枚子弹头和一些残留的绳索，这一消息马上传遍全苏联，因为在这之前叶卡捷琳堡是沙皇尼古拉斯二世最后被流放和监禁的地方。长期以来，十月革命之后沙皇一家的去向鲜为人知。苏联有关部门要求国内外的法医学家对骨骸进行分析。1993 年英国研究小组从骨骸中提取到了 DNA，沙皇一家为欧洲贵族，因此可以从姻亲关系追溯皇室家族的谱系。英国维多利亚女王是沙皇皇后的祖母，她的另一个孙女维多利亚公主是爱丁堡公爵菲利普亲王的祖母。因此，菲利普亲王的 DNA 应该和维多利亚女王、沙皇皇后及她的 5 个子女吻合。1993 年 7 月，菲利普亲王同意捐献他的血液样本以供 DNA 分析。通过对几段关键序列的仔细比对，菲利普亲王的 DNA 与骨骸中提取的 DNA 完全吻合。1996 年 2 月 25 日，沙皇一家的遗骸被重新安葬在圣彼得堡的皇家墓地中。

4. 器物残渍

残渍是在微痕研究之后的巨大进展。加拿大考古学家托马斯·罗伊首先尝试用石器上的血渍来判断动物物种。他分析了不列颠哥伦比亚沿海遗址中出土的距今 10000～6000 年前的 104 件石器，从石器残留的血红蛋白分辨出驯鹿、棕熊和海狮等动物，并从血渍测定出遗址的 AMS ^{14}C 年龄。后来他发现，如果条件合适，血渍可以在工具上保存 10 万年。他在以色列塔邦洞穴的石器上发现动物和人的血渍，人的血渍可能是在打制石器中受伤所致。除了血渍，打制石器工具上还会留下毛发、植物纤维等，可以指示工具的用途。在石磨盘等一些碾磨器上，往往能提取到淀粉的残渍，可以帮助考古学家确定加工植物的种类。考古学家在所罗门群岛发现的碾磨石上，分辨出 28700 年前人类最早利用植物块根（芋头）的证据。

植物遗存中存在的各种化学物质，如蛋白质、脂肪酸和 DNA 等，可以用红外光谱法、气液色谱法和气相色谱法等技术予以分辨。陶器和其他器皿常常被用来炊煮和储藏食物，残留的遗存可以告诉我们当时的食谱。德国化学家从新石器时代湖居遗址的陶片上，分辨出芥菜、橄榄油、菜籽油、黄油等食物；从铁器时代的小口尖底瓶中发现了橄榄油和葡萄酒的残渍；但是，从罗马尖底瓶中发现的却是面粉残渍。奥地利考古学家从公元前 800 年左右的陶片上，用化学方法和显微镜分析发现了烧焦的奶渍。德国考古学家运用色谱分析，从德国一处新石器时代遗址出土的陶器上发现了奶类脂肪和牛油的痕迹，在罗马时代的陶器中发现了奶油和猪油的残渍。英国化学家利用分光仪和色谱法对英国中世纪遗址出土的陶罐中的残渍进行分析，分辨出了多叶蔬菜（可能是卷心菜）；他们甚至从 3500 年前塞浦路斯的陶罐中发现了鸦片的残渍。通过化学分析，埃及第一王朝的器皿中被分辨出有奶酪、啤酒、葡萄酒等残渍。一位英国化学家根据埃及陶器中的淀粉颗粒，复原了当时的啤酒酿造过程，赞助这项研究的英国啤酒厂还用此配方酿造出醇厚的啤酒。日本学者从绳纹时代早期的陶片上发现了海豚的脂肪。瑞士考古学家对一处新石器时代遗址出土的 30 件陶片进行残渍分析，用稳定同位素 ^{13}C 和 ^{15}N 测定上面的脂肪酸，发现这些陶片分别留有动植物的脂肪酸残渍，动物可能是羊和牛，而且还发现了牛奶的残渍，为中欧地区从新石器时代晚期已经开始消费奶制品提供了直接的证据（Spangenberg et al.，2006）。美国和中国学者合作，在河南贾湖和山东龙山文化的陶器中发现了用稻米、水果和蜂蜜酿制的酒的残渍，美国的酿酒商甚至根据分析的配方，重新酿制出了贾湖的果酒（McCovern et al.，2004）。

加拿大考古学家对不列颠哥伦比亚省基特利河附近史前遗址储藏坑里的鲑鱼骨骸进行 DNA 分析，以检验这一地区经济分化是否造成专门捕捞某些鲑鱼种类。对两个坑里 60 件鲑鱼骨骸的分析，只分辨出 3 种不同的鲑鱼，而没有一种被认为是当地印第安人主食的粉红色鲑鱼。这个结果改变了先前考古学家对捕捞不同鲑鱼能够反映经济分化的认识（Speller et al.，2005）。

对人类食谱的研究可以为经济形态的演变提供重要的线索，现在已经基本确认，原始的狩猎采集者与早期农耕者相比，享有比较可靠的食物供应和较好的营养条件，因此比较健康。当人类转向依赖某一特定农作物时，会造成慢性的营养不良，一些微量元素缺乏，由此导致体质状况的变化，如身高变矮、乳齿变小、童年发育受阻、骨骼发育不良等。北美洲许多地区在引入玉米后，贫血非常普遍，这是因为玉米几乎不吸收铁质元素。农业经济导致人口密集聚居、人畜共处、卫生条件下降，造成疾病感染率上升。对西欧、印度和北美洲等地区从旧石器时代晚期经中石器时代到新石器时代人类骨骼的病理分析表明，总体的营养水平逐步下降。新石器时代的人骨与旧石器时代相比，前者骨骼的外皮变薄，成年人身高变矮，骨盆大孔高度和头骨低部高度变小，在许多早期农业人口中，平均寿命普遍缩短。所以，人类的骨病理学可以反映食谱，也可以研究由经济变化所导致的人类体质和健康状况变化。对叙利亚幼发拉底河附近一处史前遗址的研究，揭示了人类从狩猎采集向早期农业经济转变带来的骨骼病理变化，妇女受关节炎的困扰成为一个突出的问题，因为她们花费很多的时间跪在地上来回碾磨谷物。

利用技术获取古代信息的手段还包括对古尸的研究、对粪便的研究等。对保存完好古尸的研究可以了解其具体的某餐饭食，如 1950 年发现于丹麦泥沼中的托兰德人在被勒死之前，曾食用了由碾磨的大麦、草籽和其他植物熬的粥。对 1991 年发现在意大利和奥地利边界奥兹塔勒山上"冰人"的分析，我们知道他在死亡前一两天吃了一块野羊肉和一些植物，最后一餐的饭食是赤鹿肉和小麦，从肠道内存在的细小木炭屑和小麦碎片的大小判断，小麦碾磨成粉之后用火烘烤过，也许是最早的面包（史蒂芬·霍尔，2007）。湖南马王堆汉墓出土的软侯夫人死亡前食用过甜瓜。1984 年出土于英国西北林多泥沼的男性古尸，最后的食物是一块糕。

研究过程中，人类粪便很少被发现，一般在十分干燥和寒冷的环境里才能将其保存下来。在确认了人的粪便之后，可以检验其中的脂肪分子和类固醇，以及没有消化的各种食物。美国考古学家对内华达州一处洞穴内发现的 5000 个粪便化石进行了研究，发现了植物种子、鱼类、鸟类和爬行类的鳞片。对苏格兰一处罗马时期厕所粪便的分析，发现其中富含胆固醇，表明其主人食用肉类较多，而如果存在大量麦麸碎片则表明面包和其他面食是其主人的主要食品。美国考古学家对犹他州格林峡谷遗址中的 54 件粪便样本进行研究，从其中的孢粉来了解其主人的食谱、季节性的栖居，乃至将一些植物作为药物使用的信息。我国学者从跨湖桥遗址的沉积中分辨出由粪便分解所产生的真菌和鞭虫卵，可能是因为跨湖桥先民沿湖而居，家猪可能也就近散养，生活垃圾和人畜粪便直接排入水中。粪便污染会导致腹泻和肠道寄生虫病的流行，前者对儿童尤为致命。因此，早期定居社会人口的聚居常因卫生条件恶化而影响到人们的健康。

（七）民族考古学

当考古学记录的解释牵涉到生计活动、贸易、丧葬习俗、宗教信仰等文化中比较复杂的方面的时候，实验考古活动也无法提供足够的信息。这种情况下，活生生的现代民族，尤其是那些受到工业化影响小的民族，就成为宝贵信息来源。从考古学的视角考察现代民族的生计情况、手工业生产、建筑、贸易活动、丧葬习俗、社会组织、宗教艺术等，并且留意这些活动形成考古学记录的过程，在活生生的背景和考古学记录中理解物质文化与文化整体之间的关系，并利用此理解来丰富考古学概念，改进考古学解释，这就是民族考古学。

大约 50 年前，英美考古学界的一些青年考古学家掀起了一场反思传统考古学的运动，犀利地批判了传统考古只重视对现象的描述而很少深入并且科学地解释这些现象与人类和人类文化系统的关系。新考古学在很多方面冲击了传统考古学，成为考古学发展史上的转折点。路易斯·宾福德是这场横扫英美考古学界思潮的最为重要的发起人和倡导人之一。他提出，考古学家需要一种被称为中程的理论来连接静态的考古记录与动态的过去事实。而中程理论的假设不应是含混的常识，而应该是正式、明确的科学假设。中程理论假设的来源之一是进行民族考古学研究，获得关于人类行为如何产生考古学记录的知识。

第五节　考古学理论的发展

考古学有时也会把这门学科针对某些具体的考古学问题所给出的解释称为理论，如关于农业起源的理论、城市起源的理论、文明消亡的理论等。但这些理论，说到底是就具体的考古学问题所建立的解释模型。而考古学理论（archaeological theory），是考古学家对整个考古学科的思考。它所关心的问题包括考古学的性质，考古学的基本思想或原则，考古学根本的方法论等。

美国考古学家戈登·威利和杰瑞米·沙伯洛夫在其一版再版的《美洲考古学史》中，对美洲考古学史的分期作过多次调整，在其第三版中，他将美洲考古学的发展分为四个时期：

（1）492～1840 年，猜想阶段；

（2）1840～1914 年，分类−描述阶段；

（3）1914～1960 年，分类−历史阶段；

（4）1960 年～20 世纪 90 年代，解释阶段。

即 1914 年以前，美洲的考古学还不存在什么理论。1914 年以后，考古学科有了重大发展。表现在地层学和类型学的确立。1940 年以后，人们在通过地层学和类型学建立年代序列的同时，更多关注建立起"考古学文化"的时空框架。以建立时空框架为目标的考古学在 20 世纪 60 年代以前的考古学界大行其道。戈登·威利和杰瑞米·沙伯洛夫之所以将 20 世纪 60 年代视为一条分期线，其中最重要的原因就是考古学理论。欧洲的情况与美洲非常相似，大体以 20 世纪 60 年代为界标，有关考古学研究的理论发生着重大变化。

尽管戈登·威利和杰瑞米·沙伯洛夫没有对 20 世纪 60 年代以后再分期，但从理论发展的角度看，20 世纪 80 年代和 20 世纪 90 年代欧美考古学理论也发生了重大变化。参照其他西方学者的意见，可大体将西方考古学理论的发展进程分为四个阶段：

（1）20 世纪 60 年代以前；

（2）20 世纪 60～80 年代；

（3）20 世纪 80～90 年代；

（4）20 世纪 90 年代以后。

20 世纪 60 年代以前，可称为"文化历史学时期"。这一时期的考古学理论没有明确的哲学依托，基本上建立在共感的基础上。考古研究的目的主要在于建立起一个古代遗存的时空框架。"考古学文化"是这一时期考古研究的最基本的概念。而地层学和类型学是指导具体研究的两大法宝。借用夏鼐先生的话说，地层学和类型学"犹如一驾马车的两个轮子"，是推动考古学发展的根本动力。这一阶段考古学理论的代表性人物在欧洲有 Gordon Childe，在美洲则有 Kidder Alfred。运用"考古学文化"的概念，Gordon Childe 写出了一系列重要的考古学著作，大大丰富了人们的历史知识。1950 年前后，文化历史学派开始遭到来自学界内部的批评。例如，1948 年美国学者 Walter Taylor 严厉批评美国文化历史学派的考古研究只是在一堆陶片中转来转去，没有真正提供有关古代人类社会的知识。这种批评逐渐演变为创立新的考古学理论的呼声。

20 世纪 60～80 年代，是新考古学或过程主义考古学主导考古理论界的时代，代表性人物在欧洲有 David Clarke，在美洲则有 Lewis Binford。功能过程主义的哲学基础是科学实证主义。他们效法自然科学，提倡假说−验证的研究方式，认为考古学的目的在于探讨人类社会发展的普遍法则。新考古学派按照自己的解释逻辑，对许多学术问题提出了新的解释，如关于农业起源。从方法论上说，功能过程主义具有相对的严谨性，但它最主要的问题是过于强调了考古学家（研究者）的独立性和忽视了古代文化创造者（特别是创造者作为个体时）的主观性。

20 世纪 80～90 年代，是后过程主义主导考古学理论的时候。这一时期最大的特点是众多理论派别向功能过程主义（新考古学）发起批评，不断揭示出功能过程主义的弱点和不足。英国考古学家 Colin Renfrew 归纳出一批所谓后过程主义理论派别，包括新马克思主义（neo-Marxism）、后实证主义（post-positivist）、结构主义（structuralism）、修辞学

(hermeneutic approach)；由法兰克福学派发展出来的批评理论（critical theory）、后结构主义（post-structuralism）、性属学（feminist approaches）等。这一时期的理论考古学家特别注重从其他学科吸收营养，因而后过程主义的哲学基础呈现复杂情况。总而言之，实证主义哲学不再天下独尊。面对功能过程主义，不同的挑战者有不同的哲学背景，如结构主义考古学的哲学基础是结构主义哲学，批评理论的哲学基础是哲学上的法兰克福学派，马克思主义考古学的哲学基石是马克思主义，其他考古学理论也多以后现代主义哲学或者其他学科理论（包括社会学、心理学等）作为后盾。作为代表性人物，Ian Hodder、Christopher Tilley、Michael Shanks、Mark Leone、Conkey Margaret 等的理论著作受到学术界普遍重视。他们的工作使得越来越多的学者投身于考古和理论研究中，甚至在大学创造了专门从事理论教学的新工作机会。虽然这一时期后过程主义的声浪很高，但过程主义似乎并未被淹没，相反却在批评声中生出一支强大的过程主义分支，即所谓认知考古学或认知过程主义（cognitive-processual）。认知考古学的代表性人物是英国的 Colin Renfrew。认知考古学继承了新考古学的一些根本要素（如假设–验证方法），但吸收了后过程主义理论的成果。与认知考古学相对应，美国学者 Michael Schiffer 提出行为考古学（behavior archaeology）。这都是后过程主义批评下催生的考古学理论成果。

　　20 世纪 90 年代以后，西方考古学理论的发展进入一个新的时期。该时期的一个显著特点是，尽管有的理论派别（如认知考古学）有着相对明显的影响，但已经没有一种理论能够处于明显的主导地位。这是一个多种考古学理论并存时期。用 Ian Hodder 的话说，是从统一的考古学理论迈向了 "××考古学理论" 的时代。

参 考 文 献

陈雪香. 2007. 北美植物考古学评述. 南方文物，（2）：99-104.

科林·伦福儒，保罗·巴恩. 2004. 考古学：理论、方法与实践. 中国社会科学院考古研究所，译. 北京：文物出版社.

斯蒂芬·S. 霍尔. 2007. 新石器冰人的最后时光. 华夏地理，（7）：110-123.

McGovern P E, Zhang J, Tang J, et al. 2004. Fermented beverages of pre- and proto-historic China. Proceedings of the National Academy of Sciences, 101（51）：17593-17598.

Renfrew C, Banh P. 1996. Archaeology, Theories Methods and Practice. London：Thames and Hudson.

Spangenberg J E, Jacomet S, Schibler J. 2006. Chemical analyses of organic residues in archaeological pottery from Arbon Bleiche 3, Switzerland-evidence for dairying in the late Neolithic. Journal of Archaeological Science, 33（1）：1-13.

Speller C F, Yang D Y, Hayden B. 2005. Ancient DNA investigation of prehistoric salmon resource utilization at Keatley Creek, British Columbia, Canada. Journal of Archaeological Science, 32（9）：1378-1389.

第三章 空间考古理论与方法

空间考古，即以空间技术为研究手段和工具载体，首先，可通过面向考古应用的理论研究和技术研发，提升古代人类活动遗迹与遗物的发现能力与工作效率；其次，可借助自然科学与人文社科的学科交叉与渗透，实现催生并培育空间考古新型、前沿学科方向的目标。总体而言，考古学的研究目标可为空间考古学科的发展指明方向，包括：①发现、挖掘记录和保护古代人类遗存；②重建古代遗存所代表的人类行为、生活方式和特定地区文化史；③揭示古代遗存体现的人类行为、文化过程及古环境演变等。反之，空间技术可为考古研究提供技术支撑，保证研究的技术先进性和解决科学问题的系统性，即可通过科学数据的阐释及互相耦合机制剖析，突破传统考古学主观、臆断等研究范式。一门学科的产生及发展需要坚实的理论基础及方法体系支撑，因此本章将从考古时空信息特征、全谱段考古目标作用机理、空间考古适用性角度，较为系统地阐述空间考古理论基础与方法。

第一节 考古时空信息特征

考古研究关注的对象是古代人类通过各种活动遗留下来的物质资料，统称为遗存，包括各种遗迹和遗物。它们部分位于地上，但大多埋没于地下或水底，必须经过科学的调查发掘、系统分析才能完整地揭示古代人类社会的历史。空间技术集遥感、地理信息系统、全球定位系统、虚拟现实、网络信息通信与科学大数据于一体，在遗存定位、测量、展示、分析、综合、复原和管理等方面发挥着独特作用，已成为科技考古的先行者。考古时空信息特征是空间技术应用于考古研究的物质基础和实现手段。得益于空间技术丰富的学科交叉内容，考古时空信息具有广泛的内涵，即突破了常规几何姿态、拓扑结构的空间限制，并把时间维度纳入其中。

一、空间特征

遗存，作为古代人类改造自然的产物，继承了人造目标固有的空间特征，包括几何规则性、场景宜居性、联通聚类性。

(一) 几何规则性

点、线、面、体作为几何图形的基本单元，帮助人类有效地刻画错综复杂的世界。大自然的混沌运动，易产生不规则现象。而规则几何形体因结构简单、易于设计和建造，不仅为古代人类所喜爱，而且也可最大限度地降低劳动力成本、增加空间利用率和结构稳定性。因此，作为人类改造自然产物的遗存，大至聚居地整体构造和布局、小到单个古建墙基，均可表征为规则的几何形状，作为遗存探测与识别的重要指标。在考古研究中，几何规则特性的应用可体现在：①遥感空间技术通过成像，记录了影像观测场景隐含的考古遗存几何信息，遥感影像在提取大场景遗址空间几何特征方面具有独特优势，而事实上，当前应用广泛的植被、土壤和阴影考古指标，都要利用遥感影像记录的规则几何信息，其需通过对考古目标的解译和识别获取；②考古挖掘流行采用一种方形的"探方"和窄长方形的"探沟"技术，"探方"和"探沟"是发掘作业的工作单位，首先便于工作分工和记录，其次便于建立遗址坐标系统和数据的采测，最后便于架设隔梁和关键柱，利于分析遗存堆积层位结构。

（二）场景宜居性

宜居性是场景作为古代人类的聚集地或文化区的首要条件。在考古研究中，古代人类关注的"宜居"可概括为居住场景自然环境的优越性、自然资源的丰富性及灾害侵扰的低频性。具体来讲，其基本的要求是通风、向阳、近水、食物丰富且具有一定的活动空间，同时需要兼顾安全、易守难攻。上述因素直接受到地貌条件的制约，因此决定某一场景或人类聚居地优劣的首要考虑因子便是地貌环境。从古代人类社会发展水平来看，旧石器时期主要依靠采集和狩猎，故原始人类主要栖息于地形起伏较小、地貌类型比较复杂且动植物资源丰富、具有生态多样性的低山丘陵区；随着古代人类进入以农牧和畜养为主的新石器、铁器社会，人口的膨胀及古代人类改造自然能力的增强（如修建水利），人类逐渐向土地资源丰富的平原地区扩张，即从地势较高的河流阶地和山前台地，到广阔无垠的冲积平原，甚至发展到后期的工业及今天的信息化时代，大型城市仍然主要位于靠近水路交通便利的平原地区。

（三）联通聚类性

以聚落为单元的聚居地，作为人类各种形式的居住场所，其分布格局和相互关系是考古研究的重要内容。取决于血缘关系、社会经济关系（物质、文化交换）和其他某种利害关系，人类聚集地可以在一定区域内有序地分布在一起，并通过古道路、古河道加以连接，在地貌景观上呈现出联通聚类性，形成以聚落群为代表的集群。聚落群的演变总体呈现以下规律：①人口的增加，使得单一聚落受到资源压力，一部分人口就会有组织性地迁移到邻近资源比较丰富的地区，建立新的聚落；②聚落群分布受当地古地理环境（地貌、地势）的影响，具有相似文明的聚落一般占据一个基本相同的自然景观，可沿平原面状展布或沿河流条带状分布，聚落群的进一步发展便可形成文化区，受制于古地理环境，大河、山川、湖泊和沼泽可成为聚落群进一步扩张的天然屏障。因此，在空间考古研究中，具有代表性遗址的发现和认知，便于利用遥感观测、地理信息系统模型推演，探测与发现其邻近新的遗址和其他人类聚集地。

二、时间特征

时间是空间考古研究遗存的重要特征，决定了测年断代考古研究的价值和可行性。测年断代对于理清古代社会历史及生产力发展水平具有标杆意义。考古学的年代可分为相对年代（地层学和类型学断代）和绝对年代推定法。空间考古研究主要关注借助于自然科学的绝对年代推定法，例如放射性碳素和树木年轮断代。此外，空间技术提取的遗存时间信息可用于考古推演和模拟，有助于再现古代社会人类文明史乃至古人类居住的古环境。

（一）放射性碳素断代

放射性碳素断代法，即利用死亡生物残体标本有机物 ^{14}C 衰变减少的程度及元素半衰期的年数，推算遗存年代的技术。该技术的发明，对推动史前考古起到了革新作用。为了提高测年的精度，一般需要从两点进行把关：①标本需要纯粹不受污染且具有一定重量，因此获取合适的标本具有一定难度；②为控制误差，测年需使用大量的样品，且测量时间较长，一般需借助实验室的气体正比计数管、液体闪烁计数器或者超高灵敏度质谱仪来实现。 ^{14}C 测年断代可为恢复数万年以来自然和人类发展的历史提供可靠依据。

（二）树木年轮断代

该方法是利用树木年轮的生成规律来进行断代。它是现阶段最精确的断代方法，可用于校正放射性碳素断代。其工作原理是研究树木生长时在树干木质截面上呈现圆圈的年轮。这些年轮的疏密纹理同气候条件密切相关，总体而言，旱年树木生长受到限制，年轮较窄，而气候湿润的年份，树木生长速度快，年轮较宽。同一气候区的同种树木的不同个体，在同一时期它们的年轮纹理谱是相似的，因此当活树的内层年轮纹理谱同死树外层年轮纹理谱一致，就说明死树在活树前一阶段生长，两者树木年轮在时间上就能互相衔接起来。依次类推，只要找到在时间维的适当的树木，就可以推演到史前时期，建立适合本地区的主年轮序列，然后同一气候区的样品，就可以通过与标准的主年轮纹理谱对照，进而定出非常精确的年代。该方法的难点包括两点：①不是所有地区的树木都能显示出同气候模式相适应的树木年轮纹理，进而通过衔接生成标准的主特征年轮谱；②为了克服树木年轮年代连续衔接，一般需选择长寿命树种，并建立主年轮序列。

（三）历史与场景推演

以 ^{14}C 测年为主导，配合树木年代校正，可推算获取精确的年代信息；树木年轮断代的树木年轮纹理本身就反映了生物赋存环境因子，配合孢子花粉、沉积粒度等分析，可以有效推演并重建古代植被、气候和地理景观面貌。以地理信息系统为代表的空间技术在数据库平台支撑下，具备数据存储、时空分析和模型推演能力，可有效集成田野考古获取的遗存物质资料，参考历史考古文献，并结合地层学、地球化学、水文学、历史地理等资料，以及当前地形地貌现状，建立地表侵蚀、古代文明区域等模型，再现古人类聚居的古环境，并揭示古人类对其的改造作用，重建区域古代人类社会及其文明发展进程。

第二节　全谱段考古目标作用机理

以对地观测技术为主导的空间技术利用电磁波全谱段信息，通过与古遗存的相互作用，在考古探测与认知研究中发挥着举足轻重的作用。电磁波谱包含了电磁波所有可能的频率和波长范围，按其波长排列可大致分为射线（宇宙射线、γ射线和X射线）、紫外线、可见光、红外线、微波、无线电波和长波电振荡，如图3.1所示。全谱段电磁波与考古目标的相互作用机理是遗存探测、诊断与认知的物理基础。

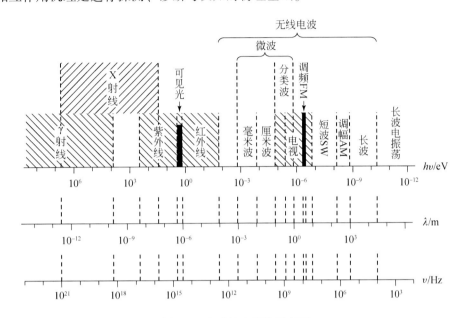

图 3.1　电磁波全谱段示意图

h 为普朗克常量；v 为频率；λ 为波长

一、射线

　　射线从物理学上，是原子内层电子甚至原子核受到激发后产生的，波长为 $1\times10^{-14}\sim 2\times10^{-9}\text{m}$。在考古研究中，借助自然界射线对物质原子的作用，通过计算放射性物质的衰变比例和速度，实现古遗存的测年断代，如放射性碳素断代的 ^{14}C 测年法，该方法是绝对年代测定法。年代数据即距今年代，需要对该数据进行标定，国际上统一以公元1950年为起点。测年工作原理参见第二章第四节的"遗迹遗物提取技术"。

二、光学

　　光学在考古研究中的应用主要集中在可见光和红外线谱段。在图3.1的电磁波谱中，可见光紧随紫外线之后，波长位于 $3.8\times10^{-7}\sim 7.6\times10^{-7}\text{m}$。它是我们人类所能感受到的极狭窄的一个波段，是原子或分子内的电子运动状态改变时所发出的电磁波。当可见光向波长更长扩展，便进入红外线区间，波长 $7.6\times10^{-7}\text{m}$ 直至亚毫米。光学遥感延拓了人眼对地面、地下或水下文化遗产探测的光谱和空间尺度，可获取传统考古方法无法获得的潜在信息或弱信息。近红外和热红外对于考古遗址遥感解译具有重要意义。古代人类活动产生的遗存在遥感影像上表征为空间异常，这是因为遗存与其周围环境的结构差异，能形成特殊的微地貌特征，导致土壤色泽与含水量差异、植被生长分布差异、土壤侵蚀异常，这些异常在遥感影像以特定的纹理显示，形成考古遗迹的影像标志（Lasaponara and Masini, 2012；Parcak, 2003, 2009；Wiseman and El-Baz, 2007），即阴影标志、植被标志、土壤标志，为遥感影像的解译提供依据。

三、微波

微波因具有全天时、全天候、穿透等工作特性，在考古研究中的作用正日益显著。微波波长位于 1mm ~ 1m，在物理学上，微波是分子、原子与原子核系统共振现象所触发，是探索物质基本特性的有效手段。高空间分辨率是考古对数据产品的直接要求，因此在当前技术下，应用于考古的微波以成像雷达为主。相对于光学遥感（记录地物光谱特性）而言，雷达遥感以合成孔径雷达为代表，自主发射微波脉冲，通过同观测场景地物交互作用，接收后向散射并成像。雷达影像可包含两大信号：①表征地物后向散射系数的强度影像，受斑噪影响并伴有叠掩、阴影和透视收缩现象（陈富龙等，2013；舒宁，2000）；②记录地物散射特性或形变信息的相位，可支持干涉测量。

（一）穿透性

穿透性是雷达遥感可用于考古目标探测的前提。总体而言，波长越长，雷达电磁波穿透性越强。然而雷达波穿透性及穿透深度还同地表参数（植被覆盖、地表粗糙度、地表湿度）、雷达入射角直接相关。雷达电磁波与地表植被相互作用时可受冠层表面散射、植被体散射和多路径散射共同调制，并在林下地表/次地表遗存观测中形成一个天然过滤窗，造成信号传播的衰减并抑制雷达电磁波的穿透性。地表粗糙度表征地表起伏程度，雷达后向散射对表面粗糙度非常敏感，通常粗糙度越大，传感器接收到的后向散射回波也越强。显而易见，表面散射回波的增强，可引起穿透地表信号能量的衰减，进而抑制雷达电磁波穿透并获取次地表信息的能力。地表湿度决定着土壤等介质的复介电常数，通常情况下，复介电常数同土壤湿度正相关，因此地表湿度的增强对穿透性也有抑制作用。雷达入射角同地表粗糙度呈正相关，因此入射角的增加可造成入射次地表信号的减弱，抑制雷达穿透性。此外，入射角增大，入射信号折射角也增加，进而减小穿透次地表垂直向深度。

考虑到微波穿透植被与次地表的能力如图 3.2（Lasaponara and Masini, 2013）所示。雷达遥感应用于遗存目标探测可关注热带雨林与干沙两种场景。在发挥微波对植被有效穿透基础上，热带雨林遗存雷达遥感探测可有效克服光学遥感数据获取困难等瓶颈问题。微波信号在干沙环境的地表穿透能力可发挥至极致，穿透深度由 P 波段的米级至 X 波段的厘米级，便于宏观尺度古遗迹的发现，如古河道以及周边大型古代遗存。

（二）后向散射

作为成像雷达获取观测地表信息的重要组成部分，后向散射系数的强弱在雷达影像上表现为亮和暗的色调。成像雷达后向散射获取的过程，在理想情况下（仅考虑面散射），可用式（3.1）来理解（郭华东等，2000）：

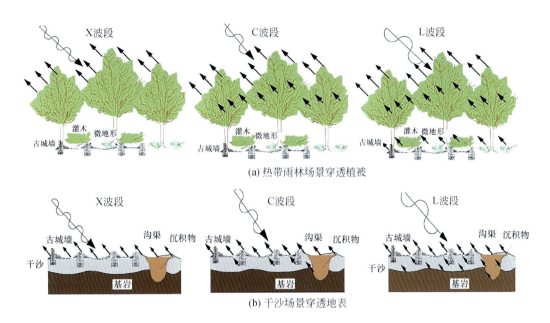

(a) 热带雨林场景穿透植被

(b) 干沙场景穿透地表

图 3.2　不同波长雷达电磁波穿透性示意图

$$P_R = P_T(\sigma^0 A)\left[\frac{G^2\lambda^2}{(4\pi)^3 R^4}\right] \tag{3.1}$$

式中，P_R 为接收功率；P_T 为天线发射功率；$\sigma^0 A$ 为区域 A 内单位面积雷达散射 σ^0 的贡献值；G 为天线增益；λ 为信号波长；R 为雷达作用距离。

　　然而现实雷达波与观测地表作用过程较为复杂，依照散射作用模型，大致可分为镜面单次散射、Bragg 面散射、二面角散射和体散射等。镜面单次散射一般对应局部入射角较大或光滑地表，促使大部分雷达波反射并远离传感器，在雷达影像上表征为暗的色斑。在考古中背向雷达波入射方向的微地形（包括高出地表的古城墙、古遗址等）能产生单次散射，出现"阴影"标志。随着地表粗糙度的增大，Bragg 面散射占主导，该散射方式对突显考古特征帮助不大，故很少在考古中加以利用。然而，当雷达入射角方向与线状考古目标保持近垂直状态时（如古河道、古城墙），雷达波就能与考古目标发生二面角散射，在雷达影像上表征为连续的线性亮斑，便于考古目标的提取和辨识。体散射一般对应植被（森林或者农作物）；该散射在植被内部作用杂乱无章，当植被属性在大范围表现均质时，雷达影像上可出现特有的纹理特征。在考古过程中，地下遗存的出现能改变当地农作物长势异常，即富含营养与水分的考古文化层能使作物长势茂盛，表征为正"植被"标志；反之，土壤贫瘠及缺水考古目标的出现（墙址），能抑制作物生长，表征为负"植被"标志。因此，在考古研究中，利用包含作物生长周期的多时相雷达影像，通过建立与考古"植被"标志相关的作物生长异常后向散射模型，可实现对地下考古目标的信息提取。

（三）极化

　　雷达电磁波的传播和散射都是矢量现象，而极化则是用来研究电磁波的矢量特征，即在不同收发极化组合下，测量地物目标的极化散射特性。总体而言，电磁波的极化对目标的介电常数、物理特性、几何形状和取向等比较敏感，因而极化测量可以提高成像雷达对目标各种信息的获取能力。雷达极化信息一般可使用散射矩阵，即 Sinclair 矩阵（简称 **S** 矩阵）表示：

$$S = \begin{bmatrix} S_{VV} & S_{VH} \\ S_{HV} & S_{HH} \end{bmatrix} \tag{3.2}$$

S 矩阵是一个 2×2 的复二维矩阵，每一个元素都代表了地物的一种极化散射信息，其中 H 和 V 分别表示水平极化和垂直极化。

极化雷达对散射属性的甄别主要取决于极化分解，主要思想在于把数据与目标的物理散射特性联系起来并描述目标结构。典型的极化分解方法包括：①Freeman 分解（Freeman and Durden，1998），即把数据分解成平面散射、二面角散射和体散射 3 类；②Yamaguchi 分解（Yamaguchi et al.，2005），即在经典 Freeman 分解散射模型基础上，引入由螺旋体散射主导的 helix 第 4 散射分量；③Cloude 分解（Cloude and Pottier，1997），即引入极化熵 H、散射角 α 和各向异性度 A，将极化数据分解成 9 个区域，其中高熵表面散射在物理上不对应任何散射体，故总共可划分为 8 类散射体。相对单一模式而言，多极化雷达影像能提供极化散射矩阵，根据遗址规则几何形状与走向，结合植被长势、地表/次地表介质垂直分层，可辨别来自地物场景的单次散射、奇次散射、二面角散射、体散射、螺旋体散射等，建立散射与监测目标对应关系，进而通过极化分量信息增强与合成，发挥极化雷达对遗址弱信息增强与获取能力。考虑到考古遗存是古人类作用的结果，在极化散射机制分析时，一般需重点关注与人类活动相关的单次散射（遗址相关的微地形）、二面角散射（古水渠、古河道、古城墙）和螺旋体散射（遗址人类聚集地）。

（四）干涉

干涉是雷达系统区别于其他遥感方式的又一特征。雷达干涉测量利用复数据雷达信号——相位信息源来提取地球表面三维地形（干涉测量）和形变（差分及多基线差分干涉测量）信息。常用的干涉方式，包括交轨干涉、顺轨干涉、重复轨道干涉三大类型。交轨和顺轨干涉都需要两副天线，而且当两副天线同时接收信号回波时，能克服场景时间去相干的影响，在获取监测场景地形信息时具有优势（如当前的机载干涉系统和 TerraSAR/TanDEM-X 姊妹星系统）。其中重复轨道干涉测量需要飞行轨道的精确位置，卫星不受大气的影响且通常比机载系统轨道稳定，因此星载干涉雷达是当前干涉雷达的最常用方式。重复轨道干涉测量只需要一副天线，它通过在不同时间对同一场景进行成像，只要成像期间地表保持一定相干性，就能实现干涉测量（陈富龙等，2013）；该模式在场景形变场监测和评估中具备优势。

雷达干涉在考古中的应用由其工作特性及产品决定。总体而言，由雷达干涉产生的数字高程模型（digital elevation model，DEM），随着分辨率的提高，可用于景观考古遗址地貌、地形的三维展示；地形和水系在 DEM 数据上特征明显，考虑到考古遗址的出现同地形水系密切相关（如湿地中的遗址出现为地形较高且平坦的台地，因生活用水和农业灌溉生产活动需要，遗址多紧邻水系），因此雷达干涉产生的 DEM 可用于遗址探测、景观考古和环境考古分析。差分雷达干涉及多基线雷达干涉，在大范围、高精度地表形变乃至建筑物结构性形变监测中获得了成功。星地一体化雷达干涉系统，有望为遗产地及其周边赋存环境异常形变监测提供解决方案，即利用高分辨率星载多基线雷达干涉技术（MT-InSAR）监测整个遗产地地表形变，便于从可持续化发展系统的角度，全面评估人类活动（地下水抽取、城镇化等）及自然灾害（地震、泥石流滑坡等）对遗产地的影响；利用高分辨率星载多基线层析雷达干涉技术（Tomo- MTInSAR）或者地基差分雷达干涉技术（GB-DInSAR），获取遗产地单体结构不稳定性异常形变信息，以支持遗产目标的健康诊断和预防修护。

四、激光雷达

激光雷达（light detection and ranging，LiDAR）是激光探测及测距系统的简称，是近年来发展起来的对地观测新技术。其工作原理同传统微波雷达，但采用的波长更短，角度、距离和速度分辨率高，而且脉冲频率高，能够穿透密林冠层到达林下并获取林下地形信息，蓝绿激光雷达还可以穿透一定深度水体并获取水下地形信息，这些优势使激光雷达系统能够快速、直接获取地物表面高精度、高密度的三维空间信息。

激光雷达系统一般可由激光雷达扫描系统、全球定位系统和惯性测量单元（inertial measurement unit，IMU）组成。在获知激光扫描仪中心至地表光斑距离 d、扫描仪中心GPS 坐标 $(X_0，Y_0，Z_0)$ 和扫描瞬时空间姿态参数 $(U，X，J)$ 后，可根据几何参数和空间几何关系计算激光点三维空间坐标：

$$\begin{bmatrix} X \\ Y \\ Z \end{bmatrix} = \begin{bmatrix} X_0 \\ Y_0 \\ Z_0 \end{bmatrix} + \begin{bmatrix} X & U & J \end{bmatrix} \begin{bmatrix} 0 \\ 0 \\ d \end{bmatrix} \tag{3.3}$$

通常把激光扫描仪的测距方式分为两大类，即脉冲式和相位式，其他方式如结构光等在市场上比较少。脉冲式测距即测量激光脉冲从发射到被目标反射后返回所经历的时间，优点是测量距离较长，可达 6km。相位式是通过测量激光器发射波与接收反射波的相位差来确定激光器与目标之间的距离，优点是脉冲频率可以很高、点精度高，不足是测量距离较短，一般在 200m 以内，实际应用中脉冲式测距原理的激光雷达系统更多一些。

激光雷达应用于考古领域主要体现在两个方面，即遗产的考古探测发现和数字化保护。

（一）考古探测发现

森林覆盖区的古遗迹发现一直以来都是考古学家梦寐以求的目标。激光雷达系统具有极高的脉冲频率（机载 LiDAR 可达 250kHz），可以穿透植被冠层、快速获取林下精细的三维地形信息，高程精度可达 10cm。经过后续的数据处理与分析，如采样密度加密与遗存规则几何形状的识别，可为古遗址发现以及分析古城的道路、水系格局等提供重要基础数据支持，这是其他传统遥感手段以及地面考古都无法比拟的。在利用机载激光雷达系统探测林下考古目标时，通常遵循几个原则：①飞行时间尽可能选择林木枝叶较为稀疏季节（如冬季落叶期），以使激光雷达信号尽可能多地穿透植被冠层从而反馈地表信号；②根据试验场，设计适合的平台飞行速度、激光扫描仪脉冲频率、往复偏转反射镜重复频率、扫描入射角等参数，保证每平方米激光点个数达到需求；③增大场景激光扫描重叠率，进一步增加每平方米激光点个数，以尽可能多地获取林下地表信息。

（二）数字化保护

在考古研究及遗产保护进入科技化、数字化和网络化阶段，遗产保护最为重要的是记录单体原始的三维信息和纹理信息，获取真三维真纹理的数字模型；这不仅能实现遗产的三维表达和展示（如支持数字博物馆建设和数字旅游），而且可为后期遗产的修缮和恢复提供重要的数据和模型支持。激光雷达技术，以地面三维激光扫描为例，能在集成高分辨率数码照片、GPS 定位、三维仿真等先进空间技术的基础上，实时、快速获取遗产单体及周边赋存场景的三维信息和纹理信息。具体实施时，可涉及多源数据自动处理、三维数据压缩、几何建模、纹理映射、数据管理和虚拟展示等关键技术。

五、探地雷达

探地雷达（ground penetrating radar，GPR），是利用频率为 $1 \sim 1 \times 10^3$ MHz 的电磁波来确定地下介质分布规律的一种非侵入地球物理方法。因为其发射和接收的信号源都为雷达波，因此才有"探地雷达"的命名。

（一）考古探测机理

地下考古遗存，其材质不同于周边赋存环境，因此可通过雷达波的相互作用，进而反映其埋深及几何拓扑结构。探地雷达工作时，在雷达主机控制下，产生周期性的微波信号源并由发射天线发出；在地下传播中信号遇到不同介质的非均匀体，产生反馈信号。位于地面的接收天线获取回波后，直接传输至接收机；经过信号处理（整形与放大），传回雷达主机及微机，并以伪彩色电平图/灰色电平图或波形堆积图方式显示出来，支持考古目标深度、大小、方位等特性参数的提取。

（二）参数选择

同工程地质勘查相似，在地下考古目标探测中，应首先尽可能地获取现场土的类型、电导率、含水量、遗存埋深、遗存分层结构等信息，然后根据获取的第一手资料，设计系统工作的天线中心频率，进而确定对应的垂直和水平空间分辨率。探地雷达在垂直向所能区分一个以上反射界面的能力为垂直分辨率；而在水平向所能分辨的最小异常体尺度则为水平分辨率。它们的定义分别如式（3.4）和式（3.5）所示（李嘉等，2007）：

$$(\Delta d)_{min} = \lambda_m / 2 = \frac{c}{2f_c \sqrt{\varepsilon_r \mu_r}} \tag{3.4}$$

$$H_{min} = \sqrt{\lambda_m d} = \sqrt{\frac{vd}{f_c \sqrt{\varepsilon_r \mu_r}}} \tag{3.5}$$

式中，λ_m 为电磁波在介质中传播的波长；c 为电磁波在真空中的传播速度（取 3×10^8 m/s）；

f_c 为天线中心频率；ε_r 为相对介电常数；μ_r 为相对磁导率；v 为传播速度；d 为目标深度。从式（3.4）、式（3.5）获知，分辨率同雷达天线中心频率成反比，还同目标探测深度、周围介质特性有关。因此，为了保持较高分辨率，宜选择高的雷达中心频率。然而考虑到中心频率跟探测深度成反比关系，在考古实践中，必须根据任务要求，折中选择探测深度和分辨率。地质勘查实践表明，对于地下 10m 以下的遗存，宜采用低于 100MHz 的低频探测天线；对于 1～10m 地下遗存，宜选用 100～300MHz 天线；而对于 0.5～3.5m 的考古勘查工作，则宜选择 300～500MHz 的天线。

第三节　空间考古适用性

除遥感（RS）、地理信息系统（GIS）和全球导航卫星系统（GNSS）等技术之外，广义的空间技术可通过多学科交叉，囊括地球物理、物联网、虚拟现实、高性能计算等各种新型技术。因此为最大限度发挥空间技术在考古学中的作用，实现技术优势互补，空间考古适用性研究便成为学科发展的重大科学问题之一。

一、探测与发现

遗存的探测与发现是考古研究的首要任务。它既能帮助人们确定遗址位置，开启该遗存本体及周边赋存环境的研究工作，而且通过保护区的划定，可在最大程度上规避不合理土地开发对古代遗存的无意破坏。然而古代遗存类型多样、时间跨度大、空间分布及赋存环境复杂，因此在实际考古中，固定研究范式已不可取，需因地制宜，设计一种面向考古研究目标的探测与发现方法。

（一）技术手段

古遗存，无论是掩埋地下还是暴露地表，都赋存于周边场景。在空间考古目标探测中，即利用遥感对地观测技术，通过对当今赋存场景的多平台、多角度、多时相、多光谱、多分辨率遥感的观测、数据分析和信息提取，结合历史文献记载和田野考古勘查，实现对古遗存的探测。

正如四大文明古国（古埃及、古巴比伦、古印度和中国），古代人类发展的历史足迹和文明遍布全球。古代文明的发生、发展与消亡，均可印刻于赋存其古遗存的地表。自然环境在气候、地形地貌、水文等方面的复杂多变决定着古遗存场景的多样性。例如，全球气候依据阳光强弱、水陆面积大小及位置分布，大致划分为 11 个类型，包括极地气候/寒带气候、温带大陆性气候、温带海洋性气候、温带季风气候、亚热带季风和季风性湿润气候、热带沙漠气候、热带草原气候、热带雨林气候、热带季风气候、地中海气候、高山高原气候；而不同的气候带对应着相适应的地形、地貌与生态结构。同时，随着对地观测技术的迅猛发展，多平台、多模式、多波段遥感技术的出现，不仅为空间考古研究提供了丰富数据源，而且在兼顾数据成本、处理周期和信息有效性基础上，也为技术手段的最优选择带来全新挑战。因此，以赋存场景多样性为切入点，考虑遥感空间技术各自优势与特性，结合遥感考古的实践经验，考古目标探测与发现的技术手段可以分为：

（1）光学遥感在考古研究中应用相对最早。可见光同人眼光谱范围一致，影像直观，便于考古目标探测的影像解译；高光谱通过提升光谱分辨率，增加了对观测地物光谱响应的敏感性，便于对隐弱信息的提取；而热红外、红外可以辨别掩埋遗存造成的地表温度、植被异常。光学遥感受云雨遮掩影响大，工作性能同场景气候模式直接相关，一般在裸露地、农田等地物覆盖地表的探测中能充分利用植被、土壤、阴影等考古指标。

（2）微波遥感具有全天时、全天候、穿透等工作特性。成像雷达微波遥感技术因高时空分辨率，在考古目标探测中具有较为广阔前景。目前雷达遥感利用对干沙地表的穿透性，可应用于沙漠地区古河道、古道路的发现；此外，可利用长波雷达波对植被的穿透性，进行热带雨林地区考古目标异常信息的提取。

（3）激光雷达因具有对林下厘米级微地形信息的反演和提取能力，在林下考古遗迹的发现和探测中具有独一无二的优势，适用于热带雨林等场景。

（二）时空分辨率

1. 空间分辨率

考古学中的遗存泛指古代人类通过各种活动遗留下来的遗迹，按照其空间尺度大小可依次分为遗址、聚落、聚落群及文化区。考古研究对象的空间尺度决定着考古目标探测所采用遥感手段的空间分辨率。通常而言，聚落群和文化区等级考古研究更关注周边赋存环境的地势、地貌、水文及气候模式，需要利用中、低分辨率遥感影像广覆盖特性，对整个区域进行系统分析并发现连接聚居地之间的古道路和古河道。而遗址及聚落等级的考古发现研究，则更注重遗址内部空间布局结构，甚至某个古建筑实体的空间尺度大小、形状及对应修建材质和年代，这时就需要充分利用高空间、光谱分辨率遥感影像，通过对这些微弱几何拓扑形状信息的发现和提取，重建遗址当时的居住情况和社会生活面貌。

2. 时间分辨率

古遗存经过长久时间（千百年）自然环境的演变、侵蚀与风化，大多已经倒塌或者掩埋于次地表。利用空间技术对古遗存进行探测与发现，其本质上就是从自然地表中提取遗迹的隐弱信息；此外，研究实践表明，该隐弱信息的强度同观测时间周期或某一特定时刻密切相关；因此，为了提升遥感探测古遗迹的能力，需对数据获取的时间分辨率进行探讨。总体而言，考古研究数据时间分辨率可从获取时刻和频率两个角度进行分析。数据获取时刻的精确把握，其目标是尽可能突显遗存与周边场景的差异性信息，如大雨过后的数据，有利于突显地下遗存（古城墙、古河道）相关的地表土壤湿度异常；农作物返青生长期数据，有利于突显因土壤湿度、肥力异常导致的考古植被标志。而时间重返频率的选择，其目标用于突显考古植被生长异常，如通过对农作物生长周期中几个关键生长点影像数据的获取，就可以精确建立生物量与影像信息之间的定量关系模型，进而通过模型异常，达到识别地下遗存的目的。

二、数字化与存档

在传统考古调查发掘、保护与管理中，一般依靠手工进行资料的记录、收集、保存，不仅造成资源整合、查找和利用的困难，而且可使纸质文档、照片、胶片、录像带等考古资料因自然衰变受损严重，对其进行抢救性和再生性保护有困难。数字化技术的出现，为考古遗存的保护和开发利用带来了全新手段，并已在考古发掘、保护、研究和展示中发挥日益重要的作用。首先，数字化技术可更为全面地记录遗存信息，永久记录遗址发掘过程；其次，遗存的当前状态可利用数字信息得以永久保存，并能用于后期遗存病变的修复；最后，庞大考古资料的数字化并录入数据库系统中，可提升文物考古信息资源管理水平，并深化空间分析、建模、模拟和复原等多学科交叉考古研究工作。

（一）数字化采集技术

1. 航天航空摄影测量技术

在卫星、飞机以及无人机平台上用传感器对地面连续拍摄成像（航天一般生成前后视和正视组合的立体像对），结合地面控制点测量、调绘和立体测绘等步骤，获取地表三维数据并绘制成图。鉴于航天、航空大范围成像能力，得益于空间分辨率的提高（分米至厘米级），该技术在高效获取遗址场景地形、地貌景观方面具有优势。同时，只要数据获取时间得当，还有利于探测到同地下考古目标相关的植被、土壤和阴影标志。

2. 航空激光雷达技术

该技术也称机载激光雷达技术，是通过安装在飞机上的激光测距系统，沿航线采集地面点三维坐标，并生成高密度点云数据，通过数据处理获取高精度的数字表面模型（digital surface model，DSM）及正射影像图（附带光学数字相机）。根据实地条件，最终产品的平面精度可达 $0.15\sim1m$，高程精度优于 $10cm$。此外，机载激光雷达脉冲可以部分穿透植被冠层，对于林下考古微地形成像和信息提取具备其他遥感手段无法比拟的优势。

3. 地面激光扫描技术

20 世纪 90 年代地面激光扫描技术开始面世，目前已广泛应用于实地考古单体的数字化与重建，即通过地面高速激光扫描测量的方法，以高分辨率快速获取被测对象表面的三维坐标数据。加上几何位置标定的数码相机，可以实现观测物体的高精度三维建模和纹理贴图。当数据采集范围有限时，需要通过布设站点、多站点数据配准等实现考古目标及周边场景的三维数字化。

4. 地面近景摄影测量技术

利用光学相机获取影像，然后利用近景摄影测量原理，解算像方与物方坐标系之间关系，获取被摄物体的形状、大小、位置及表面纹理特性。在缺少控制点的情况下，需要对观测场景及实体布设控制点，通过全站仪测绘方式获取其三维坐标，用于解算摄影测量内外方位元素。

（二）数据库存档

1. 档案资料数字化

对传统考古研究获取的纸质文档、照片、胶片、标本等考古资料，通过高性能数字化仪转化为数字化产品并存档，便于对现有庞大无序的考古资料进行系统整理、归类、完美再现历史考古及研究成果。此外，数字化有利于不可再生考古资料的永久保存，缓解后期遗存保护和修复的难度。

2. 采集手段数字化

考古遗址发掘过程产生的各类遗迹信息，是考古学研究的重要基础，然而该信息将随着发掘的进行而不可避免地丢失。因此当前考古研究需改变传统人工信息采集方法，借助3S空间技术，在图形学、数据库、计算机和网络通信等技术辅助下，实时并完整记录考古遗迹的位置、图形与图像等数据，再现考古发掘前后的遗址原貌，为后期遗址保护提供历史依据。

3. 数据库管理

以数字化信息采集为数据源，建立考古信息系统数据库，便于考古资料的查询、编辑、统计、分析、数据挖掘和结果展示，进而实现考古资料社会共享，增加大众对考古的社会参与度，通过考古资料利用率的提升，推动考古与其他学科的综合交叉和智能化管理水平。

三、GIS 时空分析

地理信息系统（GIS）在数据库技术支撑下，利用现场实测、遥感影像、历史地理专题图等时空属性数据，建立多种空间、时间和其他属性信息并存的数据和影像图形库，具有以下三种功能：①用于遗址分布、文化保护等专题图的制作；②时空分析预测未知遗址；③遗址空间模拟与分析。

（一）专题图制作

利用空间数据库，借助 GIS 平台，可以实现多源考古数据科学、有效的组织与管理。数据是考古工作的基础。考古数据库除了存储与管理考古空间数据和属性数据外，还包含一些专业模型数据库，如类型学、地层学、考古模型库等。数字化制图，是 GIS 集考古数据时间与空间属性于一体，在考古数据库支撑下，直观表达遗迹规模、布局、区域环境、时间演变等信息的有效手段。考古学中的 GIS 制图一般指遗址分布图、文物保护图、文化传播与迁徙图、聚落演化图、古环境考古图等各类基础与专题图件的制作。

（二）遗址预测

遗址是考古学研究的重要单元，通过研究其具体形态及其所反映的社会形态，可推演历史时期社会形态发展的轨迹。研究发现，遗址的分布与地理环境存在相关，可通过设计遗址预测模型，即分析区域内已知遗址的环境因素（如高程、坡度、到河流距离、地貌、土壤类型、气候数据等）与遗址出现的关联性，找出遗址分布的统计性规律与特征；然后可利用训练知识，对区域内其他地方未知遗址，进行典型性多变量函数判别与评估，给出潜在遗址分布概率图。考古遗址预测及其对应模型研究是迄今 GIS 考古应用最为广泛且重要的方向。如前所述，其基本方法就是针对试验区定制一个定量模型，并利用该模型进行未知考古遗址的预测。该方法的难点在于需获取试验区大量已知且可靠的遗址信息，因此训练模型性能的好坏，同已知样本的典型性和精确性直接相关。

（三）时空分析

基于 GIS 建立起来的考古信息管理系统，在数据库技术支撑下，包含用户感兴趣的考古空间数据和属性数据；利用 GIS 强大的时空分析功能、模拟工具及外部模拟分析模型，进行考古规律性研究。经过几十年的发展，GIS 本身就具有一系列实用的模型集。在考古应用中，可通过若干个代表特定环境和社会要素图层的深入，经分析模块对每个图层或图层之间计算，生成包含深加工信息的图层。空间分析是 GIS 的核心，具体的分析模型主要有拓扑叠加分析模型、缓冲区分析模型、网络分析模型等，可应用到考古的可视域分析、三维可视化及遗址预测。图层属性分析，可通过统计、分类、评价、动态模拟等模型，对已有考古信息成图，服务于考古综合趋势研究。通常而言，考古研究包含了时间（历史）和空间（位置）两个层面，在研究中可利用文化层所包含的时间信息，把 GIS 空间分析能力延拓到时空维上。通过观测获取的不同时期考古资料，不仅可模拟古地貌、古水系等环境要素演变规律，丰富环境考古和景观考古的内容，而且可以再现、模拟古社会的生活方式和社会发展水平，探究文明起源、发展、繁荣和消退的原因。

四、保护与诊断

（一）可持续性保护

在人类社会工业化乃至信息化过程中，随着自然资源的过度消耗和开发，人类已经越来越关注社会可持续化发展问题。而遗产（包括考古所涉及的古遗址、聚落、水系、道路及周边赋存环境）具有独特性和不可再生性，对于理解并揭示人类历史，查究当前所面临的问题并指导未来社会发展模式具有重要意义。可持续化发展与遗产保护经常面临保护与发展的矛盾，对两者关系的研究需求迫切，但未能引起相关领域的高度重视。国内外实践表明，遗产保护并不排斥合理开发，需要依靠科学技术来提高管理与服务的能力和水平，而不能只是消极地加以限制和封禁。遗产保护，不是仅着眼于修复工艺技术或迁移、重建方案，而且还需要在自然科学深入研究的基础上，因地制宜加强对自然灾害的防治与人文环境的改造与修复，科学客观地评估全球变化和人类活动对遗产的影响，进而给出科学、合理的保护预案与方案。走可持续发展的道路，不是盲目追求一时发展，而是需要实现眼前利益和长远利益的统一，以及经济、环境、社会效益的统一。空间技术因具有大空间覆盖、近实时、高精度定位、时空分析和模拟等功能，在考古所涉及的遗产可持续性保护中具有独一无二的优势。

1. 精确定位

差分或多基站连续运行卫星定位服务综合系统（continuous operational reference system, CORS）能精确定位遗产不合理开发或遭受自然灾害破坏的位置，其精度取决于采用模式，在米级（受损区域与单体）到毫米级（单体结构部件）之间浮动，进而可支持实地勘察、评估及防范纠偏措施的实施。

2. 现状分析与动态评估

以光学、微波和激光雷达为代表的遥感技术，早已突破了肉眼观测世界的局限性，因其覆盖范围广、光谱范围大、时空分辨率高、光谱分辨率高、穿透力强和无损探测等特性，是快速、有效获取遗产及周边赋存环境现状（包括威胁可持续化发展的不合理现象）的有效手段。此外，星空地一体化遥感观测网络可实现遗产地事前、事后对比监测乃至周期性观测。多时相遥感影像数据的获取、分析与解译，为遗产地可持续发展的动态评估提供有效支持。

3. 过程模拟

以 GIS 为代表的空间技术在动态建模和过程分析中可发挥巨大作用。文化遗产是考古学研究的重要组成部分。以文化遗产为例，每一个遗产地都具有与之对应的开发、管理模式。因此在获取影响遗产地发展现状关键参数之后（如自然环境、社会经济、旅游开发等数据），可利用 GIS 现有或新型研制的时空分析模型，对现有开发与利用模式进行模拟，推演并评估现有模式对遗产地可持续发展的中长期影响，筛选并摒弃负面因子，有效提升遗产地智能管理水平。

（二）病害监测与诊断

因长期暴露于大自然，考古中的遗存受风化侵蚀、水文地质变化、环境污染等诸多因素影响，遗存本体及其赋存环境出现围岩变形破坏、地下水渗透、本体腐化等"年久裂变"。同时，自然灾害（地震、洪涝等）及人类活动（地下水抽取、市政建设、旅游开发等）引发的山体滑坡、地表沉降、遗址坍塌等"外力损害"也威胁着遗产核心保护区及其缓冲区的稳定性。

异常形变是表征遗产单体及其周边赋存环境发生病害的重要前兆信息，而空间技术作为新型信息技术的前沿，也必将在考古遗产监测与诊断中发挥作用。当前，对重要遗产单体或小型古建筑群进行形变监测较多采用布设地面传感器网络或地面激光雷达扫描技术。前者主要通过获取传感器布设点的形变信息来拟合分析文物的形变现状和趋势，并同时获取文物本体及温度、湿度等环境因素的信息，技术属于有损（微损）侵入式；后者的侧重点和优势在于文物精细三维建模，对遗存的形变监测易受后期数据处理等因素的制约。上述两种传统方法都不适用于大尺度、多类别的遗产地及周边缓冲区整体形变和综合监测。

星载、地面干涉雷达技术在遗产核心区和缓冲区的大尺度、系统性、高精度形变监测与预警方面有独特优势。多尺度、多波段、多模式成像雷达，可根据文化遗产独特的物化特性，通过获取遗产地所在区域的长时间序列、高分辨率的影像，采用干涉技术无损探测遗产单体与缓冲区整体的精细形变信息，进而借助长时间序列相干分析和形变时空过程，研究演变规律并提取病害影响因子，全面揭示遗产地的时空变化特征和波谱特性。目前该技术已成熟应用于大范围、高精度地表形变及人工建筑设施（大坝、桥梁、高铁）监测。考古研究遗址病害监测与诊断需求的提出，将更好地发挥并延伸该技术的生命力，并从战略高度和基础理论层面上为遗产的监测与预警、实现预防性保护提供现实可行的模式化解决方案。

五、古环境重建与推演

研究过去、把握现在、预测未来，是考古学研究的重要使命之一。为了全面掌握过去，就需要从古代人类与古环境演变关系入手。人类与自然环境共同构建了人类生态系统中的一个子系统。在这个系统中，通过物质与能量的交换，人类与周边的自然环境建立了密切的关系，包含环境对人类的影响与人类对环境的适应。

古环境的恢复，对于研究当时社会、文化、经济、自然地理条件等方面都有重要作用；而古地理环境的变迁，对于研究古代环境与政治演变同样具有启示意义。以古气候演变和自然灾害为代表的全球变化一直影响着古代人类社会的发展与文明进程。首先，气候变化能直接影响到人类的健康和生存，改变古代人类社会赖以生存的生态系统（水、土壤、生物等），进而间接地影响人类社会发展的进程；其次，自然灾害因突发性、破坏性大，一直是威胁古代人类生命与财产，乃至影响古代文明进程的最重要因素之一。古代人类社会的历史，其实也是一部人类与自然灾害作斗争的历史。有数不胜数的聚落乃至文明，其社会发展水平因大型自然灾害的出现而倒退，甚至出现整个文明的消逝。例如，位于我国太湖流域的良渚文化曾盛极一时，在距今 6000 年前左右，全球性气候变迁引发的海侵或洪灾，使得历经千余年的良渚文化毁于一旦。

传统环境考古利用古气候资料（气象仪器记录、历史文献、地质学记录和考古学证据），结合周边的动物骨骼、植被枝叶、籽实、孢粉，通过对古气候信息的多维度信息提取及实验室分析方法（沉积学、矿物学、化学、有机地球化学、同位素、磁学、生物学）（夏正楷，2012），重建并推演古气候涉及的关键参数，包括温度、降雨量、古生态等，可以较为详实地获取遗址所在地的动植物群落及其古气候等环境信息，但在理解各个时期古自然环境演变以及人与自然的关系，回答考古学、历史学等基础性问题中仍存在差距。

在一定时空尺度内，自然环境的景观特征可保持相对稳定。利用空间技术（如遥感技术）宏观特征，通过对当前环境因子的观测和推演，可获取人类生活的古环境状况。目前空间技术对古环境与古人类关系的研究已经具有新的时代特征。借助空间技术强大的功能和技术先进性，从跨学科角度，融合地学、考古学、信息学、历史学、人文学乃至古生态学理论，探索一条从历史遗迹发现、信息提取与分析到全面复原古人类生存自然与人文地理环境的科学方法现实可行，并可实施如下：①收集历史文献资料、考古调查、发掘报告、地质条件及古地图等，获取对试验区的初步认识；②利用天空地一体化三个层次遥感观测平台、结合地球物理、地层学及地球化学历史测年技术，获取遗址及赋存环境的多维度观测数据，开展遥感解译与信息提取研究；③初步建立研究区考古空间信息库，进行野外实地勘察设计；④利用文物考古记录、历史文献资料时间序列信息，遥感提取的考古时空分布面状信息，野外实地考察、地球物理、化学探测获取的系列线状乃至面状空间信息，进行考古古环境时空耦合分析；⑤完善考古空间信息库，利用 GIS 时空分析和建模的强大功能，开展古环境虚拟重建和知识推演，获取居住于古遗址的人类（历史与文化）与环境（生态、水文、地貌、景观等）的相互作用关系。

参 考 文 献

陈富龙，林珲，程世来. 2013. 星载雷达干涉测量及时间序列分析的原理、方法与应用. 北京：科学出版社.

郭华东，等. 2000. 雷达对地观测理论与应用. 北京：科学出版社.

李嘉，郭成超，王复明，等. 2007. 探地雷达应用概述. 地球物理学进展，22（2）：629-637.

舒宁. 2000. 微波遥感原理. 武汉：武汉大学出版社.

夏正楷. 2012. 环境考古学——理论与实践. 北京：北京大学出版社.

Cloude S R, Pottier E. 1997. An entropy based classification scheme for land applications of polarimetric SAR. IEEE Transactions on Geoscience and Remote Sensing, 35（1）：68-78.

Freeman A, Durden S L A. 1998. A three-component scattering model for polarimetric SAR data. IEEE Transactions on Geoscience and Remote Sensing, 36（3）：963-973.

Lasaponara R, Masini N. 2012. Satellite Remote Sensing: a New Tool for Archaeology. Berlin: Springer.

Lasaponara R, Masini N. 2013. Satellite synthetic aperture radar in archaeology and cultural landscape: an overview. Archaeological Prospection, 20: 71-78.

Parcak S H. 2003. New methods for archaeological site detection via satellite image analysis: case studies from Sinai and the Delta. Archaeologia Polonia, 41: 243-245.

Parcak S H. 2009. Satellite Remote Sensing for Archaeology. London: Routledge.

Wiseman J, El-Baz F. 2007. Remote Sensing in Archaeology. New York: Springer.

Yamaguchi Y, Moriyama T, Ishido M, et al. 2005. Four-component scattering model for polarimetric SAR image decomposition. IEEE Transactions on Geoscience and Remote Sensing, 43（8）：1699-1706.

第四章　遥感观测技术与考古

随着信息技术和传感器技术的飞速发展，现代遥感技术已经进入一个能动态、快速、多平台、多时相、高分辨率提供对地观测数据的新阶段。光学传感器的发展进一步体现为高光谱分辨率和高空间分辨率特点，其中空间分辨率已达厘米级，波段数已达数十甚至数百个。目前空间分辨率最高的商用遥感影像为美国 WorldView-4 影像，其全色波段分辨率为 0.31m，多光谱波段为 1.24m。与此同时，微波遥感也正朝着多极化、多波段和多模式等方向发展。另外，为协调时间分辨率和空间分辨率的矛盾，小卫星群计划将成为现代遥感的另一发展趋势。在我国，遥感技术的发展已从单纯地应用国外卫星资料到发射自主设计的遥感卫星，如已发射的用于气象研究的风云卫星、中巴资源卫星、高分卫星系列等。我国于 1999 年和 2003 年成功发射资源一号 01 星和 02 星，多光谱波段的分辨率为 19.8m。另外，我国对地观测系统高分专项的高分二号和高分三号星，对应的可见光和 SAR 空间分辨率已达 1m。

遥感技术方面将以更高的分辨率、更快的响应速度实现全覆盖、全波段、天地一体化监测。地理信息系统方面将向超大容量数据库技术、功能强大的空间信息分析技术和互操作技术、系统结构的模块化、网络化、时态化、三维可视化技术方向发展。定位导航方面将向高精度无缝导航发展，提供更广泛的基于位置的服务。无线传感器网络将得到大发展，实现近陆地海洋的低成本、高精度、多类型的数据采集和传输。

技术集成、数据融合和建模（包括模型与模式）是地球空间信息技术的三大环节，数据—信息—知识转变过程的加快，为遥感数据反演和应用、地球系统模拟和全球变化研究开拓了新局面。各种数据网站如谷歌地球（Google Earth，GE）等的出现，向社会公众和各界人士提供各种分辨率的地球空间、大气、地表、地下、海洋等专用信息和应用基础软件，是近年来地球空间信息领域一道亮丽的风景线，使地球空间信息技术和数据走出了专业深宅大院，进入寻常百姓的视野，真正实现了数据的普及应用。

国际上，地球观测组织（group on earth observations，GEO）对全球地球观测系统（global earth observation system of systems，GEOSS）的实施，以及各主要国家对地观测计划的发展显示了地球空间信息领域正处于高速发展的阶段。未来地球观测可能由更密集的探测器组成地球的电子皮肤和信息神经系统。以有效利用地球资源、保护地球环境的地球规划和管理为主的地球工程学将得到大发展。总之，对地观测、高精度定位服务和地理信息服务技术体系，自主知识产权的空间信息软件和导航定位终端将得到无所不在的广泛使用，地球空间信息技术在公共安全、资源环境、水利、农业、灾害和重大工程监测等方面将发挥重大作用。

第一节　光学遥感考古

作为遥感起源的技术代表，光学遥感以航空摄影技术为基础，自 1972 年第一颗陆地卫星发射运行后，便正式进入了航天遥感时代。传统的光学遥感采用了与人眼观察世界相通的可见光谱段（$0.4 \sim 0.7\mu m$），使得影像便于理解和解译；随着传感器时空分辨率的提高，其已成为一门实用且主流的遥感技术。当前，得益于对地观测技术的发展，以及多模态、多平台的研发，光学遥感也已经进入了纵深发展的黄金期。首先，在光谱段上，光学遥感已经延拓至紫外、近红外和热红外波段；其次，在平台建设上，无人机低空飞行已经继航空遥感之后，成为经济实用、操作便捷、区域尺度甚高分辨率遥感数据资料获取的热门手段。

得益于航空遥感技术，光学遥感在考古应用中是开拓者。早在 20 世纪初，遥感考古技术便应运而生，提出了植被、地形和阴影考古标志。1999 年后，IKONOS、QuickBird 等商业高分辨率卫星的出现，为光学遥感考古应用基础研究及技术的发展增添了新的动力。总体而言，随着光学遥感波谱段的延拓和时空分辨率的提高，该技术在区域遗址以及遗存单体的考古发现中将日益发挥重要的作用。然而，如何提升遥感技术在考古勘查、探测与监测中的可靠性及适用性，仍是空间考古亟须努力的方向。

本节从光学遥感观测原理和光谱特征入手，介绍光学遥感技术在空间考古中的应用方法，包括：①人工目视解译要素的提取、光学考古影像解译标志与考古目标识别；②发挥图像预处理、光谱增强与变换、空间增强与变换以及图像分类等遥感计算机自动解译技术与方法的优势，提升光学遥感考古专题制图的能力与性能。

一、光学遥感观测机理

地面信息是多维的、无限的，通过光学遥感成像，可简化为二维、有限信息（陈述彭，1990）。因此光学遥感影像空间所包含的是一种具有复合特征、瞬时特征、间接特征的信息，并具体表现出以下性质。

（一）复合特征

从信息论角度看，遥感信息的综合特征，不仅表现在它所反映的地理要素多样化——地质、地貌、水文、土壤、植被、社会生态等相互关联的自然及社会现象的综合，而且表现在遥感信息本身的综合，即它是不同波谱分辨率、空间分辨率和时间分辨率的遥感信息综合。由于研究对象和目的不同，各自从不同角度，运用不同方法，从这个"综合信息"中各取所需，寻找并提取专题信息。

（二）瞬时特征

遥感信息的时相意义主要表现为两个方面，一是获取遥感信息的遥感仪器的时间分辨率，二是遥感信息的时间序列性。遥感影像最具价值的方面之一在于其能固定地重复覆盖地球的相同区域，保证不断获得具有良好时间序列性的空间数据，它为地学研究提供了有力的支持。

地表目标是一个动态系统，它的光学特性、几何特性随时间而发生重大变化。其变化性质是不可逆变化和有规律的变化，以不同速度，按不同方式表现在各类级地理系统外观的变化上。目标外在形态的变化按时间可分为五个范畴：多年变化、年变化、季节变化、天气变化和昼夜变化。

许多地物都具有时相变化，一是自然变化过程，即发生、发展和演化的过程；二是节律，即事物的发展在时间序列上表现出某种周期性重复的规律，也是地物的波谱信息与空间信息随时间的变化而变化。所以必须考虑研究对象所处的时态，充分利用多时相影像。

（三）间接特征

遥感影像因地物的综合复杂和时空变化，表现为动态混合抽象，像素中往往形成组合光谱。除由色调和图形直接反映地物轮廓层次、阴影及形状、大小、位置和相关关系，用以识别多种地物类别外，还包括许多需应用地学领域专业知识、判读经验和其他方法推理判断获取的影像上确实存在而不易识别的见解特征，如依据影像的纹理判断是否为断裂破碎带，依据水系和冲积扇排列确定是否为地下水分布等。

二、光谱特征

光谱特征研究的角度包括：①用光谱仪测定实际光谱；②用理论公式推导地物理想光谱值；③通过影像分析确定波段对应值。这里我们着重讨论第三方面。

所有信息中最直接应用的是地物的光谱信息。遥感图像中每个像元的亮度值代表的是该像元中地物的平均辐射值，它随地物的成分、纹理、状态、表面特征及所使用电磁波段的不同而变化。地物的光谱特征研究是现代遥感技术的重要组成部分，它既是传感器波段选择和设计的依据，又是遥感数据分析解译的基础。目前美国已对1000多种岩石矿物、1000多种土壤、3000余种植物以及60余种水体的反射、辐射和吸收特性进行了系统的测试分析，并建立了各种光谱数据库。我国也对地物光谱开展了广泛的研究，并出版了《中国典型地物波谱及其特征分析》（童庆禧等，1990）、《遥感反射光谱测试与应用研究》（舒守荣等，1988）等基本光谱数据集。

但是依靠建立在现有地面实验基础上的遥感信息模型提取遥感信息是不行的，地物在卫星影像上的反映并非与地面实际所得数据一一对应，它受多种因素的影响。最突出的包括以下五种。

（1）大气散射。其形成的随波长而变的附加辐射亮度虽然仅造成光谱特征空间中类别分布的平移，即不改变各类之间的相对位置和可分性，但当散射强度随地域和时间而变时，分类便受到严重影响。

（2）地形。地面坡度对景物辐射亮度的加强或减弱反映在光谱特征空间，造成了类别分布范围沿过原点直线方向拉长。理论上利用波段间比值可以消除这一影响，但把大气散射分量纳入考虑情况就变得复杂。

（3）太阳高度和视角。二者对那些在不同方向具有不同光谱反射率的目标产生影响，如造成同一地物在图像不同位置具有不同的亮度或颜色。

（4）类别的混合。典型的情况是图像中的像元对应着若干表面覆盖类（如植被和土壤）；另外，传感器视场角与混合类别中的植被的相对变化也会造成图像中混合反射比的变化。

（5）类内反射比的变化。即使对于均质类别（如沙土），其光谱反射率也会有一定范围的变化，对于本身就具有显著变化特征的目标更是如此。例如，植被的光谱反射曲线会因生长时间、长势、含水量与土壤中矿物含量的不同而产生显著改变。

因此，从自然表面粒子尺寸和入射波长的理论关系看，地物光谱是确定性的。但是，自然表面非均匀，具有多重复杂变化，造成多种地物成分的反射模型及其光谱曲线都不相同，这样就构成一个非常复杂的、具有一定不确定性的影像空间；而在利用遥感影像数据提取光谱信息时既不可能逐个地定量考虑这些因素，也无法为它们产生的综合效果建立整体的分析模型。为了提高遥感信息的实用性，深入研究相同地物在不同传感器获取的影像上的表现规律，须结合图像进行地物的光谱样本分析，找出其分异规律，最终实现遥感信息模型的参数或条件约束的确定。因此必须把遥感信息理论和实际图幅影像有效结合在一起，进行不同类型地物的信息分析。

不同传感器的波谱范围不同，受时间、空间分辨率的限制，以及大气衰减作用，使得各种地物在具体传感器上有具体表现。但如果从平均状态分析，地物反射光谱也确实存在许多可遵循规律。因此，通过对地物特性进行采样分析，可建立相应地物的光谱矢量曲线——不同波段地物光谱值的变化关系。考虑到地物在空间、时间、质地上的多变性，在样本的选择和样区的确立中需要进行多时相、多地区的采样分析，主要采用以下四种形式：①为了反映多波谱段特性，按不同传感器特性进行采样分析；②结合典型地物的时相特性，对同一地区不同时相的地物进行光谱采样分析；③为了反映不同空间状况的变化，对同一时相不同地区的地物进行采样分析；④为了反映不同性质的自然变化，按不同种类进行采样分析。

三、光学遥感考古图像解译

历史文化遗产是人类历史的信息载体，这些信息记载着大量人类活动的内容和过程。通过各种手段将这些历史信息提取，加以科学和历史的分析处理，就可以了解人类历史发展的轨迹、演变规律和历史内涵。作为研究人类历史发展过程的考古学，始终不断吸取自然科学研究的新成果才能不断发展。

遥感技术在遗产保护和考古方面的利用始于1906年英国军官沙普从军用热气球上对新石器晚期的巨石阵遗址进行了倾斜和垂直摄影拍照。1928年，克劳福德与凯勒合写的《从空中看维萨克斯》一书中便提出了遥感考古的设想，但当时遥感技术发展有限，没有被考古界重视。经过一个世纪的发展，现在的遥感技术不仅能得到多光谱、多角度、多分辨率、多尺度的光学遥感数据，还有多波段、多极化、多模式的成像雷达数据。除了全球尺度的高时间分辨率的遥感影像，还有高空间分辨率的卫星影像，通过这些技术可以更好地保护自然与文化遗产。

遥感考古就是由航空、航天飞行器对地面进行拍摄，获取经过技术处理的遥感影像与数据，通过专家系统对这些影像上显示的地面遗迹进行解译，寻找已知或未知考古遗迹及其线索，经过实地验证，将发现的遗迹转绘到专题地图上，供文物考古专家或其他有关部门进一步发掘、研究，或者作为制定文物保护政策的重要依据，是一门多学科交叉的综合学科。

遥感图像的解译过程，可以说是遥感成像过程的逆过程，即从遥感对地面实况的模拟影像中提取遥感信息、反演地面原型的过程。遥感信息的提取主要有两个途径：一是目视解译，二是计算机的数字图像处理。对于前者，解译者的知识和经验在识别判读中起主要作用，但难以实现对海量空间信息的定量化分析；对于后者，尽管它是对遥感原始数据的计算机处理、速度快、数据处理方式灵活多样，但是它的整个处理过程多是以人机交互方式进行，各种处理算法的"好与坏"往往离不开人工判读或人的经验与知识的介入，而且它主要利用地物的光谱特征，多是通过训练区或以数据的统计分析为基础。因此难以突出遥感信息所包含的地学内涵，对复杂的地理环境要素难以进行有效的综合分析，且对地物空间特征的利用不够。两种方法各有利弊，实践中两者的无缝结合才更为有效。

（一）人工目视解译

图像是人的视觉所能感受到的一种形象化的信息。日常生活中，人们经常能够接触到各种不同的图像，如黑白照片和彩色图像等。人从外界获取的信息中，80%以上是通过视觉获得的。对于地表空间分布的各种物体与现象，遥感图像包含的信息量远比文字描述更为丰富、直观和完整。因此，在地学研究中，人们非常注意利用遥感图像来获取地球表层资源与环境的信息。

遥感图像目视解译的目的是从遥感图像中获取需要的地学专题信息，它需要解决的问题是判读出遥感图像中有哪些地物，它们分布在哪里，并对其数量特征给予粗略的估计。

图像目视解译的首要步骤是图像识别，其实质是个分类的过程，即根据遥感图像的光谱特征、空间特征、时相特征，按照解译者的认识程度，或自信程度和准确度，逐步进行目标的探测、识别和鉴定的过程。这里所谓的"探测"是指首先确定一个目标或特征的客观存在，如图像上这有个不规则的暗斑，那有个规则亮斑等；所谓狭义的"识别"是指在更高一层的认识水平去理解目标特征，并把它粗略地确定为某个类别实体。所谓"鉴定"是指进一步根据图像上目标的细微特征，以足够的自信度和准确度，将上述"识别"的这个实体，划归某一种特定的类别中，如该植被实体或是林地，或是草地，或是农田，甚至可能细分为农田中的水浇地或麦田等。可见，上述的"探测"—"识别"—"鉴定"的分类过程本身就是解译者自信度与准确度（或指正确的概率）不断提高的认识深化过程。事实上，人们正是遵循着这一认识规律去观察、去识别周围的事物和现象的。面对复杂的遥感图像，人们不仅能通过色调、形态等去认识、理解它，而且能熟练地运用个人的背景知识、相关信息、多种概念和多学科分析来认识事物和现象，并进一步推导出它们之间的关系。

遥感图像的解译是从遥感影像特征入手的。影像特征不外乎色、形两个方面。前者指影像的色调、颜色、阴影等，其中色调与颜色反映了影像的物理性质，是地物电磁波能量的记录，而阴影则是地物三维空间特征在影像色调上的反映；后者指影像的图形结构特征，如大小、形状、纹理结构，图形格式、位置、组合等。它是色调、颜色的空间排列，反映了影像的几何性质和空间关系。遥感图像的解译，依赖于具体应用目的和任务。但是，任何目的的解译均要通过基本解译要素和具体解译标志来完成。图像目视解译就是指根据人的经验和知识，通过图像解译的基本要素和具体的解译标志来识别目标或现象。

1. 解译要素

遥感影像特征的色与形，可具体划分为遥感解译的 8 个基本要素，即色调或颜色、阴影、大小、形状、纹理、图案、位置、组合。分别说明如下。

（1）色调或颜色，指图像的相对明暗程度（相对亮度），在彩色图像上色调表现为颜色。色调是地物反射、辐射能量强弱在影像上的表现。地物的属性、几何形状、分布范围和规律都通过色调差异反映在遥感图像上，因而可以通过色调差异来识别目标。色调的差异多用灰阶表示，即以白—黑不同灰度表示，一般分为 10 ~ 15 级。人眼识别色彩的能力远强于灰度，因而往往利用彩色图像的不同颜色来提高识别能力和精度。这里有两点需要说明：一是解译者必须了解该解译图像中影像色调的支配因素，如可见光–近红外的摄影或扫描图像，均反映地物反射波谱特征的差异，涉及地物的物质组成、水分含量等，而热红外图像则反映地物发射特征的差异，是地物温度差的记录，雷达图像反映地物后向散射能量的差异，涉及地物介电常数、表面粗糙度等物理性质；二是影像色调受多种因素影响，除了受目标本身的波谱特征因时、因地、因环境变化而变化外，还受到成像高度、成像时间（光照角度、强度）、观察角度、遥感器、成像材料、成像后处理等多种因素的影响。因而，用色调解译要特别小心，且色调一般仅能在同一图片上进行比较。对于多张图片的比较，色调不能作为稳定而可靠的解译标志。

（2）阴影，指因倾斜照射，地物自身遮挡能源而造成影像上的暗色调。它反映了地物的空间结构特征。阴影不仅增强了立体感，而且它的形状和轮廓显示了地物的高度和侧面形状，有助于地物的识别，如铁塔、高层建筑等，这对识别人文景观的高度和结构等尤为重要。地物的阴影可以分为本影和落影，前者反映地物顶面形态，迎面与背面的色调差异；后者反映地物侧面形态，可根据侧影的长度和照射角度，推算出地物的高度。当然阴影也会掩盖一些信息，给解译工作带来麻烦。

（3）大小，指地物尺寸、面积、体积在图像上的记录。它是地物识别的重要标志，直观地反映地物（目标）相对于其他目标的大小。解译时往往从熟悉的地物入手（如房屋、高速公路、河流等）。建立起直观的大小概念，再推测和识别那些不熟悉目标的大小。若提供图像的比例尺或空间分辨率，则可直接测得目标的长度、面积等定量信息以辅助判别。

（4）形状，指地物目标的外形、轮廓。遥感图像上记录的多为地物的平面、顶面形状，侧视成像雷达则得到侧视的斜像。地物的形状是识别它们的重要而明显的标志。不少地物往往可以直接根据它特殊的形状加以判定，如河曲、冲洪积扇、果园、火山锥、雷达站等。

（5）纹理，即图像的细部结构，指图像上色调变化的频率。它是一种单一细小特征的组合。这种单一特征可以很小，以至于不能在图像上被单独识别，如叶片、叶部阴影、海滩的砂粒、河床的卵石等。目视解译中，纹理指图像上地物表面的质感（平滑、粗糙、细腻等印象），一般以平滑/粗糙度划分不同层次。纹理不仅依赖于表面特征，且与光照角度有关，是一个变化值。同时对纹理的解译还依赖于图像对比度。对于光谱特征相似的物体往往通过它们的纹理差异加以识别，如在中比例尺航空图像上的林、灌、草中，针叶林粗糙、灌丛较粗糙、幼林有绒感（绒状影纹）、草地细腻且平滑等。

（6）图案，即图形结构，指个体目标重复排列的空间形式。它反映地物的空间分布特征。许多目标都具有一定的重复关系，构成特殊的组合形式。它可以是自然的，也可以是人为构造的。这些特征有助于图像的识别，如吐鲁番地区坎儿井的彼此相互平行、锁阳城古代屯田的不同垄块、楼兰古灌区扇形排列的渠道等。

（7）位置，指地理位置，它反映地物所处的地点与环境。地物与周边的空间关系，如菜地多分布于居民点周围及河流两侧；机场多在大城市郊区平坦地，堤坝与道路难以区分，堤在河渠两侧，并与之平行，道路与居民点相连；河漫滩与阶地在河谷两侧高低、远近不同部位等。地理及地形部位对植物识别尤为重要，如有的植被生长于高地、有的植被只能生长于湿地等。

（8）组合，指某些目标的特殊表现和空间组合关系。它不同于严格按图形结构显示的空间排列，而是指物体间一定的位置关系和排列方式，即空间配置和布局，如西夏王陵遗址由阙台、碑亭、月城、门阙、陵台、角阙等土遗址组合而成。

2. 解译标志

解译标志是指在遥感图像上能具体反映和判别地物或现象的影像特征。根据上述 8 个解译要素的综合，结合摄影时间、季节、图像的种类、比例尺、地理区域和研究对象等，可以整理出不同目标在该图像上所特有的表现形式，即建立识别目标所依据的影像特征——解译标志。

解译标志可分为直接解译标志和间接解译标志两种。直接解译标志指图像上可以直接反映出来的影像标志；间接解译标志指运用某些直接解译标志，根据地物的相关属性等地学知识，间接推断出的影像标志。例如，在考古学中可以根据植被长势的特殊影像特征，来判断地底下古代埋藏的属性；根据植被、地貌与土壤的关系，来识别土壤类型和分布；根据水系的分布格局与地貌、构造、岩性的关系，来判断构造、岩性，如树枝状水系多发育在黄土区或构造单一、坡度平缓的花岗岩低山丘陵区，放射状、环状水系多与环状构造有关，格状水系多受断裂构造、节理裂隙的控制等；根据采石场、灰窑、水泥厂，推断其位于石灰岩地区；根据运动场的大小，推断学校及规模等。

考古遗址的影像资料中包含有丰富的地面信息，通过对其中植被、水体、土壤、岩石等图案特征的分析，可判读出地面或浅表地层中的遗迹情况。遗迹与其周围环境土壤等结构方面的差异，导致土壤色泽与含水量的差异、植被生长分布异常、土壤侵蚀差异、特殊的微地貌特征等，它们在遥感影像中都会以特定的图案显示出来，形成考古遗迹的影像标志，为遥感影像的解译工作提供依据。遥感考古研究中，常见的影像标志有植被标志、土壤标志、阴影标志等。需要说明的是，"解译标志"是随着不同地区、不同时段、不同片种等多种因素而变化的，因而解译标志的建立，必须有明确的针对性，通过典型样片，对典型标志进行实地对照、详细观察与描述。

（1）植被标志。地下古代遗迹的土壤与其周边环境的土壤在含水量、疏松度、贫瘠与肥沃等方面有着较大的差异，导致遗迹上方灌木或者农作物生长与分布出现特定的规律，具体表现为植被色泽、密度和生长茂密度异常，并在遥感影像上出现同地下遗迹几何形态相适应的特征信息（Luo et al.，2019）。考古植被标志根据上盖土层属性的不同，可分为植被正异常和负异常标志（图 4.1）。正异常以潮湿沉积物填充的古沟渠、墓葬、灰坑等类遗迹为代表，因其质地疏松、土壤肥沃，能加速植被生长；而负异常则以近地表石质基址、古代道路、夯土、瓦砾、红烧土遗迹砖瓦类为主，使得覆盖层土壤板结贫瘠、透水性差，阻碍植被生长。

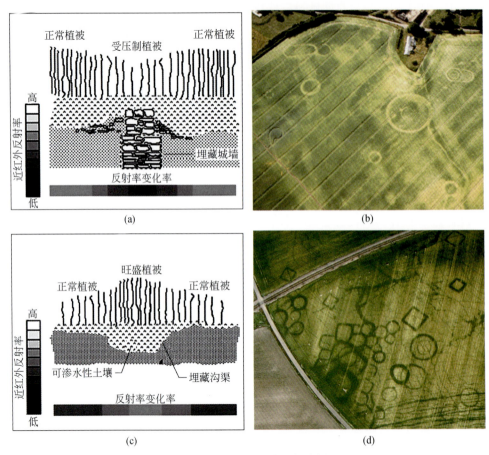

图 4.1　植被标志示意图与举例

（2）阴影标志。该标志常常出现于高台地域的遗址中，这类遗址受到地表水流的侵蚀较少，地面上往往会留下城墙、坟冢、土台、沟渠等残迹，构成考古遗址中特殊的微地貌；这种微地貌在倾斜太阳光线的照射下，表现出不同的明暗、大小以及组合方式的阴影，由此可以判断出遗迹的形状、范围、布局等属性。为了凸显微地形信息，一般宜在一天中太阳倾斜度比较大的上午或者傍晚成像。新疆玉门关遗址的遥感影像上，城墙遗迹与其阴影并存，边缘清晰，易于辨认（图 4.2）。

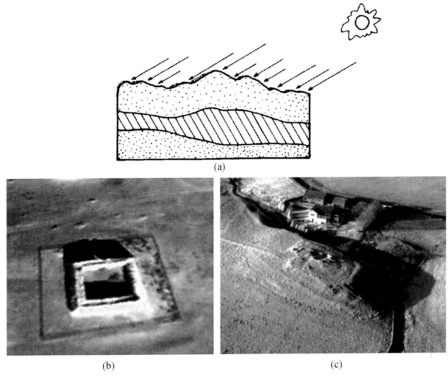

图 4.2 阴影标志示意图与举例

（3）土壤标志。该标志出现于遗迹的埋藏深度较浅，而地面平坦且裸露，地表没有残存痕迹的遗址中。古代道路、夯土、淤土等遗迹的色泽、结构、湿度等与其周围环境有一定的差异，这些差异能够在某些遥感影像上显示出来，并作为判读考古遗迹的重要标志（Luo et al.，2019）。土壤标志在比较干燥的季节效果最好，所以这时的遥感影像能反映出地下稍深地层中的遗迹，探查出如墓葬、城墙、古河道、夯土台基等遗迹（图 4.3）。此外，考古遗址覆盖表层土壤的热异常成为热红外、近红外遥感考古的理论依据。首先，微地貌的变化可引起日照地表吸收热量的差异并指引探测微地貌考古目标；其次，遗址植被标志能产生不同蒸散量，进而导致覆盖层热异常，揭示地下遗址的空间分布；最后，地下古遗址能直接促使覆盖层土壤致密度、透水性、材质等属性与周边不同，产生热惯量差异，成为热红外遥感考古的重要土壤指标。

考古遗迹的影像标志很多，对不同的遗址的反映情况各有特色，在不同的遥感影像上形成的图案也有很大的差别。所以，在具体工作中，要收集与遗址有关的文史、考古、遥感、地理、地貌等资料，了解遗址的类型、范围、残存状况、埋藏深度以及遗址范围内地貌特征、土壤类型、植被覆盖与生长情况等，然后才能对遥感影像进行综合解译，准确地判读遗迹的形状、位置等属性。最后再根据影像解译的结果，到实地进行必要的钻探等验证，解决一些模棱两可的问题，提高解译结果的准确性。

遥感图像的目视解译是遥感考古中最基本的工作和必不可少的研究手段。它是把解译者的专业知识、区域知识、遥感知识及经验介入图像分析中，根据遥感图像上目标及

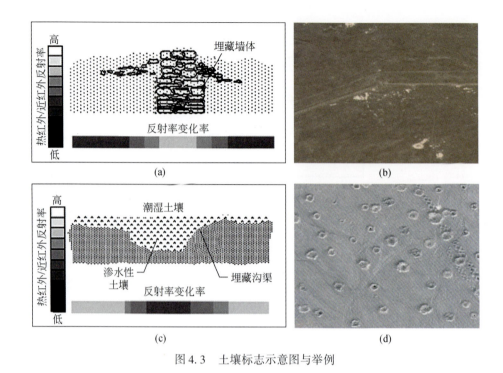

图4.3　土壤标志示意图与举例

周围的影像特征——色调、形状、大小、纹理、图形等以及影像上目标的空间组合规律等，并通过地物间的相互关系，经推理、分析来识别考古遗址目标。它不仅仅限于对各种地物本身的识别，还能利用影像的综合性、宏观性，通过地物间的相互关系，对各自然要素进行综合分析。也就是说，它将图斑信息置于整幅图像中，分析它与各类信息间的属性和空间关系，引出判读者的多种知识（考古学、历史学、地理学、土壤学、地质学、生态学、农学、气象学等知识），进行综合推理、分析比较，最后做出判断。从这个意义上讲，它充分利用了判读者的知识、经验，这要比计算机的内存和判断更为高明，因而目视解译是遥感图像解译最基本的方法，是区域景观分析的主要手段。但是，目视解译速度慢、定量精度受到限制，且往往带有解译者的主观随意性。为了提高目视解译的水平，不仅要求解译者掌握、分析研究对象的波谱特征、空间特征、时间特征等，了解遥感图像的成像机理和影像特征，而且离不开其对地物地学规律的认识以及对地面实况的了解，只有这样才能从影像提供的大量信息中，去伪存真，提取出所需要的专题特征信息。事实上，从遥感图像上所获得信息的类型和数量，除了与研究对象的性质、图像质量密切相关外，还与解译者的专业知识、经验、使用方法及对干扰因素的了解程度等直接相关。

（二）　计算机自动解译

1. 图像预处理

遥感数字图像处理是指用计算机对遥感数字图像的操作和解译，它是遥感应用分析中十分重要的部分。数字图像是由一系列像元组成，每个像元有一数值表示，称为像元的亮度值或灰度值。通常，我们用 X 和 Y 方向上的像元数、光谱波段数，以及用来记录每个波段及像元灰度级所需要的比特（bit）数来概括一幅遥感数字图像。例如，一幅 6 个波段，256 个灰度级，在 X 和 Y 方向上分别有 256 和 512 个像元的图像被称为 256×512，6 波段 8bit 的图像。

　　遥感图像处理涉及的内容很宽，包括许多较复杂的数学模型、算法和软件，并与应用目标紧密相关。这里主要介绍最基本的数字图像处理原理和一些经常用到的处理方法，如图像预处理、图像增强及专题特征提取、图像分类以及精度评价，并尽量避免数学及统计公式的推导和描述。

　　遥感系统空间、波谱、时间以及辐射分辨率的限制，很难精确记录复杂地表的信息，因而误差不可避免地存在于数据获取过程中。这些误差降低了遥感数据的质量，从而影响了图像分析的精度。因此在实际的图像分析和处理之前，有必要对遥感原始图像进行预处理。图像的预处理又被称作图像纠正，其主要目的是纠正原始图像中的几何与辐射变形，即通过对图像获取过程中产生的变形、扭曲、模糊（递降）和噪声的纠正，得到一个尽可能在几何和辐射上真实的图像。图像校正包括辐射校正和几何校正。在获得校正好的遥感图像后，需要进一步对图像进行增强处理，以便更好地提取和分析所需要的考古遗址信息。对图像校正是为了消除数据获取过程中的误差及变形，使传感器记录的数据更接近于真实值。而图像增强则是为了突出相关的专题信息，提高图像的视觉效果，使分析者能更容易地识别图像内容，从图像中提取更有用的定量化信息。前者侧重于图像增强，后者侧重于变换和主要的特征信息提取。图像增强通常都在图像校正后进行，特别是必须消除原始图像中的各种噪声，否则分析者面对的只是各种增强的噪声。

　　2. 光谱增强与变换

　　图像增强按其作用的空间一般分为光谱增强和空间增强两类。光谱增强对应于每个像元，与像元的空间排列和结构无关，因此又叫点运算。

　　图像光谱增强主要包括对比度增强（主要方法有灰度阈值分割、灰度级密度分割、线性拉伸、非线性拉伸等）、图像波段数学运算（比值运算、差值运算、植被指数等）、主成分分析（K-L 变换）、缨帽变换（K-T 变换）等，以提升考古目标识别的解析度（图4.4）。

　　3. 空间增强与变换

　　光谱增强与变换是通过对图像亮度值的改变，来增强或减弱一些特征信息，而空间变换侧重于图像的空间特征或频率。空间频率主要指图像的平滑或粗糙程度。一般来说，高空间频率区域称为"粗糙"，即图像的亮度值在小范围内变化很大（如道路及房屋的边界）。而在"平滑"区，图像的亮度值变化相对较小，如平静的水体表面、大面积的农田、人工草地等。低通滤波主要用于加强图像中的低频成分，而减弱图像中的高频成分。高通滤波则相反，即加强高频细节，减弱低频信息。

　　空间变换主要有空间卷积、傅里叶变换、空间尺度变换三类。空间增强主要集中于图像的空间特征，考虑每个像元及其周围像元亮度之间的关系，从而使图像的空间几何特征如边缘、目标物的形状、大小、线性特征等突出或者降低，其中包括各种空间滤波、傅里叶变换，以及比例空间的各种变换，如小波变换等。

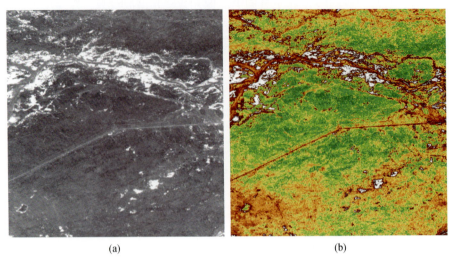

(a)　　　　　　　　　　　　　　　　　(b)

图 4.4　灰度级密度分割前后汉长城识别对比图

4. 图像分类

图像分类的目的是将图像中每个像元根据其在不同波段的光谱亮度、空间结构特征或者其他信息，按照某种规则或算法划分为不同的类别。最简单的分类是只利用不同波段的光谱亮度值进行单像元自动分类；另一种则不仅考虑像元的光谱亮度值，还利用像元和其周围像元之间的空间关系，如图像纹理、特征大小、形状、方向性、复杂性和结构，对像元进行分类。因此，它比单纯的单像元光谱分类复杂，且计算量也大。对于多时段的图像，时间变化引起的光谱及空间特征的变化也是非常有用的信息。例如，对农作物的分类中，单时段的图像无论其多少波段，都较难区分不同作物，但是利用多时段信息，由于不同作物生长季节的差别，则比较容易区分。根据分类过程中人工参与程度分为监督分类、非监督分类以及两者结合的混合分类等。

5. 光学遥感考古专题地图

光学遥感考古专题地图是一种以遥感影像和一定地图符号来表现考古制图对象（文化遗产、古城址、古聚落等）地理空间分布和环境状况的地图。在遥感考古专题地图中，图面内容要素主要由影像构成，辅以一定的地图符号来表现或说明制图对象。与普通地图相比，光学遥感考古专题地图具有丰富的地物目标信息，内容层次分明，图面清晰易读，充分体现出影像与地图的双重优势。

光学遥感考古专题地图是指在计算机制图环境下，利用遥感资料编制考古专题地图，它是遥感技术在考古测绘制图和数字文化遗产研究中的主要应用之一。光学遥感考古专题地图的制作可以大致分为以下五个阶段：信息源的选择、图像处理、图像解译、基础底图的编制和专题解译图与地理底图的复合。

1）信息源的选择

图像的地面分辨率、波谱分辨率和时间分辨率是遥感信息的基本属性，在遥感应用中，它们通常是评价和选择遥感图像的主要指标。

空间分辨率即地面分辨率，是指遥感仪器所能分辨的最小目标的实地尺寸，即遥感图像上一个像元所对应的地面范围的大小，如 Landsat TM 影像的一个像元对应的地面范围是30m×30m，那么其空间分辨率就是 30m。遥感制图是利用遥感图像来提取专题制图信息的，因此在选择图像的空间分辨率时要考虑以下两个因素：一是解译目标的最小尺寸；二是地图的成图比例尺。对空间不同规模的制图对象的识别，在遥感图像的空间分辨率方面都有不同的要求。遥感图像的空间分辨率和地图比例尺有着密切的关系。在遥感制图中，不同平台的遥感器所获取图像信息的满足成图精度的比例尺范围是不同的。因此，进行光学遥感考古专题制图和普通地图的修测更新时，对不同平台的图像信息源，应该结合研究宗旨、用途、精度和成图比例尺等要求，予以分析选用，以达到实用、经济的效果。

波谱分辨率是由传感器所使用的波段数目（通道数）、波长、波段的宽度来决定的。通常情况下，各种传感器的波谱分辨率的设计都是有针对性的，这是因为地表物体在不同光谱段上有不同的吸收、反射特征。同一类型的地物在不同波段的图像上，不仅影像灰度有较大差别，而且影像的形状也有差异。多光谱成像技术就是根据这个原理，使不同地物的反射光谱特性能够明显地表现在不同波段的图像上。因此，在专题处理与制图研究中，波段的选择，对地物的针对性识别非常重要。在考虑遥感信息的具体应用时，必须根据遥感信息应用的目的和要求，选择地物波谱特征差异较大的波段图像，即能突出某些地物（或现象）的波段图像。实际工作中有两种方法：一是根据室内外所测定的地物波谱特征曲线，直观地进行分析比较，根据差异的程度，找出与之相应的传感器的工作波段；二是利用数理统计的方法，选择不同波段影像密度方差较大且相关程度较小的波段图像。除了对单波段遥感图像的分析选择外，大多数情况下是将符合要求的若干波段作优化组合，进行影像的合成分析与制图。

用传感器对同一目标进行重复探测时，相邻两次探测的时间间隔称为遥感图像的时间分辨率。遥感图像的时间分辨率差异很大，用遥感制图的方式反映制图对象的动态变化时，不仅要弄清楚研究对象本身的变化周期，同时还要了解有没有与之相应的遥感信息源。遥感图像是某一瞬间地面实况的记录，而地理现象是变化的、发展的。因此，在一系列按时间序列成像的多时相遥感图像中，必然存在着最能揭示地理现象本质的"最佳时相"图像。总之，对遥感图像时相的选择，既要考虑地物本身的属性特点，也要考虑同一种地物的空间差异。

2）图像处理

根据遥感制图的任务要求，确定了遥感信息源之后，还必须对所获得的原始遥感数据进行加工处理，才能进一步利用。

人造卫星在运行过程中，侧滚、仰俯的飞行姿态和飞行轨道、飞行高度的变化以及传感器光学系统本身的误差等因素的影响，常常会引起卫星遥感图像几何畸变。因此，在专题地图制图之前，必须对遥感图像进行预处理。预处理包括粗处理和精处理两种类型。粗处理是为了消除传感器本身及外部因素综合影响所引起的各种系统误差而进行的处理。它是将地面站接收的原始图像数据，根据事先存入计算机的相应条件进行纠正，并通过专用的坐标计算程序加绘了图像的地理坐标，制成表现为正射投影性质的粗制影像产品。精处理的目的在于进一步提高卫星遥感图像的几何精度。其做法是利用地面控制点精确校正经过粗处理后的图像面积和几何位置误差，将图像拟合或转换成一种正规的符合某种地图投影要求的精密影像产品。目前，在精处理过程中，也常常在图像上加绘控制点、行政区划界线等，对后续解译工作起控制作用。

为了扩大地物波谱的亮度差别，使地物轮廓分明、易于区分和识别，以充分挖掘遥感图像中所蕴含的信息，必须进行图像的增强处理。图像增强处理的方法主要有光学增强处理和数字图像增强处理两种。光学增强处理的目的在于人为加大图像的密度差，常用的方法有假彩色合成、等密度分割和图像的相关掩膜等。数字图像增强处理是借助计算机来加大图像的密度差，主要方法有彩色增强、反差增强、滤波增强和比值增强等。数字图像增强处理具有快速准确、操作灵活、功能齐全等特点，是目前广泛使用的一种处理方法。

3）图像解译

从数据类型来看，数字遥感图像是标准的栅格数据结构，因此，遥感图像的解译实际上就是把栅格形式的遥感数据转化成矢量数据的过程。图像解译的主要方法有目视解译和计算机解译两种。

目视解译是用肉眼或借助简单的设备，通过观察和分析图像的影像特征和差异，识别并提取空间地理信息的一种解译方法。目前，遥感制图已经全面实现了数字化操作，目视解译也从过去手工蒙片解译发展为数字环境下的人机交互式图像解译。所谓人机交互式图像解译，是一种以计算机制图系统为基础，以数字遥感图像为信息源，以目视解译为主要方法并充分利用专业图像处理软件实现对图像各种操作的解译方式。目视解译一般包括解译准备、建立解译标志、解译，最后在解译工作完成后，为保证解译结果的准确性，必须通过野外抽样调查，对解译中的疑点进行核实，并对成果进行修改和完善。

计算机解译是利用专业图像处理软件，实现对图像的自动识别和分类，从而提取专题信息的方法，它包括计算机自动识别和计算机自动分类。计算机自动识别（模式识别），将经过精处理的遥感图像数据根据计算机所研究的图像特征进行处理。计算机自动分类，分为监督分类和非监督分类。监督分类是根据已知试验样本提出的特征参数建立解译函数，对各待分类点进行分类的方法；非监督分类是事先并不知道待分类点的特征，仅仅根据各待分类点特征参数的统计特征，建立决策规划并进行分类的一种方法。计算机解译能够克服肉眼分辨率的局限性，提高解译速度，而且随着技术的日趋成熟，还能从根本上提高解译精度。面对海量遥感数据，深入研究图像的自动解译，对地理信息系统和数字地球的建设具有重要的意义。

4）基础底图的编制

图像解译只是完成了从影像图到专题要素线划图的转换过程。为了说明专题要素的空间分布规律，还必须编制相应的基础底图。

在传统的遥感制图中，编制基础底图时，首先选择制图范围内相应比例尺的地形图并进行展点、镶嵌、照相，制成线划地形基础底图膜片，然后将地形基础底图膜片蒙在影像图上，根据影像基础底图上解译的地理基础，更新地形基础底图上的地理要素，并对地形图上原有的地理要素进行适当的取舍，最后制成供转绘专题要素用的基础底图。这种线划基础底图的内容主要有水系、道路、境界线等，比例尺与遥感图像一致。与此同时，可进一步编制出成图用的地理基础——出版地图。

数字制图环境下，基础底图的编制与传统方法有所不同。一种方法是直接使用已经编好的数字底图资料。如果底图的数学基础、内容要素等与成图要求不同，用户可以通过投影转换或地图编绘功能进行统一协调。另一种方法是将相应的普通地图或专题地图进行扫描，然后与用户建立的数学基础进行配准，或经过几何纠正后，再根据基础底图的要求，分要素进行屏幕矢量化编辑，获得基础底图数据文件。

5）专题解译图与地理底图的复合

在计算机制图环境下，通过人机交互解译或计算机解译得到的专题解译图，必须与地理底图文件复合，复合后的图形文件，经过符号设计、色彩设计、图面配置等一系列编辑处理过程，最终形成专题地图文件。

第二节 微波遥感考古

微波遥感就是利用某种传感器接收地面各种地物发射或反射的微波信号，借以分析和辨别地物，提取所需信息。微波遥感中的主动成像雷达因高空间分辨率，适应于小尺度遗址等考古目标的探测、监测与分析。微波遥感考古是近二十年发展起来的极具发展潜力的新研究领域，是对分布于世界各地或隐匿于沙漠、热带雨林中的古人类活动遗址进行监测和研究的有效工具。雷达影像包含着丰富的地表信息，不同的表面和地物会有不同的散射特征，根据给定的雷达观测参数，可以利用后向散射系数推断出地物的质地结构、表面粗糙度、含水量、地形和几何形状的差异，这就是微波遥感考古的基本原理。传统的实地钻探、挖掘等考古方法在自然环境恶劣的地区受到了很大的制约，而且考古活动自身也会对古遗迹造成不同程度的破坏。光学遥感考古不仅受云雨天气的影响，而且一般对埋藏于地表下或被植被覆盖的遗址也无能为力。雷达微波遥感考古能够克服这些方法的缺陷，在古遗址的发现与探测、制图、古地形环境的重建、古建筑保护等多个方面，都有着广泛的应用。但是受限于可获取雷达影像数量和分辨率的不足，以及复杂的数据处理和软件，它在很长时间内一直处于试验阶段。随着 TerraSAR/TanDEM-X、COSMO-SkyMed 等高分辨率雷达卫星的发射，雷达微波遥感考古进入了一个机遇和需求迅猛增加的新时代，同样在数据处理方法、考古影像解译等方面也将会面临着更为严峻的挑战。

一、微波遥感观测机理

（一）成像机理

微波遥感中应用最广的是侧视雷达，其基本工作方式是雷达发生器首先向地表发射微波信号，穿过大气到达目标表面，经过反射和各个方向的散射，其中一部分信号经原路返回，被雷达系统按时间先后顺序重新接收、记录并处理，最终以图像的形式显示出来。一个完整的雷达系统应该是由发射机、接收机、天线、振荡器、记录处理器和显示器等组成的。侧视雷达有真实孔径和合成孔径两种。真实孔径采用雷达天线的实际长度来发射和接收雷达波；合成孔径是利用一个小天线在直线方向不停地移动，在每一个位置都发射一个信号并接收相应的回波信号，这样就等效于一个大孔径的天线。合成孔径雷达拥有更高的空间分辨率和考古应用价值，因此本节主要对它的成像机理进行详细的介绍。

遥感中的分辨率定义为判别空间中邻近目标的最小距离，雷达的分辨率在方位向上和距离向上有所不同。方位向是与飞行方向平行的方向，距离向是与飞行方向垂直的方向。由方位向分辨率和距离向分辨率共同确定的范围称为分辨单元。SAR 系统在方位向上通过多普勒频移和雷达相干理论来提高分辨率，在距离向上通过脉冲压缩技术来提高分辨率，其表达式分别为

$$距离向分辨率： \qquad R_r = \frac{c\tau}{2\cos\beta} \qquad\qquad (4.1)$$

$$方位向分辨率： \qquad R_a = \frac{l}{2} \qquad\qquad (4.2)$$

式中，c 为电磁波波速；τ 为脉冲持续时间；β 为俯角；l 为天线长度。从式（4.1）和式（4.2）可以看出，SAR 图像的距离向分辨率是变化的，远距离向分辨率要高于近距离向，俯角近似于 90°时分辨率无限低，这也是雷达系统要采取侧视观测的原因。SAR 图像的方位向分辨率只与天线长度有关。除了空间分辨率外，SAR 系统还有一些工作参数是与成像密切相关的。

1. 雷达波长

用于 SAR 传感器的微波波段主要有几个，波长由短到长依次是 K、X、C、S、L、P。通常短波系统的空间分辨率高，但对能量的要求也高。另外，波长也影响雷达波对地物的穿透能力和表面粗糙度。波长越长，穿透能力越强，地物表面显得也越光滑。

2. 入射角

入射角定义为雷达波束与大地水准面垂线的夹角，与雷达俯角成互补关系。地物的后向散射特征会受入射角的影响，不同入射角的雷达波照射到地物会产生不同的回波效果，选择合适的入射角对目标识别和制图是非常重要的，这是因为地形效应（叠掩和透视收缩）和地表粗糙度与 SAR 的观测几何是密切相关的。如果采用多个入射角进行观测，就可以获得更多的散射信息，有利于地物定性和定量的判别。

3. 极化方式

全极化的 SAR 系统可以获取 4 种不同极化方式的图像，分别是同极化的 HH 或 VV 图像和交叉极化的 HV 或 VH 图像。极化方式不同时，地物的回波信号也不同，不同地物可能在某极化图像上比较接近，在另一种极化图像上却差异显著，如同极化主要与表面散射有关，交叉极化主要体现了体散射的结果。极化信息是 SAR 图像中所包含的最重要信息，极化 SAR 也是微波遥感领域十分重要的研究方向。

4. 斜距和地距

SAR 图像可以用两种方式显示，记录传感器到目标距离的为斜距图像，记录目标之间实际距离的为地距图像。一般 SAR 图像指的是斜距图像（本书中除特殊说明外，也均指的是斜距图像），其比例尺不是常数，图像特征与地距图像有很大的差异，如近距离压缩、透视收缩等。

5. 灰度

为了成像，雷达系统还定义了灰度 DN 值，范围在 0～255 之间。每一个回波信号都被转换成具有特定 DN 值的数字化像元。它是地物回波在图像上的反映，与后向散射系数存在对应关系，需要通过定标技术实现转换。在图像上能区分出两个地物的最小灰度对比度称为灰度分辨率，它和空间分辨率一样是评价 SAR 图像质量的重要指标。

6. 视数

SAR 系统为了提高方位向的分辨率而采用了合成孔径的思想，每个子孔径都等间距地向地物发射脉冲，通过天线接收生成具有多普勒效应的信号，存储起来并处理成图像。这些独立的子图像称为视数。处理一个视数能获得高分辨率影像，但是斑点噪声影响较大。对多个视数进行平均处理，能增加 SAR 图像的可解译性，但降低了空间分辨率。

由于侧视成像和系统工作参数的影响，SAR 图像通常会具有一些显著的特征，了解它们有助于正确地分析图像并提取有用的信息。

7. 斑点

分辨单元内经常会包含大量随机分布的独立散射体，它们与雷达波相互作用产生的回波相干叠加，在 SAR 图像上就出现了随机分布的黑白斑点，称为斑点噪声。除了均质地物分辨单元外，其余都将以颗粒状的斑点形式在图像上呈现。斑点在高分辨率图像上最为常见，属于纹理信息的一种。但是过多数量的斑点会严重影响到图像的校正和解译，去除它的影响是应用 SAR 图像的首要目标。去除的方法可分为两大类：第一类是进行多视处理，简单有效，但降低了图像的空间分辨率，模糊了图像边缘；第二类是在图像生成后进行平滑处理，在去除斑点噪声影响的同时保留了分辨率和边缘等信息，但多数情况仍然是在两者之间进行的折中。常用的平滑滤波方法有 Lee 滤波、Frost 滤波、Kuan 滤波等。

8. 近距离压缩

斜距 SAR 图像在方位向上的比例尺是固定的，在距离向上的比例尺与雷达波的入射角相关。近距离向的比例尺要小于远距离向，对地物的压缩程度也要大于远距离向。

9. 透视收缩

雷达波扫描过斜坡时，其在 SAR 图像上量得的经比例尺换算过的距离总是比实际距离要短，甚至会出现斜坡在图像上变成一个点的现象，这就是透视收缩。它会引起电磁能量的高度集中，在图像上形成很亮的区域。前坡的收缩程度要比后坡更严重，因此在图像上前坡也通常比后坡亮。

10. 叠掩

雷达是测距系统，离传感器近的地物回波先到达，远的后到达。当雷达波束先到达山顶，后到达山脚时，山顶就会先于山脚成像，这样在 SAR 图像上显示的就正好与实际情况相反，这种现象就是叠掩。它多是近距离的现象，俯角越大，产生叠掩的可能性就越高。

11. 阴影

雷达波直线传播，当遇到一些高大地物的阻挡时，在其背后就会形成一片雷达波无法照射到的区域，没有回波信号，在图像上显示为暗区，即阴影。雷达阴影多产生于地形起伏的山区，与俯角和背坡的坡度密切相关。适当的阴影可以增加图像的立体感，但会引起阴影区域信息的丢失。

（二）影像特性

地物的回波信号在雷达图像上是以灰度值的形式表示的，灰度的相对空间变化构成了图像的纹理，它和灰度值一样都是从图像中提取有用信息的主要依据。虽然会受到雷达系统参数和地形（透视收缩、阴影）等因素的影响，但它们仍然是地物目标特征的反映，是由其所处的位置、地物结构、表面形态和介电特性等决定的。因此讨论地物与雷达波的相互作用是十分有必要的。雷达波照射到地物目标时会发生几种现象：反射、散射、穿透和吸收。通常情况下它们是并存的，哪种现象占据主导位置取决于目标的性质和雷达波长。雷达接收的是与地物发生反射和散射后沿原路返回的这部分能量，这部分能量越多，代表回波信号越强，在图像上也就越亮。如果大部分雷达波被地物吸收或者是发生了镜面反射（如平静的水面），回波信号的能量就非常弱，在图像上就显示为暗色调。

地物目标在雷达图像上按照形状和结构可分为三种，分别是点目标、线目标和面目标。点目标是指以亮点的形式出现并且几何尺寸远小于分辨单元的点状地物。它与周围地物不是一个类型，较强的后向散射能力使其在一定范围内的回波信号中占据主导地位，雷达图像的整个像素也几乎只反映它的存在。孤立的楼房、电线塔、船只、小山峰、沙丘或者是人工角反射器等都能成为点目标。线目标在雷达图像上的表现是一定形状的线，如果回波信号较强，则为一连串的亮点或者是一条亮线。它可以是不同目标的界线，如岩性界线、断层、海岸线等。也可以是目标本身，如铁路、公路、桥梁等。面目标又称为分布式目标，由许多同类型地物随机分布组成，每一处地物都有一个散射中心，且没有一个散射中心在整个分辨单元内的回波中占据主导地位，总的回波相位和强度也都是随机的。大块的草地和农田都可以是面目标。这几种地物目标在图像上的表现不同，散射机制也存在较大的差异。点目标的回波较强是因为其自身的强散射能力或者是发生了角反射器效应。角反射器是指由两个（或三个）相互垂直的光滑表面组成的物体，入射的雷达波束经过几个表面的反射后又原路返回，这些波行进方向相同、相位相同，其相互叠加就使得回波信号极强。线目标散射特性比较复杂，有的在图像上显示为暗色调，有的则显示为亮色调。其成为亮色调的原因有很多种，包括可能发生了角反射器效应，如点目标；有平面与雷达波束垂直，使其直接沿原路反射回去；发生了谐振效应，当地物走向与飞行方向平行，且地物间距是雷达波长整数倍时，回波就会产生共振，能量增强；雷达波以一定方向照射到线导体时，通常会产生较强的回波，垂直于导体入射时，回波信号最强。面目标的回波信号通常是面散射或体散射，或两者同时作用的结果。面散射是地物表面作用的结果，体散射是雷达波穿透表面后，由物体内部介电性质不均匀引起的。面散射和体散射所占的比重，是由雷达波长、地物的表面特征、表面下的介电特性等因素决定的。面目标会出现回波强度时高时低的现象，这不是地物散射特征的真实体现，而是一种信号的衰落，结果就是出现大量的斑点噪声。

表面形态和介电特性也是影响地物目标回波特征的关键因素。表面形态主要指的是表面粗糙度，它是描述地表几何体的计量单位，大致可分为三类：小尺度，中尺度和大尺度。其中只有小尺度粗糙度影响图像的灰度，它指的是一个雷达分辨单元内表面起伏高差的均方根值，可分为三种粗糙度类型：①光滑表面，发生镜面反射，在图像上为暗色调，如平静水面；②稍粗糙表面，在各方向上程度不同的反射或散射能量，部分可以被雷达天线接收，在图像上为灰色调；③非常粗糙表面，发生漫反射，所有方向均匀地反射能量，在图像上显示为亮色调。三种粗糙度类型的划分与波长和入射角有关，波长越长，入射角越小，表面就会显得越光滑。对于非常粗糙表面，地物的后向散射系数与选择的入射角关系不大；对于光滑表面，后向散射系数则对入射角非常敏感。介电特性可以用复介电常数表示，它对雷达回波的影响很大。复介电常数由表示介电常数的实部和表示损耗因子的虚部组成。介电常数又称电容率，是介质响应外电场的施加而电极化的度量，体现了传输电场的能力。损耗因子指电磁波在传输过程中的衰减，与物质传导率有关。通常情况下，复介电常数的实部和虚部值越大，地物的回波信号就越强，可穿透性就越差。因为水的复介电常数的实部和虚部远大于其他天然物质，所以地物含水量也通常是复介电常数的代名词。很多考古目标在雷达影像上会形成较亮的色调，有很好的识别效果。例如，古建筑物会形成二面角反射，古墙遗址可以视为具有一定起伏和形状的较粗糙地表，古河道的土壤有较高的含水量等。

二、微波遥感考古方法

相对于其他微波遥感方法，合成孔径雷达因具有高的空间分辨率，适用于开展从考古探测到遗产监测等考古研究。微波遥感考古经过数十年的发展已经有了广泛的基础，在区域考古调查中雷达影像常被用于探测各种地形的纹理和粗糙度、土壤含水量、植被覆盖、岩性和地质成分等信息。本节主要就微波遥感考古中可能会用到的一些图像处理方法和技术进行详细的讨论。

（一）斑噪抑制

SAR 图像的一个显著特征是斑点噪声，它是相干雷达系统所固有的，其形成的根本原因是信号的衰弱。假设一个雷达分辨单元内有多个散射体，每个散射体的回波相位由其与传感器之间的距离决定，当传感器发生移动时，所有的相位都会发生变化，从而引起分辨单元内总的回波强度发生改变，这就是衰弱。当回波强度衰减到远低于平均值时，它们在图像上显示为黑点；当回波强度增强到远高于平均值时，它们在图像上显示为亮点。这样本来具有相近后向散射特征的同质区域，在图像上就会出现明暗相间的灰度变化，即斑点。它的存在使得图像的信噪比下降，解译难度增大，给目标识别、特征提取以及地表参数反演都造成了困难。SAR 系统斑点噪声的消除要比真实孔径更为复杂（Ulaby et al., 1983），要消除其影响，常用的方法是多视和滤波。多视是抑制斑点噪声最简单的方法，基本原理是对多个子孔径获取的独立图像进行非相干平均，进而获得一个低分辨率而高信噪比的图像。本节主要对更为复杂的各种滤波算法进行详细的讨论。

滤波器的构造方法有很多种（郭华东等，2000），最常见的可以分为以下几类。第一类是传统的基于像元的中值滤波、均值滤波等，它们不考虑 SAR 图像的噪声模型，对噪声和信息也不加区分，因此这类滤波总体效果不好，会引起大量信息的丢失。第二类是基于噪声模型的滤波方法，首先假定 SAR 图像的噪声模型为乘性或加性，然后再采用相应的滤波器。乘性模型是对噪声最简单的假设，与信号之间的关系是相乘，包含了地物真实散射截面、非相关乘性斑点以及图像强度。加性模型假设斑点是完全独立于信号之外的，以叠加的形式对信号形成干扰。假设图像观测值为 X，地物实际的雷达反射值为 Y，斑点噪声为 Z，则两种模型的变量描述分别是

乘性噪声：

$$Y = X \times Z \tag{4.3}$$

加性噪声：

$$Y = X \times X \times (Z-1) \tag{4.4}$$

对于乘性噪声而言，Z 服从均值为 1 的负指数分布；加性噪声的均值则由 1 变成了 0，而且方差也不再是常数。这两种假设都与 SAR 图像的实际情况有所偏差，因此这类滤波效果也一般，常用的滤波器有 Kalman、Lee 滤波器等。第三类是自适应滤波器，也是最常用的方法。它考虑了 SAR 图像的不均匀性，统计局部区域的灰度并决定参与滤波的像元及其权重。这类方法能够在去除噪声和保留边缘之间达成平衡，因此滤波效果要好于前两类，此类常用的滤波器包括 Kuan、Frost 等，但更常用的还是噪声模型和自适应统计相结合的滤波器，能达到更好的效果。还有一种思路是先采用图像分割方法将均质区域和边缘勾画出来，然后再对均质区域进行滤波。这样做的目的是增加了保留边缘的能力，但滤波效果要依赖于图像分割的结果，Gamma MAP 就是此类滤波器的代表。将小波理论应用于滤波算法是近些年研究的热点，主要通过研究斑点对小波系数的影响对 SAR 图像进行重建。这种方法算法复杂，但去除噪声和保持边缘的效果很好。

（二）时序分析

SAR 图像经过合适滤波处理后，可解译性增强，地物的纹理信息显现，从中可以直观地确定一些考古目标的基本特征，包括所处位置、形状、走向以及其他属性信息。但是简单的纹理分析方法无法完全满足微波遥感考古的要求，原因是有的古迹或埋藏于地表下，或隐匿于森林中，或坍塌破败与周围基本融为一体等，它们的散射特征与周边地物没有显著的差异，通过灰度值和纹理很难准确地将它们提取出来。而这些古迹的客观存在经常会影响到区域生物量、地表含水量等的变化，这时就需要利用多个 SAR 图像进行时间序列上的分析。而且在 SAR 图像上识别考古目标仅仅是微波遥感考古的第一步。监测古迹的时间变化趋势（包括形状、形变等），受地震、滑坡、断层活动等地质灾害的影响，评估其与周围环境的相互作用等都是微波遥感考古的重要内容，它们也需要用到这种方法。因此 SAR 图像的时序分析（变化检测）是微波遥感考古中非常重要的技术手段。

所谓变化检测就是对不同时间获取的 SAR 图像进行对比分析，进而提取所需要的地物目标变化信息。目标变化可分为两种情况：一种是形态的变化，主要是由自身或周边地

物的运动引起的，运动可以是缓慢的，如缓慢的地表沉降，也可以是迅速的，如地震引起的坍塌、滑坡等；另一种是目标后向散射特征的变化，如含水量的变化引起的后向散射特征改变等。两种情况都需要一些专门的图像预处理工作，如监测形态变化需要进行高精度的图像配准，监测后向散射特征变化需要进行绝对定标。此外还必须对 SAR 图像进行几何校正，以去除传感器运动状态、地球曲率、地形起伏等因素的影响。SAR 图像的变化检测方法有很多，从不同角度出发可以将它们进行不同分类：从人为干预程度来说，可分为监督变化检测和无监督变化检测；从检测层次来说，可分为像素级、特征级和目标级变化检测；从算法角度来说，又可分为基于图像代数运算、基于图像变换、基于图像分类和基于图像特征检测。本节就从算法分类的角度出发介绍各种变化检测方法。

1. 基于图像代数运算的检测

这类变化检测方法主要包括图像差分法、图像比值法、图像对数比值法、图像回归法等。

图像差分法是将多个 SAR 图像相同像元的灰度值或地物的后向散射系数逐一相减；图像比值法进行的是除法运算；图像对数比值法则是先进行除法运算，再取对数；图像回归法是先利用不同时段、相同像素的时间相关性进行回归建模，然后使用概率统计法提取变化信息。这些方法常采用单一阈值对图像进行处理，设两景 SAR 图像的像元为 x 对应的观测值，其分别为 $I_1(x)$ 和 $I_2(x)$，决策公式如下：

$$B(x) = \begin{cases} 1, & \text{假设 } D(x) > \tau \\ 0, & \text{其他情况} \end{cases} \tag{4.5}$$

式中，τ 为阈值，凭经验选取。$D(x)$ 为运算后的像元值，表达式为

$$D(x) = \begin{cases} I_2(x) - I_1(x), & \text{图像差分法} \\ \dfrac{I_2(x)}{I_1(x)}, & \text{图像比值法} \\ \lg\left(\dfrac{I_2(x)}{I_1(x)}\right) = \lg[I_2(x)] - \lg[I_1(x)], & \text{图像对数比值法} \end{cases} \tag{4.6}$$

这几种方法都简单直接，应用较广的是图像对数比值法，它将乘性噪声转换为了加性噪声，同时也压缩了图像变化范围。图像回归法需要首先建立多个 SAR 图像之间的回归等式，然后再相减。

总体来说，简单的代数运算应用于 SAR 图像的变化检测存在很大的缺陷。最根本的问题是检测的可靠性不高，配准误差、辐射校正误差以及混合像元的存在等都对检测结果有较显著的影响。而且阈值的选取非常困难，目前为止还是仅凭个人经验来确定。

2. 基于图像变换的检测

此类方法主要包括主成分分析法、典型相关分析法以及变化向量分析法等。

主成分分析法又称 K-L 变换，通过对协方差矩阵进行特征分解，以得到特征向量和特征值，是一种经典的数学变换方法。但是在多时相的遥感数据中，更有用的是对相关矩阵进行特征分解。在变化检测中，它可以把多时相的 SAR 图像信息集中到不相关的新图像中，达到冗余压缩的目的。不足之处是需要凭经验判断哪个成分最能表征变化信息，凭经

验设定阈值以确定变化的区域范围。

典型相关分析法是在两个变量组中分别将各个变量线性组合，提取两个有代表性的综合变量，然后用这两个综合变量之间的相关性反映两组指标之间的相关性。这种多元统计分析方法用途很广，当面对两组多变量数据，并想求它们之间关系时就要用到。在多时相的 SAR 图像变化检测中，每一景 SAR 图像都可以看作一组变量，通过寻找变量间的最大相关性进行图像变换。这在最大程度上可以消除图像间的线性冗余，但是在变化信息的解释上存在缺陷。

变化向量分析法主要用于多极化 SAR 图像的变化检测中，它是一种简单图像差值法的扩展。首先对不同时相的各个极化的 SAR 图像进行像元级的差值运算，求得每个像元在各个极化上的变化量，然后组成变化向量。变化的强度用变化向量的欧式距离表示，当它超过设定的阈值时认定该像元发生变化。变化向量的方向表示变化的内容，也就是像元的变化类型信息。该方法也可以应用于多入射角的空间结构、纹理特征分析，其缺点是对配准误差较为敏感，阈值也需要凭经验设定。

3. 基于图像分类的检测

从图像分类的角度出发进行变化检测，能够克服波长、入射角、环境条件等变化对多时相图像的影响，同时能够直接获取地物变化的类型和区域范围。这类方法主要包括分类后比较、多时相图像同时分类以及其他的一些数字图像分类技术。分类后比较法最早于20世纪 70 年代应用于 Landsat 卫星图像，如今也被应用于 SAR 图像的变化检测中。其基本思路是先对每幅图像单独进行分类，然后比较分类结果以确定变化的类别和区域。这种方法最为直观和易于理解，但是检测精度要依赖于图像分类的精度，而且当 SAR 图像的时相较多时，对未变化区域的分类会形成大量的重复工作，导致总体工作量极大。为了减少工作量，可以首先把多时相的 SAR 数据进行组合；然后对组合图像进行监督或非监督的分类，这种分类不仅要有静态的类别先验知识，还要有动态的类别变化的先验知识；最后从分类的结果中获取地物目标的变化信息。这就是多时相图像同时分类的变化检测。该方法标记变化的类别有一定困难，而且分类方法更加复杂。

人工神经网络是模仿生物神经网络的结构和功能的自适应计算模型，应用于图像分类时是一种数据本身的分类方法，通过训练样本以估计数据的属性。它是一种非参数的监督方法，不需要进行参数的估计和假设数据模型。该方法的难点是确定神经网络的结构和选择合适的训练样本。

4. 基于图像特征的检测

这类方法更加适用于高分辨率 SAR 图像，主要针对规则的人工目标，通过分析它们在多时相图像中的空间结构变化进行检测。地物在 SAR 图像上的表征有点、线和面三种，对它们的提取和分析决定了变化检测的性能，也是算法中的难点，常用的有基于线性特征、基于空间纹理、基于模型结构等方法。

（三）雷达极化

极化是电磁波的基本特性，SAR 传感器因发射和接收电磁波极化方式的不同可以获取四种图像，分别是同极化（HH 或 VV）图像和交叉极化（HV 或 VH）图像。极化信息在数据处理和图像解译中有着非常重要的作用，它能够改善信息的提取，包括目标的形状和方向，不同分层和水分含量有差异。不同的极化波有不同的散射特征，其与目标的几何结构、走向以及自身的物理特征有关。极化信息在考古目标的监测方面有很重要的价值，本节着重介绍一些在雷达考古中可能会用到的极化知识和方法。

地物目标散射特征的全极化信息可以用极化散射矩阵来表示，即 S 矩阵。S 矩阵与目标自身的形状、结构、尺寸、材质，目标与传感器之间的相对姿态取向、空间位置以及电磁波的波长等都有关。S 矩阵是一个 2×2 的复二维矩阵 $\begin{bmatrix} S_{VV} & S_{VH} \\ S_{HV} & S_{HH} \end{bmatrix}$，每一个元素都代表了地物的一种极化散射信息。传感器四个极化通道的数据经过定标和数据压缩存储，就形成了 S 矩阵的四个元素值。通常情况下 $S_{HV} = S_{VH}$，因此 S 矩阵是对称的。

S 矩阵可直观地描述全极化电磁波，实际的雷达遥感中多用到了部分极化波，这时就要用到 Stokes 矩阵。它又称为 Kennaugh 矩阵，在前向散射模型中又称 Mueller 矩阵，反映了入射波与散射波的 Stokes 矢量之间的相互关系。为了凸显波散射的物理特征，可用 Pauli 散射矢量进行地物后向散射机制的解释。确定的点目标可以用简单的 S 矩阵完全表征其散射特性，而面目标通常由多个散射中心组成，每个散射中心都可用一个 S 矩阵描述，整个分辨单元的表示就是所有散射中心 S 矩阵的相干叠加。因此表征面目标的散射特性要用到图像的二阶统计特性，即协方差矩阵和相干矩阵。为了更好地解译极化数据，对散射矩阵进行再加工，使其能更好地反映地物目标的散射机制是一种必然，这就是极化分解。经过近几十年的发展，极化分解理论已经逐渐成熟，方法也日益丰富，总体上可以归纳为两类：相干分解和非相干分解。相干分解的主体是极化散射矩阵，只能用于具有相干特性的点目标，常用的分解方法有 Pauli 分解和 Krogager 分解等，进而可区分奇次和偶次两种散射机制，或者实现对球体、二面角、螺旋体散射三个相干分量分解。

相干分解只适用于点目标，在实际情况中面目标的散射特性是时变的，而且会受到斑点噪声的影响，需要利用 Stokes 矩阵、极化相干矩阵或者协方差矩阵来描述目标的极化特征，这时就要用到非相干分解。它的目的就是将复杂的电磁波散射过程用若干简单的二阶描述子表示。常用的分解方法有 Freeman-Durden 分解和 Cloud 分解，进而实现对所有散射机理的分解和诠释。极化分解只是提取极化信息的第一步，最终目的是要实现特定目标的检测甚至是图像的分类。雷达考古通常不需要对 SAR 图像进行复杂的分类，仅需对特定目标如古代建筑、古人类活动遗址、古河道等进行识别和提取。目标检测将研究对象从所有的地物类别集中到了单类的目标，但在方法和原理上与图像分类是大同小异的。以人工建筑物的提取为例，方法主要有基于极化统计特性和基于散射机理两类。极化统计特性是从复高斯分布和 Wishart 分布的假设出发，这和图像分类基本一致。基于散射机理的方法是首先采用各种极化分解方法区分不同的散射机理，然后将偶次散射对应的地物划分为建筑物。为了提高检测的精度，有时候需要加入建筑物的极化特征参数，如不同极化间的相关系数。

（四）雷达干涉

干涉测量是 SAR 系统非常重要的研究领域，在获取地表高程、形变、一些地物目标的制图和参数反演等方面有着广泛的应用，同时也是雷达考古研究中必不可少的技术手段。SAR 复数图像不仅含有地物的后向散射强度信息，还包括传感器和地物之间的距离即相位信息。SAR 干涉测量（SAR interferometry，InSAR）技术就是利用相位来提取高程或者形变信息。

InSAR 数据处理步骤一般包括以下几个方面：①首先是干涉对的选取，两幅 SAR 图像的时间基线和垂直空间基线不宜过长，以避免出现图像间失相干严重的现象，另外 SAR 图像不能有严重的云雨影响；②图像配准，这是为了确保做干涉的两个像元对应的是同一个地物目标，配准方法是对主辅图像建立像元间的坐标映射函数，精度要求达到亚像元级别，即标准偏差为 0.2 像元；③干涉图生成，将配准好的图像进行复共轭相乘，就可以获得干涉图，为了降低噪声的影响，可提前对要生成干涉图的两个图像进行滤波处理，或者直接对干涉图自身进行滤波；④去除平地相位，首先计算平地效应产生的平地相位函数，然后再乘以干涉纹图予以去除；⑤相位解缠，缠绕干涉图的相位值范围是 $[-\pi, \pi]$，解决 2π 整数倍问题的过程称为相位解缠，现有的相位解缠方法有路径跟踪法和最小二乘法两类。另外处理过程还包括基线估计、大气估计去除等步骤。

高质量的干涉图是反演地表参数的前提，而多个方面因素会引起干涉对其之间的失相干，进而影响到干涉图的质量。这些因素被称为去相干源，主要包括：①时间去相干，由两次成像间隔内地表发生的变化和大气条件差异引起；②基线去相干，因为地物的散射不可能是绝对的各向同性，两次观测的视角差异就会引起后向散射的不同；③系统噪声去相干，去相干的程度可以用系统信噪比的函数表示；④多普勒去相干，指两幅图像的多普勒质心差异；⑤数据处理去相干，包括配准、插值等一系列数据过程引起的误差。下面介绍几种微波遥感考古中会用到的干涉技术。

1. InSAR 技术提取 DEM

一些考古目标如古人类活动遗迹或古河道等，在表面形态上是与周边背景地物有所差异的，高程就是其中的一种，通过对它的反演可以确定出考古目标的位置、轮廓和走向等参数。提取 DEM 是 InSAR 技术最早也是最基本的应用。2000 年 NASA 牵头实施了对全球进行三维地形快速测图的项目，就是利用航天 InSAR 技术获取了覆盖全球 80% 陆地面积的数字高程模型，即航天飞机雷达地形测绘使命（shuttle radar topography mission，SRTM）DEM。它的绝对垂直精度为 10m，分辨率有 90m 和 30m 两种，在军用和民用方面都取得了广泛的应用。SRTM DEM 给考古学家提供了一个新的工具，可以用作地理信息底图，对其他图像进行几何校正，用于自然文化遗产的可视化显示和动画管理，区域的背景环境调查等。此外，坡度和高程是古水源地、动物驯养和农作物种植地、人类迁徙路径、古居民贸易遗址反演模型的重要参数，从中可以推断出可能的古人类活动轨迹。地形还与土壤侵蚀、洪水、滑坡和泥石流等自然灾害密切相关，SRTM DEM 也能用于文化古迹的监测和保护工作中。

要生成 DEM，需要在 InSAR 技术的主要流程上增加地形重建过程。就是利用解缠后对应于地形的相位值计算出相应的高程值，然后再将像元值由 SAR 坐标系转到平面坐标系上，最终制作成正射高程图像。整个数据处理过程，从原始数据的选取、图像配准、生成干涉图到滤波和相位解缠，每一步都会对高程产品的精度产生影响。其中的很多技术已经发展出了一套完整的理论和方法，在本书中就不再赘述。干涉数据的选取在提取 DEM 过程中至关重要，原则是要确保垂直基线长度适中，基线过长则失相干严重，基线过短则模糊高度大，不利于高程的提取，在两者之间取得平衡难度较大，多基线的思想被提了出来并逐渐成为未来发展的趋势。

2. DInSAR 技术提取地表形变

提取地表形变是雷达干涉技术最广泛的用途之一，差分干涉 SAR 测量技术（Differential SAR Interferometry，DInSAR）是该类技术的统称。相位对形变是非常敏感的，用该技术提取的形变精度通常在厘米级，提取缓慢微小形变的精度甚至能达到毫米级。一些古迹会因为年代久远或者周边地质环境发生变化，会出现地表沉降、建筑开裂坍塌等现象，因此 DInSAR 技术在对考古目标进行形变监测和保护方面会起到重要的作用。常规的 DInSAR 技术主要用于提取短期的地表形变，方法主要有两种：一种是二轨法，采用两幅 SAR 图像生成干涉对，并利用外部 DEM 进行地形相位去除；另一种就是三轨法，采用三幅 SAR 图像生成两个干涉对，要求其中一个包含形变相位，另一个不包含形变相位。常规 DInSAR 技术的缺陷是会受到各种去相干因素的影响，基线去相干、时间去相干和大气延迟都会对形变精度产生很大的影响，而且缺乏有效的克服方法，形变信号经常会淹没在各种噪声里。它的应用范围也有很大限制，在失相干严重地区无法形成连续的干涉条纹，导致解缠难度增大。因此在 SAR 数据量充足的情况下，多基线 SAR 干涉测量（multi-baseline SAR interferometry，MT-InSAR）技术（Hooper，2008）就逐渐被提了出来，它能够克服各种去相干因素，获得更高精度的地表形变。得益于高分辨率 SAR 数据，该技术甚至能实现古建筑病害形变检测与结构健康诊断（Chen et al.，2017）。

三、考古中的雷达遥感

（一）发展现状

不同于光学遥感，雷达遥感主动发射电磁脉冲信号，经过同场景地物交互作用并接收来自地物的雷达后向散射值。该信号记录为复数形式，包括后向散射强度与测距功能的相位。雷达遥感在考古中的作用取决于技术工作机理与特性。①全天时、全天候：雷达遥感主动发射微波电磁波（Ku 到 P 波段，波长 1.67～100cm），能穿透云雨成像，弥补了光学遥感在热带及亚热带等多云多雨地区数据获取困难的局限性，成为吴哥和玛雅文化遗产观测的宝贵数据资源（Evans et al.，2007；Sever and Irwin，2003）。②穿透性：对于边远、人力不可达的荒漠地区，雷达遥感，尤其是长波信号能穿透细颗粒干旱沉积物，便于发现古河道并利用古水系与人类聚居地的空间耦合关系，推演并发现古聚集地等遗址。McCauley 等（1982）与 El-Baz（1998）分别利用 SIR-A、SIR-C 在埃及的撒哈拉沙漠发现了古河道及其周边古聚落，证明了雷达波的穿透性。在 Wiseman 和 El-Baz 编写的《雷达遥感考古学》（Wiseman and El-Baz，2007）一书中，学者以撒哈拉沙漠东部、玛雅低地、蒙古戈壁沙漠、美国圣克利门蒂岛等为案例，较为系统地阐述了如何利用 NASA/JPL 的 SIR-A、SIR-B、SIR-C、AIRSAR/TOPSAR 等雷达数据实现考古遗址探测与识别的方法。

③后向散射：成像雷达在捕获地表粗糙度、土壤湿度、介电常数、微地形和地物几何特征方面具有独特优势，可用于考古目标后向散射异常提取。Linck 等（2013）利用高分辨率 TerraSAR 影像对叙利亚的古罗马要塞进行了识别与监测。④雷达极化：电磁波的极化对目标介电常数、物理特性、几何尺寸和取向等比较敏感，通过不同的收发天线组合测量可以得到目标极化散射矩阵，为极化模式选取和地物目标识别奠定基础。Freeman 等（1999）在 1994 年利用航天飞机成像雷达 SIR-C/XSAR 与 1996 年利用机载 AIRSAR/TOPSAR 对热带季风区的柬埔寨吴哥故城进行研究，得出其空间分布应由原来的 $200 \sim 400 km^2$ 延拓至 $1000 km^2$。郭华东等（1997）利用 SIR-C/X-SAR 多波段多极化成像雷达，识别出位于宁夏–陕西交界处的古长城。新型极化星载雷达卫星的上天（ALOS PALSAR 与 RADARSAT-2），为雷达遥感考古提供了宝贵的数据源，近年来相关研究陆续涌现。⑤雷达干涉：雷达干涉是数字高程模型生产的主流技术之一。作为考古目标发现与分析的基本地理要素，Garrison 等（2011）利用 AIRSAR 地形数据发现了玛雅 EI Zotz 古聚集地。此外，MT-InSAR 具有长时间、缓慢形变提取能力，可用于遗址及周边赋存环境异常形变监测与诊断。Tapete 等（2012）利用该技术对古建筑遗址及周边地表进行异常形变监测；联合国教科文组织（UNESCO）也把雷达干涉列为遗产地保护与管理的新型技术手段；德国航空航天中心采用高分辨率 TerraSAR 对古墨西哥城进行地表沉降监测，分析人类活动的影响，协助 UNESCO 为世界文化遗产地——墨西哥城历史中心的保护与管理提供科学依据。

　　总体而言，自该技术发明以来，雷达遥感考古经历了两次研究热潮。第一次，以 20 世纪 80 年代 ~21 世纪初 NASA/JPL 为主导的 SIR-A/B、SIR-C、AIRSAR 和 SRTM 计划，为遥感考古提供了丰富的数据源；经过各国科学家的努力，雷达遥感考古初具雏形并奠定了坚实的基础。第二次，2006 年至今，以 ALOSPALSAR（ALOSPALSAR-2）、RADARSAT-2、TerraSAR/TanDEM-X 和 COSMO-SkyMed 为代表的多模式、高分辨率、多极化新型星载 SAR 平台的出现，使雷达数据获取更为便利，掀起了考古研究的新浪潮，并推动着学科从粗放到精细、由散乱到系统的方向发展。

（二）考古解译标志

　　古人类对地表的作用能遗留一系列痕迹和标志，如古人类活动导致的景观变迁和环境变化，在距今几个世纪乃至几千年仍能识别。这些痕迹在通过实地勘察发现的古生活用品、骨头、古瓷器和古建筑材料的综合印证下，可用于遗址的鉴定和考古研究。当考古工作者对遗址精确范围缺乏先验知识时，航空和航天遥感技术通过对场景整体空间分布和异常的信息获取，可为遗址的探测和感兴趣的选取提供指引。经过几十年遥感学者和考古专家的共同努力，针对光学遥感，已发展出了较为成熟的阴影、植被和土壤考古标志。雷达遥感考古相对起步较晚，尽管前人利用 NASA/JPL 数据进行了多年研究并获得阶段性成果，目前雷达遥感考古仍缺乏系统性机理和方法体系，亟须研究雷达遥感考古影像解译标志。

　　雷达遥感成像机理不同于光学遥感，因此在考古研究中，影像的特征更多取决于观测场景的地表粗糙度、考古目标形状和走向、同雷达后向散射直接相关的地表材质及介电常数。研究中，我们以丝绸之路东汉起始段汉魏洛阳故城为示范，利用多时相、高分辨率

COSMO-SkyMed，提出了与雷达遥感考古相适应的阴影（微地形）、植被和土壤标志，建立了雷达数据处理和考古信息增强的方法和流程，并获得了良好的结果。

1. 雷达遥感考古标志原理

微地形是考古场景的重要组成部分。在雷达影像上，结合斜距成像和观测场景微地形，可在影像上存在暗的色调（实际雷达成像阴影区及后向散射微弱区）。雷达影像后向散射强弱同微地形密切相关，亚波长级的地表粗糙度能显著影响后向散射的大小。因此考古遗址及规则考古目标的出现（如城墙与居住区）可通过雷达影像几何纹理得以提取，即面向传感器方向的考古目标表征为规则强散射（线状或面状），而背向传感器方向则与之对应出现暗的规则后向散射。规则明暗相间与共存的影像纹理便为雷达遥感考古阴影标志。

次地表考古沉积层因土壤水分和营养成分的差异，能影响其上植被的长势。通常而言，植被标志可表征为正、负两种异常。以古沟渠等为代表的覆盖层因土壤水分和营养丰富，能促进作物生长，表现为正异常；而以墙址为代表的覆盖层因土壤缺水或贫瘠，抑制作物生长，表现为负异常。雷达遥感考古植被标志可以通过后向散射异常来提取和识别。为了凸显散射值同周边赋存环境的差异，可引入时相信息，如利用雷达数据覆盖农作物整个生长周期，通过建立作物生长雷达后向散射模型和异常时序分析技术，提取同地下遗迹相关的植被异常并用于考古探测。

地下考古遗存的出现，能直接改变覆盖层土壤的类型和成分，从而导致该地区土壤光谱特征和纹理特征异常。雷达影像通过后向散射纹理和时序变化，可以推演土壤的颗粒度大小、密度和分层纹理，其中最为显著的是土壤湿度异常。土壤介电常数大小与湿度密切相关（湿度越大，介电常数越大），进而决定着雷达后向散射对场景土壤湿度变化的敏感性。当大雨过后，因自然地表与遗址覆盖面土壤属性不同，土壤湿度异常就能得到加强，便于利用雷达后向散射强度的异常，实现对掩埋地下遗址的探测与发现。

2. 汉魏洛阳故城案例解析

汉魏洛阳故城，作为2014年世界文化遗产长安—天山段丝绸之路中的重要遗址点，具备悠久的历史（距今1900~1500年），位于现代中国河南省洛阳市区的东北部（图4.5）。在公元25年，东汉光武帝定都洛阳并使其成为中华文明中心。在公元2世纪后期，中华大地陷入战乱，东汉洛阳都城于公元189年被烧成灰烬。然而，在公元493年，北魏孝文帝为了促使民族融合，把都城从山西的大同再次迁到河南洛阳，再次使其成为中华文明的中心，以龙门石窟的修建为代表。时过境迁，经历了长达1500多年的岁月洗礼和自然风化，东汉—北魏文化在洛阳的繁华与鼎盛已不复存在，仅留给后人一些年鉴纪实和今天的汉魏洛阳故城遗址。图4.6展示了综合利用史实记载和考古勘查模拟重建的故城空间分布，故城的宫殿区正在野外勘查和挖掘，包括太极殿、二号和三号建筑遗址、阊阖门，显而易见该图缺乏考古细节信息；核心区高分辨率光学影像和太极殿考古现场照片，分别如图4.6（b）和图4.6（c）所示。

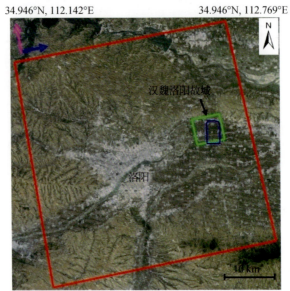

图 4.5　汉魏洛阳故城地理位置图

红色方框标示了 COSMO-SkyMed 雷达数据空间覆盖范围，绿色方框标示了雷达数据分析的汉魏洛阳故城
试验子区；蓝色多边形标示了遗址重建的区域；紫色和蓝色箭头分别标示了卫星飞行方向和雷达视向

(a) 全景空间分布图

(b) 故城核心区 (品红色方框标示)
对应的高分辨率光学遥感影像

(c) 太极殿考古挖掘现场

图 4.6　利用史实记载和考古勘查模拟重建的汉魏洛阳故城空间分布图

X 波段（波长 3.1cm）COSMO-SkyMed 是意大利空间局实施的军民两用型对地观测星座系统，由四颗装载有雷达传感器的卫星组成。其中第一颗于 2007 年 6 月 8 日发射成功，而最后一颗发射于 2010 年 11 月 5 日。该系统支持多模式成像模式，包括聚束模式、条带模式和扫描模式。在本研究中，我们使用了 40 景 HH 极化、升轨模式的条带模式重访数据，时间覆盖为 2013 年 2 月 27 日~10 月 17 日，见表 4.1。该数据幅宽 40km，包含了整个洛阳古城，空间采样间隔在方位向和距离向分别为 2.264m 和 0.769m。考虑入射角约为 20°，雷达影像的地面分辨率约为 3m。

表 4.1　试验中所使用的多时相重复轨道 COSMO-SkyMed 数据

编号	获取时间 （年/月/日）	编号	获取时间 （年/月/日）	编号	获取时间 （年/月/日）	编号	获取时间 （年/月/日）
1	2013/02/27	11	2013/04/20	21	2013/06/23	31	2013/08/26
2	2013/03/03	12	2013/04/24	22	2013/06/27	32	2013/08/30
3	2013/03/07	13	2013/05/02	23	2013/07/05	33	2013/09/07
4	2013/03/15	14	2013/05/06	24	2013/07/09	34	2013/09/11
5	2013/03/19	15	2013/05/06	25	2013/07/21	35	2013/09/15
6	2013/03/23	16	2013/05/26	26	2013/07/25	36	2013/09/23
7	2013/03/31	17	2013/06/03	27	2013/07/29	37	2013/09/27
8	2013/04/04	18	2013/06/07	28	2013/08/06	38	2013/10/09
9	2013/04/08	19	2013/06/11	29	2013/08/10	39	2013/10/13
10	2013/04/16	20	2013/06/19	30	2013/08/14	40	2013/10/17

试验采用的多时相 COSMO-SkyMed 雷达遥感考古目标信息增强数据处理流程如图 4.7 所示，主要包括高精度影像配准、时序叠加平均、斑噪抑制、多时相监测（人工判读、Gaussian 滤波和比值法检测）步骤。为了避免成像几何状态不同导致的误差，试验选取了 40 景重复轨道的 COSMO-SkyMed 影像，并覆盖了冬小麦和玉米主要农作物生长周期。便于后期时序分析，我们首先对数据集进行了子像素级高精度配准：①利用星历轨道参数，进行偏移量的预估计，精度为若干像元；②利用空间相关系数法，估计主、辅影像间像素级偏移量；③利用过采样和空间相关技术，获取主、辅影像之间子像素级配准精度。

对于严格配准的时序影像序列集，时序叠加平均技术不仅可以有效抑制单时相影像出现的雷达斑噪，而且在未利用任何滤波算法的情况下，可有效地增强影像有效视数。假设有 N 景配准的影像，利用时序叠加平均技术获取的雷达影像，其对应的有效视数可增强 $\sqrt{N}$。因此，该技术能突显单时相影像隐含的考古弱信息，尤其对那些在单时相中保持不变的影像特征，如雷达遥感考古阴影标志。因相干成像，斑噪便成为雷达影像解译的重要噪声。斑噪的抑制有益于增强考古特征信息及后期特征提取。为了综合考虑算法的性能、通用性和鲁棒性，本试验采用了增强 Lee 方法对多时相影像序列进行了滤波处理。

在多时相监测阶段，首先用人工视觉观察法查看影像考古异常信息，选取考古特征最为显著的影像。实践发现，Gaussian 滤波器能进一步凸显规则几何形状等考古影像特征信

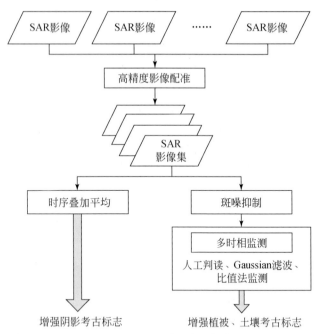

图 4.7　多时相 COSMO-SkyMed 雷达遥感考古目标信息增强数据处理流程图

息（如植被、土壤异常）。多时相雷达影像序列集包含了数据获取阶段内所有相关的考古信息，但从影像解译来讲，一般只有 1~2 景数据考古特征较为显著。因此在试验中，我们利用 Gaussian 滤波后的时序最优影像，或者利用考古异常影像与正常影像的比值法来突显并实现考古目标的探测与发现。

　　通过对 40 景配准 COSMO-SkyMed 时序叠加平均，获得了增强的 SAR 影像。东北内城墙（3~4m 高）遗址在 SAR 影像上清晰可见并表征为阴影考古标志，用红箭头标示（图 4.8）。得益于有效视数的增加和斑噪抑制，考古特征已经得到显著增强。与地下掩埋考古目标相关的植被标志在 2013 年 3 月 19 日雷达影像上特征最为明显。为了进一步增强特征纹理信息，研究采用了 Gaussian 滤波法。在遗址核心区附近，有两个矩形的植被异常尤为明显（其雷达后向散射强度同周边不同，并具有规则的几何形状），如图 4.9 所示。当地考古工作者推断植被正标志的 "a" 可能为土壤养分较为丰富的人工凹坑；而植被负标志的 "b" 可能对应废弃的古建筑墙基，因缺少水分和土壤贫瘠，对农作物生长产生抑制。2013 年 7 月 22~24 日，洛阳遭遇了暴雨，在该段时间总降雨量大于 102mm。暴雨给洛阳带来了灾害，但却给利用雷达遥感土壤标志勘查地下掩埋考古目标提供了机遇。通过雷达影像目视解译，发现 2013 年 7 月 25 日获取的影像土壤标志特性最为明显，如图 4.10 所示，经同当地考古工作者沟通，其中红色箭头所指的矩形雷达后向散射异常可对应宫殿建筑遗迹；而一定规模的明暗相间、线状雷达后向散射异常，可对应古居住区建筑的墙址。降雨可改变遗址区地表及次地表土壤湿度；土壤湿度的增加可增大介质介电常数，进而增强雷达后向散射值；然而，当地表积水形成水面时，则雷达后向散射可因镜面反射，极大降低雷达后向散射，生成暗的色斑。我们对正常土壤和异常土壤样本对应的后向散射系数进行了定量对比分析，结果发现，遗址异常区后向散射为3.28dB，小于场景正常值的3.65dB。

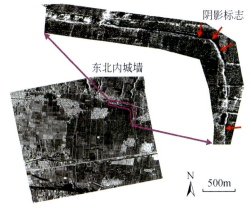

图4.8　汉魏洛阳故城东北内城墙时序叠加平均法增强的阴影标志（红色箭头标示）

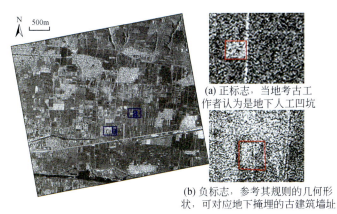

(a) 正标志，当地考古工作者认为是地下人工凹坑

(b) 负标志，参考其规则的几何形状，可对应地下掩埋的古建筑墙址

图4.9　汉魏洛阳故城2013年3月19日展现的植被考古标志

（三）极化雷达长城探测

1994年4～10月，航天飞机成像雷达3号及X波段合成孔径雷达（SIR-C/X-SAR）两次升空，分别进行了为期10天的空间对地探测，获得了全球300多个雷达试验区，累积获取多波段、多极化雷达数据$1×10^{13}$bit。SIR-C/X-SAR是一项大型国际空间雷达对地观测计划，由NASA、德国航空航天中心及意大利空间局主导，除上述3个国家外，另有澳大利亚、加拿大、中国、英国、法国、日本等13个国家的科学家参与合作研究。SIR-C/X-SAR相对前期航天飞机空间计划，具有三大显著特点：①地球轨道高度第一个多波段成像雷达系统；②地球轨道高度第一个多极化成像雷达系统；③具有干涉测量能力的雷达系统。SIR-C/X-SAR中国项目组同步开展了机载雷达飞行与对比试验，重点利用珍贵合成孔径雷达数据进行地球表面及次地表自然与人工地物的探测及识别研究，获取了宁夏–陕西交界处的古长城。

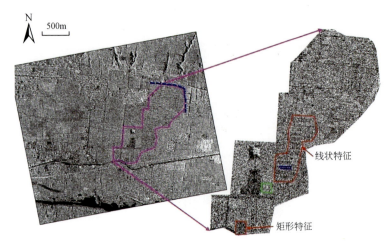

图 4.10　汉魏洛阳故城雷达影像所表征的土壤标志

该标志在暴雨后的 2013 年 7 月 25 日最为明显，品红色不规则框标示了土壤异常区域；从图中可清晰发
现与掩埋宫殿建筑（矩形特征）和居住区墙址（明暗相间线状特征）相关的雷达后向散射异常；绿色
和蓝色标示自然和异常土壤后向散射对比分析样本区域；蓝色虚线标示了东北部内城墙位置

1. 雷达探测机理

雷达记录的是目标物后向散射回波强度，影响雷达回波强度的主要因素是地表粗糙度和复介电常数，而土壤水分的微小改变能极大地改变土壤介电常数，从而使雷达图像的亮度值发生明显的改变。在地形简单、土壤岩性较为均一的情况下，这种改变要远大于其他因素（包括粗糙度）变化的影响。因此，雷达可以有效地捕获干旱地区局部土壤水分含量明显偏大等异常点（线），为分析并识别潜在的地下水源、古河道等隐含特征及确定其地理位置，提供了强有力的技术手段。

2. 明、隋长城的探测与识别

利用多波段多极化 SIR-C/X-SAR 数据，识别出了位于宁夏–陕西交界处的古长城（郭华东，1997）。该长城位于宁夏盐池县至陕西定边县、安边县。盐池县境内有古长城 3 道，一道为隋代修筑，两道建于明代，明代长城向东延伸到陕西定边县、安边县境内。其中隋长城修建于公元 585 年，黄土夯筑，倒塌严重，断断续续呈残包状，残高 1~3m，宽约 4m。明长城分 2 道，包括头道边和二道边。其中，头道边修于 1531 年，黄土夯筑，基宽 6~8m，残高 6~8m，夯层厚 10~13cm；二道边基宽 6~8m，残高 1~4m，顶宽 1~3m，夯层厚 13cm，每隔百米左右筑方形敌台，大部分已倒塌，仅有少数地段保留。该长城实景如图 4.11 所示。

此次航天飞机在观测区飞行方向大致与长城走向一致，雷达波垂直于城墙发射，形成了强烈的二面角或角反射器散射，使得雷达影像可有效识别线状延伸的长城。在部分干沙覆盖长城区段，由于雷达电磁波的穿透能力，光学影像上断续的长城可在雷达影像上完整显示。试验发现，波段和极化在探测长城这类线状目标时具有特殊优势。从波段分析，L 波段因穿透性和对微地形的弱敏感性，效果明显优于 C 波段。从极化角度分析（图 4.12），HH 极化显然比 HV 极化效果好，明、隋长城在 L-HH 及 C-HH 影像上显示

图 4.11　宁夏盐池县与陕西定边县交界处明、隋两代被干沙掩埋的长城实景

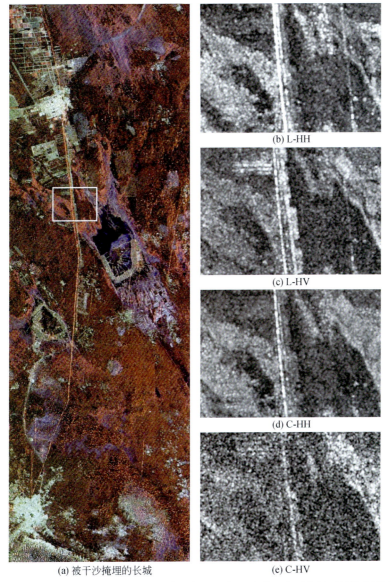

(a) 被干沙掩埋的长城

(b) L-HH

(c) L-HV

(d) C-HH

(e) C-HV

图 4.12　SIR-C 探测到宁夏盐池县与陕西定边县交界处明、隋两代被干沙掩埋的长城

比较清晰；而在 C-HV 影像上已很难识别明、隋长城的同时存在。进一步分析发现，明、隋两代长城对 HH 极化有强响应。而其左侧的道路，由于路边树木的体散射效应，对 HV 极化有强响应，道路仅可见于 HV 极化雷达影像上。

第三节　激光雷达遥感考古

近年来，光学遥感、微波遥感在考古中发挥着重要作用，取得了较多研究成果，但在植被覆盖地区的考古遗址识别和发现方面却成效甚微，而相关考古工作是考古学家一直以来追求的目标（Chase et al.，2011）。究其原因，主要是难以获取林下或者水下高密度、高空间分辨率的数字高程模型，而该信息是考古学家解译和分析古遗址空间分布与结构的最基本信息源（Chase et al.，2012）。此外，现有的文化遗产也面临各种问题，如自然灾害、人类过度开发和不合理利用，使文化遗产本体遭受不同程度的损坏或变形甚至消失，因此亟待新技术、新方法来进行保护和修复，目前激光雷达技术在一定程度上是解决这些问题的最佳手段之一。

本节从激光雷达测距原理入手，介绍激光雷达技术在空间考古中的应用，包括地面三维激光扫描技术在文化遗产数字化记录与保存、机载激光雷达技术在文化遗产考古与发现中的观测机理，最后介绍这一技术在该领域的应用现状。

一、激光雷达观测机理

经过 40 多年的发展，激光雷达技术已经从起初简单的测距技术逐步发展到激光跟踪、激光测速、激光扫描成像、激光多普勒成像等，但目前大多数应用还是基于激光雷达的测距功能，其系统由激光发射系统、接收系统和信息处理系统等组成。

（一）概述

激光雷达在对地观测领域的应用中主要利用其高精度的测距能力，准确测量目标的三维空间信息。以全波形激光雷达和离散回波激光雷达为例，前者对发射信号和回波信号均以极小的间隔采样，得到地物（如植被等）垂直方向上非常丰富的细节信息，如林分的垂直结构参数。离散回波系统通常记录 1 个（如首次或末次回波）、2 个（如首次和末次回波）或多个（如 5 个）回波信号，其光斑大小与飞行高度、波束发散、瞬时扫描角有关。图 4.13 显示了全波形激光雷达与离散回波激光雷达的区别（Lefsky et al.，2002）。

激光雷达测距与其他遥感技术相比具有其自身的优越性，表现在：

（1）主动式遥感测量系统，可全天时、高精度、快速高效获取地物及周围空间的三维信息；

（2）与传统的航空摄影测量技术相比较，地面控制工作大大减少，具有外业作业工作量少、成本低和数据处理自动化程度高等优点；

（3）激光脉冲具有一定的穿透性，为能够直接快速进行林下地形制图的遥感技术。

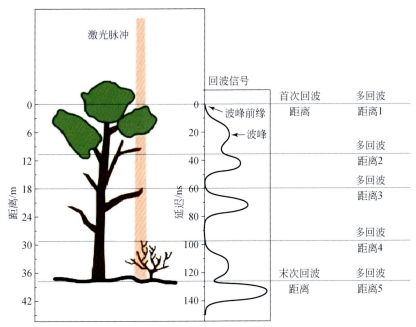

图 4.13　全波形和离散回波激光雷达的接收信号示意图

(二) 测距激光雷达原理

激光测距是激光雷达非常重要的应用，通常采用两种测量模式：脉冲式和连续波式。脉冲式直接测定激光脉冲从发射到返回时往返传播的时间 t，进而求出测量距离 R；连续波式基于发射信号和目标反射回波信号之间的相位差来进行测距。

1）脉冲测距模式

目前，大部分激光雷达的测距原理都采用脉冲测距模式，即激光器向目标发射一个或一束很窄的光脉冲（脉冲宽度小于 50ns），系统测量从信号发射到信号返回的时间间隔（time-of-flight，TOF），由此计算出激光器到目标的距离：

$$R = \frac{1}{2}ct \tag{4.7}$$

式中，R 为测距仪到目标的距离；c 为光在空气中的速度；t 为光从发射到接收的时间间隔。对式（4.7）求微分得

$$\Delta R = \frac{1}{2}c\Delta t \tag{4.8}$$

式中，ΔR 为测距分辨率，表示两个物体能够区分的最小距离，由时间量测的精度决定。

$$R_{max} = \frac{1}{2}ct_{max} \tag{4.9}$$

式中，R_{max} 为最大量测距离，由量测的最长时间 t_{max} 决定，同时又受到激光功率、光束发散度、大气传输、目标反射特性、探测器灵敏度、飞行高度和飞行姿态记录误差的影响。为了保证能够区分不同波束的回波，通常脉冲测距仪必须接收到上一束激光脉冲的回波信号

后再发射下一个激光脉冲，因此必须考虑最大量测距离（赖旭东，2010）。图 4.14 显示了脉冲式测距激光雷达的测量原理，其中 A_T 表示发射激光脉冲的振幅，A_R 表示接收激光回波的振幅，t 表示时间。

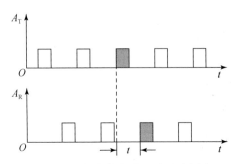

图 4.14　脉冲激光雷达测距示意图

2）连续波激光测距

连续波激光测距雷达也称为相位式测距雷达，即利用连续波激光器向目标发射一束已调制的激光束，激光器接收由目标反射或散射的回波，通过量测激光器发射波和接收波之间的相位差来测量目标与发射器之间的距离（图 4.15）。通常相位式测距激光雷达系统的脉冲频率和测距精度均高于脉冲式激光雷达。

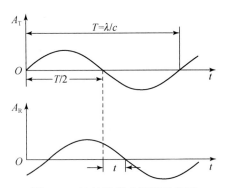

图 4.15　连续波激光测距示意图

相位差量测的时间间隔可通过式（4.10）表示：

$$t=\frac{\phi}{2\pi}T+nT \tag{4.10}$$

式中，n 为经历的波长数；T 为经历一个波长所需的时间，ϕ 表示相位差。当 $n=0$ 时，目标到激光器的距离 R 表示为

$$R=\frac{\phi}{4\pi}\cdot\frac{c}{f} \tag{4.11}$$

式中，f 为所用波段频率。

对式（4.11）求微分，得到测距分辨率 ΔR：

$$\Delta R=\frac{c}{4\pi}\cdot\frac{\Delta\phi}{f} \tag{4.12}$$

最大量测距离 R_{max} 可以表示为

$$R_{max} = \frac{\phi_{max}}{4\pi} \cdot \frac{c}{f} = \frac{2\pi}{4\pi} \cdot \lambda = \frac{\lambda_{max}}{2} \tag{4.13}$$

式（4.12）表明，测距分辨率（ΔR）与相位差（$\Delta\phi$）量测精度和所用的波段频率（f）有关。所用的波段频率越高，其测距分辨率越大，因而相位差测距易获得较高的测距精度。但其最大量测距离（R_{max}）由最大波长（λ_{max}）决定，波长越长，其量测距离越大［式（4.13）］。但是高能量的连续波激光器很难实现，限制了连续波激光器的使用（黄华兵，2008），因而目前多数商业化的激光雷达系统都是基于脉冲式的。

除了最大量测距离（R_{max}），测距精度 σ 也是一个关键参数，测距精度与测距信号信噪比（signal-to-noise ratio，S/N）的平方根成反比。信噪比与很多因素有关，如接收到信号的能量、输入的带宽、背景辐射、信号探测器的灵敏度、噪声放大器等。

二、激光雷达遥感考古方法

上述分析可以看出，激光雷达测距原理和系统类型众多，但是星载激光雷达分辨率较低，适用于大尺度或者全球尺度的应用。因此对于考古应用，更多的还是机载激光雷达（Airborne Laser Scanning，ALS）和地面激光雷达（Terrestrial Laser Scanning，TLS）系统。ALS 系统具有一定的穿透性，能够穿透密林中的植被或者水下几米到几十米的深度，获取植被覆盖下的高分辨率 DEM，或者水下 DTM，进而帮助考古学家发现深埋于林下或者淹没于水下数百年甚至上千年的古遗址（Chase et al.，2011；Evans et al.，2013；Doneus et al.，2013）。相对于 ALS 系统，TLS 系统获取的三维空间信息的密度和分辨率更高，而且能够获取遗产本体及周围环境完整的空间信息及纹理信息，通过三维建模和纹理映射，得到遗产及其周围环境真三维数字模型，为遗产的数字化保存和修复提供基础数据支持。因此本节通过 TLS 和 ALS 两个系统来诠释激光雷达技术在考古中的应用。

（一）地面激光雷达遥感考古方法

1. 概述

地面激光雷达通常也称为地面三维激光扫描仪，主要由激光扫描仪、控制器、电源和软件等组成，其中激光扫描仪综合了激光测距仪与角度测量系统，同时还集成了数码相机、仪器内部控制和校正系统等。通过记录激光束从发射到反射回系统的时间差（或相位差），计算扫描仪到被测物体的距离；仪器内置的精密时钟控制编码器保证系统可以同步测量出每个激光脉冲横向扫描角度值和纵向扫描角度值，进而可得到被测物体的三维空间坐标。

2. 系统特点

1）主动、非接触工作方式

地面三维激光扫描仪是主动式探测系统，可以对目标进行非接触式扫描，因而在扫描过程中可以不受扫描环境空间和时间的约束，也无需对目标物体表面进行任何处理就可以获取到真实可靠的数据，特别适用于文物、古建筑、危险目标和环境（崩塌地、矿坑）以及人员难以到达区域的三维信息获取。

2）数据采集速率高、点云密度高

地面三维激光扫描仪能在短时间内获取目标物的海量点云数据，一些基于相位式的扫描仪的扫描频率已经达到 120 万 pts/s，扫描点间隔达到了 1mm 左右，是传统摄影测量手段难以比拟的。

3）数据精度高、信息丰富

地面三维激光扫描仪的测距精度可达 2mm（100m 处，一次单点扫描），模型表面精度甚至更高。这些点云数据同时还包含了激光反射强度信息，系统携带的高分辨率数码相机可同时获取扫描对象的彩色纹理，为目标的分类、识别和建模提供真实三维信息。

4）扫描对象完整

无须事先做大量的准备工作，只需制定好周密的方案进行精细扫描，就可获取目标物的完整信息，不存在传统测绘中的补漏问题，从而减小了劳动强度、节约了资金、提高了工作效率。

5）数字化采集，兼容性好

地面三维激光扫描仪直接获取的是目标物数字化的三维坐标和纹理信息，易于后期处理、输出和保存。

3. 类型

地面三维激光扫描仪种类繁多，按扫描方式可归为两大类，即脉冲式和相位式。目前市场上以脉冲式三维激光扫描仪为主导，主要产品包括奥地利 Riegl、瑞士 Leica、加拿大 Optech 等，优点是扫描距离长（可达 7km 以上）。相位式扫描仪相对较少，主要有美国 Surphaser、美国 FARO、德国 Z+F，瑞士 Leica 也生产相位式激光雷达，其优点是激光发射频率高（最高可达 120 万 Hz），测距精度高，但扫描距离相对较短。

另外也可以按照扫描仪的最大射程分为短距离、中距离和长距离激光扫描仪。短距离激光扫描仪最长扫描距离一般不超过 3m，最佳扫描距离为 0.6 ～ 1.2m，适合于小型文化遗产数字化，不仅扫描速度快且精度高，每秒可以获取的点大于 30 万个，且精度高(±0.018mm)，如手持式三维数据扫描仪 FastScan、Mentis Scan 等。中距离激光扫描仪最长扫描距离小于 30m，多用于稍大型文化遗产或室内遗产的数字化测量。长距离激光扫描仪的扫描距离大于 30m，主要应用于大型文化遗产、建筑物等大型工程的数字化测量。目前市场上文化遗产方面应用较多的为长距离三维激光扫描仪，对于局部纹理细节非常丰富的区域，往往结合手持式扫描仪共同完成三维信息的获取。表 4.2 列出了目前常见的地面三维激光雷达系统及有关指标。

表 4.2　当前主流地面三维激光扫描仪型号及性能指标

名称	产地	产品型号	扫描类型	最大脉冲频率/(pts/s)	波长/nm	激光等级	射程/m	视觉范围/(°)	测距精度	数码相机
Leica	瑞士	ScanStation P50	脉冲式	100 万	1550	1 级	0.4 ～ 1000	360×290	1.2mm@270m	内置
Riegl	奥地利	VZ-4000	脉冲式	30 万	近红外	1 级	1.5 ～ 4000	360×60	15mm@2300m	内置

名称	产地	产品型号	扫描类型	最大脉冲频率/(pts/s)	波长/nm	激光等级	射程/m	视觉范围/(°)	测距精度	数码相机
Optech	加拿大	Polaris LR	脉冲式	50万	1550	1级	1.5~2000	360×120	2mm@100m	内置
FARO	美国	Focus 3D	相位式	97.6万	905	3级	≤153	360×300	2mm@25m	内置
Surphaser	美国	25HSX ER-XS	相位式	120万	685	3R级	0.2~140	360×270	1mm@15m	内置
Z+F	德国	Imager 5016	相位式	110万	1350	1级	0.3~365	360×320	1.6mm@100m	内置
Topcon	日本	GLS-2000	脉冲式	12万	1064	1M/3R级	≤500	360×270	3.5mm@150m	内置
Trimble	美国	Trimble TX8	脉冲式	100万	1500	1级	0.6~340	360×317	2mm@100m	内置

4. TLS应用于考古工作流程

尽管地面三维激光扫描系统种类繁多，但其工作流程都可以概括为根据扫描对象和周围环境制定合理的扫描方案（站点数、站点位置、扫描频率、扫描角度等）、架设扫描站点、获取点云数据和纹理数据、数据预处理（去噪、坐标转换、多站点配准等）、构建三维建模、纹理映射等。考古应用或者遗产数字化时，这些地物表面通常比较复杂，需要多个站点扫描才能完成，而不同站点的数据具有各自站点下的局部坐标系，因此为了得到扫描对象完整的高精度数据，扫描时相邻站点之间可以通过布设一定数量的标靶作为控制点，根据研究对象表面复杂程度设置一定的重叠率，然后经过点云去噪、配准以及建模等处理，构建考古现场、古遗址等的三维数字模型。以考古为例，可以真实记录发掘现场，再现考古发掘前后的遗址原貌，包括遗址发掘过程中所产生的各类遗迹、遗物信息，这对于避免文物丢失和永久保存具有重要的意义。

地面三维激光扫描建模的流程大致分为内业方案制定、外业数据采集、内业数据处理等流程，涉及大型遗产的数字化和建模，在方案制定方面还需考虑包括建模软件的选择等。内业方案制定主要包括控制网布设、扫描路线选择及站点布设、数据存储及外业电源供应方案等；外业数据采集即按照设计的方案采集控制网信息及点云数据；内业数据处理包括多站点数据的配准、坐标转换、去噪、重采样及输出等；建模包括基于点云数据建立三维模型，再对模型进行纹理贴图，完成真三维模型的重建。

1）数据获取

数据获取就是对被测物表面进行数字化，利用地面三维激光扫描仪获取被测物表面及其周围环境的几何信息，所采集的数据质量直接影响后续模型重建效率以及最终模型的质量。快速、全面、完整地采集对象的表面信息是数据采集的基本要求，而研究对象及其周围环境的特点决定了在进行数字化时必须力求测量方案的最优化，即根据被测物表面及其周围环境的特点选择最优的测量方案。大型遗产本体或遗址往往几何形状复杂，从原始数据记录角度考虑，需要数据全面、翔实，力求不遗漏死角，同时考虑不同站点采集的数据需要拼合在同一坐标系的要求，各站采集的数据要有重叠，一般来说重叠范围占10%~20%较为合适。在确定测量路径时，首先应保证尽可能完备地反映对象的几何特征；其次对于边界、棱线、曲率变化较大的地方，在采点时，要在测量规划中得以体现，尽可能完整地表现被测物体的型面特征，即曲面越复杂的地方，采集点应越密集。因此对某一较优测量方案的选择常常要考虑多个指标，一般要满足：数据采集要完整，不能有遗漏，以免给后期重构带来障碍；采集过程中尽量不破坏被测物；成本相对较低；测量速度快；采集精度满足实际需求。其最终目的是得到精度高、信息全的测量数据。

2）多站点数据配准

每一次扫描的点云数据都有自己独立的空间坐标系，要建立一个完整的三维几何模型，需要进行不同站点数据的配准，使之拼合到同一坐标系下才能在后续处理中形成完整的点云模型。在实际应用中尤其是多站点（10 站以上）的配准，需要规划配准策略，如采用重叠区域最大者优先的配准策略，从众多站点中选择重叠区域最大的两站点优先配准，依次类推。目前常用的多站点配准算法的核心原理是迭代最近点法（iterative closest point，ICP）。

3）点云滤波分类

滤波是点云数据处理与应用的必需环节。由于地面三维激光扫描仪的高密度、中远距离测程及 360° 的水平旋转扫描，每一站都会采集到非目标区域的数据，并且也不可避免地会引入一些噪声。尤其是经过整体配准之后，数据量极其巨大，因此通过滤波分离地面点和非地面点，进而提取目标物点云为后期应用提供高质量点云数据。

传统的激光点云滤波方法很多，包括基于数学形态学滤波、基于坡度变化滤波、基于不规则三角网滤波、基于多分辨率方向预测滤波等，但这些针对机载激光点云数据的算法并不适用于地面 LiDAR。针对地面激光点云数据，尤其是对于文化遗产类对象的扫描点云数据，一般范围不大，但是点云密集、数据量大，其去噪主要包括目标区域外的点云滤除、区域内孤立点集及线性噪声滤除等。

目标区域外点云是指扫描过程中采集到非目标区域的点云数据，在所有点云中这部分数据占据相当大的分量，滤除后可以有效地减少数据量和系统资源占用，提高数据处理效率，一般利用简单的手工框选删除的方法直接滤除。孤立点集及线性噪声是指建筑物周围的杂物、树木、路灯、行人、激光穿透建筑物玻璃等得到的数据，这些噪声一般呈孤立点集，行人、车辆等扫描过程中的移动目标易在扫描数据中产生线性噪声，这类噪声数据量较小，但会影响后期建模，可以通过空间栅格去噪法滤除。其具体方法是首先对原始数据进行八叉树划分，再对八叉树叶节点上点云数据进行空间栅格化，通过计算非空栅格间的相邻拓扑关系，滤除孤立点集和线性点集，从而达到去噪效果。

4）点云网格化

点云网格化或表面重构是构建三维数字模型的关键。由于三维激光扫描数据的数据量非常庞大（精细扫描达 5 万 pts/s），单站点的数据量已经很庞大了，再经过多站点数据的配准和拼合，数据量更是惊人（数十亿甚至是数百亿个点），这样的数据很难直接进行网格化或者表面重构，也无法进一步应用于其他软件进行展示。因此需要借助通用的计算机辅助设计软件来实现点云的可视化和分析，包括数据重采样、补漏和三维建模等。

5）点云与纹理数据的映射

地面三维激光扫描仪可以获得采样点的三维坐标及其反射率值，同时还可获得对象表面的影像。通过迭代建立二维纹理数据与三维点云数据的对应关系，将二维纹理映射到三维网格上，利用各类三维建模软件，人机交互地实现三维模型关键部位的贴图，最终得到真三维、真纹理的数字立体模型。

（二）机载激光雷达考古方法

1. 概述

机载激光雷达系统由 4 个基本部分组成：激光雷达扫描系统、全球定位系统、惯性测量单元以及监视及控制系统（王成等，2007）。

1）激光雷达扫描系统

激光雷达扫描系统是 LiDAR 的核心部件，主要负责激光信号的发射与接收，确定地面目标到激光器的距离、回波数量及激光回波强度信息。激光能量和光波幅度主要影响测量脉冲对地物的反射率，而光斑大小和扫描角度则决定了单位测量光束在接近地表时可覆盖的范围。

2）全球定位系统

全球定位系统可以在全球范围内实现全天候、连续、实时的三维导航定位和测速，还可以进行高精度的时间传递和精密定位。飞行平台上要安装差分 GPS 来精确地确定飞机的位置；飞行期间，地面基准站上必须同步安装 GPS 用来提高地面三维坐标的解算精度。

3）惯性测量单元

用惯性测量单元或惯性导航系统（inertial navigation system，INS）来获取激光雷达系统所在平台的飞行姿态信息，包括飞行平台的俯仰角、侧滚角和偏航角。

4）监测及控制系统

用于控制激光扫描仪、GPS 及 IMU 的工作状况，核心是保持系统的协调同步工作，同时对获取的数据进行存储。

机载激光雷达的主要应用有获取大范围高精度的 DTM 以及 DSM；获取森林地区真实地表的高精度三维信息，生成林区 DTM 以及进行森林植被参数测定，并获取森林垂直结构参数；获取三维城市景观模型，并应用于虚拟现实、城市规划、自然灾害三维实时监测、GIS 数据采集；进行危险区域的测绘，如沼泽地及其他无法到达地区的测绘等。

2. 系统类型

目前应用较多的商业化 ALS 系统采用近红外或者短波红外波长（1064nm，如 Leica ALS 系列；或者 1550nm，如 Riegl 系列等）的电磁波作为激光，主要用于陆地上各类地物的探测，也称陆测型系统。目前此类系统的脉冲频率都很高（Leica ALS70 可达 500kHz，Riegl 的双激光器系统 LMS-i1560 可达 2000kHz），而且已经由早期的 1 个到几个回波发展为全回波数字化记录系统，其特点可概括为：①高程精度高（<10cm）；②点云密度高（每平方米可达几个到上百个点）；③效率高；④密林中穿透力强，是目前唯一能测量森林覆盖地区地形高程的遥感技术。

水深探测 LiDAR 是另一种类型的机载 LiDAR 系统，也叫机载激光雷达测深系统（airborne laser bathymetry，ALB）。水体对波长大于 540nm 和小于 400nm 的电磁波会产生较强的吸收，因此 ALB 系统在上述 ALS 系统之外，增加了 532nm 的电磁波。在实际应用时激光脉冲穿透一定深度的水体，一些零散的石刻文物在水下数米深处也可被探测到（Allouis et al.，2010），如加拿大 Optech 公司研制的 SHOALS 系统和奥地利的 Riegl VQ-820-G 系统，均可以实施远距离量测浅海海底并测绘海岸带的地形，目前国际上 70% 的对地（浅海、水下）地形探测都是由 ALB 系统完成，其效率高于传统探测方法 100 倍以上。相对于声呐系统，ALB 系统可用于浅水区，而且效率和点云密度高（40min 即可获取 $10km^2$、分辨率达 25cm 的高密度点云数据），因此可以用于大区域考古遗址的发现和制图。ALB 系统探测深度与水的透明度密切相关，通常可以探测 2～3 倍透明度的深度（50m 甚至更深），在 1.5m 深度以内可探测垂直高差在 5～20cm 的复杂地物（Wojtanowski et al.，2008）。

国内方面，华中科技大学、中国科学院上海光学精密机械研究所、桂林理工大学等也在研制或者已经研制成功了机载激光雷达测深系统，如中国科学院上海光学精密机械研究所的机载双频激光雷达系统，已经进行了南海洁净海水水下目标和水下地形的探测试验，目前正进一步推进商业化。

3. 工作流程与原理

无论哪种类型的 ALS 系统，其工作流程主要包括飞行方案设计（飞行高度和速度、航线设计等）、数据获取、数据预处理（去除低点或者空中点等噪声点）、后处理（滤波与分类）、构建 DEM/DTM 等，其中滤波与分类是最基本和关键的一环，即正确分离地面点和非地面点，分类精度直接关系到后续 DEM/DTM 的分辨率、精度和应用效果。在对回波数据滤波时，通常认为第一个回波是从目标顶部返回，最后一个从地面返回，这样即可分离地面点和地物点（树木、建筑物等），进而利用地面点构建高精度 DEM（高程精度可达 10cm），从而分析潜在的古遗址特征。

4. 机载激光点云滤波方法

点云滤波精度直接影响机载激光雷达考古应用的结果。关于滤波分类，国内外很多学者已经发展了多种方法，如数学形态学滤波、坡度滤波、移动曲面滤波、布料模拟滤波移动窗口法和不规则三角网滤波法等，研究认为多数情况下基于表面的方法效果最佳。无论哪种方法，其应用效果与异常点去除效果，研究区域的复杂性、位置及周围附着物，植被位置及高度，以及地形突变（陡坡或尖脊）等有关，在实际中应根据情况选择合适的方法。

总体而言，目前比较常用和相对稳定的点云滤波方法是不规则三角网加密算法（不规则三角网滤液法改进版），即通过一定的参数选择，结合恰当的分类策略（如分块、聚类分割等），能够满足绝大多数点云的滤波需求。形态学滤波在地形较为平缓的区域（如城区），能取得较好的滤波效果，并且相比不规则三角网滤波法，其计算量更小。坡度滤波和移动曲面滤波参数选择复杂，需要较多的尝试，并且对数据缺失、地形变化较为敏感，因此实际应用较少。布料滤波是一种原理简单应用方便的滤波算法，即首先将原始点云进行翻转，然后将一块虚拟的布覆盖在翻转后的表面，通过分析布上节点与对应激光点之间的关系来形成一个地形表面，进而区分地面点和非地面点。其他的滤波算法大多是对这几类算法的改进或组合，如基于伪扫描线的滤波与坡度滤波类似，通过比较相邻点之间的高差进行分类。

三、激光雷达遥感考古应用

LiDAR 技术在文化遗产研究中的应用主要包括两个方面，即数字化保护和考古。国外学者在两个方面都有较多的研究，我国学者侧重于 TLS 技术在遗产数字化修复、保护与考古现场记录等方面的研究。

（一）TLS 技术在文化遗产保护中的应用

TLS 技术在文化遗产保护中的应用主要表现在文化遗产原始资料存档（海量点云），进行三维数字记录，如出土文物、古迹和古建筑物等；考古现场的数字化记录与保存；三维数字模型重建，用于抢救性修复、三维数字化管理和漫游；基于多时期数据的遗产动态变形监测等方面。

1. 原始资料存档

TLS 系统获取的是遗产表面高密度、高精度的三维点云，虽然这些点云非常离散，但却包含了目标表面特征的多重属性，如几何拓扑关系、目标反射强度以及色彩信息，即使不通过后期处理，在计算机中也可通过点云数据全方位显示遗产的细节特征、色彩信息和三维空间结构，并可精确量测，特别适于表面几何和纹理丰富的对象（图 4.16）。早在2002 年，美国斯坦福大学即利用 TLS 技术对米开朗基罗雕像进行数字化；北京建筑大学对北京故宫太和殿等进行完整扫描，获取了海量的三维点云数据。这些信息是遗产/遗址数字化存档最基本的空间信息，而 TLS 技术也被认为是目前实现这一目标的最佳手段。

图 4.16　北京大学西门内华表原始点云数据

2. 考古现场数字化记录与保存

　　早期田野考古利用照片记录和展示考古发掘过程，难以定量化且信息不完整，部分遗址信息还可能丢失。TLS 技术在获取考古现场高密度点云后，通过绘制发掘现场高精度的平面图以及地层断面图和探方详图，再现发掘现场，可进行遗物的体积量测、分析遗址表面侵蚀情况等，实现考古过程的动态展示、数字化记录和变化分析。例如，在埃及胡夫金字塔及周围环境考古现场的数字化记录、秦俑二号坑、三星堆遗址一号坑、开封新郑门遗址（图 4.17）等发掘和数字化建设中，TLS 技术都发挥了高效、高精度、全方位和动态实时的数据采集优势。

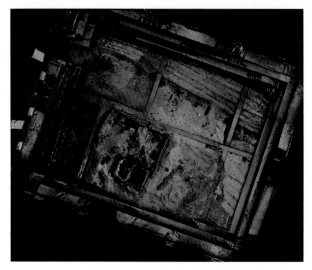

图 4.17　TLS 技术应用于开封新郑门遗址的数字化记录

3. 三维数字重建

　　当前很多古建筑、石刻石窟、壁画等面临年久失修、自然风化和人为破坏等问题，其精细三维数字模型（图 4.18）被认为是当前"抢救"濒临损毁或消失的文化遗产的唯一途径。例如，国际上 2007 年对被损毁的阿富汗巴米扬大佛进行精细数字化扫描和虚拟重建；2013 年中国文化遗产研究院对重庆大足石刻中千手观音断指的精细扫描和抢救性修复，以及 2014 年北京大钟寺古钟博物馆永乐大钟及其上 23 万字铭文的数字化和重建等。

　　基于不同时期的三维数字模型，还可以进行文化遗产动态变化分析和预测。德国汉堡大学获取了太平洋复活岛上数百尊石像的高密度点云数据，通过构建三维数字模型分析这些石像随时间的变形情况。北京建筑大学获取了西藏白居寺吉祥多门塔等复杂建筑的地面点云数据，通过构建模型得到该塔的准确变形数据，为修缮工作提供科学依据。

　　另外这些三维数字模型还可以在网上进行全方位展示、量测和漫游，让人有身临其境之感，如我国曾对首都博物馆馆藏的 40 余件珍贵文物进行精细三维扫描，并进行动态展示。

　　TLS 技术获取考古现场和文物遗址的成本低、方式灵活，数据的精度和密度高，更重要的是能获取对象侧面和内部的完整信息，最大限度地解决了传统测绘和非接触的矛盾，

图 4.18　吴哥窟茶胶寺东门三维数字模型

因此在石窟寺、古建筑测绘、壁画岩画、馆藏文物以及大型遗址考古现场发掘等方面得到了广泛的应用，并例证了该技术在文物保护和考古发掘中的重要性。

（二）机载 LiDAR 在古遗址发现中的应用

1. 林下考古

植被覆盖地区的古遗址探测是考古学者多年梦寐以求的目标，ALS 技术被认为是目前唯一能测量森林覆盖地区地形高程的技术，为密林遥感考古提供了可能。目前国内还未见 ALS 技术在古遗址发现方面的研究论文，国外如英国、德国、荷兰、希腊、爱尔兰、比利时、奥地利、意大利、澳大利亚和美国等在此领域的研究较多，而且取得了丰硕的研究成果。

1）早期探索阶段

早期 ALS 遥感考古所用的激光雷达数据并不是专门针对考古工作而获取的，点云数据仅有 1 个或几个回波，而且其密度低，获取的 DEM 空间分辨率很低，应用有限。1999 年英国环境部开展了利用 LiDAR 监测英格兰和威尔士的河流廊道和海岸带的项目，点云数据的分辨率为 2m，仅包含 1 个回波信息。Holden 等（2002）利用这些数据发现了埋藏于现代农耕田中的罗马古城堡。德国于 2000～2004 年开展了一项旨在利用 ALS 技术获取全国高精度 DEM 的计划，其中部分点云数据被 Sittler 首次用于密林区域的考古发现。他利用空间分辨率 1m、高程精度 50cm 的 DEM，发现了莱茵河附近一处密林覆盖下的中世纪古遗址，包括大的石墩、犁垄沟等耕作遗迹，并利用 GIS 空间分析方法提取了这些遗迹的大小、面积、体积以及表面起伏情况。荷兰在 1996～2004 年利用 8 年时间获取了覆盖其全国国土的 ALS 数据，密林区点密度为每 16m² 一个激光点。Humme 等（2006）利用其中部分数据，通过点云滤波和克里金插值方法，发现了荷兰东部一处青铜器时代（距今约

2500 年）的凯尔特遗址，由于点云密度太小，只能提取粗略的主干道、人行道和古城墙基等遗迹。

2）广泛应用阶段

上述这些"无意"中的发现，加之 ALS 系统脉冲频率、点云密度和 DEM 空间分辨率进一步提高，应用成本也在不断下降，极大地促进了其在林下考古中的广泛应用。英国学者 Holden 等（2002）的发现直接促成了该国的遗产管理机构发起了一项专门针对林下考古调查的 ALS 计划，发现了多处植被覆盖下的古遗址，远远超过考古预期。Challis 等（2008）比较了 ALS 和立体航空摄影测量在考古中的优劣，并将感兴趣的古遗址区域进行分类，利用 GIS 平台对每种类型进行数字化和索引，然后与当地遗产管理部门提供的资料进行比较，表明 ALS 发现的古遗址中有 84.4% 是人们先前未知的。德国文化遗产管理部门专门部署了一个为期 3 年的 ALS 考古应用项目，基于其中的部分数据发展了 LRM（local relief model）考古模型，通过突出局部小尺度的地形差异，希望能够准确、直接地描述局部地面高程和较小遗址的特征信息。

3）深入应用阶段

上述研究大多利用有限次回波的 ALS 系统，研究对象和周围环境的复杂性导致数据后处理中点云滤波和分类精度较低，DEM 的分辨率和精度也受到影响。近年来发展的全波形数字化记录的 ALS 系统对发射信号和回波信号均以极小的间隔采样，得到的地物结构信息更为丰富和精细，提高了林下 DEM 的分辨率和精度。

奥地利学者 Doneus 等（2008）首次将全波形 ALS 系统（Riegl LMS-Q560）用于密林中铁器时代遗址的考古，非常容易分离和剔除非地面点，从而产生更高精度的 DEM，这有助于通过细微地形差异识别古遗址，即使 20cm 或者更小的高程差异都可被识别。Stal 等（2010）对每平方米 5 个点的 ALS 全波形数据进行滤波并插值得到 50cm 分辨率的 DTM，成功识别了比利时 Kemmel 山脉中第一次世界大战遗留的战壕遗址。意大利学者 Lasaponara等（2010）利用地统计学方法比较了 ALS 数据在区分与古遗址相关的微地形和自然地表特征方面的优势，表明 ALS 数据提取的 DTM 非常有利于识别非连续地表结构，如古遗址的特征、轮廓线以及一些与地貌演变过程相关的表面特征，利于考古学家发现新的古遗址。

4）典型考古发现

在众多的 ALS 遥感考古中，影响较大的是美国佛罗里达大学的玛雅新古城考古和澳大利亚悉尼大学牵头的吴哥遗址考古。

2010 年在 NASA 资助下，佛罗里达大学利用 ALS 技术获取了伯利兹 Caracol 浓密雨林区的三维空间数据，绘制了林下精细的三维地形图，仅用 4 天时间便发现了玛雅古城此前未知的大量古建筑、古道路和梯田遗迹，向世人重现了一座崭新的玛雅古城堡（图 4.19）。与此前考古学家在该地区已经开展了 25 年的田野考古调查工作相比，ALS 技术仅用一个月时间即发现了新的近 200km² 的古遗迹，是过去 25 年间传统考古发现范围的 8 倍（Chase et al., 2010, 2011）。

2012 年澳大利亚悉尼大学联合日本、法国、匈牙利、美国、印度尼西亚等国家，利用直升机 LiDAR 获取了柬埔寨吴哥窟遗址及其周边森林区域的高密度点云数据（平均 4 ~

图 4.19 ALS 技术在玛雅古城三维复原与考古中的应用

$5\text{pts}/\text{m}^2$），制作了吴哥窟遗址高精度三维地图（图 4.20）。通过分析发现了一些隐藏于吴哥窟北部库伦山区茂密森林和稻田下的吴哥古城遗迹，重绘了繁荣的吴哥古城。这一发现不仅扩大了吴哥中心古城遗址的覆盖范围（从 9km^2 扩展为 35km^2），而且将吴哥遗址的历史往前推进了 350 年。同时，利用林下的精细三维数字地图，考古学家分析了吴哥古城曾经的城市道路网络、水系、农田分布格局以及城市扩张范围，这些都是以往地面调查和传统遥感考古无法企及的（Evans et al.，2013）。

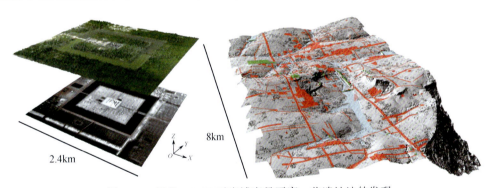

图 4.20 机载 LiDAR 对柬埔寨吴哥窟一些遗址地的发现

2. 水下考古

相对于 ALS，ALB 技术在近岸的水下考古应用很少，主要是当前的水探测 LiDAR 系统远不如陆测型多，而且其应用成本较高，图 4.21 是 ALB 系统工作示意图。例如，维也纳大学的 Doneus 等（2013）调查了亚得里亚海岸带的古遗址，虽然一些水生植物会阻止激光脉冲到达水底，但倾斜扫描方式可以使激光脉冲射程加长，进而加大单脉冲穿透这些障碍物的机会。他通过产生水下 LRM 模型来增强局部的微地形特征，基于该模型发现了淹没于水下的建筑物遗迹（古墙址等），包括一个 80m×60m 的平台，结合历史资料可以推测为古代的码头。

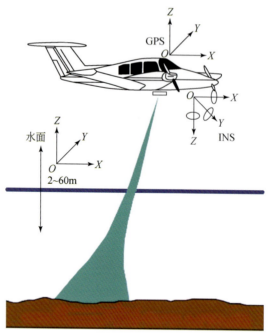

图 4.21　ALB 系统工作示意图

（三）机载和地面激光雷达结合考古

　　TLS 和 ALS 各有优势和不足，因此在大遗址保护中二者结合即可产生非常满意的效果。2007 年河北省测绘局在国内首次利用机载和地面 LiDAR 对山海关长城的古城墙进行了空中和地面的全面扫描，同时利用系统自带的高分辨率数码相机，构建了高精度高清晰的真三维山海关数字模型，为修复工作提供了重要的数据和模型支持（曹力，2008）。近年来武汉大学利用 TLS 技术扫描敦煌莫高窟石窟内的壁画和佛像结构信息，构建壁画和佛像的三维数字模型；利用 ALS，结合现代近景摄影测量与遥感技术，对敦煌莫高窟九层楼及周围环境进行全面的扫描和测绘，最终实现数字敦煌模型，为敦煌遗产管理和修复提供技术支持（常永敏等，2011）。与常规的三维建模相比，ALS 和 TLS 相结合，可以大幅节约大型文化遗产数字化和三维建模的人力和经费成本，而且其效率和精度也是前所未有的。

参 考 文 献

曹力 . 2008. 多重三维激光扫描技术在山海关长城测绘中的应用 . 测绘通报，（3）：31-33.

常永敏，张帆，黄先锋，等 . 2011. 基于激光扫描和高精度数字影像的敦煌石窟第 196、285 窟球幕图像
　　制作 . 敦煌研究，130（6）：96-100.

陈述彭 . 1990. 遥感大词典 . 北京：科学出版社 .

郭华东 . 1997. 航天多波段全极化干涉雷达的地物探测 . 遥感学报，1（1）：32-39.

郭华东，等 . 2000. 雷达对地观测理论与应用 . 北京：科学出版社 .

黄华兵 . 2008. 激光雷达森林结构参数提取——山东徂徕山林场低密度航空激光雷达及地面激光雷达数据
　　应用 . 北京：中国科学院遥感应用研究所 .

赖旭东 . 2010. 机载激光雷达基础原理与应用 . 北京：电子工业出版社 .

舒守荣，陈健，邓仁达 . 1988. 遥感反射光谱测试与应用研究 . 北京：科学出版社 .

童庆禧，等 . 1990. 中国典型地物波谱及其特征分析 . 北京：科学出版社 .

王成，Menenti M，Stoll M P，等 . 2007. 机载激光雷达数据的误差分析及校正 . 遥感学报，11（3）：
　　390-397.

Allouis T，Bailly J S，Pastol Y，et al. 2010. Comparison of LiDAR waveform processing methods for very shallow
　　water bathymetry using Raman，near-infrared and green signals. Earth Surface Processes and Landforms，
　　35（6）：640-650.

Challis K，Kokalj Z，Kincey M，et al. 2008. Airborne lidar and historic environment records. Antiquity，82：
　　1055-1064.

Chase A F，Chase D Z，Weishampel J F. 2010. Lasers in the jungle：airborne sensors reveal a vast Maya
　　landscape. Archaeology，63（4）：27-29.

Chase A F，Chase D Z，Weishampel J F，et al. 2011. Airborne LiDAR，archaeology，and the ancient Maya
　　landscape at Caracol，Belize. Journal of Archaeological Science，38（2）：387-398.

Chase A F，Chase D Z，Fisher C T，et al. 2012. Geospatial revolution and remote sensing LiDAR in
　　Mesoamerican archaeology. Proceedings of the National Academy of Sciences，109（32）：12916-12921.

Chen F，Guo H，Ma P，et al. 2017. Radar interferometry offers new insights into threats to the Angkor
　　site. Science Advances，3：e1601284.

Danson. 2006. Understanding lidar bathymetry for shallow waters and coastal mapping. Munich：FIG XXIII Con-
　　gress.

Doneus M，Briese C，Fera M，et al. 2008. Archaeological prospection of forested areas using full-waveform
　　airborne laser scanning. Journal of Archaeological，35（4）：882-893.

Doneus M，Doneus N，Briese C，et al. 2013. Airborne laser bathymetry-detecting and recording submerged ar-
　　chaeological sites from the air. Journal of Archaeological Science，40，2136-2151.

El-Baz F. 1998. Prehistoric artifacts near paleo-channels revealed by radar images in the western desert of
　　Egypt. Boston：Remote Sensing in Archaeology from Spacecraft，Aircraft，on Land，and in the Deep Sea.

Evans D，Pottier C，Fletcher R，et al. 2007. A comprehensive archaeological map of the world's largest
　　preindustrial settlement complex at Angkor，Cambodia. Proceedings of the National Academy of Sciences，104：
　　14277-14282.

Evans D，Fletcher R，Pottier C，et al. 2013. Uncovering archaeological landscapes at Angkor using
　　LiDAR. Proceedings of the National Academy of Sciences，110（31）：1-6.

Freeman A，Hensley S，Moore E. 1999. Analysis of radar images of Angkor，Cambodia. Hamburg：IEEE 1999
　　International Geoscience and Remote Sensing Symposium.

Garrison T G，Chapman B，Houston S，et al. 2011. Discovering ancient Maya settlements using airborne radar
　　elevation data. Journal of Archaeological Science，38：1655-1662.

Holden N，Horne P，Bewley R. 2002. High-resolution digital airborne mapping and archaeology// Bewley R H，
　　Raczkowski W. Aerial Archaeology：Developing Future Practice. Amsterdam：IOS Press.

Hooper A. 2008. A multi-temporal InSAR method incorporating both persistent scatterer and small baseline approa-
　　ches. Geophysical Research Letters，35：L16302.

Humme A, Lindenbergh R C, Sueur C, et al. 2006. Revealing Celtic fields from lidar data using kriging based filtering. Dresden: Proceedings of the ISPRS Commission V Symposium.

Lasaponara R, Coluzzi R, Gizzi F T, et al. 2010. On the LiDAR contribution for the archaeological and geomorphological study of a deserted medieval village in Southern Italy. Journal of Geophysics and Engineering, 7 (2): 155-163.

Lefsky M A, Cohen W B, Parker G G, et al. 2002. Lidar remote sensing for ecosystem studies. Bioscience, 52 (1): 19-30.

Linck R, Busche T, Buckreuss S, et al. 2013. Possibilities of archaeological prospection by high-resolution X-band satellite radar-a case study from Syria. Archaeological Prospection, 20: 97-108.

Luo L, Wang X, Guo H, et al. 2019. Airborne and spaceborne remote sensing for archaeological and cultural heritage applications: a review of the century (1907–2017). Remote Sensing of Environment, 232: 111280.

McCauley J F, Schaber G G, Breed C S, et al. 1982. Subsurface valleys and geoarchaeology of the eastern Sahara revealed by shuttle radar. Science, 218 (4576): 1004-1020.

Sever T L, Irwin D E. 2003. Remote-sensing investigation of the ancient Maya in the Peten rainforest of northern Guatemala. Ancient Mesoamerica, 14: 113-122.

Stal C, Bourgeois J, De Maeyer P, et al. 2010. Kemmelberg (Belgium) case study: comparison of DTM analysis methods for the detection of relicts from the First World War. Paris: 30th EARSeL Symposium: Remote Sensing for Science, Education, and Natural and Cultural Heritage.

Tapete D, Fanti R, Cecchi R, et al. 2012. Satellite radar interferometry for monitoring and early-stage warning of structural instability in archaeological sites. Journal of Geophysics and Engineering, 9: 10-25.

Ulaby F T, Moore R K, Fung A K. 1983. Microwave remote sensing: microwave remote sensing, fundamentals and radiometry. American Scientist, 71 (2): 196.

Wiseman J, El-Baz F. 2007. Remote Sensing in Archaeology. New York: Springer.

Wojtanowski J, Mierczyk Z, Zygmunt M. 2008. Laser remote sensing of underwater objects// Bostater C R, Jr M, Stelios P. Remote Sensing of the Ocean, Sea Ice, and Large Water Regions 2008. Cardiff: SPIE Remote Sensing.

第五章 空间考古综合技术

对地观测是以地球为研究对象，依托卫星、航天以及近空间飞行器、地面等空间平台，利用可见光、红外、高光谱和微波等多种探测手段，获取数据并处理成信息产品。泛化的综合性观测技术已经突破了遥感界限，集成了空间定位、地理信息系统、虚拟现实、网络信息和地球物理探测等技术，使得人类可以快速、有效地获取地球表面及次地表随时空变化的几何、物理属性，了解地球上各种自然现象和人类开发利用资源情况，指导人类有效保护和改善自身生存环境、防治并抵御各种自然灾害，促进社会可持续发展和人类文明进步。而考古研究所涉及的遗存与遗迹，附存于地表及次地表，且同周边附存环境、景观相互作用并融为一体，综合性观测技术可依据高新空间技术集成的优势，服务于空间考古研究并推动新型学科的构建与发展。

第一节 地球物理技术

一、地球物理探测方法

地球物理学是通过地球的各种物理现象研究地球的科学，是一门涉及面十分广泛的边缘科学，它涉及地球内部、大陆、海洋和宇宙空间（陈运泰等，2001）。其目标是了解地球本体及其从太阳系中诞生到它目前状态的演化，以便能对行星的物理学、化学、地质学和生物学的作用过程建立起详细的、定量的概念性预测模式，即了解整个地球和其系统的过去、现在和未来的行为，建立行星地球的整体理论，并利用这种认识为人类生存提供可持续发展的物质与环境基础。地球物理技术则是实现地球物理学目标和应用地球物理学于工程建设及生产实践中的一种手段，其中应用地球物理学进行考古已经成了一个新的考古方法，它将田野考古与自然科学结合起来，下面就结合考古中会用到的地球物理探测方法进行介绍。

（一）电法

在考古勘查中，许多的遗存与其周围介质往往存在电性方面的差异（一般指电阻率的不同），如墓室与围岩、棺椁与土、夯土与普通土等，因此电法成为考古勘探的主要方法之一，而且电法本身也是比较经济方便的方法。这种方法就是利用电测仪器来获得目标地区一定深度下的电学性质，通过差异来判断是否存在需要寻找的目标。其中高密度电法已经成为主要方法之一，它能体现目标体在深度上的变化，取得的异常部分与高精度磁测有较好的相关性，两者结合使用能够提高推断的精确性。

（二）磁法

在古遗存中，许多遗存都有一定的磁性，如宫殿、藏物洞、陶器铁器、古代炼炉、窑址矿坑等，它们的磁性与周边环境的磁性存在着差异，并且这种差异可以通过高灵敏度的磁力仪等仪器设备观测到。这些都为磁法在考古中的应用奠定了基础，并使之成为成本较低、效率较高的考古物探方法。这种方法具有准确、多信息、简便高效的特点，它能够较精确判定是否存在古遗址和遗物，并能确定其大致位置和范围，通过建立数据库还能为后来的研究提供参考和先验数据。

（三）探地雷达

探地雷达是一种高效的浅层地球物理探测技术，它通过发射高频电磁脉冲波，利用地下介质电性参数的差异，根据回波的振幅、波形和频率等运动学和动力学特征来分析和推断介质结构和物性特征，并具有快速便捷、操作简单、抗干扰和场地适应能力强、探测分辨率高等方面的优势。因此，探地雷达广泛地应用于需要无损探测的各个地球物理勘探的工作中，第一次关于探地雷达应用于遗址考古的工作报道是在 1975 年（Vicker and Dolphin，1975），自此大量的相关工作在全世界范围内展开，并获得了很多重要的研究成果，它在考古探测中适用于查找埋藏浅、尺度小的目标体（Zhao et al.，2012），很多研究都肯定了探地雷达方法在科学考古中的应用效果。

（四）重力勘探

重力勘探法主要是通过测量由地下密度不均匀体引起的重力异常来推断测区的地质构造或矿产分布情况等，是地球物理勘探的重要方法之一（任丽等，2013）。在考古过程中，根据地下遗址（如空洞、陵墓和窑等）与周围环境的密度不同的特点，利用相关的重力勘探仪器就能够将其分辨识别出来，但是由于多种因素，这种方法针对考古不是很实用。

（五）地震法

地震可分为人工地震和天然地震，其中人工地震目的是利用地震波探测地球内部，可以用来探矿、探震和检测地下结构。用地震法来考古就是利用地震弹性波的速度差异来确定古遗址的存在，当水含量较高时 GPR 技术受限而地震法可以弥补。

二、考古中的地球物理技术

地球物理技术能够实现考古目标的无损探测，因此其必然成为野外考古调查的重要手段之一，相关方面的研究已在国内外开展，接下来将进行简单介绍。

磁法考古最早出现在英格兰，用来确定古代炼铁炉和砖瓦窑的位置以及寻找古墓，随着仪器精度的不断提高以及计算机相关技术的快速发展，这种方法越来越广泛地应用于考古调查工作中。湖北省大冶市的铜绿山古铜矿遗址是世界青铜文化的发源地（王传雷等，2013），在该区域发现有古代的采矿矿坑、冶炼等遗址。为了能够确定该遗址区域内炼炉遗迹的准确位置，2012年研究人员采用磁法探测技术对铜绿山卢家垴、岩阴山脚的冶炼遗址进行探测试验，以避免对古遗迹产生损害以及费时费力费财。这次实验的依据是地球磁场环境中冶炼炉经历高温低温反复转换获得了一定磁性，并且冶炼后剩下的炉渣物质也会带有磁性，由此可以使用磁法测量技术通过高灵敏度的磁力仪观测古代炼炉遗存、冶炼炉、铜铁矿料堆放地、炉渣排放处等，达到无损探测遗迹的目的。在实际试验时考虑到炼炉遗迹的范围不会很大，所以将测网密度控制在1m×0.5m，磁力仪探头高度设置为1m，整个过程严格按照相关规定操作，以保证得到准确可信的观测数据。在进行观测数据分析解释之前，首先需要对相应的数据进行预处理以及图件绘制工作，得到调查区域磁异常平面等值线分布图；然后通过分析认识磁场变化的来源，这其中要具体考虑目标物的固有形态影响，进而确定目标物的具体位置；最终还要实地发掘验证。这次试验取得了显著收获，意义较大，不仅进一步确立了古代炼炉遗址磁法调查的地球物理前提条件，还查明和总结了古代炼炉及其遗存的磁场分布特征，并指出了地形变化对磁异常的分布和走向有相当大的影响，该遗址的磁法考古调查结果可以为遗址保护和考古发掘提供有意义的信息。

　　另一个无损探测的考古方法是电法，该方法具有较好的探测效果并收获颇丰，如秦始皇陵兵马俑和三星堆遗址壕沟探测（苏永军等，2007）。商丘地处华北黄淮海平原，历史上曾是我国商族起源与文化的中心，其古城区最早在1996年春季由中国社会科学院考古研究所和美国哈佛大学联合考古调查队发现，并在后期调查时推断该区域为东周时期宋国城区遗址。为了获取更多相关遗址信息，国内科研人员利用高密度电阻率法探测该区域的古城墙，结果显示电阻率反演结果与古城墙填埋情况十分吻合。古城墙同中国古代大型建筑一般，都是以夯土为主要建筑材料建成，这种人为夯土建筑层会与周围自然泥土层在孔隙度和含水量方面存在一定的差异，从而导致了电阻率的差异，进而人们可以利用这点进行相关目标物探测。在实际实验过程中考虑到地下古城墙埋藏的特点，大多数测量剖面都是沿着垂直城墙走向布置的，只有个别剖面为了追踪城墙而沿城墙走向布设。与此同时，为了识别城墙地电断面特征，在西、南两面城墙附近和远离城墙的位置布设了多条背景剖面，其变化能够反映地下含水量对地层电阻率的影响，同时也考虑了地下水位深浅对夯土城墙形态的影响。由于测量电位换算出的地电断面只能粗略地反映地下介质电性变化的特征，在后期的数据处理中电阻率反演显得格外重要，最后得到的反演结果与地下古城墙埋藏情况十分符合，充分表明电法的有效性，并且从结果中发现工业干扰对于高密度电阻率法的测量影响不大，这也充分显示了高密度电阻率法考古优越性。

　　国外研究人员在中美洲科利马地区的拉坎帕纳遗址处利用磁法绘制相应专题图进行研究（Lopez-Loera et al.，2000），这个地区的地形特点是由火山沉积物覆盖，其被分为两部分，一部分是主要古遗址区，另一部分是古遗址北部潜在扩展区。当地的考古挖掘已经发现主要由圆形火山岩石组成的三个大型结构，磁法调查发现在北-南或北北东-南南西方向有三个较大的偶极异常，有一些高于2~4m的小山丘。然后利用垂直梯度法在开放广阔区域进行仔细调查，显示出了细长阴影线性特征，经过分析调查发现这是用来收集雨水和将水分发给周围结构的通道网络。磁法调查结果也发现一个小高处有偶极异常出现，这可能是另一个角锥体，该锥体可以用来判断这些通道的用处，并且在它的南方有一系列无论从形状还是幅度方面都可能与水网有关的细长异常特征。这些现象表明原来所挖掘的古遗址仍需要扩展，并且种种迹象也显示该区域原来是一个重要城市和仪式中心。

探地雷达具有工作效率高、分辨率高和异常明显的特点，在考古学领域主要用于古文化层埋深调查、古遗址探测、地下埋藏物探测、地下墓穴探测、古建筑结构和风化程度检测等。国内学者利用探地雷达针对湖南西部沅江两岸的古墓群完整性进行了研究，初步结果表明探测效果良好。在实际探测过程中对每个墓葬布了五条测线，并保证剖面线的间距保持在 4～5m 之间，通过对四处古墓进行探测，从而确认地下古墓的完整情况，其图像特征为：①图像顶部的地面波随地形起伏而变化；②在地面波之下，波形同相轴有序排列，显示出明显的二层结构，上层同相轴排列多近水平状，边缘部分或平行地表面或平行下层顶界面，下层波形同相轴倾斜，明显与上层平缓同相轴相交（不整合）；③在垂直方向上出现波形同相轴错断位移的不连续现象。经分析后可以推断出墓室的轮廓、墓坑边坡的形态和墓口位置，并且发现存在盗洞但并没有到达底部，因此推断古墓可能还是完整的。

国外将探地雷达应用到考古中进行了大量的研究（Ratto et al.，2009），足以表明其在野外考古中不可替代的地位（Francese et al.，2009）。意大利的研究人员在该国北部利用高分辨率探地雷达来确定掩埋的古遗址结构几何形态以及特征，并建立和检验了一种基于多通道 cart system 的快速高效地表下雷达成像程序，结果表明探地雷达车（radar cart）在大区域高分辨率快速调查中具有低成本高效率的特点，即利用这个系统能够在 12 小时内完成 75000m^2 范围的调查，后期的数据处理是利用一个开源软件环境，能够在数据获取后几个小时内处理几十个吉字节数据集的程序。探地雷达截面反射体特性以及几何形状表明在不同深度存在着被掩埋的房基、道路以及古墙，它们顶部深度是变化的，一般在地表下0.3～1m；也有非常少的异常情况，顶部深度大于 1m。在西北角出现了最显著的反射现象，从图像中发现这是一个带有缺口明显边界的结构，其外部轮廓由带有宽作用线（wide apses）的 3 个房间组成，这个结构目前被认为是大罗马时代的别墅，是整个试验最重要的发现。第二个重要结构在东部被发现，它表现出与上述的别墅具有相同方向的轴对称，看起来像是一个对称矩形结构，尺寸大约为 20m×10m，结合其他细节信息，最终认定该古建筑应该为教堂。该系统虽然获得很好的效果，但研究人员认为其依然需要改进和提高，如在未来数据获取过程中实现扫描区域的实时显示，并得到更好的视觉效果。

相比于磁法、电法和探地雷达，重力勘探和地震法应用相对较少。除了单一方法之外，考古中也可以将不同的物理探测技术结合使用，以集成各种探测方法的优势，提高可信度（Ercoli et al.，2012；Zheng et al.，2013）。

第二节　虚拟现实技术

虚拟现实（virtual reality，VR）是一种综合计算机图形技术、多媒体技术、传感器技术、人机交互技术、网络技术、立体显示技术以及仿真技术等多种学科交叉而发展起来的计算机领域新技术（李敏和韩丰，2010）。该技术被公认为 21 世纪重要发展的学科和影响人们生活的重要技术之一。因具备多感知性、沉浸感、自治性和交互性等特征，虚拟现实技术成功应用于各个领域，特别是军事、医学、工业和教育等领域。

一、虚拟现实

（一）计算机图形

视觉图像是虚拟环境构建的基础，因此虚拟现实技术的实现基础是计算机图形学。计算机图形学是一个主要研究怎样利用数字计算机生成、处理和显示图形的学科，与计算机几何、图像处理和模式识别等学科有密切的联系，并且侧重于将数据和几何模型变成图形图像来表示。计算机图形学利用计算机产生具有真实感的图形，因此广泛应用于土建工程、机械结构和产品的设计，以及医学治疗等领域。随着数码娱乐发展，计算机图形学也应用于动画和游戏界面的设计。有学者预测，计算机图形学虽然是计算机科学的一个分支，但在未来，它的应用将使其他相关领域望尘莫及。

（二）多媒体

虚拟现实技术不能离开多媒体技术而存在，这是因为虚拟现实所需要的视听功能要由多媒体技术来完成和实现，此基础上，再加上触、嗅、味知觉就得到了虚拟现实仿真系统。多媒体技术是利用计算机对数字化的文字、图形、图片、动画、声音以及视频等媒体信息进行处理、分析、传输以及交互性应用的技术。其研究内容包括分布式环境下的多媒体信息的存储、组织、传输、交换、演示以及服务质量保证等方面，并且该技术广泛应用于教学科普、工程设计、咨询服务、通信、医疗等各个行业领域中。

（三）人机交互

虚拟现实技术中提供了多通道的人机交互方式，如视觉通道、听觉通道、语音通道、行为输入通道、触觉和力反馈通道等。人机交互是研究人、计算机以及它们间相互影响的技术。如果要实现高效自然的人机交互就要解决多通道用户界面、计算机支持的协同工作、三维人机交互等关键技术。用户界面是人与计算机之间传递、交换信息的媒介和对话接口，是计算机系统的重要组成部分，主要强调技术和模型。随着人的需求和计算机技术的不断提高，人机交互必将得到不断发展。回顾人机交互发展的 5 个重要时期，其代表的产物分别为键盘、鼠标、触控技术、多媒体技术以及现在发展中的虚拟现实技术，未来将朝着更加智能的方向发展。

（四）立体显示

目前，立体显示已然成为一个热门的研究领域，并且得到了广泛的应用。其中最为突出且为人熟知的就是在影视娱乐方面，大量 3D 电影充斥着全年的各大影院，让人们对立体显示不再陌生。除此之外，军事模拟、工程设计、医疗以及科学研究等领域也不断地应用立体显示技术。研究人员就立体显示系统在虚拟现实中的应用进行了探讨，并提出虚拟现实中的交互式立体显示系统的架构设计和运用方法。立体显示是指在二维平面图像基础上，通过光学技术、微电子技术、微控制技术和计算机技术处理，增加第三维的深度以实现三维物体的景深显示。一般来说，人们将是否以双目视差作为基本原理这一标准把三维立体显示分为两大类，其中双目视差是指人两眼间有一定的距离，因此观看物体时两眼接收的视觉图像上存在略微差异。基于双目视差的技术和相应产品较为成熟，这种方法是采用光学等手段使观察者的两眼对同一场景的立体像对产生绝对的分视，即左眼只看左图像、右眼仅看右图像，从而使人感知到图像的立体效果。相对于前者，基于非双目视差原理的三维立体显示目前已成型，且不会造成眼疲劳，该方法利用了光学衍射原理、人眼视觉暂留效应以及人眼错觉原理进行三维立体显示。

（五）仿真

现代仿真技术与虚拟现实技术关系十分紧密，可认为后者是一种多源信息融合的交互式三维动态视景和实体行为的系统仿真。系统仿真是以建模理论、计算方法、评估理论为基本理论，以计算机技术、网络技术、图形图像技术、多媒体技术、软件工程、信息处理、自动控制及系统工程等相关技术为支撑的综合性交叉科学。系统仿真可以通过在模型上对所关心的问题进行研究，从而解释系统和未来系统的内在特性、运行规律、分系统之间的关系并预测未来，仿真技术的应用一般就是以仿真系统的形式来体现的。随着其自身不断的发展及计算机技术日趋成熟和智能化，仿真技术作为一种研究发展新产品、新技术的科学手段，其应用领域十分广泛，包括工业、交通以及电力等社会经济各个领域，并且在未来，仿真技术将展现出更大的研究效用和经济效益。

二、考古中的虚拟现实技术

虚拟现实技术在考古中的应用主要表现在文化遗产的保护、研究、修复和数字虚拟旅游方面，随着人们对休闲旅游的需求不断增长，文化遗址由于保护措施不力而造成损坏的问题也越来越显著，亟须一种有效的技术方法对相应文化遗址进行记录和保护。对各种文化遗址进行数字化是一个有效可行的保护方法，这种方法被广泛地认同，联合国教科文组织已认可数字文化遗产是其保护的有效手段，该手段使体验式考古的可视化成为现实（Ch'ng，2009）。

利用虚拟现实技术进行遗产保护的实施步骤大体包括以下几点（李德仁，2008）。

（1）数据获取。数据获取技术包括人工测量、仪器测量、摄影测量以及激光雷达技术，这些技术的选择是由目标物特征决定的，可以同时利用多种技术进行综合测量。

（2）虚拟环境的三维建模。这是很基础也很关键的一步，只有保证模型的精度，所有工作和结果才是可信可用的。

（3）实时三维图形生成技术。该步骤涉及大量的计算机图形学知识和技术，通过三维图形制作最终可将目标的三维场景展示出来。

（4）立体显示和传感器技术。简单将目标物展示在屏幕上对于考古学研究是不够的，需要引入立体显示和传感器技术，以提供逼真的虚拟环境辅助进行研究。

针对文化遗产保存工作中的虚拟现实技术，国外学者也进行了大量的研究和探索。由于不能够直接接触文物或必须与其保持一定距离，人们对文物无法获得一个更加直观的认识，该工作的意义不仅在于对文物的记录保存，还有利于将这些有文化艺术价值的物品展示给相应的爱好者（Carrozzino et al.，2014）。意大利学者以鲁本斯的《复活》为例研究了画作的景观三维重建，其目的是提供一个用来教学的交互式工具，它可以解释画作中透视图的使用以及艺术家在为得到预期效果所进行的设计。在实际操作过程中出于欣赏和自由探索的目的，经常需要加入一些隐藏于画作之中或在画作框架之外的因素，这有助于扩展参与者对可视环境的交互和情感交流。

国内外学者针对虚拟现实技术在考古中进行了大量的试验研究。我国具有上下五千年的文明历史，因此拥有丰富的文化遗产，其中不乏有如陕西秦始皇陵及兵马俑、北京故宫和北京颐和园等世界文化遗产。部分宝贵的文化遗产遭受了各种各样的损坏，有来自人为因素的，如过度旅游开发和现代化进程；也有来自自然因素的，如地震、火山喷发和全球变暖等影响。国内针对秦始皇陵考古群进行了大量的研究实验，其中包括"国家高技术研究发展计划"（863计划）秦始皇陵考古遥感与地球物理综合探查技术（段清波，2005），该项目利用遥感技术结合地球物理探测技术对秦始皇陵进行了探测和分析，其获得的大量数据为后期三维重建提供了可靠准确的资料。

虚拟现实技术除了能够对文物和遗迹等较小目标发挥作用，在建筑遗产保护领域也可发挥重要作用。古建筑作为历史的"见证者"，其受保护的必要性是不言而喻的，但是其受损害概率也相对较大，所以很有必要利用虚拟现实技术对古建筑进行保护和复原，提高文物建筑的展示效果，从而充分发挥其文化价值。例如，清华大学郭黛姮团队，15年磨一剑，践行建筑遗产保护与传承理念，用数字技术详细"复原"圆明园，实现了"万园之园"310年的时光跨越，很好地阐释了建筑遗产的历史与文化价值。

在野外考古中，虚拟现实技术也同样发挥了不可替代的作用。英国学者 Winterbottom 和 Long（2006）利用地理信息系统分析和虚拟现实三维重建技术来探索新石器时代 Kilmartin Glen 遗址，并分析文化景观范围内植被对古遗址可见性的影响。地面摄影测量获取的巨石三维模型融入 10m 分辨率的数字地形模型，结合新石器时代该区域植被品种和空间分布，可利用虚拟现实技术将文化景观按不同情景进行重建，来虚拟复原并展示遗址可能的古环境。研究发现，地理信息系统和虚拟现实技术结合，在描述古遗址可视景观环境参数及虚拟可视化表达古遗址过去环境方面具备现实应用价值。

在我国，虚拟现实技术在文化遗产的保护和重现过程中发挥了巨大作用。中国科学院以山海关地区为例，利用地形数据、高分辨率遥感数据，采用虚拟仿真建模方法，构建研究取得三维地形山海关长城模型以及现有部分遗址的虚拟现实模型，采用交互分析的手段恢复该地区域的古环境状况，并通过三维仿真场景用互联网发布共享信息资源（图 5.1）。结果表明，采用虚拟现实方法结合遥感数据及相关资料，通过虚拟环境的模拟及交互控制来研究古遗址的历史变化，为考古工作的发掘提供新的信息资料和验证方法，为文化遗产的保护提供了高科技手段。

京杭大运河显示了我国古代水利航运工程技术领先于世界的卓越成就，留下了丰富的历史文化遗存，凝聚了我国政治、经济、文化、社会诸多领域的庞大信息。随着经济社会的发展，大运河的传统运输功能已经改变，河道、沿河风貌和人民生活都发生了很大变化，当前又面临着城市现代化、农村城镇化建设的严重挑战。对大运河进行抢救性保护、

图 5.1　山海关长城虚拟现实仿真系统图

实现可持续发展已经到了紧要关头。中国科学院研究团队以唐代古城为蓝本，恢复建立扬州古城运河各段风貌以及周边古建筑，实现了不同虚拟环境、虚拟现实与地理信息软件之间的交互和大地形数据的实时显示、大遗址古环境的重建与演变的交互分析，为古遗址的发现、信息综合分析以及环境变迁的评估提供了一个虚拟平台，为考古学推断提供了一个新的检验手段与分析工具（图 5.2）。

图 5.2　京杭大运河景观模拟

第三节　网络信息技术

一、主流网络信息技术手段

(一) 物联网

早在 1999 年，美国麻省理工学院提出万物皆可通过网络互联，形成了早期"物联网"(internet of things) 概念。同年，中国也提出来与其有较大差异但又紧密相连的"传感网"概念。国际电信联盟 (International Telecommunication Union，ITU) 于 2005 年在信息社会峰会上通过发表《ITU 互联网报告 2005：物联网》正式提出"物联网"这一概念，其定义为通过二维码识读设备、射频识别 (radio frequency identification，RFID) 装置、红外感应器、全球定位系统和激光扫描器等信息传感设备，按约定的协议，把任何物品与互联网相连接，进行信息交换和通信，以实现智能化识别、定位、跟踪、监控和管理的一种网络。其核心是解决人到人、人到物和物到物的互联。由于物联网是一项正在积极发展的科学技术，其定义也随发展不断地改变和丰富，我国给予物联网极大的重视。

物联网所涉及的关键技术包括射频识别 (RFID)、传感器技术、传感器自组网技术、传感器网络与检测技术、网络技术和智能技术等。其实现原理是：①标识物体属性，包括静态属性和动态属性；②读取和转换信息，在物联网中有识别设备完成信息读取以及将其转换为合适的格式以便后期应用；③通过网络将信息传输到信息处理中心，随后在中央信息处理系统中完成信息的相关计算。显然物联网的时代已然到来，各个行业都希望能够在未来信息服务产业中占有一席之地，引领世界信息化的发展与建设。物联网已经在智能电网、智能交通、智能物流、生态监视和电子保健等生产、生活领域以及智慧地球等科学领域中展开了应用。但物联网的研究和开发既是机遇，更是挑战，目前物联网时代已成现实，只有不断地发展和完善才能更好地为人所用，造福人类。

(二) 高性能计算

高性能计算机 (high performance computer) 特指当今具有超强计算能力的一类计算机，利用这类计算机解算当今超大、超高、超复杂的计算任务，被称为高性能计算。前者是后者的基础，后者为前者的应用，因此密不可分。高性能计算在核武器研究、核材料储存仿真、石油勘探、生物信息技术、医疗和新药研究、计算化学、气象、天气和灾害预报、工业过程改进和环境保护等各个领域发挥着越来越重要的作用，因此不断地受到各界的关注，其应用前景十分光明。近几年，国内外对于高性能计算的热情有增无减，欧洲各国及美国、日本等投入大量资金人员进行相关研究。当然我国也大力发展自己的高性能计算学科，相继推出了"神威""银河""曙光"等系列高性能计算机。高性能计算存在系列技术难点，主要包括：①难编程，不易移植；②存在低效、不匹配问题；③大规模、高成本等问题。这些难点同时也是该领域待突破的方向。

二、考古中的网络信息技术

网络信息技术相对于本章中其他技术在考古及文物保存领域应用较少，其中的高性能计算和科学大数据由于其自身的技术难点，最近几年才被广泛尝试应用于各个领域。相比而言，物联网由于其自身特点，已较多地应用于考古研究和文物保护工作中。但是在未来，高性能计算和科学大数据在考古领域必将发挥蓬勃的生命力，这也是由其自身无可替代的优势以及考古实践面临瓶颈所共同决定的，如高性能计算在遥感、地理信息系统以及地球物理探测等技术中就具有很好的应用前景，这些都表明高性能计算结合其他技术会在考古领域大有作为。面对大量遥感图像、各种地面数据和气象数据等，科学大数据的提出有利于海量数据的管理和应用，在将来绝大部分的领域都会出现科学大数据的身影。下面以物联网为例简单介绍网络信息技术在考古和文物保护领域的应用。

物联网已较广泛地应用于文物保护工作中，如金沙国家考古遗址公园中物联网建设（王毅，2011）。金沙遗址及其包含的文物具有非常高的文化及科研价值，如何将这些文化遗产信息化成了重要问题。为此，研究人员立足于金沙国家考古遗址公园的个性特点和独特需求，将物联网运用其中并建立了内部信息管理系统、园区公共服务展示系统、网络信息传播和服务系统。古遗址物联网应用不仅引领着博物馆从信息灌输向信息体验转变，还将提升其低碳、节能及科技保护文化遗产水平。国外学者也利用无线传感器网络开展古遗址保护研究，包括环境对古遗址的影响（Agbota et al., 2014）、古遗址和文物结构稳定性监测（Anastasi et al., 2009）、文化遗产管理（Balsamo et al., 2013）等方面。例如，英国学者 Agbota 等（2014）以阿普斯利邸宅（Apsley House）和阿波美王宫（Royal Palaces of Abomey）为对象，建立了一个基于压电石英技术（piezoelectric quartz crystal technology）的遗产环境监测与管理系统。该系统能够监测环境对文物的整体影响，简便且支持远程操作。除此之外，相对以前的单一传感器系统，该系统形成一个网络，能够搜集不同传感器的数据，包括温度、相对湿度、压电石英晶体涂层，这些数据在传输到网关之前在传感器节点先进行汇总。按此方法能够减少无线电通信的能量消耗，进而保证更长时间的运行。研究结果表明，该系统相对于高精度实验室分析仪器得到的结果误差百分比为 1.8%，通信系统传送了研究区 85% 的数据。通过对环境适用性评估具体的分析，研究人员发现薄的传感器适合快速环境评价应用，而厚的传感器对于长期环境监测更为理想。在研究过程中，该系统表现出了多功能性，能够持续运行且更易远程操作，能适应不同的环境。在未来也能够应用于户外遗址文物环境监测。

无线网络系统具有专一性、自主性、可配置性、持久性以及可移动性等特点，可便利应用在遗址景观保护与监测上。但是为了更好提升其在文化遗产可持续化保护中的作用，可倡导模块化集成系统理念，即包括无线传感器网络、中心系统、新型平台（当地节点网关）。这个系统关键的部分就是新型平台，它应基于模块化设计，并允许不同无线传感技术无缝共存，进而保证整个系统运转、处理和通信功能，提供解决实际问题的方案。网关不仅能够使不在场的管理人员获得所需的信息，还能够进行数据处理，便于管理人员获得环境数据，甚至触发预警信号。优异的模块化集成系统，能够在没有外部微处理器和嵌入装置下处理数据，并能提供长距离通信与预测信息，无论从能量消耗还是硬件平台尺寸及费用方面，都能实现最优化。

第四节　全球导航卫星系统

一、全球定位系统

（一）系统概况

全球定位系统是1973年由美国空军率先建立的以卫星为基础在全球范围内进行实时无线电测时定位和导航的系统，其特点为全球全天候工作、定位精度高、定轨精度高、观测时间短、测站间无须通视、仪器操作简便以及功能多用途广等。全球卫星定位系统由三部分组成：空间部分—GPS卫星星座、地面控制部分—地面监控系统、用户设备部分—GPS信号接收机。

1. 空间部分

GPS卫星星座由21颗工作卫星和3颗备用卫星组成，分布在6个轨道面上（每个轨道面4颗），轨道面倾角为55°。卫星距离地面20200km，其运行周期为11h 58min。这样的星座布局保证了全球任何地方、任何时间都可观测到4颗以上的卫星，最多时可以达到11颗。GPS卫星可分为试验卫星（Block Ⅰ）、工作卫星（Block Ⅱ）和全新一代的GPS卫星（Block Ⅲ）三类。试验卫星也叫原型卫星，自1978年以来共发射了11颗Block Ⅰ卫星，其中第七颗发射失败。用于方案论证和试验的Block Ⅰ卫星重774kg，设计寿命为5年，最后一颗已于1995年退役。工作卫星包括第一批Block Ⅱ卫星、Block Ⅱ A系列、Block Ⅱ R系列、Block Ⅱ R-M系列以及Block Ⅱ F系列。Block Ⅱ卫星设计寿命为7.5年，1989年发射第一颗，目前已全部发射完毕。Block Ⅲ卫星是新一代的全球定位卫星，在很大程度上提高了定位精度并提升了对民用定位需要的支持。目前，三角洲4号火箭已于2014年5月16日携带一颗第三代GPS卫星发射升空，在一个月内取代既定目标，并在20年内完成满星座部署。

2. 地面控制部分

地面控制部分包括1个主控站、3个地面控制站和5个监控站。主控站将根据各监控站跟踪数据计算出的卫星轨道和时钟参数传输到各个地面控制站，进而调整偏离轨道的卫星，使其在预定的轨道上运行，当有卫星失效时也可以启用备用卫星保证正常工作。地面控制站就是将从主控站得到的指令、卫星星历、钟差、导航电文等注入相应的卫星中。监控站则负责数据的自动采集，配装有精密的铯钟、双频GPS接收机和环境数据传感器。

3. 用户设备部分

用户设备部分主要是GPS信号接收机，它能够捕获到待测卫星，并跟踪这些卫星的运行。它的结构分为天线单元和接收单元两部分。目前各种类型的接收机体积越来越小，重量越来越轻，便于野外观测使用。常用的接收机包括国外的 Trimble 和 Leica 系列以及国内的华测和中海达等系列接收机设备。

（二）工作原理及应用

GPS 定位在 GPS 卫星实时位置已知的前提下采用距离交会原理来实现位置的准确确定。当已知一组卫星在空间中的正确位置以及卫星与待定位目标（接收机）的距离时，就可确定目标物位置。两颗卫星的两个球体相交得到一个圆周，在此基础上，再引入与另一颗卫星相关联的球体则得到两个点。这两个点有一个是目标物所在位置，另一个点的位置不符合实际（或不在地球上，或具有不匹配的速度），GPS 接收机能够识别该点。根据不同的定位方式和方法可将 GPS 定位方法进行如下划分。

1. 根据定位时接收机的运动状态可分为静态定位和动态定位

这两种定位方法的主要区别在于目标物的运动状态。静态定位由于其位置固定不变的特点能够获得高精度的定位信息。相对于静态定位，动态定位的应用更加广泛，定位更具有实时性且速度范围宽。

2. 根据定位所采用的观测值可分为伪距定位和载波相位定位

从 GPS 载波信号中我们能够获得载波、测距码和数据码。其中，测距码包括粗码——C/A 码和精码——P 码；数据码——D 码即导航电文，它记录了大量的卫星信息，如卫星星历、卫星工作状态、时间信息、星钟运行状态、轨道摄动改造以及大气折射改正等信息。

伪距定位就是利用 C/A 码或 P 码进行定位的方法。这两码都受大气、钟差等影响，得不到真正的几何距离，所以得到的 GPS 距离叫作伪距。伪距由信号的传播时间和速度决定，由于速度一般固定不变，所以只要精确得到传播时间就可确定伪距。现实中通过追加一颗或多颗卫星得到正确的时间，进一步得到伪距。各种误差的存在导致只能得到伪距却无法获得真实距离，但各种误差因子是可获得或可计算得到的，如卫星时钟相对 GPS 时系的偏差、电离层折射对伪距测量的影响等可通过导航电文求得。可以通过建立一组伪距、误差修改项和真实距离（用目标物位置三维坐标与卫星坐标表示）的等式，进而利用上述原理进行定位，此方法的优点是数据处理简单，定位条件要求低，不存在整周模糊度的问题，缺点是观测精度低。

载波定位是通过测量载波相位差得到的，这里的载波相位差是指在接收时刻接收的 GPS 卫星信号的相位相对于接收机产生的载波信号相位的测量值，一般这个相位差是由 2π 的整数倍 N 加上一个不足一周的小数部分，N 称为整周模糊度。载波定位过程是利用相关算法估计 N 值，随即根据相位差与伪距的关系求解伪距，最终得到定位信息。载波信号的波长短，所以此方法定位精度高，一般能达到厘米级，缺点是数据处理复杂，存在整周模糊度的问题。

3. 根据定位的模式可分为单点定位和多点相对定位

单点定位也称作绝对定位，只使用一台接收机，只要保证同时可获得 4 颗（个别情况只有 3 颗）以上的卫星观测值即可。这种方法的特点是速度快、无多值问题、作业简单，外业观测的组织及实施较为方便，缺点是受钟差、传播误差等影响，定位精度低，所以它主要应用于导航领域和大地测量中的单点定位方面。

多点相对定位又称差分定位，它是一种通过多台接收机同步观测相同的 GPS 卫星进行定位的方法，该方法可以确定各接收机在地球坐标系中的相对关系。因为在一定距离范围内，卫星的轨道误差、卫星钟差、接收机钟差以及电离层和对流层的折射误差等对观测量的影响具有一定的相关性，利用这些观测量的不同组合进行相对定位，便可有效地消除或减弱上述误差的影响，从而提高相对定位的精度。

GPS 还可以利用平均速度法和多普勒频移法等得到目标物的运动速度，以及向全球用户连续不断地播发相同精度的 GPS 时间信息。随着社会需求增加以及定位精度的提高，GPS 的应用越来越广泛。最初，GPS 为美国专用的导航定位系统，可用于为地面车辆、人员以及航空、航海、航天等领域的飞机、舰艇、潜艇、卫星、航天飞机等设备进行导航和定位；也可用于洲际导弹的中段制导，作为惯性制导系统的补充，提高导弹的精度；还可用于军用摄影测量与制图、空中交会和加油、空投和空运、航空交通控制和指挥、火炮的定位和发射、靶场测试、反潜战、布雷、扫雷、船只位置保持、搜索和营救工作等方面。在民用领域，GPS 发挥作用的领域包括地球物理、大地测量、水土保持、地形与地籍及房地产测量、地球重力场的测量、地质灾害的监测、防浪堤坝施工、航道疏浚、车辆导航以及与遥感和地理信息系统一同构建的精细农业智能系统等。

二、北斗系统

（一）系统概况

北斗系统是我国自主研制、独立运行的卫星导航系统。该系统由空间星座、地面控制和用户终端三大部分组成。其建设原则为开放性、自主性、兼容性以及渐进性。其中渐进性表现为北斗系统分为三步完成：验证系统（即北斗一代卫星导航系统）、扩展的区域导航系统和全球导航系统，下面具体介绍。

第一步：在 2003 年建成由 3 颗卫星组成的北斗一代卫星导航系统，该系统也称为北斗双星导航定位系统或北斗卫星导航试验系统。该系统需要终端发送信息才能实现定位，且其定时、定位精度较低，覆盖范围和用户容量有限以及实时性和保密性差。以上特点都表明北斗卫星导航试验系统是为了后期建立更高级卫星导航系统而进行的试验，无论对于民用还是军用，该系统都是初步应用成果。即便如此，依旧不能忽视北斗卫星导航试验系统为全球导航卫星系统（GNSS）大家族做的贡献。该系统采用双星定位系统，可以仅以较低的投入在短时间内就建成一个卫星导航系统；再有就是其具有短消息通信功能，北斗卫星导航试验系统可以同时满足定位和双向通信需要，不需要任何其他辅助设备，并且其通信是通过卫星和中心站转发的，可机密级加密，一户一密，安全性高。相比而言，GPS 等系统不具备独立通信功能，GPS 需要其他辅助设备才能实现相关功能，最主要的是北斗卫星导航试验系统是我国独立自主完成的，不会受制于人。

第二步：2011 年 12 月我国扩展的区域导航系统初步建成，开始试运行服务。随着 2012 年 10 月最后一颗导航卫星成功发射升空，我国北斗区域卫星导航系统完全建成，并为亚太地区提供正式服务。该系统空中部分由 5 颗地球静止轨道（geostationary orbit，GEO）卫星，5 颗倾斜地球同步轨道（inclined geosynchronous orbit，IGSO）卫星和 4 颗中圆地球轨道（medium earth orbit，MEO）卫星组成；其地面控制系统由 1 个主控站、两个时间同步注入站和 27 个监测站组成。北斗区域卫星导航系统采取的是与 GPS 相同的被动式定位原理，不同于北斗卫星导航试验系统，这样既保证了单程无源测距，用户设备可无源工作，又解决了用户容量的限制。该系统伪距和载波相位测量精度已与 GPS 处在同一水平，且其伪距单点定位水平精度优于 6m，高程精度优于 10m，已满足设计要求。北斗区域卫星导航系统已具备独立的双频 RTK 定位能力，其单历元双频模糊度解算成功率几乎与 GPS 相当，在高动态应用方面与 GPS 完全一致。北斗区域卫星导航系统兼容保留北斗一代卫星导航系统所有功能，并提升其系统抗干扰性能。

　　第三步：2015 年，开始发射新一代北斗导航卫星，适时加入现有北斗导航卫星网络，推进系统全球组网建设，并最终建成北斗卫星全球覆盖导航系统。第二步中的北斗区域卫星导航系统和第三步的北斗卫星全球覆盖导航系统统称为北斗第二代卫星导航系统，又称为北斗卫星导航系统（Beidou satellite navigation system，BDS）。建成后的北斗卫星全球性覆盖星座是由 27 颗 MEO 卫星、5 颗 GEO 卫星和 3 颗 IGSO 卫星构成的混合星座。北斗卫星导航系统的服务将由区域拓展到全球，设计性能优于俄罗斯的全球导航卫星系统（global navigation satellite system，GLONASS），与第三代 GPS 性能相当（杨元喜，2010）。北斗卫星全球覆盖星座相对于北斗卫星区域覆盖星座的主要差别是，它不仅能够提供全球性、全天时和全天候的高精度导航定位，而且将采用北斗卫星自主导航。导航卫星的自主导航，是实现导航电文在轨自主更新的有效途径。目前，美国 GPS Block Ⅱ R 系列卫星就可在无须地面注入信息的情况下，通过星间双向测距和在轨数据通信保证系统可维持 180天的自主导航服务，并保持用户测距误差小于 6m。同时，俄罗斯也正在研制 GLONASS-K新型导航卫星系列，将会增加星间链路功能以保证自主导航。欧洲的伽利略卫星导航系统（Galileo satellite navigation system）也有卫星自主导航的发展规划。北斗卫星导航系统依旧保有短消息通信功能，相对于 GPS 等其他全球导航定位系统，它能够接收和处理来自遇险用户的求援信号，实施及时援救。

（二）工作原理及应用

　　北斗卫星导航试验系统与北斗卫星导航系统在很多方面存在着不同之处，其中最为显著的差别在于这两个卫星导航系统的定位原理不同。

　　北斗卫星导航试验系统采用的双星导航定位原理，该原理是一种主动式双向测距二维导航，地面中心控制系统解算，供用户三维定位数据。地面中心站通过两颗同步静止定位卫星传送测距问询信号，如果用户需要定位则马上回复应答信号。地面中心站可根据用户应答信号的时差计算出卫星和地面距离，这样以两颗定位卫星为中心、以两个卫星和地面距离为半径可做出两个定位球，而这两个定位球又和地面交出两个定位圆。用户必定位于两个定位圆相交的两个点上（这两个交点一定是以赤道为对称轴南北对称的）。地面中心站求出用户坐标后，再根据坐标在地面数字高程模型中读出用户高程，进而让卫星转告用户。

北斗卫星导航系统采用与 GPS 系统相同的被动式定位原理，即北斗用户只需要接收来自北斗卫星发送的导航定位信号，就能够自主精确地解算出自己的七维状态参数和三维姿态参数（刘基余，2013）。采用这种定位方法可以很好地解决双星定位原理缺陷所带来的各种问题。随着北斗系统建设和服务能力的发展，已形成了基础产品、应用终端、系统应用和运营服务比较完整的应用产业体系。国产北斗核心芯片、模块等关键技术全面突破，性能指标与国际同类产品相当。研究表明，北斗卫星导航系统性能已与 GPS 相当，其相关产品与服务已逐渐推广应用到通信、水利、减灾、海事、渔业、交通、勘探等行业部门。与其他卫星导航定位系统相比，北斗系统独特的短消息功能使其在灾害搜救中具有不可或缺的地位，它能提供全国范围的实时救灾指挥调度、应急通信、灾情信息快速上报与共享等服务，显著提高了灾害应急救援的反应能力和决策能力。相对于 GPS，未来的北斗卫星导航系统在我国用户中有突出的优势，如国内用户利用单频进行定位可得到较高的精度且具有一定的抗干扰能力；GPS 需要借助其他系统才能进行广域差分，而北斗系统针对国土及周边地区本身就具有广域差分功能，可以有效提高定位精度；北斗采用双频或三频载波相位进行高精度定位，性能优于 GPS；北斗组网卫星信号的载噪比可达到甚至高于 GPS 新一代卫星水平等。

三、伽利略卫星导航系统

（一）系统概况

伽利略卫星导航系统是 20 世纪 90 年代由欧盟委员会和欧洲太空署共同发起的，并正在进行的一项航天项目，其目的是建成欧洲自主的民用全球卫星导航系统，该系统能够与美国的 GPS 和俄罗斯 GLONASS 相兼容，并保证欧洲国家在战争或冲突时期不必依赖以上两个导航定位系统。

该系统在最初计划时有两个方案，但最终由于财政问题均没有实施，而是选择了目前这个方案。目前方案整个系统包括由 30 颗卫星（27 颗工作星，3 颗备份星）组成的空间段，主要由 2 个位于欧洲的伽利略控制中心（Galileo Control Center，GCC）和 30 个分布于全球的伽利略传感器监测站（Galileo Sensor Station，GSS）组成，另外还有分布于全球的15 个上行站，具备导航控制、星座管理功能与完好性数据检测和分发功能的地面段，以及主要由导航定位模块和通信模块组成的用户端终端。

伽利略卫星导航系统的建设不仅有欧盟国家的参与，美国和俄罗斯也都参与其中以保证彼此系统之间的兼容性，并且中国和欧盟于 2004 年 10 月签订的关于伽利略计划合作协议明确了中国成为伽利略卫星导航系统中第一个非欧盟国家，标志着中欧"伽利略计划"的合作进入实质性的操作阶段。

（二）工作原理及应用

伽利略卫星导航系统和 GPS 类似，均采用的是被动式导航定位原理，按照欧洲目前的设想，其精度可达厘米级，最高精度比 GPS 还要高出 10 倍，其免费信号的精度也将达到 6m。

伽利略卫星导航系统提供的服务包括免费开放服务、有偿的生命安全服务、商业服务供应商直接向用户提供的收费性商业服务、仅提供给欧盟成员国的公共规范服务、提供更精确的定位和授时的地区性组织导航定位服务、搜索与救援服务等。通过提供以上服务，伽利略卫星导航系统的应用将更为广泛，包括农业和渔业中的精细农业、土木工程中结构检测、建筑工地的管理和物流等，并且在能源管理和环境检测及治理上发挥重要的作用。

四、GLONASS

（一）系统概况

GLONASS 的研究要早于美国的 GPS，由苏联在 1976 年开始建设，但晚于美国发射第一颗 GPS 卫星。苏联解体后，GLONASS 由俄罗斯政府负责建设和运营。该系统由于受到苏联解体的影响，直到 1995 年才完成其组网工作，在 2007 年系统开始运营之前一直由于俄罗斯经济问题处于崩溃边缘，只开放了俄罗斯境内卫星定位及导航服务，但到 2009 年，其服务范围已经拓展到了全球。

GLONASS 与 GPS 的系统构成相同，包括空间星座部分、地面监控和用户设备 3 部分。GLONASS 的空间星座部分由 27 颗工作星和 3 颗备份星组成。新一代 GLONASS-M 卫星 2003 年 10 月入轨运行，开启了该系统的现代化进程。2011 年 2 月俄罗斯 GLONASS 新一代卫星 GLONASS-K 卫星成功进入预定轨道，这是该系统重新组网需要的最后一颗卫星。GLONASS 地面监控部分包括系统控制中心、中央同步器、遥测遥控站（含激光跟踪站）和外场导航控制设备。

（二）工作原理及应用

GLONASS 的工作原理也与 GPS 相似，但是两者之间也存在如下不同之处：①GPS 采用码分多址（code division multiple access，CDMA），而 GLONASS 的信号体制是频分多址（frequency division multiple access，FDMA）；②相比 GPS 采用 WGS-84 世界大地坐标系，GLONASS 采用的是 PE-90 苏联地心坐标系；③GPS 系统时是与协调世界时相关的，而GLONASS 系统时是与莫斯科标准时相关的。研究认为 GLONASS 可以进行独立定位服务，虽要克服系统之间的不同，双定位系统总体更优越，即通过增加接收卫星数，提高定位效率以及定位的可靠性与精度。

五、考古中的全球定位系统

由于 GPS 相对其他全球定位系统更加成熟，使用更加方便，下面将通过描述 GPS 在考古中的应用来介绍全球定位系统在考古探测中的应用。

GPS 在考古中的应用主要表现定位、导航、记录航迹、研究遗址分布和求积等方面，适用于空间大、地形地貌复杂、使用常规测量技术难以完成测量任务等情况。2008 年 7 月 ~

11 月，内蒙古自治区文物考古研究所进行了古代城址调查课题研究，利用 GPS 对内蒙古呼和浩特市的古代城址进行了调查。该调查表明全球定位系统在考古城址调查中发挥了重要作用，尤其是在城址的准确定位和研究城址的布局方面，是其他手段无法替代的（王乾，2008）。在调查中，至少使用了两台 GPS 信号接收机（一台基准站和一台移动站）进行城址调查。其中选择基准站架设的位置至关重要，鉴于林区和高压线区会对 GPS 测量结果产生不利的影响，因此空旷并且能突出遗址分布特点的位置可候选为基准站。利用绘图软件将获取的 GPS 测量数据处理后制图，可显示出所有测量的城址点位；通过绘制等高线，可以通过三维方式展现城址保存现状，获得直观的遗址分布。而对于古代城址面积、城墙长度等计算，可以通过 GIS 软件计算得到，精度可以达到毫米级。该实践调查工作验证了除雷雨天气外，GPS 能够实施全球性、全天候、不间断的三维导航定位测量，且能够进行永久性无损导航定位测量。

相比传统的信号接收机方法，便捷式手持 GPS 接收机不仅能提供定位、测点等功能，还能够提供高程测量（利用内置电子气压测高仪测量海拔）、电子罗盘、航迹记录等功能，更有利于考古探测应用。1996 年 6 ~ 8 月期间，中国河南省文物考古研究院与美国密苏里州立大学人类学系联合，对河南颍河上游两岸长约 100km 范围内的聚落遗址进行了调查。这次调查将传统地面踏勘、观测方法与 GPS 和地理信息系统结合运用于考古领域，重点运用手持 GPS 设备比较准确地测定各遗址的地理位置、经纬度、海拔。在调查过程中对遗址每个探孔进行 GPS 测量，获得遗址测量中心点及遗址边缘 7 个探孔位置的 GPS 测量结果。通过对比实验，发现 GPS 在孔与孔测量的距离差和测绳量测的距离差成正比。根据该结论，并结合该调查时间短、遗址多、遗址分布密度大，且大部分遗址的面积相对较小等特点，调查人员在遗址内选定 GPS 基站点，遗址边缘的探孔定位应用罗盘仪和测绳进行测量。为了进一步提高精度，通过比较 2000 个和 4000 个卫星传导数据的平均值，发现 4000 个卫星传导数据并未在精度上出现显著提高，因此采用 2000 个数据平均值即可。在调查实践中，另一个关键问题是如何确定 GPS 在遗址中的位置。该调查发现为了几十年甚至更长时期后的遗址复查或发掘，GPS 在遗址中的位置确定尤为重要。调查结论是尽量选择开阔高地，减少定位仪接收信息时的阻力；同时为了便于测量边缘探孔的角度和距离测量，尽量选择相对固定物体作为参考，如高压线杆、石头构筑的地上渠、水塔、水井及公路等。手持 GPS 在区域考古调查中还应注意以下几点（高振华，2008）。

（1）在每天出发之前要检查 GPS 是否有电，并要携带备用电池；在初次使用 GPS 时要设置好坐标系统、坐标显示方式等，使数据格式统一，便于后期数据处理。

（2）每天第一次启动 GPS 搜索卫星需要较长的时间，也就是 GPS 冷启动。为了避免在首次测点时搜索卫星耗费时间，我们可以在去目的地的路上先打开 GPS，让其搜索卫星信号，待其信号稳定后关闭；这样做可使再次打开 GPS 时只需几秒钟就可以搜索到卫星信号。在测点时，应把 GPS 举过头顶，让其可接收到更好的信号，提高测量精度。

（3）数据记录是后期分析处理的基础，所以要确保每个点位信息的正确性。

（4）数据库的选择与设计首先要满足一般数据的检索和修改，还要考虑到与 GIS 软件的兼容性，满足数据的转换与调用。

（5）GPS 和 GIS 的结合可以使调查结果信息化、直观化，但是最基础的是当地矢量化地形图的坐标系统和 GPS 坐标系统需一致，GIS 软件的选用比较灵活，常用的商用软件 ArcGIS、SuperMap、MapInfo、MapGIS 等都可以满足应用需求。

（6）手持 GPS 的应用的确能提高工作效率，但不可否认的是目前 GPS 的单机定位精度较低，在沟谷中或者其他信号不稳定的地方误差更大。此外，便携式 GPS 能够记录航迹，利用该功能可以对遗址或墓群等遗迹的范围进行测量。在田野考古中，除了遗址范围的测量外，GPS 对可移动文物的原出土位置或发现位置也能提供准确的方位标定。2006 年全国第三次文物普查中，浙江省宁波市的文物保护专家通过 GPS 对发现的每 1 件文物都进行了精确定位，记录该文物所处经纬度及地理位置，为普查后期建立文物基本信息数据库、制作文物分布电子地图提供准确的基础资料。

国外学者也对利用 GPS 考古开展了研究和应用试验。例如，Chapman 等（2001）把 GPS 技术应用到湿地遗址中，表明 GPS 测量数据经处理可得到高分辨率微地形，以凸显地面看不到的微小地表变化；这些数据在地理信息系统中经处理又可进一步识别出掩藏于湿地景观中的古遗址特征。此外，在景观考古中 GPS 也发挥不可或缺的作用，尤其在精确提取地面控制点以建立数字高程模型方面。Chaco 山谷项目最早开始于 1996 年，目的是研究公元早中期间（3 ~ 7 世纪）Chaco 地区的社会文化组织，即通过古遗址数据和地形信息获取的多学科研究法揭示该地区古代城市范围。在野外调查中，考古学家们利用动态 GPS 测绘（5 秒间隔进行自动采样），收集了大量目标结构信息，如地面形态信息、可见景观和地标、水体表面边界等。内业利用采样点数据建立调查区域的数字高程模型，并可利用动态 GPS 实现目标物几何特性的准确表达。不仅如此，它还能够反映出不同几何结构形态与地面形态景观的相互关系。为了提高定位精度，在调查过程中选择与参考坐标系紧密相关的可识别特征作为固定参考站，移动接收机获取的 GPS 位置可通过与固定参考站相对距离来评价，精度一般为 1 ~ 10cm。参考站和移动接收机协同工作方法考虑了固定站与当地 GPS 参考系统关系；同时，动态测绘的后期数据处理使用了 OTF（on the fly）算法；能够解决移动接收器信号的载波相位整周模糊度并进一步提高精度。通过该调查实践再次验证了 GPS 测量在考古研究中的应用价值（Capra et al., 2002）。

随着遥感数据的获取手段和处理技术的发展，3S 技术助力考古研究已成大势所趋。例如，利用 GPS 和 GIS 技术进行疑似遗址调查，以及利用 GPS 地面控制点，实现遗址场景遥感影像的精确几何校正（Luo et al., 2014）。

第五节　地理信息系统技术

一、地理信息系统

地理信息系统的定义多种多样，通常选用美国联邦数字地图协调委员会对其的定义，即由计算机硬件、软件和不同的方法组成的系统，设计用以支持空间数据的采集、管理、处理、分析、建模和显示，以便解决复杂的规划和管理问题的系统。一个完整的地理信息系统主要由系统硬件、系统软件、空间数据、应用人员和应用模型 5 部分组成，并应具备

5 项基本功能：数据输入、数据编辑、数据存储与管理、空间查询与空间分析、可视化表达与输出，前面的 3 项功能是为后两项功能实现做的准备。

（一）系统建立

1. 系统硬件

系统硬件就是用来对地理或空间数据进行存储、处理、传输和显示的 GIS 物理外壳，其环境由计算机和一些外部设备及网络设备的连接构成。其中包括处理设备（计算机、工作站和大型服务器等）、输入设备（数字化仪、图像扫描仪、数字测量设备以及键盘等）、输出设备（显示器、绘图仪及打印机等）和存储设备（各种存储器如硬盘、磁盘等）。

2. 系统软件

系统软件是整个 GIS 系统的核心，通常包括处理设备的各种软件、GIS 平台软件和 GIS 应用软件。它们通常用来实现各种数据的输入、输出、空间数据编辑、空间数据管理与分析以及二次开发等功能。

3. 空间数据

空间数据主要指以地球表面空间位置为参照的自然、社会和人文景观，可以是图形、图像、文字、表格和数字等形式，这些类型的数据可以经操作人员的各种操作输入 GIS 系统中，进行存储、处理和分析等。在实际建模和应用过程中需要注意空间数据的特征，它代表着地理现象的空间位置和它们之间的相互关系。对于空间数据，如果从结构上来分可以分为栅格数据和矢量数据。

4. 应用人员

GIS 的应用人员包括系统开发人员和最终用户，是该系统的重要组成部分，从 GIS 的设计、建立、运行到维护整个生命周期都离不开系统应用人员。系统开发人员需要确定开发策略、系统软硬件选择以及空间数据等问题，并根据系统建设和应用目标的特点进行相应系统的开发工作，从而保证 GIS 系统的质量。应用人员是在已开发的 GIS 系统上根据自己的需求对数据进行有效的维护、管理和组织等，并可对其进行二次开发使其更加充分发挥作用以达到所需效果和功能。

5. 应用模型

GIS 的应用模型是为了解决实际问题，根据其应用目的等建立的，是 GIS 能否真正得到应用的关键因素。GIS 由于其自身强大的空间分析和数据管理功能在不同领域得到了广泛的应用，包括考古、资源管理、城乡规划、测绘制图、灾害监测、环境保护和军事等方面，并在不同的应用领域形成了不同的应用模型，如古遗址预测模型、土地利用适用性评价模型、人口迁移模型、森林退化模型和水土流失模型等，模型建立的好坏直接影响到 GIS 系统的应用效果。在这个过程中应用人员需要对预期效果有所了解，并能够利用精确的数据完成建模，从而达到应用的目的。

（二）时空分析

GIS 所具有的强大空间数据管理和空间数据分析功能使其在考古应用领域中具有十分

广阔的发展前景，为考古信息的空间认识提供一种辅助手段。GIS 在考古中的时空分析应用主要包括以下两个方面。

（1）在环境考古学中，应用 GIS 对遗址的空间位置与环境间的关系以及遗址域进行定量分析，研究古代遗址的分布模式、人类对不同资源的开发过程，以及对应环境变化的生存策略。此外利用 GIS 对不同类型的遗址进行可视域分析，研究遗址的功能及其在区域中的地位；对遗址的分布模式与资源间关系进行分析，研究社会不同人群对资源的控制以及社会等级的划分及过程。

（2）在聚落考古研究中，通过运用 GIS 技术，对考古信息进行多条件、多方式的查询检索；利用 GIS 空间分析和统计，提供研究所需的多种数据、统计图形、图表、影像甚至多媒体资料等，直观地表现出考古遗址和遗迹的特征。

（三）建模

GIS 具有分析建模功能，根据遗址周边的环境信息，利用 GIS 建模功能，建立潜在遗址位置的预测模型。这种预测模型具有极强的区域性、很大的偶然性和分段细致的时间跨度，在给定时空尺度建立这种预测模型有助于考古学、人类学、地理学、环境考古学交叉应用。

二、建立考古信息系统

随着 GIS 及相关技术不断发展，其在考古学中的应用也将越来越广泛和成熟，尤其是与其他技术结合起来服务考古研究已成为一个正在发展的方向。

（1）在系统建立方面，我国新疆长城资源的调查与保护是国家长城保护的有机组成部分。中国科学院结合新疆长城资源遗址和调查报告，建立全疆 362 个遗址点数据库，实现了对长城资源的种类、时代、分布区域、线路走向、结构特征、保存现状的综合管理与查询。以丝绸之路为主线，以城池为重心，通过对烽火台、戍堡、驿站的三维建模和基于粒子系统的烽火模拟，实现了对新疆古长城军事防御体系的仿真模拟。

另外，该团队基于数字地球科学平台，结合激光扫描、近景摄影测量、动态视频建模、实时传感器网络、虚拟/增强现实和 3D GIS 等技术，实现吴哥遗产地的虚拟环境重建，构建吴哥遗产地空间信息管理与环境监测系统，为世界文化遗产的保护与研究提供技术支撑（图 5.3）。

（2）在时空分析和建模方面，欧洲各国、美国及我国科研人员在 20 世纪 90 年代便聚焦 GIS 考古应用研究（刘建国，2007）。以我国文明探源为主线，科研人员选用山西临汾盆地、河南洛阳盆地、陕西七星河与美阳河流域等区域为案例，开展 GIS 聚落考古。研究过程中以实地考古调查、地形、水文及遥感影像等信息为基础，分别建立各区域的聚落考古信息系统，并探讨了考古与环境数据的采集、处理以及 GIS 运用等相关内容。通过进一步分析研究，深入分析了中原地区文明形成之初的人地关系特征，揭示了不同时期古代聚落的分布与自然环境的关系，探究了特定区域中的古代人类社会适应与改造自然环境的能力。在实际工作中研究人员充分应用了 GIS 考古古遗址的空间数据，还有其相应属性数

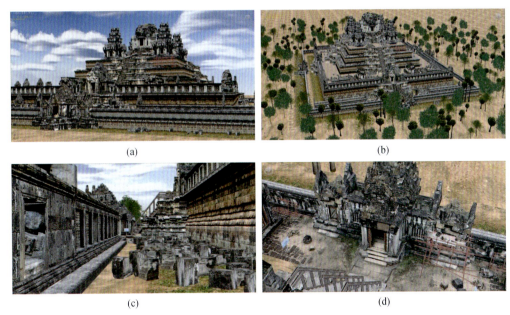

图5.3　吴哥遗产地虚拟重建与空间信息管理系统

据，其中，空间数据包括遥感影像、各种专题图和地形图等，属性数据是现有的考古钻探、发掘、分析和研究等相关资料组成的考古资料。处理后多源数据的集成为进一步分析奠定了基础。空间分析是为了提取空间信息，该研究根据所获得数据和信息分别对研究区域进行了叠置分析、缓冲区分析、坡度坡向分析、可视域分析和水文分析。研究得到了各自区域的人口、文化的发展过程以及生存环境情况，得出聚落延续时间和发展规模与局部地区集水盆地的大小有着直接关系；还从政治因素角度发现，文化发展和演变与气候、水土及政治直接关联。研究验证了GIS强大的数据存储、集成分析、图形制作能力以及空间分析功能，可以为考古研究提供各种精确的信息资料，具有较高应用价值，且是考古信息化的必由之路。同时，GIS空间分析方法很多，需要做适应性选择，将其潜力最大化，以便更好地服务于考古研究。

　　环境考古所涉及的资料带有明显的空间特征，因此研究需要定量化空间分析，并对古代人地关系做出具体解释与说明。考虑到环境考古需求以及GIS优势，吉林大学研究人员运用GIS空间分析方法，对半支箭河中游调查区内发现的先秦时期遗址，与地貌、土壤、地质、海拔以及水资源距离等不同环境因素之间的关系进行了环境考古学研究的初步尝试（滕铭予，2009）。通过地图数字化获得研究区域基础地图，并大致将半支箭河中游调查区分为三种地貌——低山、丘陵和沟谷，五种土壤类型——潮土、栗褐土、棕壤性土、粗骨土（钙质）和粗骨土（硅、铝质），三种地质类型——更新统冲积层和黄土层（含软泥、黄土等，适宜农业）、全新统洪冲积层（多含砂砾石和砂，不适宜农业），以及有露头的岩石资源（岩石种类以适合制作石器的火山岩、变质岩、闪长岩等为主）。根据1：250000全要素数字化地形图，生成了包含12个区的半支箭河中游调查区不同海拔分布图以及7个河流缓冲区，得到的各种信息及地理要素用于支撑后续环境考古研究。

此外，国外学者还利用 GIS 对景观特征进行分析和制图，进而分析潜在文化遗址区域。在 20 世纪下半叶，挪威经历了与整个欧洲趋势一致的景观改变，注重在优质土壤上的农业生产和耕作以及对边缘区域进行退耕还林，但是这些改变在很大程度上影响了文化遗址的价值并需及时评估。研究人员将挪威少量遗址和目前受损率结合起来，给出了考古遗址的位置和相应受土地利用变化影响的脆弱性指标。该项目考虑了多学科交叉，结合景观考古和生态学的知识，以达到辅助遗产资源管理工作的目的。

GIS 在考古学中的另一个重要应用就是古遗迹重建。GIS 精确的地理编码和强大的空间分析能力是其他考古技术所不具备的。考虑到遥感能够提供大范围古遗址区域影像数据，包含大量细节信息，且能够为确定遗址轮廓提供可用测绘信息，GIS 与遥感往往结合应用。研究人员对意大利南部具备考古景观的普利亚地区进行相关研究（Gallo et al.，2009），考古发掘证实该地区存在新石器至中世纪的遗址。研究对掩埋的史前时期特殊考古特征进行定位，利用高分辨率遥感图像和 GIS 分析技术，完整地重现了新石器时期文化分层构造。此外，GIS 还能用于自然古景观重建。学者以史前时期的 Cahuilla 大湖为目标，结合遥感卫星图像和 DEM，利用 GPS 和 GIS 工具来描绘其轮廓线，为后期该湖恢复项目方案对文化资源潜在影响评估提供了重要支撑（Buckles et al.，2002）。

此外，在实际考古工作过程中还会遇到数据不够精确等情况，而 GIS 能提供相应解决方案。例如，法国学者以罗马街道遗址为例，通过模糊集建模和模糊霍夫转换等方法，提供了一种针对法国兰斯罗马街道遗址的地理数据库处理工具，实现了考古目标位置、日期、形状等参数的精准化，并最终得到了兰斯专家提供的模糊时间段内的古街道形态（Runz et al.，2014）。

第六节　科学大数据

科学大数据主要通过两种不同的视角试图刻画大数据的特征，一种是相对特征，即在用户可接受的时间范围内，使用普通设备不能获取、管理和处理的数据集；另一种是绝对特征，通过对大数据特征的描述来定义大数据。Laney（2001）最早定义大数据具有 3V 特征：体量大（volume）、类型多（variety）、速度快（velocity），此后，大数据的其他 V 特征被提出，如价值高（value）、准确性（veracity）、可视化（visualization）等（Fromm and Bloehdorn，2014）。

2014 年 1 月，中国互联网信息中心发布了第 33 次《中国互联网络发展状况统计报告》，报告中称截至 2013 年 12 月中国网民数已达到 6.18 亿，全年新增网民数为 5358 万，并且手机网民已达 5 亿，全年新增 8009 万，呈快速增长趋势。截至 2017 年，国际数据公司（International Data Corporation，IDC）的数据显示，预计 2020 年全球大数据总存储量将达到 44ZB（1ZB 约等于 10000 亿 GB）。数据密集型科研也越来越成为当代科学研究的特征，大数据时代已经到来了，它是人类进入信息化时代的产物和必然结果。随着大数据不断产生以及相应概念的提出，人们越来越重视大数据在经济发展、信息安全、科研等方面的作用，热度不断增加。各国相关人员开始了相应的研究与探讨（Hey，2012），我国也很重视大数据的研究。2013 年 4 月在北京举行的第 35 届国际环境遥感大会专门召开了"大数据与数字地球和未来地球"分会，会议提出了大数据与空间和地球科学研究相结合的未来发展思路。2014 年 9 月，联合国"全球脉动"计划（UN Global Pulse）向全球正式发布"大数据应对气候挑战"（Big Data Climate Challenge）获奖项目名单，中国科学院的"对地观测大数据应对全球变化"团队获"Project to Watch"奖项，此为全球九个获奖团队之一，也是我国唯一获奖项目，以上足以看出国内外对大数据研究的重视。相比于大数据概念中数据来源的广泛性，科学大数据定义中的数据来源较为局限，就是仅限于在科学研究、科学实验的过程中产生的数量庞大、种类繁多的科学数据。

　　大数据研究是典型的多学科交叉综合研究，不是任何一个单一学科能够解决问题的。大数据研究大体上涉及数据获取、数据存储、查询与管理、数据分析与理解、数据应用等方面。大数据的获取主要涉及物理、材料、电子等学科，数据存储、查询与管理主要涉及计算机学科和诸多的互联网技术（internet technology，IT）企业，数据分析与理解主要是数学、统计学、信息科学的问题。而数据应用则涉及各行各业，如空间和地球科学与大数据相结合的研究（郭华东等，2014）。但目前科学大数据实践还是相对较少，这是由于依然存在着亟待解决的问题，如大数据高维问题、重采样问题、分布式计算问题、信息融合问题和可视分析问题等。大数据时代的到来已经不可逆转，我们只有对其进行深入的研究和探讨才能更好地利用它。

一、空间大数据

（一）空间大数据内涵与特征

　　空间数据，是描述地球表层一定范围（地理圈、地理空间）内地理事物（空间实体）数量、质量、分布特征、相互关系和变化规律的数据。当前，人们所获得的大数据中，空间数据约占 80%，是大数据主要组成部分（Fromm and Bloehdorn，2014）。空间大数据是一种结构复杂、多层嵌套的具有空间和时态特性的高维数据，能有效记录事物的空间位置和时空变化过程。空间大数据涵盖大数据的 4V 特征：体量（volume）大、类型（variety）多、价值（veracity）高、速度（velocity）快。空间大数据不仅包含大数据的特点，同时又具有空间数据固有的特点：①空间性，空间数据表达了地理实体在空间上的位置和空间拓扑关系，是区别于普通大数据的本质性特点；②多尺度性，地理过程在不同的时空尺度上表现出不同的规律与特征，需要在多个不同的时空尺度进行研究，要求进行多时空尺度的观测，同时，受不同的遥感应用及遥感技术水平的约束，所获得的数据在空间上与时间上呈现出多尺度的特征，如空间尺度由几千米到零点几米范围内变化。在不同的观察层次上所遵循的规律和体现的特征不尽相同。

　　空间大数据与传统的空间数据相比，具有"五高"和"三非"的特征。

1. 高时间密集型（流质特征）

　　传统的空间数据，大多为静态地图及定期或者不定期的统计调查数据，强调对地表要素的静态描述，地理实体的动态变化并不频繁，数据更新大多为静态的定期更新，而空间大数据时间粒度不断细化，具有典型的时空流质特征，短时间内有大量数据获取，数据随着时间会持续增加，具有涌现性、无限性。

2. 高空间密集型

传统的空间数据，空间尺度（包括空间范围与空间粒度）相对较粗，空间范围大多为区域性，空间分辨率大多为千米级或百米级，而空间大数据，空间尺度不断细化，在覆盖范围上，一方面从区域不断扩展到全国及全球尺度，另一方面，从室外扩展到室内，与此同时，其空间粒度也不断细化，空间分辨率达到亚米级。

3. 超高维度

传统的空间数据，大多为二维或三维的数据，数据维度有限，而空间大数据，在空间维、时间维和光谱维度等构成多维数据，尤其是高光谱遥感技术的兴起，传感器波段数急剧增多，从可见光到近红外光谱区间波段数可达几十个甚至几百个，使得数据维数剧增，呈现超高维度特征。

4. 高度复杂性

传统的空间数据，由于其采集方式较为单一，所获得数据结构多为封闭式，数据大多为按规范加工的"死"数据，而空间大数据的数据采集手段更为丰富和自由，不仅包括多种类型传感器获取的对地观测数据，而且包括个体出行记录、网络行为、消费基础等多种泛在地理信息采集手段，数据类型丰富多样，数据结构大多为开放式的，异构特征明显。此外，由于空间大数据的高时空粒度和高维度特征，空间大数据在空间维、时间维及其他维度间都存在复杂的关联和依赖关系，进一步增加了其复杂度。

5. 高污染性

传统的空间数据，大多为有限的、精确测量的权威数据，其数据准确性高且可控，而空间大数据，不仅包括专业获取的数据，更包括了社会化、非专业手段自主获取的数据。因此，空间大数据垃圾多，污染重，价值密度低，尤其是互联网采集的空间数据，具有典型的自发性、无序性和非规范性等特点，必然会出现重复和冗余、数据完整性不足（包括缺乏元数据）等问题。

6. 非平稳性

空间大数据具有广泛的获取方式和物理意义，因此从信息理论来说是典型的非平稳信号，即分布参数或者分布律随时间发生变化。传统的空间分析和数据挖掘大多以空间数据的平稳性假设为基础，非平稳性给已经十分复杂的面向空间大数据的空间分析和数据挖掘带来更大的挑战。

7. 非专业性

传统的空间数据采集大多为专业任务，数据具有很强的专业性，数据的更新和维护也是专业人员进行操作，而空间大数据的数据提供走向大众化，数据的更新和维护也是大众进行，空间大数据非专业性的特征不断凸显。

8. 非结构化

传统的空间数据大都是有结构的，能够存储到关系数据库中，但泛化地理信息时代，网络文本、位置、信号等类型混杂的半结构化、非结构化成为大数据的主流形式，包括文本、文档、图形、视频等。与结构化数据相比，非结构化数据相对组织凌乱，包含更多的无用信息，其空间信息具有隐含性，需要从网络文本消息描述中获取地理对象或事件的空间位置、范围、语义和时空演化特征，给数据分析与挖掘工作带来了更大的挑战。

（二）空间大数据类型与表达

按数据内容，空间大数据可分为：①基础地理数据，包括行政区划、政区、居民点、铁路、公路、水系等；②自然地理要素数据，包括地形、地质地貌、水文、气象、土地利用/覆被、植被等；③自然资源数据，包括水资源、土地资源、草地资源、森林资源、生物资源等；④遥感影像数据，包括多种分辨率、多平台、多种传感器的卫星遥感和航空机载遥感影像；⑤社会经济数据，包括人口、经济水平、消费水平等。按数据来源划分，空间数据可分为传统量测手段获取的地理数据、天地感知的空间密集型大数据、物物相连的时间密集型数据。按数据类型划分，可分为空间位置数据、属性数据、图形图像、网络数据、文本数据、多媒体数据等。

空间大数据的表达可采用矢量数据模型和栅格数据模型。①矢量数据模型，是面向地物的结构，采用欧几里得几何学中的点、线、面及其组合体来表达地理实体空间分布，对于每一个具体的地理实体都赋予位置和属性信息及目标间的拓扑关系，这种数据组织方式能最大限度地逼近地理实体的空间分布特征，数据精度高，存储的冗余度低，能有效进行网络分析，但对于多层数据的叠加分析比较困难。②栅格数据模型，是面向位置的结构，指将空间分割为有规则的网格，在各个网格上都给出相应的属性值来表达地理实体，平面空间上的任何一点都直接联系到某一个或某一类地物。这种数据组织方式，数据结构简单，所表达的地理要素直观，容易实现多源数据的操作，与遥感影像数据及扫描输入数据相匹配，缺点是数据的精度取决于网格的边长，当网格边长增加时，网格单元的数量呈几何级数增长，是空间大数据海量特征的重要来源。

二、考古中的空间大数据

随着对地观测技术、互联网、移动终端技术等代表的信息技术的蓬勃发展，人类社会所产生的数据量正以前所未有的速度不断增长与积累。数据规模的进一步增加、数据类型繁杂化，已然超越原有的数据管理和处理能力。大数据领域的研究计划目前已纷纷上升到国家战略层面。2012 年 6 月，Michael Goodchild 与郭华东等在《美国国家科学院院刊》发表了《新一代数字地球》论文，指出人类已进入大数据时代（Goodchild et al.，2012）。描述地球表层地理事物时空分布、相互关系和变化规律的空间数据，在当前人们所获得的大数据中约占 80%（Fromm and Bloehdorn，2014），进而在大数据研究中地位举足轻重。

受限于数据源和技术手段，传统人类考古、历史考古、田野考古等方法已不能满足当前遗址探测、监测、诊断、保护与管理等多学科交叉综合分析需要，主要体现在：①21世纪新形势下，考古研究早已突破简单的人类历史考古，亟需新技术的融入并推动学科向纵深方向发展；②以田野调查为代表的传统考古方法需耗费大量人力物力，易产生"盲区"与"漏区"，缺乏对遗产的监测诊断与科学保护。科技考古适逢科学大数据发展浪潮，有望借助空间大数据应用方法论的突破，通过对空间大数据分布式存储、云计算空间分析与处理、数据驱动型空间大数据挖掘与知识发现、超高维海量数据快速可视化等关键技术的攻关，以及考古学与空间技术的有效集成与融合，发展面向考古应用的空间考古学。

（一）空间考古学发展对空间大数据的依赖

空间考古学具有鲜明的多学科、交叉学科和跨学科特征，概括而言是考古学与空间技术相互作用、交叉渗透的产物。空间技术集遥感、地理信息系统、全球导航定位系统、地球物理、网络信息于一体，为了解决考古学勘探、分析、监测、保护等现实需求问题，亟须获取描述地球表层及次地表观测实体空间分布特征、相互作用关系和变化规律等空间大数据；满足空间考古学对多源、多部门和多领域数据的需求。以考古研究为目标的空间大数据记录了从微观到宏观不同时空尺度的古代人类和地球相互作用与影响的演化过程，所涉及的时间尺度跨越百年、千年甚至上万年，所涉及的空间尺度也从几平方米的遗产目标尺度到几平方千米的人类文明流域与区域尺度。不同的时空尺度起决定作用的要素及过程各不相同，各种不同尺度过程之间存在的相互作用、相互关联、耦合和反馈作用就更为复杂。为了理清考古学所面对的人类历史、环境变迁、文化传承等研究问题，需要海量的、多时空尺度的数字化空间大数据及其他学科信息。同时，基于多源、海量空间数据对古人类生活场景、历史演变与文明进程的模拟、建模与预测，便于揭示空间考古学中人类与赋存环境相互作用的关系，以及古水系/古道路/古遗址等空间考古元素空间差异性与变化过程，回答空间考古面临的科学核心问题，推进空间考古学体系建设和学科发展。

（二）空间考古实践需要空间大数据支撑

遥感技术因覆盖范围广、光谱范围大、时空分辨率高、无损探测等优势，已日益成熟并在考古中发挥主要作用。当前科技日新月异，受限于单一数据源与技术手段的方法已然不能满足遗址探测、环境考古和人地关系等多学科交叉与综合分析的需要，亟需新血液的融入并推动学科纵深发展；而空间技术的腾飞则为新时代科技考古提供了良好舞台。我国空间考古研究可追溯到 20 世纪 60 年代并保持国际前沿，第 216、第 487 次香山科学会议推进了我国空间考古领域系统性发展，对空间考古学科体系建设起到了里程碑的作用。然而，因缺乏统一、独立的空间考古方法理论体系，目前世界上空间考古学发展仍处于起步阶段。

毋庸置疑，当前考古研究已经进入空间考古时代。得益于空间对地观测技术，人类目前能够获取海量大气、海洋和陆地的高精度、高时空分辨率观测数据，可重复观测频率从月到分钟，空间分辨率从千米到厘米，电磁波谱从可见光到微波，模式从被动到主动，观测角度从单一角度到多角度；相位上采用偏振技术，微波遥感从单极化到全极化，天线系统从真实孔径到合成孔径（郭华东等，2013）。空间对地观测技术的发展及丰富全球数据的积累，结合古地理、人类历史、社会经济、古气候、古环境等考古专题数据，为当前开展空间考古研究奠定了坚实基础，但同时面临多源、海量、异构考古空间大数据的存储、管理、挖掘、建模、预测和知识发现等挑战。简而言之，新情势下，空间考古实践与系统研究将面对超高维度、多变量、多尺度、超长序列、高耦合度和时空相关的科学大数据，任何试图通过简单堆砌、耦合考古探索发现与科学保护等机理模型来科学认知古人地关系的做法已变得不可行。因此，亟需引入空间大数据处理的理论和方法，研究高维度考古空间大数据的约简算法，借助人工智能和机器学习方法，在古文献史实记载和实地野外勘查基础上，进行空间考古数据的分析和挖掘，诠释考古目标时空分布规律、历史演化过程，以及古人地相互作用与反馈机制，以期回答空间考古面对的古地理学问题。

参 考 文 献

陈运泰，滕吉文，张中杰. 2001. 地球物理学的回顾与展望. 地球科学进展，16（5）：634-642.

段清波. 2005. 秦始皇帝陵的物探考古调查——"863"计划秦始皇陵物探考古进展情况的报告. 西北大学学报（哲学社会科学版），（1）：80-86.

冯素园. 2016. 北斗区域卫星导航系统基本导航定位性能初步评估. 中国新通信，（12）：104.

高振华. 2008. 手持GPS在考古调查中的应用. 中国文物报，2008-02-15（8）.

郭华东，陈方，邱玉宝. 2013. 全球空间对地观测五十年及中国的发展. 中国科学院院刊，28（Z1）：7-16.

郭华东，王力哲，陈方，等. 2014. 科学大数据与数字地球. 科学通报，59（12）：1047-1054.

李德仁. 2008. 虚拟现实技术在文化遗产保护中的应用. 云南师范大学学报（哲学社会科学版），40（4）：1-7.

李敏，韩丰. 2010. 虚拟现实技术综述. 软件导刊，（6）：142-144.

刘基余. 2013. 北斗卫星导航系统的现况与发展. 遥测遥控，（3）：1-8.

刘建国. 2007. GIS支持的聚落考古研究. 北京：中国地质大学（北京）.

任丽，孟小红，刘国峰. 2013. 重力勘探及其应用. 科技创新导报，8：240-243.

苏永军，王绪本，罗建群. 2007. 高密度电阻率法在三星堆壕沟考古勘探中应用研究. 地球物理学进展，22（1）：268-272.

滕铭予. 2009. GIS在半支箭河中游环境考古中的应用. 考古与文物，（1）：91-99.

王传雷，陈树祥，李兆锋，等. 2013. 铜录山古冶炼遗址的磁法探测试验. 工程地球物理学报，10（3）：320-326.

王乾. 2008. 全球定位系统在考古城址调查中的应用. 内蒙古师范大学学报（哲学社会科学版），（S2）：55-56.

王毅. 2011. 物联网在金沙国家考古遗址公园运用的思考. 文物保护与考古科学，23（3）：89-95.

杨元喜. 2010. 北斗卫星导航系统的进展，贡献与挑战. 测绘学报，39（1）：1-6.

Agbota H，Mitchell J，Odlyha M，et al. 2014. Remote assessment of cultural heritage environments with wireless sensor array networks. Sensors，14（5）：8779-8793.

Anastasi G，Re G L，Ortolani M. 2009. WSNs for structural health monitoring of historical buildings. Catania：2009 2nd Conference on Human System Interactions.

Balsamo D，Paci G，Benini L，et al. 2013. Long term，low cost，passive environmental monitoring of heritage buildings for energy efficiency retrofitting. Trento：2013 IEEE Workshop on Environmental Energy and Structural Monitoring Systems.

Buckles J E，Kashiwase K，Krantz T. 2002. Reconstruction of prehistoric Lake Cahuilla in the Salton Sea Basin using GIS and GPS. Hydrobiologia，473（1-3）：55-57.

Capra A，Gandolfi S，Laurencich L，et al. 2002. Multidisciplinary approach for archeological survey：exploring GPS method in landscape archeology studies. Journal of Cultural Heritage，3（2）：93-99.

Carrozzino M, Evangelista C, Brondi R, et al. 2014. Virtual reconstruction of paintings as a tool for research and learning. Journal of Cultural Heritage, 15 (3): 308-312.

Chapman H P, Van de Noort R. 2001. High-resolution wetland prospection, using GPS and GIS: landscape studies at Sutton Common (South Yorkshire), and Meare Village East (Somerset). Journal of Archaeological Science, 28 (4): 365-375.

Ch'ng E. 2009. Experiential archaeology: is virtual time travel possible? Journal of Cultural Heritage, 10 (4): 458-470.

Ercoli M, Pauselli C, Forte E, et al. 2012. A multidisciplinary geological and geophysical approach to define structural and hydrogeological implications of the Molinaccio spring (Spello, Italy). Journal of Applied Geophysics, 77: 72-82.

Francese R G, Finzi E, Morelli G. 2009. 3-D high-resolution multi-channel radar investigation of a Roman village in Northern Italy. Journal of Applied Geophysics, 67 (1): 44-51.

Fromm H, Bloehdorn S. 2014. Big Data—Technologies and Potential//Enterprise-Integration. Heidelberg: Springer.

Gallo D, Ciminale M, Becker H, et al. 2009. Remote sensing techniques for reconstructing a vast Neolithic settlement in Southern Italy. Journal of Archaeological Science, 36 (1): 43-50.

Goodchild M F, Guo H, Annoni A, et al. 2012. Next-generation digital earth. Proceedings of the National Academy of Sciences, 109 (28): 11088-11094.

Hey T. 2012. The fourth aradigm: data-intensive scientific discovery//Kurbanoğlu S, Al U, Lepon Erdoğan P, et al. E-Science and Information Management. Berlin: Springer.

Laney D. 2001. 3D data management: Controlling data volume, velocity and variety. META group research note, 6 (70): 1.

Lopez-Loera H, Urrutia-Fucugauchi J, Comparan-Elizondo J L, et al. 2000. Magnetic study of archaeological structures in La Campana, Colima, western Mesoamerica. Journal of applied geophysics, 43 (1): 101-116.

Luo L, Wang X, Liu C, et al. 2014. Integrated RS, GIS and GPS approaches to archaeological prospecting in the Hexi Corridor, NW China: a case study of the royal road to ancient Dunhuang. Journal of Archaeological Science, 50: 178-190.

Ratto N, Bonomo N, Cedrina L, et al. 2009. GPR prospecting in a prehispanic village, NW Argentina. Journal of Applied Geophysics, 67 (1): 80-87.

Runz C D, Desjardin E, Piantoni F, et al. 2014. Reconstruct street network from imprecise excavation data using fuzzy Hough transforms. Geoinformatica, (18): 253-268.

Siotto E, Dellepiane M, Callieri M, et al. 2015. A multidisciplinary approach for the study and the virtual reconstruction of the ancient polychromy of Roman sarcophagi. Journal of Cultural Heritage, 16 (3): 307-314.

Vickers R S, Dolphin L T. 1975. A communication on an archaeological radar experiment at Chaco Canyon, New Mexico. Museum Applied Science Center for Archaeology Newsletter, 11 (1): 3.

Winterbottom S J, Long D. 2006. From abstract digital models to rich virtual environments: landscape contexts in Kilmartin Glen, Scotland. Journal of Archaeological Science, 33 (10): 1356-1367.

Zhao W K, Tian G, Wang B B, et al. 2012. Application of 3D GPR attribute technology in archaeological investigations. Applied geophysics, 9 (3): 261-269.

Zhang W, Qi J, Wan P, et al. 2016. An easy-to-use airborne LiDAR data filtering method based on cloth simulation. Remote Sensing, 8 (6): 501.

Zheng W, Li X, Lam N, et al. 2013. Applications of integrated geophysical method in archaeological surveys of the ancient Shu ruins. Journal of Archaeological Science, 40 (1): 166-175.

第六章　世界文化遗产信息空间认知

　　世界文化遗产是人们认识不同国家、不同民族的历史和文化非常珍贵的教科书，保护文化遗产就是保护全人类的共同财富。特别是在全球化趋势日益加强的今天，关注和保护人类文化的多样性、保持人类社会文化生态的平衡和发展已成为全人类的话题。为了应对城市化快速发展、频繁发生的自然灾害以及部分地区武装冲突造成的文化遗产损毁甚至彻底消失等难题，世界各国的遗产保护专家都将空间信息技术用于遗产的保护和考古中，并取得了令人瞩目的成就。本章介绍了亚洲、欧洲、非洲和美洲部分国家在利用空间信息技术开展文化遗产认知方面的典型研究成果。

第一节　亚　洲　地　区

　　亚太地区包括东亚、东南亚等太平洋西岸的亚洲地区。该地区历史文化悠久，人类文明的五大发源地中的黄河文明和印度河流域文明都位于此。历史上，这些地区的经济和文化水平都曾在世界上处于领先地位，拥有大量的文化遗产。在 34 个国家中分布着 258 项世界遗产，包括文化遗产 181 项，自然遗产 65 项和自然与文化混合遗产 12 项（截至 2018年），除中国的 53 项外，印度（37 项）、日本（22 项）等都占较大份额，著名的有印度的泰姬陵、柬埔寨的吴哥窟和日本的富士山等。

　　亚洲大部分地区人口密度大、政治局势稳定、经济发展水平不均衡，世界文化遗产受到的威胁主要来自旅游业的无序发展和自然侵蚀。例如，日本富士山游客过多和附近居民的垃圾倾倒，导致其直到 2013 年才入选世界遗产名录；柬埔寨吴哥窟，由于当地的热带气候以及自然风化和人为破坏等原因，坍塌、表面风化和腐蚀严重，加之每年数百万人次的游客涌入，也对其本体和周围环境造成很大威胁。本节以柬埔寨的吴哥窟和土耳其的希拉波利斯古城保护为例，介绍空间信息技术的应用情况。

一、空间信息技术在吴哥窟保护中的应用

（一）吴哥窟简介

　　吴哥窟位于柬埔寨西北部的暹粒省境内，是公元 9~15 世纪高棉帝国（Khmer Empire）的都城（图 6.1），是世界上最大的宗教建筑群。吴哥出自梵语"nagara"，意为"城市或首都"。遗址核心区中心点坐标为 13°26′N，103°50′E，面积约 400km²，主要包括吴哥城、吴哥窟等 600 多处印度教和佛教建筑风格的古遗址，其中现存的古建筑遗址有 40 余处。这些古建筑的基本形式是"塔殿"和"庙山"，均为石质建构，并有精美的浮雕。"塔殿"是吴哥古建筑的主体，有单塔、双塔、三塔、四塔、五塔、六塔等不同组合；"庙山"是

高台建筑与塔殿结合的一种建筑形式，外观呈截顶金字塔形，主体筑在一个石砌台基上，通常由一至五座的尖塔组成；台基分为三、五、七层，两面或四面筑有台阶。现存古迹主要包括吴哥王城（大吴哥）和吴哥窟（小吴哥）。

图 6.1　吴哥遗址

　　吴哥窟以其古老、宏大、神圣和历史文化内涵深邃而著称于世，是高棉人的精神中心和宗教中心，也是世界各国游人向往的旅游胜地。它与中国的万里长城、埃及的金字塔、印度尼西亚的婆罗浮屠并列为古代东方四大奇迹。1992 年，吴哥窟被联合国教科文组织世界遗产委员会列入《世界遗产名录》。但是由于人类活动以及自然因素的影响，如过度旅游开发与失控的城市发展导致违章建筑不断增多，北部森林火灾与砍伐导致生态环境日益破坏，水土流失潜在威胁着遗址安全，雨季集中导致洪水泛滥，直接影响遗址地基的稳定性，基于砂岩地貌的吴哥建筑面临旱季地下水源告急和雨季洪水冲击的双重威胁，加上缺乏有效、科学的保护和管理，目前很多建筑遗址倒塌、风化剥落现象严重，其完整性、原真性和蕴含的丰富历史与文化价值遭受极大破坏，因此 1992 年吴哥窟也同时被列入《世界濒危遗产名录》。

　　吴哥遗址的保护得到了联合国教科文组织、柬埔寨政府以及国际社会的广泛关注。1991 年联合国教科文组织向国际社会呼吁"拯救吴哥"；1993 年吴哥古迹保护与发展国际协调委员会（International Cooradinating Committee for the Safeguarding and Development of the Historic Site of Angkor, ICC-Angkor）成立；1995 年吴哥及暹粒地区保护与管理局（Authority for the Protection and Management of Angkor and the Region of Siem Reap, APSARA）成立。在 ICC 的统一协调和 APSARA 支持下，包括中国在内的世界 20 多个国家投入了大量资金和人力物力，开展吴哥遗址的保护工作并取得了一定的成绩，吴哥窟已于 2004 年"脱离"《世界濒危遗产名录》。

（二）空间信息技术在吴哥遗产保护中的应用

截至目前，世界上有20多个国家都投入了大量的人力、物力和财力用于吴哥遗产的保护研究，在这些工作中，空间信息技术（航空、卫星遥感等）成为其中不可或缺的技术手段。

1. 光学和雷达遥感影像的应用

1992年，美国阿肯色大学空间技术中心的Limp教授首次应用光学卫星遥感影像对吴哥窟开展考古研究，通过人工解译Landsat影像来寻找吴哥窟周边的遗迹。Traviglia等利用SPOT数据对高棉森林进行多尺度调查研究，发现库伦山周边森林正在减少，珍贵的龙脑香科树木被偷伐贩卖，一般的树木被砍伐用作木炭（Traviglia，2008）。日本庆应义塾大学GIS实验室利用Landsat及SPOT合成影像对吴哥地区进行区域地貌研究。澳大利亚悉尼大学的Evans等运用QuickBird和ASTER数据对吴哥盆地的原始水系进行了分析和判别，找出人类活动的迹象，绘制了吴哥的古水系网络。1994年NASA/JPL获取了吴哥地区的第一幅雷达影像（图6.2），提取了吴哥遗址比较清晰的线性遗迹。

图6.2　吴哥雷达影像

2003 年悉尼大学联合多国发起名为"大吴哥项目"（great angkor project）行动，利用航空摄影测量、地表调查与 GPS 制图、水文模拟、航空及合成孔径雷达（SAR）影像制图等方法对吴哥环境变化、人口数量及密度、土地利用方式和生存模式等进行系统性调查，构建遗产与环境的时间演变关系模型。Evans 等（2013）运用雷达数据及地面调查相结合的方法绘制出古代大吴哥 3000km² 的城市地图及超过 1000km² 的水系管理网络，Matthew 等（2000）运用机载合成孔径雷达数据模拟了吴哥研究区的自然和人文要素的水文模型。

下面以 Gaughan 等（2009）、Evans 等（2013）和廖凯涛等（2015）利用光学遥感数据开展吴哥遗产本体及周边环境的动态分析为例，介绍光学遥感在吴哥遗址空间认知中的应用情况。

1）研究区范围

吴哥盆地面积约 2986km²，有三条河流流经于此，从东到西分别为咯伦斯河、暹粒河和斯伦河。盆地高程分布从洞里萨湖（东南亚地区最大的淡水湖，1997 年被联合国教科文组织认定为生物保护圈）的 6m 到库伦山（国家森林公园，面积 375km²）的 469m。景观主要有水淹林、山地林、水稻田、城市用地、种植区和保护区。流域内森林有针叶林以及阔叶林。洞里萨湖水面积在旱季仅为 2500km²，但在雨季（每年 5 ~ 11 月），上升的湄公河的水流向洞里萨湖，大大提高洞里萨湖的水位，造成湖周边大部分地区被淹，几乎每年都会发生重大洪灾，此时湖面积超过 15000km²，是旱季的 6 倍（Fujita and Fox，2005）。

2）数据预处理

该数据包括基础地理数据和卫星数据，其中基础数据来自暹粒省粮食和农业管理局 2002 年的道路数据、暹粒省气象站 1981 ~ 2004 年的降雨数据，以及日本国际协力机构（Japan International Cooperation Agency，JICA）的 1∶100000 的地形图、50m 分辨率的数字高程模型（和 30m 分辨率的 Landsat TM 数据校正）。卫星数据主要是 30m 的 Landsat TM（轨道号：127/51）数据和 Landsat-7 ETM+数据，获取时间分别为 1989 年 2 月 7 日、1995 年 1 月 31 日、2005 年 2 月 27 日，2002 年的 Landsat-7 ETM 作为参考影像不参与分析，不同时间的影像配准误差控制在 0.5 个像元以内。

3）影像分类

选取了 203 个训练样本，其中一半用于分类，另一半用于分类后的精度评价。采用监督分类的方法，将土地利用类型分为五类，最后合并为三类：林地、非林地和水体。林地的定义为林地面积郁闭度大于 30% 的区域；非林地则为农业用地及城市用地。根据 2005 年获取的野外数据对 2005 年 TM 影像分类结果进行精度验证，卡帕（Kappa）系数为 83%。DEM 数据用于区分水淹林和山地林，DEM 数据大于 9m 的则为山地林，小于 9m 的则为水淹林。

4）研究结果

非林地是吴哥盆地主要的土地覆盖和利用类型，在 1989 年、1995 年和 2005 年的面积比例分别为 56%、53% 和 65%。林地是位居第二位的土地覆盖类型，而且在山地的面积要多于水淹地。1989 ~ 1995 年林地的面积呈增加趋势（由 40% 增加到 42%），1995 ~ 2005 年林地面积减少到 32%。水体面积为 5% 左右，主要是西池和洞里萨湖的水体。

表 6.1 的统计结果表明（其中 F 表示林地 Forest，NF 表示非林地 Non-Forest；F—N—

F 表示该区域 1989 年为林地，1995 年变为非林地，2005 年又恢复为林地，依次类推），约 50% 的土地覆盖类型未发生变化。稳定的林地主要覆盖在海拔较高的丘陵和盆地区域，特别是库伦山国家森林公园，被砍伐的面积为 23.4%，新增加面积仅为 4.9%。从表 6.2 可以看出，1989~1995 年植树造林（7.10%）要比砍伐（5.30%）的林地略多，但与其后十年有 19.70% 的林地转化为非林地的面积比显得非常少，且后十年变化的林地主要位于库伦山南部以及吴哥遗址北部；相比于一些林地被砍伐，位于吴哥盆地边缘即库伦山北部山麓的稀疏林地被砍伐后重新规划为经济林。

表 6.1　高程>9m 吴哥盆地 1989~1995 年、1995~2005 年、1989~2005 年林地、非林地面积变化

（单位：%）

时段	1989~1995 年	1995~2005 年	1989~2005 年
F—F=稳定林地	34.80	22.50	21.60
F—NF=林地退化	5.30	19.70	18.50
NF—F=林地恢复	7.10	2.80	3.60
NF—NF=稳定的非林地	51.50	54.20	55.10

表 6.2　高程>9m 吴哥盆地 1989 年、1995 年、2005 年林地、非林地覆盖变化

序号	类别			描述	面积/hm²	变化率/%
	1989 年	1995 年	2005 年	土地覆盖变化类型		
1	林地	林地	林地	基本不变	45290.35	20.4
2	林地	非林地	非林地	被砍伐后非林地	8807.67	4.0
3	林地	林地	非林地	新砍伐林地	2936.97	1.3
4	林地	非林地	轮休耕地	砍伐后又恢复林地	32415.00	14.6
5	非林地	非林地	非林地	农业用地	111817.00	50.3
6	非林地	林地	林地	非林地变林地	11122.29	5.0
7	非林地	非林地	林地	恢复为林地	4799.25	2.2
8	非林地	林地	非林地	恢复后又被砍伐	3157.74	1.4

5）讨论

运用卫星遥感影像对吴哥盆地的土地覆盖变化分析发现：在过去的 20 年里大量的森林被砍伐，特别是在 1995~2005 年，砍伐的森林主要位于库伦山国家森林公园以及吴哥窟周边。这些林地减少的原因可能是树木被人为砍伐（包括合法以及非法），柬埔寨是一个农业国家，树木被砍伐后林地成为农业用地，木材燃烧后作为木炭为日常生活、工业、商业提供能源。

导致土地覆盖变化剧烈的另一个原因是旅游业的迅速发展，1993 年在吴哥旅游的游客人数为 3.4 万，到 2007 年已经达到 112 万，而据柬埔寨政府规划，到 2020 年要吸引外国游客 700 万人次。游客的增加对能源、住宿、食物带来了巨大的压力，迫使更多的林地被砍伐开发成农业用地或者建筑用地。

吴哥盆地林地的减少大多发生在 1992 年吴哥窟被联合国教科文组织列为世界文化遗

产之后，为了修复和保护遗迹，一些林地不得不被砍伐。部分林地的增加主要集中在库伦山的边界，与库伦山国家森林公园采取的保护措施有关。

大量的林地砍伐会对当地的水系带来负面影响，特别是在暹粒省，吴哥盆地位于季风区，每到夏季雨季来临，大量的雨水会引发洪水，林地的减少更会带来泥石流等地质灾害的发生，因此林地的保护是保护吴哥盆地的重要内容。

柬埔寨的旅游业经历了爆炸性增长。从 1993 年以来，国家政治稳定和新的国际投资，增加了其对水、木材、生物质燃料等的需求，导致土地利用和覆盖发生显著变化。光学卫星影像（1989～2005 年）可以客观反映整个吴哥环境覆盖变化的速率和程度，如农业中的水稻占了 50%，大面积的森林被砍伐（23.4%），再生林地比较少（4.9%）；大多数森林损失发生在吴哥窟寺庙周边和库伦山国家森林公园，一定程度上是由于木炭生产为旅游业服务，并转换为永久农业用地，小面积的森林增加集中在东部边界。吴哥盆地的土地覆盖变化受旅游和气候的影像较大，同时受区域（国家政策、大型河流管理）和地方（建设、农业、能源和水源来支持旅游业）因素驱动，是一种独特而复杂的土地利用和覆盖变化模式。

2. 激光雷达遥感应用

2012 年澳大利亚悉尼大学联合法国远东学院等 8 个国家机构，在 APSARA 协助下，发起了联合开展机载激光雷达技术探测吴哥遗址的项目（Evans et al., 2013）。利用 AS350 B2 直升机，搭载 Leica ALS60 激光雷达系统以及 Leica RCD105 相机，试验于 2012 年 4 月 11～22 日进行，飞行高度为 800m，飞行速度为 80km/h，共飞行了 20h，获取了吴哥遗产及周边 3700km^2 的面积，激光点云密度为 4～5pts/m^2，光学影像的分辨率为 8cm。

通过对机载 LiDAR 数据滤波/分类，构建林下高分辨率的 DEM/DTM，并对高分辨率影像进行正射校正，结合吴哥历史背景数据，考古学家研究发现，机载 LiDAR 试验结果改变了人们对吴哥古城的观念，吴哥古城的面积比原来预想的要大很多，在原来被认为是低密度城市遗址的地方发现了更大的城市遗迹，遗址的结构环境也较为复杂，在吴哥城的东、西和北部都存在着联系，古吴哥古城区的面积应该是 35km^2 而不是现在的 9km^2。大吴哥城是一个多环的城市景观、密集的城市核心、向外辐射的城市环，是一个高度城镇化的中心。

另外，研究的结果也为吴哥衰亡论提供了新的佐证——虽然高棉帝国建造了壮观的建筑和大规模的设施，但其发展速度过快，导致国家财力入不敷出。从激光雷达数据上发现有些地区完全没有植被，可能是过度砍伐和水资源过度利用对环境造成不利影响，最终导致文明的消亡。现有研究也表明，公元 14～16 世纪的吴哥受不稳定气候的影响大，出现过间歇性的大型季风和特大旱灾，使人们对吴哥衰亡的环境因素有了新的认识。

二、空间信息技术在希拉波利斯古城的应用

（一）希拉波利斯古城简介

希拉波利斯古城位于土耳其西南部，约建于公元前 3 世纪，是弗里吉亚人建造的一座

神殿，即后来的希拉波利斯古城的城市中心，图6.3为著名的图密善之门。经过罗马时期和拜占庭时期的发展，希拉波利斯古城持续繁荣。直到7世纪，该古城被波斯军队和随之而来的大地震摧毁。13世纪时，古城遗址在一场大地震后倒塌，随后逐渐被石灰岩覆盖。现存的最著名的遗址是一条长1500m的主道路，两边有拱廊，两端各有一个巨大的纪念门。城市中还有剧院、图书馆、阿波罗神庙等公共建筑（图6.4）。1988年希拉波利斯古城和附近的棉花堡被UNESCO世界遗产委员会列入《世界遗产名录》。

图6.3　图密善之门

（二）近年来的考古活动

2003年意大利国家研究理事会考古与古建筑研究所对这座城市进行了考古调查，融合了多种非破坏性技术手段，包括系统的考古和地质调查、地球物理勘探（地磁探测和探地雷达）以及航空照片和多时相高分辨率卫星（QuickBird-2，IKONOS-2）影像的处理、分析和解译。通过研究，重新绘制了该区域的古地形，重建了古城遗址的布局，主路边的石柱又被竖立起来，对拜占庭时期的一些建筑也进行了发掘，并建成了希拉波利斯古城考古博物馆。

1. 多时相卫星数据

在希拉波利斯古城调查项目中，研究人员使用卫星影像来识别古遗址的空间特征，探测古代环境要素，从而重建古地貌。对于已挖掘的遗址，其卫星影像则被用来归档或作为背景资料存档。

卫星数据包括2002~2009年间的QuickBird-2和IKONOS-2图像。通过对不同通道和波段组合、数据融合，利用光谱指数和缨帽变换等方法，以突出不同的考古异常和遗迹，进而识别可能对重建古地貌有帮助的要素。另外为了获得真彩色或假彩色的全色锐化图

图 6.4　希拉波利斯古城考古遗址（部分）

像，研究人员测试了包括色彩标准化（brovey）锐化和主成分分析（PCA）锐化等在内的各种算法。经分析比较，Gram-Schmidt 光谱锐化能同时兼具高光谱质量和高空间分辨率。

　　考虑到希拉波利斯古城的地质特性和获取的各个波段的不同信息，全色图像能更好地用来探测湿地，红色和近红外波段的图像可以更好地探测植被和土壤（Lasaponara and Masini，2007）。

　　在 QuickBird 卫星影像中，考古遗迹造成的小的起伏特征并不明显。尽管图像采集来自上午，当时太阳高度低，有利于突出地面起伏，但仍然难以从图中鉴别微小的高度变化。另外，基于卫星数据，得到了低分辨率的地面数字高程模型，特别是基于 SRTM-DEM 和 ASTER-DEM 数据。对全色和全色锐化的图像进行配准，最终可以从 3D 角度对希拉波利斯古城进行研究。

　　所有数据都和多时相 QuickBird 数据（来自 Google Earth）进行了融合，包括研究区域的 3D 视图。这些影像经过处理后得到立体的全色影像，叠加全色卫星影像、真彩色和假彩色红外全色增强影像等，得到研究区高分辨率的 DSM。另外，还可以清晰显示出立体图，进而观测并测量微小起伏。无论是对于研究区，还是对于研究结果的静态图像或飞行模拟展示来说，地面 3D 模型都非常重要。

　　为了对希拉波利斯古城及其周边环境进行情景化研究，研究人员还使用了中低分辨率的卫星图像，包括 15m 分辨率的 ASTER 立体像对、在 1986 年获取的 10m 全色分辨率的

SPOT-1 图像和1990～2003 年之间获取 Landsat-5、Landsat-7 影像，经过增强来突出研究对象的几何和纹理细节。

除了多种分辨率的卫星图像，研究中还使用了多时相图像以帮助人们研究该区域的环境变化信息，包括美国1961 年的 Corona KH-2 和 KH-3 数据、1968 年的 Corona KH-4A 和1973 年、1976 年、1979 年及 1980 年的 Hexagon KH-9 数据，以及 QuickBird 和 IKONOS 等。这些卫星图像的几何分辨率在2.74～9m 之间，尽管影像有几何畸变，但都是非常宝贵的历史资料。

通过对历史图像的分析和解译，研究人员获得了该地区古地貌以及城市布局的重建的科学依据和参考——希拉波利斯古城和周围区域近几十年之前的景象，当时新增加的农村用地的扩张、机械化农业的传播和基础设施建设都未开始。在历史卫星图像上找到的遗迹和异常比最近的卫星图像上要多很多。例如，在1968 年的 Corona KH-4B 图像中城市西南部的一些古代道路和水路网络都清晰可见。历史照片还显示了北部墓地在现代化建设之前的情况，以及南北方向非常清晰的主要道路和水路的遗迹，特别是 Corona 和 Hexagon 卫星图像提供了希拉波利斯古城北部高原上关于古代土地分区的重要数据，也显示出古城中的道路和一些古矿址的遗迹。

在希拉波利斯古城的考古主要利用了卫星图像覆盖范围大的优势，还利用了比例尺1：1000和1：25000 的地图（Castrianni et al.，2010），后者分辨率低，表现地表细节的程度和考古调查中的应用有限，因此研究中还获取了比例尺在1：10000～1：5000 之间的地形图。

近年来，考古地图得到了广泛的应用，通过导入一些考古元素即可制作考古地图，进而对希拉波利斯古城进行系统的调查，结果发现了白色大理石中的古遗址材料。这些材料属于希腊和罗马时期的大型村落，山坡上还分布有古聚落，山的东南部和西部坐落着可以追溯到希腊和罗马帝国时期的古村落和大墓冢，其中有约130 个墓冢遭到大范围盗挖。在现代村落的北部，同样发现了部分古聚落遗址，占地约25hm²，大约包括400 个不同大小和形状的古建筑。虽然这些古遗址在地面上的特征非常微弱，但在高分辨率影像（QuickBird-2 和 IKONOS-2）上清晰可见。

对 IKONOS-2 立体像对处理后生成高分辨率的 DSM（Di Giacomo et al.，2008），同时还可制作整个研究区比例尺1：10000 的正射影像，并对原有地图的等高线进行矢量化，从高分辨率 DSM 中提取1m 和5m 间距的等高线等，制作等高线图，为考古发现提供重要基础资料。利用高精度地面控制点对所有考古遗址进行校正，并进行 GIS 分析，大大加速了古遗址特征的定位和记录。每当有新的考古发现时都可以在系统中记录考古发现的位置，并有效管理数据，经过确认后，实时更新到古城的 GIS 数据库中。

上述研究充分说明了高分辨率卫星图像以及 GIS 分析在考古中的重要应用：卫星图像可以提供实时和细致的城市及其周边的俯视图，而且可以利用时间序列影像分析遗址及周边环境动态变化；GIS 分析可构建考古信息数据库，帮助使用者根据需要进行查询。

2. 地球物理勘探

除卫星遥感数据，地磁探测和探地雷达等手段也应用于该古城的考古发现中。Giese 和 Hubner 在2007～2008 年分别利用地球物理勘探方法进行考古探测。在希拉波利斯古城西部，沉积物和厚厚的石灰岩阻挡了对古城空间结构的观测，因此融合不同探测手段的优势，对于这些区域的调查至关重要（Scardozzi，2010）。

研究人员在 6hm² 的区域进行了地磁调查，在 1hm² 区域进行了 GPR 勘测。地球物理探测区域包括教堂拱廊（Basilica）的一部分，以及 Agora 与 North Theatre 之间的区域。进一步的 GPR 调查旨在分析 Basilica 廊柱大厅的内部结构和剧院的情况。尽管有一些埋藏的现代物体造成了阻碍，研究人员依然识别出了一些巨大建筑倒塌的遗迹。

在覆盖有厚厚的冲积物的 North Agora，地磁调查发现了一些未知的建筑遗址，确认了和拜占庭时期有关的墙结构；但在广场上并没有发现铺设的石板结构，推测该广场有可能被用来进行运动和斗剑游戏。在 Apollo 神庙的水神殿前也有了新的发现，特别是在之前地表没有任何明显迹象的区域，一些古遗址特征如古外围墙、古道路等特征非常明显，进一步的考古分析证实了这些古遗址的存在。

地磁测量在考古中也发挥了重要作用，帮助考古学家重建了部分古城市、古建筑和大型公共建筑群等特征。因为石灰岩矿床的存在，冲积物层和 1960 年开始现代建设的干扰，墙的遗址很难从地表上看到，大多数考古证据消失，导致前期研究人员对于该地区的研究非常有限，但通过 GPR 发现了道路、古城墙、古建筑等的埋藏遗迹。

3. 考古结果

上述研究是考古学家对希拉波利斯古城进行的第一次全面系统的调查工作。通过不同方法和技术的应用，恢复了部分希拉波利斯古城的城市布局，发现了一些未知的考古证据。很多情况下，高分辨率卫星影像可以提供古遗址清晰的地表特征，结合实地验证，为考古学家提供客观、科学的考古发现依据（Scardozzi，2007b）。除了遗址本体，研究人员在 3km 半径范围内识别了一些古代采石场遗迹（在古希腊到拜占庭时期被用来建造城市和墓冢）。在希拉波利斯古城周边区域，还发现了人类密集活动的证据，包括中等规模的乡村聚落等，从发现的碑文中推测出部分古村落的名字。另外，还清晰识别了建于古罗马时期、在早期拜占庭时期依然使用（Scardozzi，2007a）的三条古水系，其长度在 6 ～ 13km，包括陶制管道等。

在希拉波利斯古城附近区域还发现两个重要遗址。第一个遗址为位于 Lykos 河平原的 Hoyuk Tepe，距离希拉波利斯古城大约 7.5km，包含一座小的台形土墩，在其中发现了从原始时期（proto-historic）到罗马帝国时期的考古层。虽然现在这座山被一条道路分隔，由于现代农业的影响已经变平，但在 1968 年的 Corona KH-4A 图像上还保持了原来的地形特征。第二个遗址在 Uzunpinar 高地上，位于希拉波利斯古城东北部 10km，包括一座可以追溯到青铜时代的面积大约 3hm² 的聚落，其中发现了很多青铜时代的陶瓷碎片以及许多被现代农业活动破坏的古代建筑的鹅卵石。

三、空间信息技术在阿拉伯地区的应用

阿拉伯地区是世界文明古国最集中的地域，分布在西亚的有 12 个国家，如伊拉克、叙利亚、也门、阿曼等，是伊斯兰教和基督教的发源地，耶路撒冷被认为是宗教圣地，伊拉克还有亚述古城等著名遗址，部分国家的文明史长达数千年。受政治和经济因素影响，

很多国家的政府对遗产的保护工作不够重视，人为破坏比较严重，如阿曼政府将阿拉伯羚羊保护区面积减少90%，导致其被联合国教科文组织从《世界遗产名录》中除名，这也是首个被除名的世界遗产。

现在已经有一些和欧洲国家合作的航空或航天遥感考古项目，其目的主要是通过多时相遥感数据监测对遗址的盗挖行为，但最终并未取得明显成效。在伊拉克境内，意大利学者通过航空遥感技术对一些重要的建筑物进行了监测，发现了一些明显的盗墓坑。美国考古学家利用卫星影像，发现了该地区较重要的成果——沉没于海底的古埃及亚历山大城。

第二节　欧洲地区

欧洲最早的人类居住遗迹可以追溯到公元前35000年，从古希腊时期到罗马帝国时期，再到中世纪和文艺复兴时期，欧洲留下了数量众多的文化遗产。欧洲各国虽然面积小、人口少，但历史文化底蕴深厚，截至2019年7月10日，欧洲共有367项世界遗产，其中意大利以55项与中国并列世界遗产大国首位，西班牙以48项排名第三。这些大量的古遗迹都昭示着欧洲许多国家往日的繁荣。这些遗产主要是古罗马和古希腊时期的文化遗产，分布在意大利、希腊和西班牙境内。

欧洲各国利用空间技术开展考古应用研究较早，从20世纪50年代开始就应用航空摄影进行考古遗址的探测，如古罗马建筑遗址和"罗马大道"的发现等。另外欧洲大部分遗产都保存完好，得益于空间技术的应用，表现在文化遗产的归档、索引和虚拟现实等方面。

一、空间信息技术在阿奎莱亚的应用

（一）阿奎莱亚古城简介

阿奎莱亚古城建于公元前2世纪，位于意大利弗留利-威尼斯朱利亚大区，亚得里亚海东部，距离海岸线大约10km。古城优越的地理位置使其建立不久就迅速发展成为古罗马帝国最重要的港口之一，也成为连接地中海区域与欧洲北部久负盛名的商贸中心。在罗马帝国时期，阿奎莱亚古城也是最大且最富饶的罗马城镇之一，但在公元5世纪古城被匈奴王阿提拉以及他所率领的军队夷为平地，随后一直荒废了约250年。其间由于自然降雨、周边河湖等的冲刷，整个区域变成了沼泽，在城市的废墟上覆盖了一层砂泥质沉积物，间接地保护了这处古罗马时期的城镇遗址。随后该区域又有了人类居住，但再也未达到古罗马时期的繁荣与辉煌。阿奎莱亚现在成了考古遗址公园，经过发掘，众多帝国时期伟大的建筑遗迹展现在世人眼前，但仍有很大区域尚未调查与挖掘。现在人们普遍认为，该地区埋藏着大量的古罗马城镇，因此阿奎莱亚成为欧洲最著名的考古遗址之一。

阿奎莱亚最著名的遗址是建于13世纪的西南角城墙外的圣玛丽亚科雷马乔教堂，也是意大利罗马时期最重要的建筑之一和意大利北部城市的宗教中心，其以马赛克铺筑的地板及精美的图案闻名于世。1998 年，阿奎莱亚的考古区和宗教区圣殿被联合国教科文组织列为世界文化遗产，阿奎莱亚是罗马帝国早期最大最富饶的城镇之一；大部分古阿奎莱亚城镇保存完整、未被挖掘，是地中海附近罗马早期城市的完整样板；在中世纪基督教在中欧的发展中，阿奎莱亚起了关键作用等，充分说明了该古城具有深厚的历史文化价值。

（二）空间技术应用

空间技术在阿奎莱亚古城保护中的应用主要为综合性应用，如融合了航拍照片、多光谱和高光谱图像以及考古建筑和文物的虚拟重建等。另外，由于在该地区有众多的考古目标体、复杂的地下环境和大量的文献记载以及相关考古挖掘资料，阿奎莱亚考古遗址公园是一处理想的考古试验基地。

1. 激光雷达扫描技术的应用

激光雷达扫描技术包括地面三维激光扫描仪和机载激光雷达技术。前者利用 Riegl LMS Z360i 系统，融合 Nikon D100 相机，共获取了 28 个扫描站点、138 幅数字图像，另外对前外墙和 73m 高的钟塔共架设了 13 个扫描站点、获取了 55 幅数字图像。数据处理使用 RiSCAN PRO 软件，利用设置的 53 个反射标靶，将这些扫描站点坐标进行校正和配准，并叠加在意大利国家地图坐标系统中。机载激光雷达系统采用加拿大的 Optech 系统进行航空飞行试验，获取激光点云数据。

通过对机载和地面激光雷达扫描数据进行滤波/分类等处理，研究人员获得了大量 2D/3D 产品，包括点云和三角网表面，以及截面、线框图和位图/矢量图等。另外，还可以对这些 3D 产品进行虚拟导航和互动。

2. 大浴场的综合性探测和虚拟重建

大浴场是阿奎莱亚古城晚期最重要的公共建筑之一，坐落于古城的西南部，1980 年被发现后，考古学家曾进行过一系列短期的挖掘工作。2002 年，乌迪内大学开展了旨在对弗留利-威尼斯朱利亚大区考古遗产勘查和保护的联合调查计划，目的在于调查大浴场的完整布局和历史演变，并通过计算机模拟将其空间布局以多媒体演示的形式向公众开放。

对 1954 年、1961 年和 1984 年的航空遥感影像进行处理，将其转换为 Gauss-Boaga 坐标系并进行配准和校正，最后导入乌迪内大学的 GIS 平台中。通过配准、对比分析，发现了一些疑似埋藏的古建筑遗迹的标记，同时从这些图像上还发现了 50 年来该地区发生的变化，如耕地的扩张和百来达（Braida）围墙的倒塌情况。

2005 年，乌迪内大学教授 Domenico Visintiniiao 利用三维激光扫描技术结合 Nikon D100 数码相机对该区域进行研究，建立了目标区域的 DTM。从 2006 年开始调查了大浴场南部，开始了虚拟 3D 建模计划。基于激光扫描和摄影制图，实现了大浴场南部地区的 3D 数字重建，墙面和地面材料等建筑装饰的细节也加入了 3D 模型中。模型中还包括一些内部的功能性设施，如供热系统和排水系统等。另外，还开发了相关考古软件，将浴场中的马赛克地板图案进行了整理，使操作者可以查看数据库中所有的信息和影像。

3. BCW 项目运用综合性考古技术

"Beyond the City Walls"（BCW）项目是悉尼麦考瑞大学与弗留利-威尼斯朱利亚大区

考古遗产管理局合作开展的研究项目，研究区域包括阿奎莱亚郊区的大部分地区，其目的在于通过综合性考古技术，即融合航拍图像、多光谱和高光谱卫星数据、数字高程模型和地理信息系统等，提供阿奎莱亚景观的实时研究，重建阿奎莱亚地区古部落及其演变过程。如果不考虑其周围景观和文化背景，单独地讨论某一处景观，对该景观功能特征的认识将会非常有限。因此为了正确地评估地表景观的演变历程，需要对该区域进行全面、系统的调查。

为了获取研究区最广泛的地表覆盖和时间跨度资料，研究人员使用了多时相的航空影像，包括1938~2007年的正射影像，其中每10年至少有一期影像。由于从1933年开始该区域就开始了大范围的开垦工程，因此历史图像有很高的研究价值。研究中使用的多光谱和高光谱数据包括Landsat TM、ASTER、IKONOS和Daedalus多光谱近红外和可见光成像光谱仪（MIVIS）图像，以及GeoEye-1和QuickBird影像。对这些卫星数据进行处理，如提取植被指数和土壤发育指数、进行主成分分析等，增加图像的可解译性。Landsat TM和ASTER数据分辨率低，主要用来探测整体的环境特征；3m分辨率MIVIS和4m分辨率IKONOS数据对于探测中小型的人为和自然遗迹非常有效；90m分辨率的SRTM DEM和30m分辨率的ASTER DEM数据也被用来作为参考数据。

4. 综合遥感方法探测埋藏的古建筑

2008年利用机载LiDAR系统（Optech ALTM 3033）获取阿奎莱亚古城高密度点云数据。该系统脉冲频率为33kHz，每个脉冲可以记录首末次的两个回波信息，同时记录地物的反射强度信息。最终获取的点云数据密度是1pts/m^2；点云精度的水平方向为30cm，垂直方向为10cm。通过对这些点云进行滤波/分类，制作了该地区高分辨率的DTM，为古遗址空间分布及研究其格局提供最基础资料。

另外还利用芬兰波谱成像公司生产的Aisa Eagle光谱仪获取了该地区的高光谱影像，光谱范围为400~1000nm，包括了63个谱段，平均带宽9nm，地面分辨率为1m。随后研究人员对这些高光谱数据进行主成分变换、非监督ISODATA分类和监督分类处理，选择最佳波段组合用于后续分析。

综合上述两类数据，即LiDAR数据建立的地貌晕渲图和高光谱图像，可以方便地发现一些埋藏于地下的建筑，包括古城的外墙遗迹，另外还发现了一些多边形的纹理特征，结合历史资料可推测为古代烧窑的遗迹。

5. 地球物理研究

意大利的里雅斯特大学的Forte等人综合运用MIVIS、地磁测量、电阻率层析成像和GPR等技术对阿奎莱亚地区的考古遗址进行了全面系统探测。MIVIS系统有4个探测器，光谱范围为0.431~12.7μm，包含102个光谱波段；飞行时高度1500m，获取数据的空间分辨率为3m。数据处理包括主成分变换、辐射校正、几何校正和无效波段去除等，然后选择最佳波段组合进行分析。

GPR数据取样间隔为2~25cm，天线的中央频率为250MHz，最小和最大位移分别为40cm和240cm。数据处理的基本过程包括小波变换、背景去除、振幅分析校正、光谱分析、时变带通滤波和去卷积等。电阻率为Wenner-Schlumberger排列，最大48m AB偏差的多电极系统，数据通过 Loke 算法进行翻转。

通常 GPR 和磁力法提供的数据相关性高，可以提供互补的信息。通过对比两种数据，发现了阿奎莱亚公园中和埋藏的砖块相关的异常。在阿奎莱亚北部的墓地，3D GPR 数据提供了非常详细的地下信息，发现了一些帝国时期的未铺路面。通过遥感数据和磁力法测量的融合，揭示了罗马竞技场的存在。另外浙江大学的赵文轲等对考古公园进行了 GPR 2D/3D 属性分析，对地下埋藏的古道路、古建筑基址、柱础或散落石块以及自然沉积与人工建筑材料的混合体进行了详细的解释和分析。

二、空间信息技术在克里特岛的应用

（一）克里特岛简介

1. 概述

克里特岛坐落于爱琴海南部，连接亚洲、非洲和欧洲，海岸线长度为 1046km，面积约 8000km^2，是希腊最大的岛屿，岛上多山，最高海拔为 2456m，构造盆地和沟壑多。克里特岛经过数个世纪的发展，具有独特的历史文化和考古价值。从 14 世纪开始，无数的早期旅行者和古文物研究都对克里特岛有所记载。现在普遍认为岛上有大量的考古遗迹，包括米诺斯文明时期的遗址、古典时期的格尔提斯遗址以及罗马时期的诸多遗址，其中最大的当数克诺索斯王宫遗址，包括国王宫殿、剧场和陵寝等。2006 年，研究人员通过 CASI、ATM 和 LiDAR 等多种数据，发现了埋藏在地下的古建筑。同年，德国的研究人员利用 QuickBird 多光谱影像，结合 GIS 分析方法，调查了岛上艾达山（Mount Ida）地区的古地貌形态。2012 年，希腊考古学家使用了包括 GPR、3D 电阻率层析成像（electrical resistivity tomography，ERT）、电阻率测量和梯度计等技术在内的综合性探测技术，探测了依拉佩特拉（Ierapytna）地区的古代圆形剧场。

2. 克里特岛上的遗址

克里特岛是地中海文明的发祥地之一，公元前 2600 ～ 公元前 1125 年，岛上出现了米诺斯文化。20 世纪初，在岛的北部发掘了克诺索斯王宫遗址，规模宏大，包括国王宫殿、剧场和陵寝等。

（二）空间技术应用

1. 概述

2006 年，来自英国威尔士阿伯里斯特威斯大学地理与地球科学学系的 Aled Rowlands 将多种机载遥感技术应用到克里特岛东部的伊达罗斯（Itanos）地区，希望能找到传统考古方式无法发现的古遗址，并为以后的定向地球物理调查和考古挖掘提供科学依据，同时也评估该技术在定位裸露的或已知的地下古遗址发现方面的潜力。地下埋藏的遗址通过改变其上土壤的物理和化学特性而在影像上有所反映，因此融合 CASI、ATM 和 LiDAR 数据，可以探测多数的地表异常，进而进行考古调查和分析。

2008 年，德国海德尔堡大学的 Christoph Siart 等利用多种遥感方法和 GIS 调查了艾达峰地区的考古地貌。他们对 2002 年 7 ~ 8 月的 QuickBird 多光谱影像进行监督分类，获得了较好的分类效果。通过对 ASTER 和 SRTM 数据进行融合，提取了研究区的 DEM，进而实现大范围测绘。

2. 多传感器遥感探测

伊达罗斯地区位于克里特岛拉西锡州，帕莱卡斯特罗（Palaikastro）北部 10km，紧挨外尔棕榈树森林。伊达罗斯港是克里特岛和东地中海贸易的重要港口，也是第一个拥有货币的克里特岛城镇。它经历了罗马时期和第一次基督教时代，直到被阿拉伯人摧毁之前，一直是一个经济相对繁荣的古城（Sanders，1982）。

伊达罗斯的考古区域覆盖了大约 16000m² 的范围，其中只有 1% 被挖掘过，大部分聚落的建筑遗址都在雅典卫城之间的区域，防御墙在滑坡地形的西南部，分开了伊达罗斯和外尔。考古遗址包括两个拜占庭时期的长方形会堂、一个大型的希腊墓冢、一个瞭望塔和一些独立的墓冢等，而港口和沿海建筑已被冲积物覆盖。

最早的挖掘开始于 1993 年，Greco 对这片区域开展了系统的地球物理调查，包括土坑绘图、2D/3D 断层摄影、地磁绘图、电磁绘图、震波折射和 GPR。由于该区域有详尽的地球物理数据，因此被选为实验区可以定位埋藏 1 ~ 3m 的考古特征，而且植被覆盖度相对较低（Sarris et al.，1998）。

作为全国环境研究委员会（National Environment Research Council，NERC）地中海飞行计划的一部分，2004 年 4 月，Rowlands 获取了两天的航空遥感数据，包括机载专题制图仪 ATM 和机载高光谱成像仪 CASI 数据。同时还获取了航拍照片和激光雷达数据，由 Optech ALTM 3033 高分辨率机载激光扫描仪获取，点密度为 1.0pts/m²。CASI 传感器光谱范围在可见光近红外波段，接收波长 449 ~ 940nm 共 15 个通道的光谱数据，空间分辨率为 2.0m。同时 ATM 传感器空间分辨率为 2.5m，接收 11 个宽波段的数据，提供重要的短波红外和热红外波段数据，可反映土壤特性和热容量。LiDAR、CASI、ATM 和航拍数据在 4 月 17 日 15 点获取，在 4 月 18 日上午又获取了一次 ATM 影像以测量白天的热容量。

基于使用 GER1500 分光仪的同步光谱测量，CASI 图像被转换为地物的反射率。同时通过 ENVI 软件中的 FLAASH 模块与 MODTRAN4 辐射传输代码对 ATM 数据进行大气校正。两个数据都通过 Azimuth Systems AZGCORR 程序进行了校正，对飞行器位置、高度和地表间距进行补偿，加入了飞行器导航信息和 LiDAR 数据提取的 DEM（Matthew et al.，2000）。土壤温度廓线由一系列 Skye Instruments 传感器结合遗址附近的数据记录装置，用以校正和分析热红外数据。基于 eCognition 软件中面向对象的方法对图像进行镶嵌、分割和分类（Benz et al.，2004），然后基于 ENVI 软件进行非监督异常探测算法处理，提取背景上的未知目标（Kwon et al.，2003）。

在埋藏较浅的遗址地区，LiDAR 数据并没有显示出任何明显的地形变化，CASI 和 ATM 的可见光通道分类也未揭示任何线性特征或异常，但 RXD 输出显示一些异常，被认为是人为的阴影或植被的变化造成的。从影像上发现了一些可能由考古遗址引起的其他微妙的异常，但有待实地考证。该区域的古遗迹在可见光图像上不十分明显，而且是非连续分布，说明墙址的一部分埋在地下或者被植被覆盖了。通过目视解译，白天和夜间的热红外图像显示出了一些连续特征：遗址地区白天的亮度明显偏弱，夜间的则相反。

在伊达罗斯地区，人们通过 LiDAR 数据识别了其他考古兴趣点，结合多光谱高光谱数据、DEM 和 DSM，可辅助确定当地的聚落形态。

通过 CASI 和 ATM 的可见光近红外数据进行融合处理，考古学者成功地测绘了伊达罗斯的地表遗迹。相比于 ATM，CASI 数据空间分辨率更高，在遗址绘图方面有优势。但是总体来说，基于分类，CASI 的高光谱分辨率相对于 ATM 并没有太多优势。研究表明，多光谱、高光谱图像需要和其他遥感方式配合使用才能发挥最佳效果，而此次研究中 CASI 的 2m 分辨率和 ATM 的 2.5m 分辨率都过于粗糙，在地下古遗址发现中还有待结合其他数据才有可能发现更多的地下遗址。

3. 综合地球物理方法发现古代圆形剧场

现代依拉佩特拉是一个坐落在克里特岛东南部海岸的小镇，而在过去是克里特岛上最重要的城镇之一。在公元前 2 世纪，依拉佩特拉的势力范围可以扩张到整个克里特岛的中东部地区，但在公元前 66 年，罗马人征服该岛，城市一度非常繁荣，直到公元 824 年，Sarakines 摧毁了该城。罗马时期，在依拉佩特拉建造了许多重要的公共建筑，包括一个圆形剧场、两个剧院和一些寺庙等。现代的依拉佩特拉在 1508 年被一场可怕的地震摧毁了，使得人们只能通过有限的文献资料对其进行考古研究。

古代剧场包含一些独特的宏伟壮丽的建筑结构，近年来越来越多的人对这些遗址开展保护研究，地球物理方法是研究这些遗址的无损探测手段，如遗址的挖掘，或者作为地面调查的一部分，或者作为大型建造工程的一部分。最近，地球物理技术作为获取现存遗迹完整程度的一种方法，或者用于调查城市区域物理环境的复杂变化，甚至成为一种新的学科——城市地球物理（Basile et al.，2000）。

研究人员在整个区域内使用了 GPR、ERT 和地磁测量三种方法。GPR 测量方法是按照密集平行线以南北方向按照 0.5m 间距的方式，获取了超过 1690m² 区域的数据。地磁测量覆盖面积达到 2220m²，在两个方向上的取样分辨率都是 0.5m。ERT 数据收集自 23 条南北向平行线，使用单极–偶极配置。北东–南西方向的单线是以南北向界面测量的，线的长度基于有效空间而变化，最长和最短分别是 60m 和 24m；电极间距 1m，最小线内距离 1m，最大线内距离 4m。

电阻率测量方法应用在两个栅格上，一个在东部，一个在西部。RM15/MPX15/PA5 系统按此方式编程，同时对调查部分（有多重双探针阵列和单极–偶极配置）的节点进行取样，两个方向上的取样密度都为 1m。地震学方法应用了 5 条平行线，间隔距离为 2m，每条线具有 24 条地音探测器。

地磁测量使用磁通门梯度仪（GRAD601），土壤阻力绘图由 RM15 电阻计以及多路转换器 MPX15 和 PA5 多探针结构记录视电阻率变化。ERT 和 GPR 测量采用密集分布的平行剖面，以建立 3D 地表模型。利用多波段直流电阻仪（SYSCAL Pro Switch 96）来收集视电阻率数据，GPR 调查采用 250MHz 天线的 NOGGIN plus 单元。实验模式采用 RT（resistivity tomography，电阻率层析成像）和 MASW（multichannel analysis of surface waves，多道面波分析法）方法，用 Geometrics StrataView R24 设备来检验检测到的地理异常。所有数据都按系统工作流程进行处理：首先将视电阻率绘图数据转换成视电阻率值，然后再通过 GPP

软件包完成包括脉冲纯化、网格均衡和动态范围压缩在内的数据处理。

在 ERT 数据方面，采用脉冲纯化滤波方式对 2D 线的动态范围进行压缩，以去除与地面接触不良引起的极端测量值。对坐标进行纠正，然后与 3D 视电阻率变量结合成一个文件，用 3D 电阻率反演算法来恢复电阻率地下层模型（Papadopoulos et al.，2011）。最终 3D 电阻率反演模型的 2D 水平分层用克里格算法进行了网格化和深度增加的可视化。

对 GPR 数据进行坐标纠正，第一个峰值测量是基于第一反射波的强度比（5%～30%）。基于线均衡程序，每条线的第一反射波被设定在同样的起始时间。应用 Dewow 滤波增强反射信号，同时去除背景噪声，利用道间均值滤波进行数据平滑，最后分别建立各个深度的水平分层深度。

最终由 Leica GS20 GPS 系统中测量的控制点对卫星图像进行校正。GPS 数据的进一步纠正由 Leica Geo Office 软件完成，数据融合基于 GIS 平台，按照与当地的古代剧场相关的考古结构对影像进行了解译。

多重双探针和极偶极电阻绘图阵列显示出几乎相同的地下特征，与卫星的双探针图像重叠，在研究区西部，电阻率测绘法识别了一些非常明显的南北方向的电阻异常，同时探测到中南部地区一些东西向的异常，表明在地下不到 1m 的位置有古城墙遗址的存在。

除了挖掘的壕沟和可见的考古遗址外，GPR 可以探测埋藏于地下 1.5m 处的与考古遗迹有关的强反射，因此采集了超过 22000 点的 ERT 数据，分为 14080 个参数，利用 3D 电阻率反演算法计算电阻率的分布规律，聚合成一个最终反演模型。在 7 次迭代运算之后提取了代表浅、中和深三层的三个横断面，一些高电阻率的线性元素被概括出来，认为是地表考古遗迹造成的（Papadopoulos et al.，2011）。

除了测绘地表遗迹之外，地下的古遗址也可能引起地表土壤特征的变化，在遥感图像上会有所反映。然而，遥感提取的土壤信息非常复杂，加上植被的干扰，即使在半干旱地区，腐烂的植被也会掩盖土壤反射信息，导致土壤辨别度降低（Murphy and Wadge，1994）。

埋藏较浅的遗迹是热红外遥感的理想目标，特别是当其在太阳长波辐射的穿透范围内。在半干旱地区，遗迹埋藏较深，只能通过微波遥感来探测。利用凌晨和中午不同的热红外图像对比和物体的热惯性，可以很好地提升热红外遥感的探测效果（Cassinis et al.，1984）。

遥感是分析考古地形和形态标志的有效手段。大量研究证明，航空摄影和卫星图像适用于考古勘察。然而，由于数据处理或者遥感数据本身的问题，应用在更大的地理范围时仍然存在一定的不足；在小尺度上，可能出现许多不可估量的情况（Challis et al.，2002）。首先，地表类别很难归类，因为考古遗址和周围区域的光谱特征非常难分辨。多光谱数据如 QuickBird 等高分辨率数据应用越来越广泛，但是缺乏可分性，也不能解决全部问题。在克里特岛区域，能被高分辨率卫星图像分辨的大型遗迹并不多，因此大中型考古建筑（如古代聚落土丘或者史前道路等）需要更高分辨率的遥感影像来支持。

第三节　非洲地区

截至 2019 年 8 月，非洲拥有 54 项文化遗产、43 项自然遗产和 5 项混合遗产，共计

102 项世界遗产，以埃塞俄比亚和南非数量最多。最著名的包括贝宁的阿波美王宫、埃塞俄比亚的拉利贝拉岩石教堂、马里的杰内古城、突尼斯的杰姆圆形竞技场等。

非洲的世界遗产遇到的主要问题是保护不力。截至 2019 年 8 月，《世界濒危遗产名录》共包括 54 项，其中有 17 项位于非洲地区，而刚果共和国的 5 项世界遗产已全部被列入其中。该国东部常年的内战和猖獗的非法狩猎，导致加兰巴国家公园和萨龙加国家公园等遗产地的热带雨林面积锐减，特有的北非白犀牛等物种已濒临灭绝。针对此现象，联合国教科文组织召开的世界遗产大会已呼吁各国政府和国际组织保护非洲的濒危遗产，但由于非洲各国内战不断，政府无力管理难民，狩猎者对遗产本体及周围环境的破坏也非常严重。

本节以阿克苏姆王国、埃及金字塔和突尼斯古罗马边境防御系统等为例，分析非洲部分国家在利用空间技术开展文化遗产认知方面的研究进展。

一、空间信息技术在阿克苏姆王国考古的应用

（一）概述

阿克苏姆王国位于厄立特里亚（Eritrea）和埃塞俄比亚（Ethiopia）北部，由公元前 4 世纪铁器时代的原阿克苏米特（proto-Aksumite）发展而来，存续期为公元 100 ~ 940 年。其地处非洲、阿拉伯和希腊罗马帝国的交界，是罗马帝国和古印度之间贸易往来的主要参与者，它通过铸造钱币来促进贸易活动，并控制了 Adilus 港的红海和东北非的内陆贸易通道。在鼎盛时期，阿克苏姆王国是东罗马帝国与波斯帝国之间最强大的国家，成为横跨亚非大陆的帝国，因此在埃塞俄比亚的影响力巨大，在其衰落后的 100 多年里，埃塞俄比亚皇帝的加冕仪式仍然在阿克苏姆举行。

阿克苏姆王国在文化方面拥有一系列令人瞩目的成就。在大约 1700 年前的帝国早期，统治者建造了巨大的石柱来记录统治者和贵族的墓志铭，主要分布于埃塞俄比亚北部边境的提格雷高原（Tigray Plateau）的广袤区域。这里曾是古代埃塞俄比亚的中心地带，其中包括大量可追溯到公元 1 ~ 13 世纪间的遗迹，包括完整的方尖塔、大型石柱、王室墓地和古城堡遗迹等。

在阿克苏姆众多的历史遗址中，最引人注目的莫过于雕刻精美的石柱，部分石柱可以追溯到公元 3 ~ 4 世纪。在迄今竖立的石碑中，最高的达 23m，而且雕刻非常精致。另外还有倒塌的石碑，其高度可达 33m，推测是古人试图建立的最大的整体石碑。碑碣上的铭文对历史学家来说也非常重要，由公元 4 世纪的国王 Ezana 铭刻。

（二）空间技术应用

1. 概述

阿克苏姆考古计划是美国波士顿大学、意大利那不勒斯东方大学、意大利文化遗产应用技术研究所和 Cineca 超级计算中心从 2001 年开始联合进行的研究项目，旨在通过系统的研究和挖掘，综合人类学、古植物学、古动物学、地质学、古环境学、地学和 GIS、遥

感和生态学等方法，重建阿克苏姆的古环境景观。

经过长时间复杂的现场勘察，研究人员建立了可以在桌面和虚拟环境下应用的 3D 交互显示系统，包括非常详细的制图和图形库的 3D 档案（植被、建筑、村镇和动物等），清晰地展示了该区域的环境信息，同时验证 VR 技术在考古景观上的应用。在景观考古方面，GIS 可以被认为是虚拟重建的基础，但是不能满足所有的感知方面的重建，如古人眼中的景观感知。研究人员还分析了 VR 在地理学和生态学领域的应用潜力，3D 空间中的沉浸式互动可以极大地促进人们的解译能力，最终使用者可通过其图形界面来分享空间档案，如元数据等。

但是对于阿克苏姆地区考古来说，最大的问题是缺少基础地图资料。考察期间只有 1∶25000 的地图，需要通过遥感数据分析和实地考察来获取数据，才可了解土壤、地貌和遗址之间的关系。利用卫星影像和 20 世纪 60 年代的航空影像提取植被指数，发现了桉树林的扩张较多，很多考古地貌特征被淹没于密林之中。进一步的遥感影像解译发现了一条可追溯到前阿克苏姆时期的史前道路，从东部的山间穿过，距离山丘中间的巨石很近，推测是巨石并不是坟墓，或者是一个边界的地标，将两个主要的古遗址区分为南北两部分。

2. 阿克苏姆虚拟考古景观

在 3D 重建中增加信息，超文本标论语言（hypertext markup language，HTML）网页和小视频之类的多媒体数据可通过链接在场景中的物体来实现，因此可提供更多关于虚拟重建的数据，使用者可以通过实际的照片和视频来与虚拟环境进行互动。

阿克苏姆计划是融合不同空间信息技术的典型实例，包括来自 2D、3D 的空间数据。通过 GIS、遥感平台和融合其他模型建立了最初的 VR 系统，该系统为基于 OpenGL 标准的虚拟导航系统，在第二阶段，为了融合通过 3D 空间数据类型以便于查询，利用 C++和 JAVA 设计了一个独特的图形界面，最终建成了 VR 和地理配准的信息系统，包括所有可以进行 3D 的链接，而且该应用为多平台兼容，在个人计算机、虚拟环境和桌面系统上都有相同的图形用户界面。

3. 土壤特征的空间和光谱分析

阿克苏姆王国的政治发展和领土扩张主要依靠国际贸易，但同样也与农业的发展有关。随着人口的增加，农业和畜牧业用地不断扩张，特别是提格里高原上肥沃的土壤和丰富的牧场，为阿克苏姆农耕和畜牧经济提供了自然基础，一直持续到现在。另外，年降水量集中在每年的 6~9 月，其区域生态系统对气候变化非常敏感。因此，土壤退化是影响当地自然资源和社会经济情况的主要问题，提格里高原超过一半的区域已经受到严重影响，土壤厚度甚至不超过 35cm，该地区也是埃塞俄比亚环境退化最严重的区域。因此对于提格里高原土地退化的评估能够指示土壤流失、土壤贫瘠化和土壤湿度的变化。

农业是当地重要的生产活动，古代社会已经发展出一套与当时环境状况相符的土壤和水资源管理方式。如今也有新的土地管理方法来应对当前状况，如为了恢复和保持土壤肥力，理解农耕方式的差异和用实践来逆转耕地退化显得尤为重要。研究表明，农民已经拥有了一套基于经验的土壤分类方法，这种方法可用来管理土壤肥力和种植方式，根据肥力、颜色、深度、结构和纹理来分辨土壤。

对于不易到达的区域，遥感是探测土壤资源的重要手段。通过在不同空间尺度上进行地表覆盖分析，分辨自然和人为活动造成的变化。尤其是在足够的空间分辨率和覆盖范围上，卫星数据可以让人们了解不同空间分布的土地利用类型特征，如土壤沉积和植被等。另外，遥感和地理信息系统对景观考古也非常有用，使人们在更大尺度和更复杂环境中了解聚落、活动区域和经营方式。

研究区域的自然情况和文化历史使其成为研究人为活动长期影响的非常重要的条件。1997 年 Tadesse 制作了阿克苏姆 1∶250000 的地质图，1999 年该图由埃塞俄比亚地质调查所（Geological Survey of Ethiopia）正式出版。该地区大都没有经过测量，其生态环境和人文历史都不为人知，再加上位置偏远和政治问题，研究人员很难进入现场调查，因此具体的地质、地貌和土壤研究在北部埃塞俄比亚高地仍然很少。

为了解决这些难题，在阿克苏姆北部开展了空间信息技术的古遗址发现研究，包括应用中高分辨率的卫星数据来识别岩石、土壤和土地利用的空间分布，并通过地形图中提取的数字高程模型进行地形分析。实地测量的数据和土壤采样则被用来识别和验证卫星数据的分类结果，同时将实验室中获得的土壤光谱数据与其他数据进行融合，以获得更加可信的地物光谱信息。

研究中所用的 ASTER 中分辨率数据于 2001 年 5 月 21 日获取，使用了 9 个波段（VNIR 和 SWIR）；高分辨率的 IKONOS 影像于 2000 年 12 月 12 日接收，包括全色和 4 个多光谱波段。对所有数据进行系统、几何和大气校正等处理，并进行高精度配准。

对于光谱分辨率高的数据来说，如 ASTER，监督分类可以提供较好的类型控制和地表类型数量，但对于 IKONOS 来说，非监督分类对于地表类型的微小差别更有效，而这些差别在窄光谱范围内差别很小。

通过对 ASTER 图像的目视解译，提取了很多训练区，并在 2006 年 5 月的实地调查中得以验证。典型的训练点用于检测监督分类的结果，其中最大似然分类分辨主要的岩石和土壤的结果最好。分类时选择了 15 个训练区或者称为兴趣区（region of interest，ROI），并设置 95% 的阈值，ROI 的光谱可分性也经过了基于 Jeffries- Matusita 和 Transformed Divergence 可分性方法的统计验证。对于 IKONOS 数据，处理时包括由归一化植被指数（normalized differential vegetation index，NDVI）生成的植被掩膜，用于区分植被和非植被像素；非监督分类用 ISODATA 方法，分类后的分组和标记通过将独立的分类和实地观测点与 DEM 进行关联，以确定其属性和标记。

将分类结果分为三部分来进行分析。第一部分是 2001 年实地调查取样的地表和地下土壤样本的物理化学与矿物学分析，第二部分是 ASTER 多光谱数据和实验室获得样品的光谱，第三部分是不同遥感数据的分类结果和考古聚落空间分布。研究发现，ASTER 数据可以容易地区分研究区的岩石和土壤类别，其高光谱分辨率可更好地描述地表物体的光谱特征，卫星图像和土壤取样的时间非常接近，使得比较其光谱特性成为可能。因为阿克苏姆地区土壤特征多样化，在不同比例尺上观测也有不同，这些可能通过 ASTER 数据无法体现，但通过高分辨率 IKONOS 图像可以解决这一问题。

4. 考古遗址和景观

Bieta Giyorgis 坐落在阿克苏姆州的核心地区，是 Daamat 古王国的中心城市。近年来已经进行过多次考古调查，增进了人们对阿克苏姆时期聚落的了解。早期的聚落非常密集，以阿克苏姆和 Bieta Giyorgis 为中心。期间阿克苏姆参与了更多的国际贸易，城镇不断扩张，逐渐成为强大的城邦。在中晚期，阿克苏姆对于红海南部的贸易控制衰退，聚落密度和范围也急剧下降。但在整个发展时期，古代聚落的格局没有发生太大的变化。建筑的减灾排水性能良好，土壤很适于农业和放牧。因此，尽管聚落的密度和范围一直在变化，但是聚落与地形的空间格局保持不变。随后研究人员还用这些数据分析了聚落堆对当地景观的影响。

本研究是第一次基于图像的岩石和土壤特征开展阿克苏姆地区考古研究，目的是对该地区的物理环境进行测绘，以加深人们对该地区人与自然关系，以及对人类活动如何影响景观变化的理解。使用遥感数据的优点在于信息性价比高、覆盖范围大和时效性好。现阶段，只能通过地表特性和土壤种类进行初步的关联，通过图像数据和现场数据的结合，可以获取土壤类别信息。

二、空间信息技术在埃及文明遗址的应用

（一）概述

古埃及的居民是由北非的土著居民和来自西亚的塞姆人融合形成的，公元前 4000 年后半期，逐渐形成了国家，至公元前 343 年，共经历了前王朝、早王朝、古王国、第一中间期、中王国、第二中间期、新王国、第三中间期、后王朝等 9 个时期、31 个王朝的统治。其中，古埃及在第十八王朝时（前 15 世纪）达到鼎盛，南部尼罗河河谷地带的上埃及从现在的苏丹到埃塞俄比亚，而北部三角洲地区的下埃及除了现在的埃及和利比亚局部外，其东部边界越过西奈半岛直达迦南平原，国土主要分布在尼罗河周围的狭长地带。

古埃及有自己的文字系统、完善的政治体系和信仰多神的宗教体系，其统治者称为法老，因此又称为法老时代或法老埃及。埃及人除以建筑金字塔、狮身人面像及制造木乃伊而闻名天下外，还创造了许多对后世影响深远的文化遗产。其创造的象形文字对后来的腓尼基字母的影响很大，而希腊字母是在腓尼基字母的基础上创造的。此外，金字塔、亚历山大灯塔、阿蒙神庙等建筑也体现了埃及人高超的建筑艺术和数学才能，在几何学、历法等方面也有很大成就。当前对古埃及的研究在学术界已经形成一门专门的学科，称为埃及学。

埃及有 7 项遗产被 UNESCO 世界遗产委员会列入《世界遗产名录》，包括孟菲斯及其墓地和金字塔、开罗古城等。埃及金字塔相传是古埃及法老的陵墓，主要流行于埃及古王国时期，其基座为正方形，四面是四个相等的三角形，侧影类似汉字的"金"字，故称为金字塔。埃及金字塔是至今最大的建筑群之一，是古埃及文明最有影响力和持久的象征之一。这些金字塔大多建造于埃及古王国和中王国时期，当前很多研究显示埃及现存的金字塔结构有 81 ~ 112 座，而大多数学者认为更多。

底比斯属于上埃及古城，濒临尼罗河，位于今埃及中部，即今天的卢克索附近。作为皇室居地和宗教膜拜的宗教中心，从公元前 22 世纪中期到公元前 18 世纪期间曾繁荣一

时，其建筑遗迹包括许多辉煌的庙宇和帝王谷附近的法老陵墓。

开罗伊斯兰老城建于 10 世纪，是世界上最古老的伊斯兰城市之一，有许多古老著名的清真寺、伊斯兰学校、市场和喷泉，是伊斯兰世界非常重要的城市。开罗在 14 世纪达到鼎盛，其老城位于现代开罗市的东部，以卡利利市场为中心，向南北两个方向扩展，包括爱资哈尔清真寺、萨拉丁城堡等著名伊斯兰古迹。

（二）空间技术应用

从 1994 年开始，很多研究机构和个人即利用多源光学和雷达遥感影像进行埃及金字塔、尼罗河三角洲西北部的卡诺皮克（Canopic）河道、Dakhla 绿洲上的古灌溉系统、金字塔西部的木乃伊谷、Dahshur 地区森乌赛特三世金字塔附近法老船等的考古。另外，一些科研人员还利用虚拟现实技术以及地面三维激光扫描技术对金字塔进行数字化扫描和数字重建等。

1. 多源遥感影像发现 Dahshur North 等遗址

该项目由日本东海大学和早稻田大学合作，研究区覆盖了 Abu Rawash 到 Dahshur 地区，其目的是利用多源光学影像调查消失的 3 座金字塔和其他埋藏在沙石下的古遗址。

首先利用 Landsat TM、SPOT 多光谱以及全色光学影像、KVR-1000 数据，希望在沙漠中寻找人工建筑，结果发现了 33 处人类建筑遗迹的疑似点。经过实地勘察，证明至少有 4 个是比较明显的以前从未发现过的古遗址，其中最引人注目的是在 Snefru's Red Pyramid 东北部 2km 小山上，空间分辨率为 2m 的 KVR-1000 数据明显显示该地区有三个环形凹陷，还有一些可以证明王朝时期遗址存在的重要发现，该遗址被命名为 Dahshur North。1996 年 3 月考古人员在 Dahshur 进行了挖掘，发现了一些典型的泥砖建筑。其中新王国时期的 Tomb-Chapel 长达 47m，其上层建筑大多消失了，但是石灰石的小金字塔、地下室和巨大的花岗岩石棺仍然保存完好。

研究人员还利用微波遥感数据，如 JERS-1 和 SIR-C（HH/VV）的 L 波段 SAR 数据，以及 ERS-1、SIR-C（HH/HV）和 RADARSAT 的 C 波段 SAR 数据，发现了两处遗址，距离阶梯金字塔西北部 2km 左右。附近还发现了很多新王国时期的考古沉积物，如石灰石砖的碎片、蓝色的陶瓷碎片等，还包括一些人造的石灰石砖块，暗示着该区域地下可能有王朝时期的遗迹存在的，这是利用卫星 SAR 数据分析探测到的第一座地下的王朝时期遗址。

通过分析光学和微波数据，研究人员在尼罗河西岸沙漠地区发现了 3 个未知的埃及王朝时期的遗址，并进行了实地挖掘验证。KVR-1000 的图像可以显示 Dashur North，说明 2m 的空间分辨率数据对于发现小的古遗址是非常必要的。对于微波数据，尽管采用了同样的波段和极化方式，但是由于两处遗址大小、形状的差异，在利用 JERS-1 和 SIR-C 影像时，需要选取传感器不同的成像角度（JERS 38.7°，SIR-C 65°）。因此结合高分辨率光学数据和不同角度的 SAR 数据可以达到最佳的考古应用效果。

2. SRTM 雷达影像在卡诺皮克河道的考古

2006 年，来自史密森学会的 Jean-Daniel Stanley 使用 SRTM 数据结合地面地质调查，识别了埃及尼罗河三角洲西北部的卡诺皮克河道的地理位置。通过雷达图像，观察到了两个弯曲的河段，发现了支持托勒密罗马时期的城市 Schedia 曾经就坐落在 Canopic 河道，该发现为三角洲地区的考古探测提供了参考。

Canopic 支流曾经流经尼罗河三角洲西北部，在埃及历史上有重要意义。这条现已消失的支流曾是三角洲地区的主要商业航道，也是亚历山大城的主要水源。该支流一直存在了 4500 多年，直到罗马拜占庭时期。尽管其在 1500 年之前就断流了，人们依然通过航空摄影和 Landsat TM 图像识别了一些残留的河道遗迹。后来研究人员又通过地球物理调查方法发现了 3 条 Canopic 河道，但是三角洲下游的古河道却难以从影像上识别（Frihy，1988；Stanley et al.，2004），因此研究人员利用了 SAR 影像，其波长远比可见光近红外要长，结合高分辨率 SRTM 提供的高程和地形信息，从雷达图像上可以看出两条弯曲的河道状痕迹，证实了卡诺皮克河曾经向北流经伊拉克里奥城，为公元 1 世纪尼罗河三角洲的聚落研究提供了重要信息。

3. 卫星图像监测遗址被盗挖情况

2007 年，Parcak 等在埃及一些区域调查中，通过 19 世纪的地图和长时间序列的高分辨率卫星数据，证明了在近 200 年大概有 88% 的遗址都已经消失了，其中大部分破坏发生在最近 40 年。他通过对 20m 分辨率的 SPOT-4 的 4 个波段数据、30m 分辨率的 Landsat-7 的 7 个波段、QuickBird-2 以及经解密的 Corona KH-4B 图像进行不同波段组合，然后进行目视解译，结合主成分分析、监督和非监督分类方法，建立了埃及北部三角洲地区和中部区域古墓冢被盗挖的考古遗址模型（Parcak，2007）。

4. 卫星遥感和数字图像处理探测古埃及考古遗址

埃及发展和社会三角洲调查计划（Egypt Exploration Society's Delta Survey Project）和乌普萨拉大学古迹数据库项目（Uppsala University's Ancient Near Eastern Sites Database）都致力于研究尼罗河三角洲地区的古聚落群。2011 年研究人员运用 Landsat-7 ETM+，ASTER 和 Google Earth QuickBird 图像探测聚落堆，包括 2003 年 1 月的 Landsat-7 ETM+数据，对全色锐化和假彩色合成后的图像进行了分类，通过 ISODATA 非监督分类和监督分类，发现了大部分已知的遗址，并且发现了 8 个从未发现过的新古遗址。

5. 卫星图像发现 11 座金字塔

2011 年，美国阿拉巴马大学伯明翰分校支持的卫星探测项目，通过卫星红外图像在 Sael-Hagar 地区发现了 17 座金字塔以及超过 1000 个坟墓和 3000 个古代聚落，最初的挖掘已经确认了其中的一些发现，包括两座可能是金字塔的建筑。

6. Egyptsat-1 数据探测 Dakhla 绿洲的古灌溉渠

2013 年，埃及国家遥感空间科学局（National Authority for Remote Sensing and Space Sciences，NARSS）的 Zaghloul 使用 2010 年的 Egyptsat-1 数据，以及空间分辨率为 15m 的 ASTER-DEM，将经过高通滤波后的 Egyptsat-1 图像与 DEM 融合，得到 Dakhla 地区的 3D 视图，成功探测了 Dakhla 绿洲中的古灌溉渠遗址，证明罗马时期已经有了大规模的农业和灌溉系统。该研究对于了解水渠和水源之间的位置联系，以及其对考古遗址的影响和古埃及人是如何运送水资源方面都有重要意义。

7. GPR 探测

2007 年，埃及国家天文与地球物理研究所的 Shaaban 对金字塔西部 380km 的木乃伊谷进行了 GPR 探测和实地挖掘，利用 SIR-2000GPR 设备获取数据，随后用 REFELEXW 软件进行数据处理和展示，获得了 2D 雷达记录、时间切片和 3D 框图。此项目发现了若干可能包含罗马时期木乃伊的坟墓，并且将埋藏区域的边界扩展了数千米。同样在 2007 年，该研究所的 Mahfooz 用脉冲 GEM300 电磁分析仪对苏哈哥阿卡明考古遗址进行了探测，发现了一些埋藏的砖墙地基，并指出了可能埋藏巨大雕像的大概位置。2008 年，美国亚利桑那大学的树木年轮研究实验室的 Pearce Paul Creasman 在 Dahshur 地区开展了森乌赛特三世金字塔的 GPR 探测，发现了埋藏在金字塔附近的法老船。

8. 哈瓦拉迷宫虚拟重建

2000 年，在英国联合信息系统委员会（The Joint Information Systems Committee）支持的高校数字埃及（Digital Egypt for Universities）项目中，研究人员采用虚拟现实技术对建造于公元前 1800 年左右的哈瓦拉迷宫（Hawara Labyrinth）进行复原。该迷宫是 Fayum 地区东南部的一个陵园遗址，距现在的开罗南部 80km。它是阿蒙涅姆赫特三世（Amenemhat Ⅲ）的埋葬地，在托勒密时期，尤其是罗马人统治时期，该区域变为采石场，因此大部分建筑已消失殆尽，恢复其最初的形态变得几乎不可能。1840 年前后，哈瓦拉迷宫遗址又被重新发现，自此该区域出土了很多高质量的皇家雕像，此后该地区没有进行过大范围挖掘。本次复原的数据来源于希腊历史学家希罗多德（Herodotus）的描述，他曾于公元前 5 世纪参观寺庙，并参考了早期考古活动的记录。

哈瓦拉迷宫的重建基于 Herodotus 的重建图，其中包括 18 个大的硐室、三条主走廊、两条侧面通道和一个中央通道。以该图为蓝本，利用 3D studio Max 软件实现了三维重建。

之前，图像质量和展示速度问题困扰着 VR 工作者——一直缺乏成本低廉的软件和数据标准来建立可视化的交互环境，直到 1994 年虚拟现实建模语言（virtual reality modeling language，VRML）和标准 3D 描述语言的发展，3D 模型的可视化成为可能。信息技术和虚拟现实，不仅能协助人们进行历史遗址的挖掘和重建，同时也能向大众传播相关信息，使用者可以进行交互式的想象和探索（Batty, 1997）。

9. 金字塔三维扫描项目

2004 年，奥地利考古协会、维也纳考古科学学会以及埃及最高文物委员会（Egyptian Supreme Council of Antiquities）合作开展了金字塔扫描项目（Scanning of the Pyramids Project），其目的是应用最新的地面三维激光扫描仪结合数码相机，达到高精度高分辨率和长距离的考古地形扫描。采用 RIEGL LMS Z420i 扫描仪和 Nikon D100 数码相机，对每张图像的位置和方向都进行扫描系统的坐标校正。在项目扫描试验中，研究人员架设了 9 个扫描站点，设立了一个反光镜矩阵作为影像配准的控制点，建立一个局部坐标系，最后将其转变到 Giza Plateau Mapping Project 坐标系统中。通过设备自带的 RiSCAN PRO 软件进行自动或半自动的处理，生成各种产品，如带纹理的三角化曲面或有景深信息的正射影像，建造了 Giza 高地以 Cheops 金字塔为中心，半径 1.3km 的数字高程模型 DEM。

首先从点云数据中提取出来的产品为 Giza 高地的地形细节模型，将该 DTM 数据输入

ArcGIS 系统中,经过重采样,Cheops 金字塔的细节得以展现。模型覆盖 100m×100m 的范围,包括 1500000 个点。

Cheops 金字塔的 DTM 揭示了 4 个异常特征,这些异常代表了石块的缺失。同时 DTM 显示一个条状的结构存在于四边中心,后者可能由于风化腐蚀等从上而下地变大。这些异常可能跟金字塔的建造方法有关,或者来源于下部结构的接触面,有待进一步研究。

很多古埃及遗址现在都埋藏在沙土之下,只有很少一部分可以用高分辨率卫星图像探测,因此需要融合多种遥感手段。另外考虑到很多遗址都面临着城市化、工业化和农业化扩张的风险,以及盗墓和人为破坏,在它们完全消失之前记录这些考古遗迹非常必要而且意义重大。

三、空间信息技术在北非突尼斯考古的应用

(一) 概述

突尼斯 (Tunisia) 位于非洲大陆最北端,北部和东部面临地中海,隔突尼斯海峡与意大利的西西里岛相望,扼地中海东西航运的要冲。公元前 9 世纪初,腓尼基人在今突尼斯湾沿岸地区建立迦太基城,后发展为奴隶制强国;公元前 146 年,成为罗马帝国的阿非利加 (Africa) 省。公元 5～6 世纪先后被汪达尔人和拜占庭人占领,公元 703 年被阿拉伯穆斯林征服,开始阿拉伯化。突尼斯是世界上少数几个集中了海滩、沙漠、山林和古文明的国家之一,是悠久文明和多元文化的融合之地。突尼斯在罗马时期被称为阿非利加 (Africa),这个古老的名字暗示着突尼斯在罗马帝国时期的重要性。突尼斯在罗马帝国时期的繁荣归功于各种各样的军事防御和农业设施,不幸的是,大量遗存已经消失。

(二) 研究区介绍

突尼斯加夫萨西南部地区的麦拉河谷走廊,曾是罗马帝国和古柏柏尔所在地之间的一个重要的边境交流通道,沟通了南部撒哈拉沙漠和北部费里亚纳荒漠草原。考古记录显示当时存在农业设施,特别是从北部平原到加夫萨西南部的绿洲,这个边境地区的罗马人很大程度上依赖于防御设施。罗马人构筑了一道边境防御系统,主要由边墙和关联军事设施组成,包括堡垒、烽火塔、瞭望台和线性防御系统 (沟渠和边墙)。这套边境防御系统一方面在领土范围内保持内部通信,另一方面监视与控制边境游牧民族的季节性活动 (Salama,1987)。

在公元 46 年塔普苏斯战役之后,凯撒大帝在北非建立了阿非利加 (Africa) 新省,并将其置于新总督萨卢斯特的领导之下。罗马人开始控制 Djerid 地峡和该省的所有南部边界。首先是开展军事对抗,镇压和打击反叛部落的核心;其次是通过在受威胁最严重的地点和最重要的 Djerid 地峡设立防御哨所,以保护边界以及殖民地的供应。

(三) 数据和方法

1. 研究流程

综合利用考古遗址的历史记录、古代地形图和专题图、高分辨率遥感数据和野外调查

数据，在麦拉河谷地区开展未知考古遗址的探测和发现，并在 GIS 环境中予以呈现。古代突尼斯收集和保存了大量罗马时期关于突尼斯南部的历史记载材料，这些材料是研究的主要资源，包括历史和文献研究。法国历史与科学工作委员会的历史和描述性地理公报（1886~1912 年）也成为加夫萨考古调查研究的主要数据来源，并提供已知罗马遗址的空间信息以辅助定位并发现新的遗址点。例如，加夫萨古城曾经是罗马时期非洲的一个重要城市，靠近罗马边墙（Limes），古罗马的蓄水池在城市废墟中仍然清晰可见。

2. 遥感数据

本书使用的遥感影像包括 Digital Globe 的 WorldView-2（WV-2）图像，成像日期为 2016 年 11 月 13 日。影像范围主要包括麦拉河谷地区，以沼泽湿地为主。同时利用 Google Earth 得到研究区不同覆盖范围和不同分辨率的多层次图像进行综合比较分析。考古学家越来越多地使用高分辨率的商业卫星图像来探测和识别考古特征。例如，1m 分辨率的 IKONOS 图像和 0.61m 分辨率的 QuickBird 图像在以前的研究中得到了广泛应用（Lasaponara et al., 2016；Lasaponara and Masini, 2011a；Parcak, 2007，2009），并将继续在未来考古特征识别中发挥作用。目前，基于高分辨率遥感卫星图像的空间考古研究主要使用 IKONOS 和 QuickBird 图像数据。WV-2 提供两种空间分辨率的影像数据：0.46m 的全色波段影像和 1.84m 的多光谱影像；多光谱影像获取 0.4~1.04μm 的 8 个光谱波段数据。因此，在本研究中，WV-2 高分辨率图像用于识别和标绘隐弱的考古遗迹。

3. 数据预处理

数据预处理是运用 Pan-Sharpening 方法对 WV-2 卫星的多光谱数据和全色数据进行融合，目的是融合全色图像的高空间分辨率和多光谱图像的高光谱分辨率。无论是在小尺度还是大尺度上，Pan-Sharpening 都可以认为是一种适用于提高考古特征可见度的图像处理方法，可以更好地识别埋藏在地下的结构。此外，为了进一步突出考古特征统计分析的可见性，还使用了 LISA（local indicators of spatial association）指标（Lasaponara et al., 2016）。

为了识别考古特征，对 Pan-Sharpening 融合多光谱影像和 LISA 图像分别进行了非监督和监督分类。非监督分类的目的是评估光谱特征是否在已知的考古背景下具有明显的共生性。此外，可进一步提取每个训练场地的光谱统计信息，进而应用监督分类来定量估计分类精度。基于 Pan-Sharpening 图像的 Geary、Gates 和 Moran 指数统计分析，可在全局和局部尺度上提取统计特征，进而提升考古异常识别的能力。

（四）结果与分析

1. WV-2 数据处理与解译

Pan-Sharpening 提高了全色图像的光谱分辨率，使用 LISA 静态分析显著提高了考古特征的增强效果，显示了疑似考古特征的横断面曲线。值得指出的是考古遗址在图像上往往具有明显的几何图案特征的空间异常，使用图像的非监督分类结果，并对比全色和多光谱数据，发现考古微地貌在全色数据中的可见性更好，突出了一个与地下建筑相关的空间异常。非监督分类在使用融合图像及其基于 Geary、Gates 和 Moran 指数的 LISA 图像时，性能得到显著改进，即综合使用所有的光谱通道数据及 LISA 获得的影像统计特征，能够在无先验知识的情况下找到未知的遗址点。

2. 对疑似遗址点进行分析

2017 年 12 月在遗址分布的潜在子区域开展疑似遗址点综合科学考察与地面调查，发现了位于突尼斯南部的三处古遗址（卫星图像疑似遗址点特性非常明显）。同时，利用 WV-2 高分辨率卫星图像分析突尼斯南部其他潜在遗址时，还发现了两处新的疑似古罗马遗址点。这些发现呈现了以前从未被发现过的古罗马道路的全新部分，进而揭示了更大规模的路网系统。新发现的古罗马堡垒遗址有助于回答一个长期存在的问题，即定居点如何能够支持偏远地区的长期统治？通过实地考古调查，发现了大量的陶器残片，证实了从 WV-2 高分辨率影像解译的古罗马遗址点。此外，还利用研究区的地面调研数据进行了验证，为空间考古方法的完善提供参考信息，也为罗马时期加夫萨古城考古研究提供了新的见解。

在罗马时期，麦拉河谷是夏季前往北部荒漠草原地区的主要通道，由罗马军队牢牢控制。这种控制是通过道路网络和一系列防御设施来实现的，许多看上去是军事建筑的遗址——各种大小的堡垒或塔楼，主要是根据史料描述的地点以及构筑的形制和规模来共同确定。在罗马时期，麦拉河谷非常重要，它一方面提供了发展灌溉农业的可能性，另一方面也提供了商贸交流的通道，这一时期的商贸活动及其重要性必须与罗马人构筑的战略通道和军事防御工程进行综合研究。因此，本研究揭示了该地区存在 8 个罗马堡垒，共同牵制着连接北部荒漠草原和南部撒哈拉沙漠的通道。通过高分辨率遥感影像数据，新发现了两个罗马堡垒（1 号遗址，2 号遗址），此外，统计分析发现相邻堡垒之间的平均距离约为 2.5km。

根据 Trousset（1986），这些堡垒足以控制游牧民族在边境地带的季节性迁徙。基于高分辨率的 WV-2 图像和 Google Earth 图像，表明该区域地形地貌复杂，影像空间分辨率不高，未发现可疑点，未来可以利用高分辨率光学遥感图像、合成孔径雷达图像和机载激光雷达数据进行大范围的精细探测。此外，罗马军队在帝国边境修建了很多临时或者永久的堡垒等军事设施，这些设施需要有人长期驻守，以防止土著起义。虽然这些堡垒具有基本的防御功能，但它的设计并不是为了抵御敌人的持续攻击，而是为粮草、武器、人马和军政文件的传递提供一个可供住宿和储存的保护场所。

几个世纪以来，罗马堡垒的营造遵循严格的标准，于公元前 2 世纪在突尼斯建造，但正是在此期间，罗马堡垒开始呈现标准化的形式。虽然堡垒的大小各不相同，最小的在 $1hm^2$ 以内，而较大的可能在 $50hm^2$ 以上。较小的堡垒和军营更多的是临时事务，这为部队在作战期间提供了一个安全的住所，也可以被补充用作边境地区的邮驿站。与边墙有关的堡垒主要起控制作用，包括堡垒以及军队可以快速通过的道路系统，在某些地方，还有广袤的围墙。

突尼斯南部的罗马边墙与中国古代长城具有很大的相似性，它试图沿着整个边界建造一个连续的人工军事防御工事。然而，相邻防御工事的构筑在空间上遵循特定的距离，使得本研究可以基于遥感影像分析来数字化再现罗马军事堡垒防御体系的空间结构。罗马堡垒与边墙之间存在一定的关联，这可能与罗马在征服该地区时发生的某些事件有关。根据本研究的新发现和前人的研究成果，对突尼斯南部加夫萨地区的军事防御体系进行了重建，这些防御工事表明，这里曾经是一个庞大的军事工程，是对边墙及其边境地区的防御和保护，并控制连通南部撒哈拉沙漠与北部荒漠草原的商贸通道，通过路网与帝国的其他领土相连。事实上，在麦拉河谷这一战略位置构筑这些防御设施，一方面表达了罗马人对领土的渴望，另一方面表达了罗马人志在控制这一连接南北的走廊通道以保护他们的领地免受游牧入侵。

（五）总结和展望

本研究的结果表明，基于遥感技术，综合利用像元的分类法和空间分析方法（LISA方法）可以非常详细地识别、定位和绘制研究区内各种类型的考古遗址（罗马堡垒）。非监督分类反映了一种独特的光谱异常，反映了和裸露无植被地面之间的过渡带。LISA方法的使用极大地提高了非监督分类法的精度和考古特征的识别效果。此外，未来将此方法与考古预测模型结合起来，可以更有效地补充实地考古调查，从而更有效地发现未知的考古遗址。研究还表明，光学遥感数据对沙漠环境下考古结构具有较强的探测能力，同时利用来自不同传感器的遥感影像数据对考古遗址进行监测具有广阔的应用前景。多源遥感数据信息的互补性有助于考古遗址的探测与识别，这对于偏远地区的未知考古遗址的发现与重建具有重要的实践意义。

第四节　美　洲　地　区

本节主要以拉丁美洲和加勒比地区为例。拉丁美洲地区原是印第安人的居住地，他们在这里创造了灿烂的文化，建立了若干个王国，最著名的包括墨西哥的玛雅文明、阿兹特克文明以及秘鲁的印加文明，并称为美洲三大文明。15世纪后，拉丁美洲长期受欧洲殖民活动的影响，当地文化与不同文化间不断冲突和融合，其特有的文明也逐渐消亡。

截至2018年，拉丁美洲和加勒比地区共有141项世界遗产，包括96项文化遗产、38项自然遗产和7项混合遗产。一些古遗迹隐藏在热带雨林和高山中，未遭到大范围的破坏，保存相对较好。以玛雅文明的遗址为例，这些遗址并未留下完好的历史文字记录，在遥感技术应用前，考古学家只能通过当地居民的描述来寻找历史遗迹。另外遗址地区缺乏饮用水源，导致长期的现场研究困难重重。由于拉丁美洲独特的气候和植被特征，很多遗址都覆盖在热带雨林树冠之下，普通的遥感方式并不能有效地获取冠层下的地面信息。因此能够穿透树冠的SAR和LiDAR等遥感方式成为重要的技术手段，目前该地区的重要遗址都经过了比较完整的星载、机载和地面综合调查。

一、空间信息技术在玛雅文明考古的应用

（一）概述

玛雅文明是分布于现今墨西哥东南部、危地马拉、洪都拉斯、萨尔瓦多和伯利兹5个

国家的丛林文明。其虽然处于新石器时代，但在天文学、数学、农业、艺术及文字等方面都有极高成就，与印加帝国及阿兹特克帝国并列为美洲三大文明。

依据中美洲编年史，玛雅历史分成前古典期、古典期及后古典期。前古典期（公元前1500～公元300年）也称形成期，历法及文字的发明、纪念碑的设立及建筑的兴建均在此时期。古典期是全盛期（约4～9世纪），文字的使用、纪念碑的设立、建筑的兴建及艺术的发挥均在此时期达于极盛。后古典期（约9～16世纪），北部兴起奇琴伊察及乌斯马尔等城邦，文化也逐渐发展起来。玛雅从来不像希腊及埃及等文明拥有一个统一的强大帝国，全盛期的玛雅地区分成数以百计的城邦，而各邦在语言、文字、宗教信仰及习俗传统上却属于同一个文化圈。16世纪时，玛雅文化的传承者阿兹特克帝国被西班牙帝国消灭。公元前200～公元800年是玛雅文化最兴盛的时期，玛雅人建立了数百座城市，其中最大的城市有10万～20万居民。最为著名的遗迹是建于宗教中心的金字塔和伴随的皇宫，其他重要的古遗迹还有雕刻石板（玛雅语：Tetun），其上的象形文字主要描述宗谱、战争胜利和其他成就。公元9世纪开始，古典期玛雅文明的城邦突然同时走向衰落，其原因至今仍然是历史学家研究的课题。到公元10～11世纪末期，曾经繁荣的玛雅城市均被遗弃，并被丛林所覆盖。

1839年美国人约翰·斯蒂芬斯在洪都拉斯的热带丛林中第一次发现玛雅古文明遗址以来，世界各国考古人员在中美洲的丛林和荒原上共发现170多处玛雅古代城市遗迹，玛雅文明的足迹北起墨西哥的尤卡坦半岛，南至危地马拉、洪都拉斯，直达安第斯山脉。

（二） 遥感技术在玛雅遗址探测上的应用

1. 概述

玛雅低地遗址地区是丛林遮盖的热带环境，给实地勘察造成了很大的困难，水源是实地考察与挖掘中最大的阻碍。2004年在实地考察San Bartolo中，每天需要从35英里①外运送3.2t饮用水和从8英里外运送800L的洗漱用水才能为科考人员提供基本的生活保障。

相关文献的记录非常不完整，导致在玛雅低地地区的考古研究更加困难。玛雅地区的实地测绘工作不仅受限于其上覆盖的植被，也受制于有限的时间和资金。如果用实地勘察的方式对玛雅地区进行测绘，将需要20年以上的时间。因此，即使是玛雅地区调查最完整的遗址也仅仅是描述非常有限的一部分景观。在自然和古玛雅社会结构构成上，在玛雅的政治组织上，甚至是何原因造成了玛雅崩溃的问题上，人们都需要更多的数据来解决这些问题。研究人员尝试使用卫星影像来解译和发现玛雅遗址，早期卫星影像的空间分辨率较低而且缺乏立体信息，因此机载激光雷达成为玛雅地区遥感考古的首选方式。

中美洲的很多雨林地区都受到了森林采伐和农业活动的严重威胁。在20世纪70年代，90%以上的雨林都保存完好，而到2007年，有一半以上的雨林遭到砍伐。如果依照这个速率持续下去，10年到20年内雨林将会损毁严重，并将毁掉整个生态栖息地和大部分考古遗址。因此，玛雅遗址地区的高效、快速、准确的遥感测绘工作迫在眉睫。

---

① 1英里=1609.344m。

2. 历史上的遥感应用

研究人员很早就使用遥感技术对玛雅地区进行勘测。最早的遥感探测是 1929 年 Charles Lindbergh 在尤卡坦半岛进行的低空飞行。这次飞行发现了一些新遗址,确认了远古堤道(causeways)的存在(Deuel,1969)。20 世纪 60 年代,通过在墨西哥低地上的航拍,人们确认了垄田(ridged fields)的存在,这在根本上改变了当时人们对古玛雅文化存在的理解;70 年代末~80 年代初,NASA 的 Richard 和一些工程师将雷达遥感技术应用到了玛雅聚落形态的研究中,Adams 和 Patrick Culbert 使用了 SEASAT 雷达图像识别了玛雅遗址附近的 Bajos 地区(一个季节性的沼泽)内可能存在的水渠系统(canal systems)。现场调查证实,遥感技术得到的水渠系统偏多,主要问题是数据处理的人为主观因素使得水渠很容易和网格图形混淆;另一原因是,SEASAT 的空间分辨率过低。

20 世纪 80 年代末,Kevin 和 Bruce 使用 Landsat TM 影像、Seasat SAR 以及机载 SAR 图像(表 6.3),研究玛雅低地的生态和水渠系统的分布。通过假彩色合成、对比度增强和边缘增强等,湿地栖息地的空间特征都清晰可见,这是高分辨率(30m)TM 传感器在玛雅遗址研究中的首次应用。

表 6.3　Kevin 和 Bruce 使用的星载/机载合成孔径雷达参数

主要参数	Seasat SAR	JPL 机载 SAR
高度/km	795	7.3
频率/GHz	1.275	1.225
波长/cm	23.5	25.0
极化方式	HH	HH
视角/(°)	20±3	21
幅宽/km	100	21
分辨率/m	25	20
数据记录	数字	图像
发射年份	1978	1977,1978,1980

20 世纪 90 年代初期,来自 NASA 的 Thomas Sever 和 Culbert 开展了 Bajos 聚落项目(Bajos Communities Project)。他们利用 Star-3i 的数据建立了 10m 水平分辨率、3m 垂直分辨率的 DEM,为地质和水域分析提供数据。尽管 X 波段数据只能测绘植被树冠层,并没有穿透树冠层的能力,但这个分辨率的 DEM 仍然发挥了重要作用,探测到了 Bajos 沼泽中超过 100 个高度变化,包括独立的坟头、小建筑群以及主要的城市中心(Yaxha 和 Nakum),揭示了史前人类居住过的痕迹。

3. IKONOS 卫星影像的应用

Sever 和 Irwin 使用 Landsat TM 和 IKONOS 影像识别 Bajos 的线性特征(Garrison,2007)。利用 2002 年 11 月(San Bartolo)、2006 年 4 月(Sierra del Lacandon)和 2007 年 1 月(El Zotz 和 Ceibal)4 个不同地区共 700km² 的 IKONOS 卫星影像,4 个研究区均有全色

和多光谱波段，空间分辨率多光谱为 4m，全色波段为 1m。

由于玛雅遗址风化的石灰导致附近植物产生叶绿素的能力下降，聚落内的植物冠层会变黄，研究人员通过这种植被标记来识别区域内的聚落信息。Saturno 对 IKONOS 数据进行假彩色合成和全色融合（RGB/431）处理后，一些已知包含遗址的地区出现了植被标记。对这些可能包含遗址地区的实地勘察，验证了研究人员的推测（Saturno et al.，2007）。

在预处理的图像中，一些地区的植被特征十分明显，而在另外一些地区则不很清晰，可以认为是不同的降雨量、地下水深度和表层土厚度造成了这些差异。

4. AIRSAR

AIRSAR 技术第一次在研究玛雅遗址中的使用是在 1988 年，之后每年美国国内或国际任务中执行至少一次飞行试验。在 2004 年 3 月 4 日，搭载机载 SAR 的 NASA/Dryden DC-8 执行了 8h 的飞行任务；3 月 7 日的飞行实验中，AIRSAR 接收了 13 条 12km 宽、150km 长的条带，其中 11 条是东西向的，另外两条分别是 45° 和 135° 方向。极化 SAR 数据由中心频率 1.2GHz（L 波段）雷达和中心频率 430MHz（P 波段）雷达获取。为了测量地形，利用中心频率 5.31GHz（C 波段）干涉雷达工作模式，接收两个互相垂直的天线的数据，目的是获取干涉影像来提取地形信息。

利用 JPL 开发的数据处理系统将 C 波段的数据分别处理得到干涉图像，对比 AIRSAR DEM 和 SRTM DEM，保证两个模型的总体高度偏差在 0.5m 内，消除了飞行器移动以及多重反射带来的误差。AIRSAR 数据帮助人们很快识别了 El Zotz 和 EL Palmar 内的主要庙宇和金字塔，结合实地勘察证明了这些遗迹的存在。由于雷达数据对树冠层具有一定的穿透力，考古学家可以借此生成能准确反映地貌的可视图像。

5. 机载 LiDAR 应用

尽管之前遥感和航空摄影技术的进步推进了人们对玛雅地区的理解，但是直到机载激光雷达技术被应用之前，热带地区的影像都不够详细。虽然微波有一定的穿透能力，但对于密林植被难以获取林下 DEM。机载激光雷达可以发射高频率的激光脉冲，能够穿透密林植被冠层到达林下，获取林下高精度的地形信息，为考古学家提供基础数据支持。

1）卡拉科尔

在 2009 年，美国国家科学基金会（National Science Foundation，NSF）的国家机载激光测绘中心（National Center for Airborne Laser Mapping，NCALM）开展了在卡拉科尔地区的 LiDAR 飞行项目。使用由 Cessna Skym ASTER 双引擎飞行器搭载的双子星座号航天器（GEMINI）机载激光地形制图仪（ALTM）。在 2009 年 4 月 26～30 日期间，该飞行器飞行了 23h，其中激光雷达系统工作了 9.24h。为了达到最好的穿透雨林树冠层的效果，飞行时间设定在了树叶最少的旱季末期。一共有 62 条南北向航线和 60 条东西向航线，航线间距设定为 260m，飞行高度 800m。其标称速度为 80m/s，激光脉冲频率为 100kHz，摆动镜扫描器（摆镜）频率设定为 40Hz，扫描角度为 ±21°，每一条带（swath）激光点密度为 5～6pts/m²，每个激光点可得到 4 个有效回波，同时记录回波强度，平均到达地面点密度为 1.35pts/m²，垂直精度为 5～30cm，获取了 199.7km² 区域的数据。最终生成 LAS 格式的点云数据，通过滤波和格网化，得到 1m 分辨率的 DEM 和树冠表面模型，能够很容易地识别米级的地物特征。

DEM 数据生成的山影模型被应用于 2D 光栅图像中。图像模拟了阳光和偏振角度，能够用地形上的阴影和照明来描述地形起伏。不同的光照角度得到的特征也不同，因此用几种光照和阴影条件来观察同一片地貌对于地表特征的记录和绘图尤为必要。软件程序支持 Z 坐标上的缩放和不同高度间的颜色渐变，经过渲染后，可以完整地浏览喀斯特山区，穿越梯田或者是聚落中心和各个聚落终端间的远古堤道。

运用 LiDAR 测绘，能够以 2D 或 2.5D 视角浏览整个卡拉科尔的地貌。这些图像有效地揭示了整个 200km² 区域内的地形和建筑特征。无论是已测绘或是未被发现的建筑群、农田或道路在图中都一览无遗。之前只有 23km² 区域内的聚落和 3.5km² 区域内的地形有考古记录，现在则有希望在整个 200km² 的区域内发现考古特征，远远超过 20 年前地面测绘得到的结果（Chase et al., 2011）。

2）伊萨帕（Izapa）

2012 年，作为伊萨帕区域解决方案（Izapa Regional Settlement Project，IRSP）的一部分，Robert 使用南墨西哥索科努斯科（Soconusco）地区 43.1km² 的 LiDAR 数据定位了 670 个可能包含考古遗址的土堆。2010 年 8 月和 2011 年 4 月及 5 月，利用 Optech 扫描系统和 Riegl VQ480 扫描系统、单引擎 Cessna 飞机作为搭载平台，采用飞行高度为 1229 ~ 1488m，地面速度为 176 ~ 267km/h 模式，开展了 5 次 LiDAR 飞行，共获取了 22 个条带的数据，每条带宽为 5 ~ 11km，其中 20 条互相平行，间距约为 305m，另外两条则与之垂直。

提交的 LiDAR 产品标称垂直精度为 18.5cm，在 95% 可靠区间上，误差为 0.6%（有 95% 的点能达到标称精度）。在 90% 可靠区间上，精度能达到 15cm，水平分辨率 30cm，0.1% 误差和 1 标准差。获取数据的点云密度为 3.2pts/m²，坐标系为 WGS-84、UTM 15。对这些数据剔除植被和高于地面的地物点，得到地面点云，平均地面点密度为 1.1 个/m²，与卡拉科尔的 1.35 个/m² 接近。虽然没有相关标准，不过伊萨帕和卡拉科尔的数据表明 1pts/m² 的密度已经满足研究需要。最终地面的 DEM 网格大小为 70cm，同时加入垂直间距为 0.5m 的等高线。

LiDAR 数据建立的 DEM 由 ArcGIS 9.2 进行处理，加入山影信息，该 DEM 成为 2011 年实地考察的基础底图。为了达到更好的目视解译效果，研究人员使用了最有效的山影角度（方位角设定为 315°，高度设定在 45°）来辨别小的突起。利用伊萨帕遗址地图评价 DEM 图像的精度，并将地图进行扫描，加载到 GIS 数据库中，作为一个图层。图中所有 161 个突起的坐标都被定位，一共产生 43.1km² 的数据。

机载 LiDAR 测绘和两个月的徒步勘察使得研究人员能够在 43km² 的区域内重建聚落形态。另外，LiDAR 数据生成的 DEM 确定了伊萨帕遗址的完整内容，DEM 山影图像揭露了很多新特征，包括完整平台的大小和形状。

6. LiDAR 考古结论

LiDAR 不仅对记录已存在的遗址有作用，而且也能够发现在冠层浓密植被下的未知遗址，最终会在雨林地区代替传统测绘。例如，卫星图像结合地面 GPS 绘图，揭示了欧洲人入侵之前亚马孙热带雨林居住着大量的人口。但是机载 LiDAR 技术也有不足：尽管 LiDAR

能够提供空间分辨率为亚米级（如小于 1 英尺①）的地貌特征，但不能记录一些可能只留下一些标记的平面结构；对于一些细节和推断日期方面的地面信息，传统测绘和挖掘仍然是必要的，因此实际应用中，需要结合两种不同类型的数据来取长补短。

7. 结论

遥感技术的进一步应用加深了人们对玛雅聚落形态的理解。通过运用多种遥感技术，不仅可以界定聚落的格局和范围，还能推测出可能的政治边界，最终使人们能够准确地复原玛雅古城的原貌。

二、空间信息技术在秘鲁纳斯卡文明的应用

纳斯卡文明是在公元前 100 ~ 公元 800 年繁荣于秘鲁南部海岸里奥格兰德纳斯卡（Rio Grande de Nazca）河谷和伊卡山谷（Ica Valley）之间的古文明，其建造了精美的陶器和纺织品等手工艺品，以及令人印象深刻的地下水渠，这些水渠现在仍可以发挥作用。其最著名的特征是在里奥格兰德纳斯卡流域干旱高地上的纳斯卡线条图，这些图画以不同的几何形状和生物学图案为特征，因此在 1994 年被联合国教科文组织世界遗产委员会列入《世界遗产名录》。

（一）卡瓦其古城

1. 概述

卡瓦其古城（Cahuachi）坐落于安第斯山脉中部的沿海地区，是纳斯卡文明的主体。其形成（公元前 2000 ~ 公元 800 年）以来，当地就有了长期密集的人类活动，到早中期（公元前 200 ~ 公元 500 年），纳斯卡文明开始兴旺，卡瓦其古城以及一些有宗教功能的区域中心得以建立和发展。

卡瓦其古城是南美洲重要的文化资源，是世界上最大的土砖仪式中心。古城平均高 365m，范围 1.5km²，包括 40 多个覆盖有土砖结构的土丘，以及包括 Piramide Naranjada 在内的一些阶梯金字塔（图 6.5），从卡瓦其古城还可以俯瞰到一部分纳斯卡线条图。

2. 遥感探测结果

意大利文物保护和考古地球物理计划（Italian Heritage Conservation and Archaeo-geophysics，ITACA）是意大利国家研究委员会（Consiglio Nazionale delle Ricerche，CNR）主导的一个国际性项目，旨在应用地球观测的科学方法，致力于秘鲁和玻利维亚的史前遗址和文化遗产的保护与管理。在纳斯卡的卡瓦其古城遗址，该项目的主要目的是通过融合地面、航空和航天的遥感方法，寻找卡瓦其古城埋藏的墙壁、坟墓和祭品及在纳斯卡河床寻找埋藏的聚落（Lasaponara and Masini，2011b）。

在当地的环境研究中研究人员使用了多时相、多尺度的卫星数据，包括地面分辨率分别为 90m 和 30m 的 SRTM-DEM 和 ASTER-DEM，以及 ASTER 多光谱影像。在探测考古特

---

① 1 英尺 = 0.3048m。

图 6.5　卡瓦其古城金字塔

征方面，使用了包括 QuickBird-2、WorldView-1、WorldView-2 和 Geoeye-1 在内的高分辨率卫星数据。QuickBird-2 全色图像的空间分辨率为 61～72cm，多光谱图像则为 2.44～2.88m，接收时间为 2002 年 9 月 16 日，地面采样间隔为 61.9cm，以及 2005 年 3 月 25 号，GSD 地面采样间隔为 63.4cm。WorldView-1 全色图像的空间分辨率为 50～59cm，数据获取自 2008 年 7 月 31 日，分辨率为 58.1cm。WorldView-2 全色图像的地面采样距离为 50cm，提供空间分辨率 1.8m 的多光谱数据，接收于 2010 年 9 月 11 日。GeoEye-1 数据全色图像的地面采样距离为 0.41m，多光谱图像分辨率为 1.65m。GeoEye 全色图像按照 0.5m 分辨率进行重新取样（数据采集于 2011 年 2 月 28 日）。

3. 数据处理

数据处理包括对影像增强、最优波段组合、多分辨融合、不同卫星数据之间的高精度配准等。采用基于光谱波段线性组合的特征增强方法，通过不同光谱波段的线性组合计算光谱指数，以及 PCA 突出特征和地物类型。

为了在地面和植被区更好地识别光谱特征异常，使用了最小噪声分离变换。通过检测图像和特征值，最小噪声分离变换可以检测到包含相关图像的波段，因此分离并去除全色融合后的多光谱图像的噪声。为了进一步增强边缘特征，使用卷积滤波算法，包括高通、低通、拉普拉斯和高斯高通等，通过比较，高通滤波的边缘增强效果最好，可以去除低频成分，保留高频部分。为了突出直线特征，研究人员使用了方向滤波，取得了较好效果，它是边缘增强滤波的一阶导数，可以增强特定方向上的图像特征。

4. GPR 和地磁测量

2008 年 11 月研究人员对该地区尚未挖掘的区域和金字塔东部进行地磁测量。测量中使用劳雷工业公司的 G-858 光泵磁力仪，两个垂直方向间距为 1m 的探针。整个测区约 56m×60m，分为 10 个部分。在金字塔东部，GPR 测量使用 SIR-3000 便携式透地雷达，选用单频 400MHz 天线，连续数据获取模式，双通道时间范围是 40ns，波段滤波器设定为 100~800ns。

（二）Piramide Naranja

1. 概述

Piramide Naranja 和卡瓦其古城的其他金字塔一样呈不对称形状，面向北方且有四个阶梯平台。多时相遥感数据分析表明，该金字塔一直在变化，如 1955~2003 年间的盗挖，以及东部地下的墙址在 2007 年之后清晰可见。

QuickBird-2 影像经过处理后，研究人员从中发现了矮墙的线性特征，同时卫星影像和电磁测量的结合帮助人们了解了电磁异常，特别是那些方向性很弱但与考古特征相关的异常信息；南北向的异常则指示了与金字塔各层的坡道和走廊连接的矮墙的存在。

对全色图像和地磁图像融合，采用 Gram-Schmidt（格拉姆–施密特）光谱锐化和最邻近采样法，可以观察到很多小型的环形而密集的地磁异常。这些大多是以前的盗墓坑，在金字塔顶部，盗墓坑的密度更大。使用地质雷达对这些区域进行探测，并在之后的挖掘中发现了若干陶器等艺术品。随后的大范围挖掘发现了很多祭品，包括 80 件陶器、彩绘纺织品、珍贵的金属物件和纳斯卡文明的彩绘南瓜等。另外，还发现了两具人的尸体，都是作为祭品而埋藏于此。

2. Templo del Escalonado

2001 年后，调查扩展到 Templo del Escalonado 后的平地上，挖掘发现了一些埋藏的墙壁，但是考古记录无法确定这些墙和 Templo del Escalonado 在空间和功能上的联系，因此研究人员在 2008 年对此地应用了 GPR 和地磁测量（Rizzo et al., 2010）。GPR 测量面积约 235m²，覆盖 26 个 18m 长的剖面，线间间距 0.5m。双通道时间接收间隔为 40ns，经过处理后，有效信号只有 20ns，对应地表深度 1.5m。在同一个区域，同时进行了地磁测量，数据接收自 20m×20m 的规则网格，间隔为 0.5m，取样率为 10Hz。为了获得最佳信噪比，通过克里金插值算法并用晕渲地形图进行可视化处理。

通过地磁测量，研究人员发现了一些东西方向的线性异常，表明发现了和金字塔平台有关的线性建筑。另外一些线性异常为南北方向，表明和斜坡、走廊相关的墙址的存在。2009 年，试验性挖掘发现了一些祭品，另外还发现了一座包括两个大平台的祭坛，其中包括四根金条、项链、动物等其他祭品。

3. 纳斯卡河畔聚落

2007 年拍摄的航空图像证实了与埋藏建筑相关的标记。另外，2005 年获取的 QuickBird-2 图像提供了更加详细的信息。通过 NDVI、全色和红色波段的 RGB 通道合成图像，研究人员发现了阶梯平台的复合体，以及平台边缘的痕迹。这些埋藏聚落的发现打开了纳斯卡文明研究的新方向，关于聚落的功能和聚落与卡瓦其古城仪式中心的空间时间关系如何，都是随后研究需要解决的问题。

4. 对于非法挖掘行为的监测

19 世纪 30 年代以来航空监测就成了阻止盗挖现象的常用方式，但是航空摄影代价昂贵且耗时巨多，而且在卡瓦其古城这种分布稀疏的古迹的应用上，航拍调查效率并不高，因此高分辨率卫星遥感数据成为主要数据源。通过多光谱 QuickBird-2 和全色 WorldView-1 数据，绘制了 2002 ~ 2008 年间卡瓦其古城附近的盗挖图。经过 2008 年 11 月的实地挖掘验证，证明在平地上的精度高达 90%，但是在山地上则不令人满意。由于风化和地形因素的影响，精度只有 40% ~ 70%。尽管高分辨率卫星影像的空间分辨率依然限制着其在探测非法挖掘方面的应用，但是在卡瓦其古城探测的实践证明，基于空间自相关的半自动图像处理技术可以在一定程度上克服这一缺陷。

参 考 文 献

廖凯涛，王成，习晓环，等. 2015. 吴哥遗产地土地利用/土地覆盖变化遥感分析. 遥感信息，30（1）：119-124.

Adams R E W, Brown W E, Culbert T P. 1981. Radar mapping, archeology, and ancient Maya land use. Science, 213 (4515): 1457-1468.

Basile V, Carrozzo M T, Negri S, et al. 2000. A ground-penetrating radar survey for archaeological investigations in an urban area (Lecce, Italy). Journal of Applied Geophysics, 44: 15-32.

Batty M. 1997. Virtual geography. Futures, 29 (4-5): 337-352.

Benz U C, Hofmann P, Willhauck G, et al. 2004. Multi-resolution, object-oriented fuzzy analysis of remote sensing data for GIS-ready information. ISPRS Journal of Photogrammetry and Remote Sensing, 58 (3-4): 239-258.

Cassinis R, Tosi N, Lechi G M, et al. 1984. Thermal inertia of rocks—an HCMM Experiment on Sardinia, Italy. International Journal of Remote Sensing, 5 (1): 79-94.

Castrianni L, Giacomo G D, Ditaranto I, et al. 2010. High resolution satellite ortho-images for archaeological research: different methods and experiences in the Near and Middle East. Advances in Geosciences, 24: 97-110.

Challis K, Priestnall G, Gardner A, et al. 2002. Corona remotely-sensed imagery in dryland archaeology: the Islamic City of al-Raqqa, Syria. Journal of Field Archaeology, 29 (2): 139-153.

Chase A F, Chase D Z, Weishampel J F, et al. 2011. Airborne LiDAR, archaeology, and the ancient Maya landscape at Caracol, Belize. Journal of Archaeological Science, 38: 387-398.

Deuel L. 1969. Flights into Yesterday: The Story of Aerial Archaeology. New York: St. Martin's Press.

Di Giacomo G, Ditaranto I, Scardozzi G. 2008. Stereoscopic view, extracting DEM and cartography for archaeological purposes from Ikonos stereo pair: a case from Hierapolis of Phrygia territory (Turkey) // Lasaponara R, Masini N. Advances on Remote sensing for Archaeology and Cultural Heritage Management. Proceedings of the 1st international workshop. Rome: Aracne.

Evans D H, Fletcher R J, Pottier C, et al. 2013. Uncovering archaeological landscapes at Angkor using lidar. Proceedings of the National Academy of Sciences, 110 (31): 12595-12600.

Frihy O E. 1988. Nile Delta shoreline changes: aerial photographic study of a 28-year period. Journal of Coastal Research, 4 (4): 597-606.

Fujita S T Y, Fox J, 2005. Resource use dynamics and land cover change in Ang Nhai Village and Phou Phanang national reserve forest, Lao PDR. Environmental Management, 36 (3): 382-393.

Garrison T G, 2007. Ancient Maya territories, adaptive regions, and alliances: contextualizing the San Bartolo-Xultun intersite survey. Cambridge: Doctor of Philosophy Dissertation, Harvard University.

Gaughan A E，Binford M W，Southworth J. 2009. Tourism，forest conversion，and land transformations in the Angkor basin，Cambodia. Applied Geography，29（2）：212-223.

Goossens R，De Wulf A，Bourgeois J，et al. 2006. Satellite imagery and archaeology：the example of CORONA in the Altai Mountains. Journal of Archeological Science，33：745-755.

Keeney J，Hickey R. 2015. Using satellite image analysis for locating prehistoric archaeological sites in Alaska's Central Brooks Range. Journal of Archaeological Science：Reports，3：80-89.

Krusel F A，2003. Mineral mapping with AVIRIS and EO-1 Hyperion. California：12th JPL Airborne Geoscience Workshop.

Kwon H，Der S Z，Nasrabadi N M，et al. 2003. Adaptive anomaly detection using subspace separation for hyperspectral imagery. Optical Engineering，42（11）：3342-3351.

Lasaponara R，Masini N. 2007. Detection of archaeological crop marks by using satellite QuickBird multispectral imagery. Journal of Archeological Science，34：214-221.

Lasaponara R，Masini N，2011a. Satellite remote sensing in archaeology：past，present，and future perspectives. Journal of Archeological Science，38：1995-2002.

Lasaponara R，Masini N，2011b. Integrated remote sensing approach in Cahuachi（Peru）：studies and results of the ITACA mission（2007−2010）// Lasaponara R，Masini N. Satellite Remote Sensing：A New Tool for Archaeology. Dordrecht：Springer.

Lasaponara R，Leucci G，Masini N，et al. 2016. Towards an operative use of remote sensing for exploring the past using satellite data：the case study of Hierapolis（Turkey）. Remote Sensing of Environment，174：148-164.

Luo L，Wang X，Guo H，et al. 2019. Airborne and spaceborne remote sensing for archaeological and cultural heritage applications：a review of the century（1907−2017）. Remote Sensing of Environment，232：111280.

Matthew M W，Adler-Golden S M，Berk A，et al. 2000. Status of atmospheric correction using a MODTRAN4-based algorithm. Proceedings of SPIE-The International Society for Optical Engineering，4049：199-207.

Miller L. 1977. Soil spectra contributions to grass canopy spectral reflectance. Photogrammetric Engineering and Remote Sensing，43（6）：721-726.

Murphy R J，Wadge G. 1994. The effects of vegetation on the ability to map soils using imaging spectrometer data. International Journal of Remote Sensing，15（1）：63-86.

Papadopoulos N G，Tsourlos P，Papazachos C，et al. 2011. An algorithm for fast 3D inversion of surface electrical resistivity tomography data：application on imaging buried antiquities. Geophysical Prospecting，59（3）：557-575.

Parcak S. 2007. Satellite remote sensing methods for monitoring archaeological tells in the Middle East. Journal of field archaeology，32（1）：65-81.

Parcak S，2009. Satellite Remote Sensing for Archaeology. London：Routledge.

Rizzo E，Masini N，Lasaponara R，et al. 2010. Archaeo-geophysical methods in the Templo del Escalonado，Cahuachi，Nasca（Peru）. Near Surface Geophysics，8（5）：433-439.

Salama P. 1987. Bornes milliaires d'Afrique Proconsulaire：Un panorama historique du Bas Empire romain. Roma：Ecole française de Rome.

Sanders I. 1982. Roman Crete：An Archaeological Survey and Gazetteer of Late Hellenistic，Roman and Early Byzantine Crete. Warminster：Aris and Phillips

Sarris A，Vafidis A，Mertikas S，et al. 1998. Ancient Itanos（Erimoupolis，Lasithi）：an archaeological site to a remote sensing laboratory. Budapest：Proceedings of the 31st International Symposium of Archaeometry.

Saturno W，Sever T L，Irwin D E，et al. 2007. Putting us on the map：remote sensing investigation of the ancient

Maya landscape//Wiseman J R, El-Baz F. Remote Sensing in Archaeology. New York: Springer.

Scardozzi G. 2007a. Hierapolis di Frigia. Applicazioni informatiche alle ricognizioni archeologiche e telerilevamento da satellite: l'esempio degli acquedotti della città. Archeologia e Calcolatori, (18): 331-353.

Scardozzi G. 2007b. L'urbanistica di Hierapolis di Frigia: ricerche topografiche, immagini satellitari e fotografie aeree. Archeologia Aerea, 2: 83-124.

Scardozzi G. 2010. Integrated geophysical methods for the knowledge of the urban layout of Hierapolis in Phrygia (Turkey). Lecce: The XIII International Conference on Ground Penetrating Radar.

Stanley J D, Warne A G, Schnepp G. 2004. Geoarchaeological interpretation of the Canopic, largest of the relict Nile Delta distributaries, Egypt. Journal of Coastal Research, 20 (3): 920-930.

Tissot C J. 1884. Géographie comparée de la province romaine d'Afrique. Paris: Imprimerie Nationale.

Traviglia A. 2008. A view on Greater Angkor: a multi-scalar approach for investigating the Khmer forests. Advances in Remote Sensing for Archaeology and Cultural Heritage Management, 23-26.

Trousset P, 1974. Recherches sur le Limes Tripolitanus du Chott El-Djérid à la frontière tuniso-libyenne. Paris: Centre National de la Recherche Scientifique.

Trousset P, 1986. Les oasis présahariennes dans l'Antiquité: partage de l'eau et division du temps. Antiquités Africaines, 22 (1): 163-193.

第七章　中国大型文化遗产信息空间认知

近年来，随着对遗产概念与内涵认识的不断深入，文化线路（cultural routes）、遗产运河（heritage canal）、遗产廊道（heritage corridor）等一系列反映了文化与自然景观的整体性与延续性，体现人类在各个历史时期的社会、经济与文化发展动态特征的跨区域的大型线性遗产，已成为国内外遗产保护领域探讨的热点。

中华五千年文明孕育了长城、丝绸之路、海上丝绸之路、大运河、茶马古道、蜀道等一大批大型的线性文化遗产。它们正是这样一类拥有特殊文化资源集合的线形或带状区域内的物质和非物质的文化遗产族群，出于人类的特定目的而形成一条重要的纽带，将一些原本不关联的城镇串联起来，构成链状的文化遗存状态，真实再现了历史上人类的活动、物质和非物质文化的交流互动，并赋予作为重要文化遗产载体的人文意义和文化内涵。这些线性遗产又在时空上彼此交流沟通，构成了一个包括了中国大部分地区的由相互交错的线路构成的系统网络。

第一节　丝绸之路空间考古与认知

丝绸之路是我国乃至世界交通史上最为重要的大型线性文化线路之一，2014 年 6 月 22 日在卡塔尔多哈召开的第 38 届世界遗产大会宣布，中国、哈萨克斯坦、吉尔吉斯斯坦三国联合申报的"丝绸之路：长安–天山廊道的路网"（Silk Roads：the Routes Network of Chang'an-Tianshan Corridor）成功申报世界文化遗产，成为我国首例跨国合作、成功申遗的项目而被写进《世界遗产名录》。

目前，丝绸之路考古研究以田野考古、文献考古和历史考古等传统方法为主，以史地研究、文物研究、语言研究、民族研究等为重点，以发掘保护、考古发现、证经补史等为目的，内容涉及考古、历史、民族、宗教、文化、艺术等多学科领域。丝绸之路遗址大都位于沙漠、戈壁、雅丹等人迹罕至地貌的腹地区域，传统的考古学方法需要耗费大量的人力、物力和时间，空间信息技术为丝绸之路的空间认知提供了新的技术手段和数据支持。

一、丝绸之路及其文化赋存

（一）古丝绸之路

丝绸之路是指起始于古代中国，连接亚洲、非洲和欧洲的古代陆上商业贸易路线。19 世纪末，德国地质学家李希霍芬将这条东西大道誉为"丝绸之路"。从此，丝绸之路这一称谓得到世界的承认。丝绸之路，在世界史上有重大的意义，是古代亚欧大陆的交通动脉，是古中国、古印度、古波斯、古希腊等多种文化交汇的桥梁（李明伟，2005）。在通过这条漫漫长路进行贸易的货物中，中国的丝绸最具代表性，"丝绸之路"因此得名。丝绸之路不仅是古代亚欧互通有无的商贸大道，还是促进亚欧各国和中国的友好往来、沟通东西方文化的友谊之路。

公元前138年，张骞奉命第一次出使西域，开拓了汉王朝与西域诸国的文化交流。公元前119年，张骞率领使团第二次出使西域，带着上万头牛羊和大量丝绸，访问西域的许多国家；西域各国也派使节回访长安，从此西域同汉朝的交往日趋频繁，后来都纷纷归附汉朝。公元前60年，西汉设立西域都护，总理西域事务。从此，今新疆地区开始隶属中央管辖，成为中国不可分割的一部分（新疆维吾尔自治区地方志编纂委员会，2007）。

公元73年，东汉时的班超又重新打通隔绝58年的通往西域的道路。东汉派班超出使西域，他帮助西域各国摆脱了匈奴的控制，被东汉任命为西域都护，他在西域经营30年，加强了西域与内地的联系。班超派使节出使大秦（罗马），大秦（罗马）也顺着丝路首次来到东汉京师洛阳，形成了今天丝绸之路的完整路线。公元166年，大秦（罗马）使臣来到洛阳，这是欧洲国家同中国的首次直接交往。丝绸之路是一条东方与西方之间经济、政治、文化进行交流的主要道路。它的最初作用是运输中国古代出产的丝绸。因此，当德国地理学家李希霍芬最早在19世纪70年代将之命名为"丝绸之路"后，即被广泛接受。

古丝绸之路分为东、中、西三段，其中东段为长安（洛阳）至敦煌，中段为敦煌至葱岭（今帕米尔高原），葱岭以西至欧洲为西段。东段由长安（洛阳）沿渭河过陇关、上邽（今天水）、狄道（今临洮）、枹罕（今临夏），由永靖渡黄河，穿西宁，越大斗拔谷（今扁都口）进入河西走廊，后由武威经张掖、酒泉至敦煌。中段自敦煌玉门关、阳关出西域有两道：从鄯善，傍南山北，波河西行，至莎车为南道，南道西逾葱岭则出大月氏、安息；自车师前王庭（今吐鲁番），随北山，波河西行至疏勒（今喀什）为北道，北道西逾葱岭则出大宛、康居、奄蔡（黑海、咸海间）。北道上有两条重要岔道：一是由焉耆西南行，穿塔克拉玛干沙漠至南道的于阗；二是从龟兹（今库车）西行过姑墨（阿克苏）、温宿（乌什），翻拔达岭（别迭里山口），经赤谷城（乌孙首府），西行至怛罗斯（今江布尔州）。

由于南北两道穿行在白龙堆、库姆塔格沙漠和塔克拉玛干大沙漠，条件恶劣，道路艰难。东汉时在北道之北另开一道，隋唐时成为一条重要通道，称新北道（俎瑞平等，2001）。原来的汉北道改称中道。新北道由敦煌西北行，经伊吾（哈密）、蒲类海（巴里坤湖）、北庭（吉木萨尔）、轮台、弓月城（霍城）、碎叶（今托克马克）至怛罗斯。丝路西段为葱岭（或怛罗斯）至罗马，涉及范围较广，包括中亚、南亚、西亚和欧洲，历史上的国家众多，民族关系复杂，因而路线常有变化。

（二）自然特征

丝绸之路中国境内，除关中平原外绝大部分位于干旱半干旱地区，自然条件恶劣、生态环境脆弱、地形地貌复杂、水资源严重匮乏。

1. 关中平原

关中平原又称渭河平原或渭河盆地，系地堑式构造平原。为区分关东及关西地区，关东地区位于嘉峪关以东地区，关西即嘉峪关以西，故称关中。关中平原位于陕西省中部，介于秦岭和渭北北山之间。西起宝鸡，东至潼关，海拔 325 ~ 800m，东西长约 300km，面积约 3.4 万 km²。因在函谷关和大散关之间（一说在函谷关、大散关、武关和萧关之间），古代称"关中"。春秋战国时其为秦国故地，包括西安、宝鸡、咸阳、渭南、铜川 5 市及杨凌区。东西长 300km，平均海拔约 500m，西窄东宽，号称"八百里秦川"。渭河平原是断层陷落区，即地堑，后经渭河及其支流泾河、洛河等冲积而成。这里自古灌溉发达，盛产小麦、棉花等，是我国重要的商品粮产区。渭河平原位于陕西省中部，是陕西最富足的地方，也是中国最早被称为"金城千里，天府之国"的地方。

关中平原四面都有天然地形屏障，易守难攻，从战国时起就有"四塞之国"的说法，所以汉代张良用"金城千里"来概括关中的优势劝说刘邦定都关中。战国时期，苏秦向秦惠王陈说"连横"之计，就称颂关中"田肥美，民殷富，战车万乘，奋击百万，沃野千里，蓄积饶多"，并说，"此所谓天府，天下之雄国也"，这比成都平原获得"天府之国"的称谓早了半个多世纪。这是因为从战国时期郑国渠修好以后，关中平原就成了物产丰富、帝王建都的风水宝地。

关中平原夹持于陕北高原与秦岭山脉之间，为喜马拉雅运动时期形成的巨型断陷带。盆地两侧均为高角度正断层。断层线上有一连串泉水和温泉出露。南北两侧山脉沿断层线不断上升，盆地徐徐下降，形成地堑式构造平原。渭河平原形成后，不仅有黄土堆积其间，更重要的是渭河及其两侧支流挟带大量泥沙填充淤积其中，第四纪松散沉积，最大厚度达 7000m。因地壳间歇性变动和河流下切，形成高度不等的阶地。

渭河平原属温带季风性气候，年均温 6 ~ 13℃，冬季最冷月为 1 月，均温在-5℃左右，夏季最热一般出现在 7 月，月均温 30℃左右。年降水量 500 ~ 800mm，其中 6 ~ 9 月占 60%，多为短时暴雨，冬春降水较少，春旱、伏旱频繁。渭河由西向东横贯关中平原，干流及支流泾河、北洛河等均有灌溉之利，中国古代著名水利工程如郑国渠、白渠、漕渠、成国渠、龙首渠都引自这些河流。关中平原自然、经济条件优越，是中国历史上农业最富庶地区之一。

自西周始，先后有秦、西汉、隋、唐等 13 代王朝建都于关中平原中心，历时千余年。以长安为核心的关中平原是古丝绸之路的起点，第一次吹响了东西方文明交流的号角。在这里，中央王朝为丝绸之路的孕育和发展提供了原始的国家制度动力。

2. 河西走廊

河西走廊是中国内地通往新疆的要道。东起乌鞘岭，西至古玉门关，南北介于南山（祁连山和阿尔金山）和北山（马鬃山、合黎山和龙首山）间，长约 900km，宽数千米至近百千米，为北西-南东走向的狭长平地，形如走廊，且位于黄河以西，称河西走廊，又因在甘肃境内，也称甘肃走廊。河西走廊历代均为中国东部通往西域的咽喉要道，也是"丝绸之路"的战略通道（颉耀文等，2004）。

河西走廊属于祁连山地槽边缘拗陷带。喜马拉雅运动时，祁连山大幅度隆升，走廊接受了大量新生代以来的洪积、冲积物。自南而北，依次出现南山北麓坡积带、洪积带、洪积冲积带、冲积带和北山南麓坡积带。走廊地势平坦，一般海拔 1500m 左右。沿河冲积平原形成武威、张掖、酒泉等大片绿洲。其余广大地区以风力作用和干燥剥蚀作用为主，戈壁和沙漠广泛分布，尤以嘉峪关以西戈壁面积广大，绿洲面积更小。在河西走廊山地的周围，由山区河流搬运下来的物质堆积于山前，形成相互毗连的山前倾斜平原。在较大的河流下游，还分布着冲积平原。这些地区地势平坦、土质肥沃、引水灌溉条件好，便于开发利用，是河西走廊绿洲主要的分布地区。河西走廊气候干旱，许多地方年降水量不足 200mm，但祁连山冰雪融水丰富，灌溉农业发达。

河西走廊分为三个独立的内流盆地：玉门、瓜州、敦煌平原，属疏勒河水系；张掖、高台、酒泉平原，大部分属黑河水系，小部分属北大河水系；武威、民勤、永昌平原，属石羊河水系（颉耀文等，2004）。在整个走廊地区，以祁连山冰雪融水所灌溉的绿洲农业较盛。石羊河水系，位于走廊东段，南面祁连山山前地区为黄土梁峁地貌及山麓洪积冲积扇，北部以沙砾荒漠为主，并有剥蚀石质山地和残丘。东部为腾格里沙漠，中部是武威盆地。黑河水系，东西介于大黄山和嘉峪关之间，大部分为砾质荒漠和沙砾质荒漠，北缘多沙丘分布，唯张掖、临泽、高台之间及酒泉一带形成大面积绿洲，是河西重要农业区。自古有"金张掖，银武威"之称。疏勒河水系，位于走廊西端，南有阿尔金山东段、祁连山西段的高山，山前有一列近东西走向的剥蚀石质低山（即三危山、截山和蘑菇台山等），北有马鬃山，中部走廊为疏勒河中游绿洲和党河下游的敦煌绿洲，疏勒河下游则为盐碱滩，绿洲外围有面积较广的戈壁，间有沙丘分布。

河西走廊的气候属大陆性干旱气候，尽管降水很少（年降水量只有 200mm 左右），但发展农业的其他气候条件仍非常优越。当地云量稀少，日照时间较长，全年日照达 2550～3500h，光照资源丰富，对农作物的生长发育十分有利。河西走廊冬春二季常形成寒潮天气。夏季降水的主要来源是侵入该区的夏季风。河西走廊气候干燥、冷热变化剧烈，风大沙多，自东而西年降水量渐少，干燥度渐大。例如，武威年降水量为 158.4mm，敦煌年降水量为 36.8mm；酒泉以东干燥度为 4～8，以西为 8～24。河西走廊降水年际变化大，夏季降水占全年总量 50%～60%，春季降水占全年总量 15%～25%，秋季降水占全年总量 10%～25%，冬季降水占全年总量 3%～16%。其云量少，日照时数增加，多数地区为 3000h，西部的敦煌高达 3336h。河西走廊年均气温 5.8～9.3℃，但绝对最高温度可达 42.8℃，绝对最低温度为-29.3℃，两者相差超过 72.1℃；昼夜温差平均 15℃ 左右，一天可有四季。民勤年沙暴日 50 天以上，而瓜州 8 级以上大风的风日一年有 80 天，有"风库"之称。

3. 新疆地区

汉唐时期的西域地区包括今中国新疆全境和中亚五国部分地区，中国与中亚五国山水相依，同属于干旱半干旱地区（新疆维吾尔自治区地方志编纂委员会，2007）。

新疆呈现山脉与盆地相间排列的特征，盆地与高山环抱，喻称"三山夹两盆"。北部阿尔泰山，南部为昆仑山系；天山横亘于新疆中部，把新疆分为南北两半，南部是塔里木盆地，北部是准噶尔盆地。习惯上称天山以南为南疆，天山以北为北疆，把哈密、吐鲁番盆地称为东疆。新疆的最低点吐鲁番艾丁湖低于海平面 155m。最高点乔戈里峰位于克什米尔边境上，海拔8611m。新疆北部有阿尔泰山，南部有昆仑山、阿尔金山和天山。天山作为新疆象征，横贯其中部，形成南部的塔里木盆地和北部的准噶尔盆地。

新疆远离海洋，深居内陆，四周有高山阻隔，海洋气流不易到达，形成明显的温带大陆性气候。气温温差较大，日照时间充足（年日照时间达2500~3500h），降水量少，气候干燥。新疆年平均降水量为150mm左右，但各地降水量相差很大，南疆的气温高于北疆，北疆的降水量高于南疆。最冷月为1月，平均气温在准噶尔盆地，为-20℃以下，该盆地北缘的富蕴县绝对最低气温曾达到-50.15℃，是全国最冷的地区之一。最热月为7月，在号称"火洲"的吐鲁番，平均气温为33℃以上，绝对最高气温曾达49.6℃。新疆大部分地区在春夏和秋冬之交日温差极大，故历来有"早穿皮袄午穿纱，围着火炉吃西瓜"之说。

新疆三大山脉的积雪、冰川汇集为500多条河流，分布于天山南北的盆地，其中较大的有塔里木河（中国最大的内陆河）、伊犁河、额尔齐斯河（流入北冰洋）、玛纳斯河、乌伦古河、开都河等20多条（王永兴和阚耀平，1992）。新疆有许多自然景观优美的湖泊，总面积达9700km²，占全疆总面积的0.6%左右，其中著名的十大湖泊是博斯腾湖、艾比湖、布伦托海、阿雅格库里湖、赛里木湖、阿其格库勒湖、鲸鱼湖、吉力湖、阿克萨依湖、艾西曼湖。新疆境内形成了独具特色的大冰川，共计1.9万余条，总面积2.65万km²，占全国冰川面积的45%，冰储量2.85亿m³，是新疆的天然"固体水库"。新疆的水资源极为丰富，人均占有量居全国前列。大沙漠占全国沙漠面积的2/3，其中塔里木盆地中的塔克拉玛干沙漠的面积为33.67万km²，是中国最大的沙漠，为世界第二大流动沙漠，仅次于阿拉伯半岛上的鲁卜哈利沙漠。准噶尔盆地的古尔班通古特沙漠，面积约48000km²，为中国第二大沙漠。

新疆是古丝绸之路的核心地段，古代新疆人民在漫长的历史长河和特殊的历史环境中创造了丰富的、光彩夺目的物质文化和精神文化，早在两汉时期就发展形成了辉煌的西域文明，不仅是当时世界交通的重要枢纽，同时又是丝路文化的摇篮。

（三）文化遗产赋存特征

丝绸之路作为大型的线性文化遗产，由于其悠久的历史，沿线赋存着不计其数的不同时期、不同类型的遗址。丝路沿线是世界上少有的古代城址集中分布区域，尤以我国西北地区分布最为集中。丝路沿线文化多元、积淀厚重、风光绮丽、特色鲜明，既有名城、关隘、烽燧、寺塔、石窟等历史景观，也有森林、沙漠、河流、绿洲、戈壁、雪山等自然风光，还有民俗、歌舞、传说、服饰、艺术等人文元素，其资源丰富程度绝无仅有。

中国境内丝绸之路沿线现有世界文化遗产5项，包括敦煌莫高窟（1987年）、秦始皇兵马俑（1987年）、龙门石窟（2000年）、登封天地之中（2010年）、丝绸之路起始段与天山路网的廊道（2014年），共计26处遗产点。截至2013年，中国境内丝绸之路沿线西北5个省（区）[新疆（113处）、甘肃（131处）、青海（45处）、宁夏（34处）、陕西（235处）]以及河南（358处）的国家级文物保护单位总数达到916处，占全国总数的21.4%。省、市、县级文物保护单位数以万计，经普查，截至2016年，陕西有各类文物点 49058 处，且今甘肃省瓜州县（原安西县）就有古城遗址 50 多处，历史时期各类文物遗址总数近 300 处。

　　丝绸之路沿线的遗址类型丰富，包括古遗址（聚落遗址、古城址等）、古墓葬、古建筑、石窟寺庙、水利设施、坑、窑、窖等，其中又以古遗址、古墓葬为主，如在陕西省的 49058 处文物保护单位中，古遗址与古墓葬合计总数就达 37820 处，占全省文物点的 77%。这些遗址大多数均为土石结构，极易遭受风蚀、雨水冲刷以及自身坍塌与风化的破坏。

　　在时空维度上，丝绸之路沿线遗址涵盖了石器时代至今的每个重要历史时期，尤其是汉唐时期，并形成了以西安、洛阳、敦煌、兰州、乌鲁木齐等为核心的遗址群。以敦煌地区为例，截止到 2014 年底，该地区拥有世界文化遗产两项 4 处，分别为莫高窟、锁阳城遗址、悬泉置遗址、玉门关遗址。

二、丝绸之路空间考古的方法

　　丝绸之路以跨越东亚与中亚直至欧洲形成特大区域型路网，其空间规模广大，地理环境多样，沿用时间长，留下丰富的遗存，生动展现出公元前 2 世纪～公元 16 世纪间欧亚大陆诸多文明区域，特别是游牧的草原文明与定居的农耕、绿洲或畜牧文明间的互相影响与作用。这些遗存揭示了亚洲历史上中原农耕文明、草原游牧文明、西域绿洲文明之间的交流、冲突、兼容、融合等对话过程，以及这一过程所经历的若干重要历史阶段与突出的多元文化特征。丝绸之路的运行曾经过一系列对自然环境的依托、利用和改造措施，包括对荒漠地带土地利用的成功开发，共同支撑了荒漠条件下的行旅交通，最终使跨越洲际的文化线路得以贯通，是人类为实现长距离交通与交流而与自然环境相互作用的杰出范例，更为考古学科特别是空间考古发挥其独特作用提供了广大的舞台。

　　本节以丝绸之路重要段瓜州—沙州为例，说明空间考古在丝绸之路的应用与作用（Luo et al.，2014）。

（一）史料与普查数据

　　古瓜州（今瓜州县城东南约 45km 的锁阳城遗址）与古沙州（今敦煌市沙州城遗址）相距约 130km，是两块由于受到疏勒河与党河的滋润而发育在河西走廊最西端的绿洲，现今面积各约 400km²。瓜沙二州，自丝绸之路开辟以来就是中西方交通的咽喉之地。西汉时期汉武帝在河西地区"列四郡，据两关"之后，瓜沙二州及周边地区属敦煌郡，下设龙勒、敦煌、效谷、广至、冥安、渊泉六县，迨及唐代，瓜沙二州分治。其实，在今天瓜沙二州间还有一块已消失了的汉唐古绿洲，即唐代苦水（今芦草沟）下游绿洲——芦草沟古绿洲。2000 多年来，受到全球气候环境变化与人类活动的影响，连接瓜沙二州的芦草沟古绿洲逐渐被雅丹地貌群、沙漠、戈壁和荒滩所代替，人迹罕至。瓜沙二州是连接中原与西域的枢纽和东西经济文化交流的荟萃之地，在古代中西交通史上地位十分重要。因此，芦草沟古绿洲对于瓜沙二州间烽、驿系统，古代交流通道变迁的研究，乃至对于整个丝绸之路交流通道的研究都有很重要的意义。

自清代以来，许多学者注目于河西地区，乃至瓜沙史地文献研究。考古探险家英籍马尔克·奥莱尔·斯坦因、瑞典籍斯文·赫定、日本敦煌学者池田温等，以及国内的王国维、夏鼐、阎文儒先生，都曾结合敦煌遗书、汉简，以及实地的考察资料，对河西走廊西段古代交通进行深入研究。对于汉唐时期瓜沙二州间烽、驿系统，严耕望、李并成、郑炳林、李正宇、孙修身、程喜霖、王宗维等做过细致的研究。但许多重要的遗址至今还湮没在雅丹地貌群中未被发现，因此，他们对已发现遗址的性质给出了不同看法，对瓜沙二州间的烽、驿系统以及丝绸之路走向研究、汉唐时期东西方文化交流等众多问题产生了不同的认识，这就需要新的证据加入。但是，由于这里环境恶劣、人迹罕至，必须借助新的技术与方法来开展考古发现与实地调查，实现科学证据的积累和论证。

2007 年 9 月~2011 年 12 月，瓜州县组织开展了第三次全县文物普查（以下简称"三普"）。"三普"结果显示瓜州县共有包括城址、烽燧遗址、聚落遗址、窑址、房址、水利设施遗址、古寺庙遗址等古遗址 243 处，其中城址 51 处。这些古遗址的确认及其时空分布特征为芦草沟古绿洲空间考古发现与调查提供了重要的位置参考。敦煌遗书中的《沙州都督府图经卷》《敦煌录》《沙州志》《沙州归义军图经略抄》，斯坦因考古著作 Innermost Asia 与 Serindia，以及对居延汉简、悬泉汉简等汉简的研究成果都为芦草沟古绿洲空间考古研究提供了文献基础与科学发现的线索。

据敦煌地区出土的汉简资料，汉代长城防御系统以"都尉—候官—烽燧"作为基本建制。结合百年来敦煌史地研究的成果，可知汉代敦煌郡北部长城防御系统由宜禾都尉、中部都尉、玉门都尉组成。据敦煌凌胡燧所出木简载"宜禾部烽第广汉第一美稷第二昆仑第三鱼泽第四宜禾第五"，基本可以确认宜禾都尉自东向西由广汉、美稷、昆仑、鱼泽与宜禾五候官及其各自下属烽燧构成。广汉与美稷两候官治所遗址已经被初步确认；同时在瓜州县"三普"调查登记的文物名录中，小宛破城遗址（190m×190m）最早为汉代宜禾都尉治所（昆仑障）；而鱼泽候官治所位于今瓜州绿洲内部，人类农业活动已使其无迹可寻；独有宜禾候官治所至今仍湮没在芦草沟古绿洲的雅丹地貌群中。

据敦煌遗书《沙州都督府图经卷》记载，唐天授二年（公元 691 年）后，在芦草沟古绿洲瓜沙二州间的驿道上共置有常乐驿、悬泉堡、阶亭驿、甘草驿、长亭驿、白亭驿和横涧驿 7 座驿站，并详细记录了各驿站与沙州城、相邻驿站之间的方位信息。前人的研究成果中已经确定了常乐驿、阶亭驿以及横涧驿的遗址信息，但缺少对甘草驿、长亭驿与白亭驿的考古遗址发现与研究。

（二）多源遥感图像处理

基于卫星影像、文物普查数据、历史文献以及考古资料等多元数据，通过 RS、GIS 与 GPS 技术的综合分析应用，在芦草沟古绿洲开展空间考古工作，为瓜沙二州间烽、驿系统与古代交流通道的恢复提供科学依据，为深入研究汉唐时期整个河西地区的烽、驿系统、交流通道以及古丝绸之路变迁提供借鉴的方法。

研究使用的多元数据包括多分辨率卫星遥感数据、全国第三次文物普查数据、敦煌遗书、考古资料等中外历史文献。多分辨率卫星遥感数据主要有 WorldView-2（WV-2）高分辨率数据，资源三号（ZY-3）卫星全色波段影像，Landsat-7 ETM+数据。

WorldView-2（WV-2）卫星提供 0.46m 空间分辨率全色图像和 1.84m 空间分辨率的多光谱图像，单景幅宽 16.4km。WV-2 高空间分辨率与多光谱特征提供了研究区细小、隐弱地物目标识别与探测的能力。资源三号（ZY-3）卫星提供空间分辨率优于 2.1m 的全色图像和空间分辨率优于 5.8m 的多光谱图像，单景幅宽 51km。ZY-3 的高空间分辨率与较大的图像幅宽特征提供了汉长城遗址等特定地物目标识别与局部环境研究的能力。Landsat-7 卫星上搭载的 ETM+ 传感器包括 8 个波段，空间分辨率为 30m，其中包括一个 15m 的全色波段，单景幅宽 185km。Landsat-7 多光谱分辨率与中高空间分辨率的特征为研究区干（古）水系的识别提供了丰富的光谱信息，同时图像幅宽大的特征为研究区提供了遥感制图的能力。

（三）多元技术综合应用与认知

首先在室内利用 GIS 软件将汉长城遗址、干（古）水系，利用"三普"数据，以及前人的考古资料、历史文献与古地图等多类型数据，转换为具有统一地理参考的空间数据，按照一定的规则分别进行缓冲区分析与叠加分析，获得遗址存在的疑似区，再由高分辨率遥感图像确定疑似点，最后进行野外实地考察与证实（Luo et al., 2014）。

基于 GIS 确定的宜禾候官治所遗址的疑似区有两个。根据《沙州都督府图经卷》记载的方位信息和之前研究成果，建立甘草驿与长亭驿的缓冲区，得到了芦草沟古绿洲上 2 个驿站存在疑似区，并据此开展空间考古调查与发现工作。

基于 GIS 空间分析提供的疑似区 WV-2 高分辨率影像解译结果，利用 GPS 定位技术，空间考古联合考察队于 2013 年 8 月和 10 月前后两次对巴州古城遗址以北，汉长城以南，敦煌绿洲以东，瓜州绿洲以西的雅丹地貌群进行野外考察和实地调查。文物考古专家根据遗址地表残存的器物以及遗址本身的规制综合给出了遗址的初步年代。

三、汉唐时期瓜沙二州间烽、驿系统的重建

（一）空间考古新发现城址

1. 新发现古城遗址 1（编号 BZ-1）

该遗址位于巴州古城遗址北略偏东 6.8km 处（遗址精确的经纬度坐标因文物保护不宜公开，此处略去，下同，海拔 1122m），北距汉长城遗址 1.5km，沿汉长城东距小宛破城遗址约 48km。WV-2 提供的疑似区图像显示，在汉长城遗址以南 1km 左右，古河道有一段向南弯曲，在河道南岸河曲中心部位，发现一个由 3 个同心矩形组成的对称图形 [图 7.1（a）]，与风向控制的雅丹地貌分布的特征完全不同，且纹理特征明显，疑是人工遗迹。考察队到达可疑点以北约 1.5km 的汉长城遗址，向南走过风蚀台地到达疑似点。首先看到的是遍地的瓦、陶残片，然后在西南角发现了石磨残块，最后在遗址东墙外发现灰堆。

该古城遗址现已无明显的墙体遗存，但在地表从外向里依次残存有 3 道城墙墙基，宽约 3.5m，墙基间距 8 ~ 10m。现场测得最外围墙基南北长约 104m，东西宽约 94m；中间墙基南北长约 86m，东西宽约 79m；最内围墙基南北长约 64m，东西宽约 59m。通过与巴州

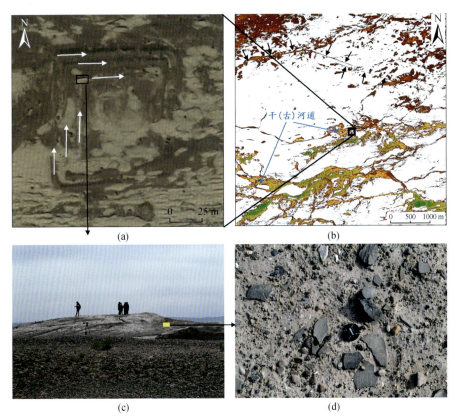

图 7.1　新发现古城遗址 1 的遥感影像与遗址地表实物照片
（b）中黑色箭头指向汉长城遗址

古城遗址内的古代遗物对比分析，考察队文物考古专家初步判定该城址与巴州古城遗址同属于汉晋时期，其建筑规模为汉代长城沿线候官的建制。瓜州县文物局暂将其命名为巴州古城 1 号遗址，记作 BZ-1。

2. 新发现古城遗址 2（编号 BZ-2）

该遗址位于巴州古城遗址西北 13.5km 处（经纬度坐标略，海拔 1102m），汉长城遗址 T. 37a 号（斯坦因编号，敦煌英文首字母为 T）烽燧南侧，沿汉长城东距小宛破城遗址约 62km。从 WV-2 提供的疑似区高分辨率图像可见，在 T. 37a 号烽燧南侧约 80m 处，一个近似矩形的图形［图 7.2（a）］，被一条干（古）河道分割成南北两部分，疑是人工遗迹。考察队到达 T. 37b 号烽燧以南约 1km 的干（古）河道，向西北穿过干（古）河道与风蚀台地达到可疑点附近。首先看到的是一条南北向的由砾石堆积形成的梁，后证实为该遗址的东墙。由于风蚀作用强烈，该遗址内文化层单薄，仅在西北角发现了少量的瓦、陶残片。

该古城址现已无明显的墙体遗存，但在地表残存有城墙的墙基，宽 1～2m。现场测得墙基东、西墙各长 127m，北墙长 110m，南墙长 100m。通过与巴州古城遗址以及 BZ-1 古遗址内的古代遗物对比分析，初步判定该城址属于汉晋时期。该城在废弃后，曾有间歇性

图 7.2　新发现古城遗址 2 的遥感影像与遗址地表实物照片
（b）中黑色箭头指向汉长城遗址

河流从该遗址的东南角流入，向西穿城经西墙而出。城址内及周边残留有古代遗物，考察队文物考古专家初步判定该城址属于汉晋时期，其建筑规模为汉代长城沿线候官的建制。瓜州县文物局暂将其命名为巴州古城 2 号遗址，记作 BZ-2。

3. 新发现古城遗址 3（编号 BZ-3）

该遗址位于巴州古城遗址西北 14.2km 处（经纬度坐标略，海拔 1105m），北距汉长城遗址 3km［图 7.3（a）］，东南距阶亭驿遗址约为 13.5km。WV-2 提供的疑似区高分辨率图像显示，在阶亭驿遗址西北 13.5km 处，干（古）河道的北侧发现由两个近似同心正方形组成的图形［图 7.3（b）］，与风向控制的雅丹地貌分布的特征完全不同，且像一个"回"字形，疑是人工遗迹。考察队到达疑似区以北约 1.3km 的干（古）河道，向南穿过干（古）河道与风蚀台地达到可疑点。西侧有一干涸湖床，其中还有茂密的芦苇丛生。

该遗址城墙现已不明显，墙宽 2～3m，墙体夯土层 8～10cm，东南角现存城墙残垣高 1.93m，东北角残高 2.25m，西北角残高 2.12m ［图 7.3（c）］，西南角由于风蚀作用被厚厚的砾石层覆盖。现场测得东、西墙基各宽约 43m，南、北墙各长约 43m。距东南角 14m 处有古生活垃圾堆，在其中找到动物骨头数枚，保留有明显的用火遗迹。在北墙内侧发现了大量的瓦片 ［图 7.3（d）］ 和青砖残片 ［图 7.3（e）］。考察队专家通过对遗址内古代遗物的判识与分析，初步判定该城址始于汉晋时期，沿用至唐宋时期，其建筑规模与唐代河西地区驿站的形制相当。瓜州县文物局暂将其命名为巴州古城 3 号遗址，记作 BZ-3。

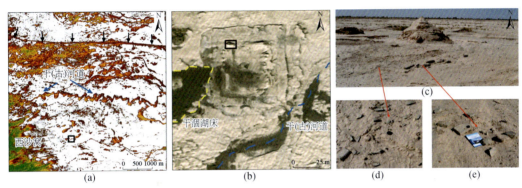

图 7.3　新发现古城址 3 的遥感影像与地表实物照片
（a）中黑色箭头指向汉长城遗址

4. 新发现古城遗址 4（编号 XSW-1）

该遗址位于巴州古城遗址西北 20.1km 处（经纬度坐标略，海拔 1098m），北距汉长城遗址 3km ［图 7.4（b）］，东南距 BZ-3 遗址直线距离约为 6.1km，是基于史料文献记载。WV-2 提供的疑似区图像显示，在西沙窝沙漠北端，今古河道北侧，有一个被削了东南角的矩形图形 ［图 7.4（a）］，与该区域风向控制的红柳沙包延伸方向和雅丹地貌分布的方向完全不同，且纹理特征明显，怀疑是人工形成的。考察队到达可疑点以东约 5km 的西沙窝东缘后，向西穿越沙窝地带达到可疑点。发现了由红柳和泥沙筑成的东边墙体残基一直延伸到南端 ［图 7.4（c）］，其筑成材料与汉长城筑成材料一样 ［图 7.4（d）］，且构筑形式一致。

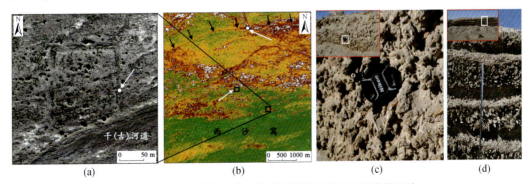

图 7.4　新发现古城遗址 4 的遥感影像与遗址地表实物照片
（b）黑色箭头指向汉长城遗址

　　该遗址在废弃后，由于流水作用，加之西沙窝的风吹沙北侵与风蚀作用等，南墙已被侵蚀殆尽，东墙被部分侵蚀，北墙和西墙现已无明显的墙体遗存，但在地表仍残存有墙基的沙梁，宽 7～9m。现场测得东墙残长约 139m，西墙长约 173m，北墙宽约 132m；通过与汉长城建筑材料与构筑方式的对比分析，初步判定该城址为汉晋时期，其建筑规模与汉代长城沿线都尉府的建制相当。瓜州县文物局暂将其命名为西沙窝 1 号古城遗址，记作XSW-1。

　　5. 新发现古城遗址 5（编号 XSW-2）

　　该遗址位于巴州古城遗址西北 21.2km 处（经纬度坐标略，海拔 1093m），北距汉长城遗址 2km，东南距 XSW-1 古遗址距离约为 1.3km ［图 7.5（b）］。WV-2 提供的疑似区图像显示，在汉长城遗址以南 2km 左右，西沙窝沙漠北端，XSW-1 遗址西北边，有一个近似菱形的特殊地物图案 ［图 7.5（a）］，与该区域风向控制的红柳沙包延伸方向和雅丹地貌分布的方向完全不同，且纹理特征较明显，怀疑是人工形成的。考察队从 XSW-1 古城遗址出发，向西北穿越沙窝地带达到可疑点。首先看到的是砾石堆积形成的西墙 ［图 7.5（b）］，然后在西墙内侧偏北处发现一片红烧土 ［图 7.5（c）］，土堆上散落有瓦、陶残片［图 7.5（d）］，最后在红烧土堆东侧发现了一枚王莽时期的 "契刀五百" 残币 ［图 7.5（e）和图 7.5（f）］。

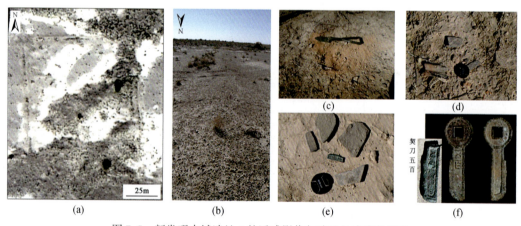

图 7.5　新发现古城遗址 5 的遥感影像与遗址地表实物照片

　　该遗址在废弃后，由于强烈的风蚀作用，加之西沙窝的北侵等，南墙已消失，东墙被部分侵蚀，北墙和西墙现已无墙体遗存，但在地表仍残存有被砾石层覆盖的墙基遗迹，宽1～2m。现场测得东墙长约 92m，西墙长约 90m，北墙宽约 91m。鉴于 "契刀五百" 钱币的发现，以及与其他古城遗址内的古代遗物的对比分析，初步判定该城址始于西汉末年，其建筑规模与汉代长城沿线候官的建制相当。瓜州县文物局暂将其命名为西沙窝 2 号古城遗址，记作 XSW-2。

（二）汉敦煌郡长城防御系统

　　据敦煌地区出土的汉简资料，汉代长城防御系统以 "都尉–候官–烽燧" 作为基本建制。汉代敦煌郡北部长城防御系统由宜禾都尉、中部都尉、玉门都尉组成，下共设有12个候官，其中宜禾都尉自东向西由广汉候官、美稷候官、昆仑候官、鱼泽候官与宜禾候官构成，东联酒泉郡西部都尉，西接敦煌郡中部都尉。斯坦因在宜禾都尉辖区内调查发现并编号的烽燧共有38座。

汉长城遗址沿线空间考古新发现的BZ-1、BZ-2两处遗址，由于强烈的风蚀作用，均无墙体遗存，但残存的墙基轮廓特征与地表古代遗物，反映了它们的年代与形制特征，其与古代中国西北防御系统密切相关。汉代在构建长城军事防御工程时，特别重视障塞亭燧的建设，并建立了严密的烽燧制度。据斯坦因制作的该地区考古调查图，结合前人的研究成果，并与小宛破城遗址对比，BZ-1、BZ-2遗址应为下一级别的候官治所，位置信息与宜禾都尉下辖的宜禾候官治所基本一致。对BZ-1、BZ-2两处遗址之间汉长城遗址的调查表明，烽燧一般相距1.3~1.5km。

巴州古城遗址西北20.1km处新发现的XSW-1古城遗址，位于西沙窝北端，经受近千年的风蚀，加之西沙窝沙漠的北侵，城墙墙体被侵蚀殆尽。东墙、西墙与北墙只残留有墙基，墙基许多部位被埋藏在红柳沙包中。南部东西向的墙体由于河流的侵蚀，已经消失了。该遗址部分墙体还保留着红柳和泥沙叠筑的墙基，与该地区汉长城筑成材料和构建方式是一致的。新发现的XSW-2古城遗址，考察队初步认为是XSW-1古城遗址的姊妹城，同样经受千年的风蚀，加之西沙窝沙漠的北侵，城墙墙体被侵蚀殆尽。西墙基本残留有砾石层覆盖的墙基，东墙与北墙墙基许多部位被埋藏在沙砾之下，南部东西向的墙体已被完全侵蚀消失。在西墙内侧偏北发现了红烧土堆、汉代瓦、陶残片以及王莽时期的"契刀五百"残币，证实了该遗址为西汉时期。

本研究初步判断XSW-1与XSW-2遗址同属于汉代敦煌郡北境长城防御体系。XSW-1遗址的形制与小宛破城遗址相当，属于都尉一级；XSW-2遗址的形制与小宛破城遗址相当，属于候官一级。BZ-1、BZ-2遗址，在历史时期，位于瓜沙二州的连接地带，紧邻汉长城，处于丝绸之路干道上，是古代中原地区通向西域诸国的必经之地。无论新发现的BZ-1、BZ-2遗址哪个是宜禾候官治所，它们的发现都将为古代河西地区汉长城防御系统、屯田戍边政策与丝绸之路的深入研究提供重要线索和实物证据，其意义毋庸置疑。基于前人的研究结果，结合本节的空间考古的新发现，基本厘定了汉敦煌郡宜禾都尉下辖的候官及其治所遗址位置，同时初步恢复了汉代敦煌郡整个北境汉长城防御体系结构（图7.6）。

图7.6　汉代敦煌郡北境汉长城防御体系

(三) 唐瓜沙二州间驿道系统

阶亭驿遗址西北 13.5km 处新发现的 BZ-3 遗址，湮没于雅丹地貌之中，由于经受了千年的风蚀，虽无明显的墙体存在，但东南西北四个城角仍然残存。通过对地表发现的砖瓦残块等古代遗物的比较分析，初步确定了该遗址的使用时期不晚于唐。

基于对史料、文献的梳理与阅读，了解到汉唐时期河西地区不同级别的行政单位，在城址形制上是遵循一定规律的。对于单个驿站而言，其单边墙长一般为 30～70m。据《沙州都督府图经卷》，甘草驿，在沙州城东北 145 唐里 (1 唐里约为 540m，145 唐里约78.3km)，东南距阶亭驿 25 唐里 (约 13.5km)，驿侧有甘草，故命名为甘草驿。BZ-3 遗址，单边墙长 43m，位于阶亭驿遗址西北 13.5km 处。今从 BZ-3 遗址出发，向西绕行西沙窝北端，经东碱墩到达沙州城的路程约合 76.6km，与《沙州都督府图经卷》中的记载基本吻合。综上所述，BZ-3 遗址在形制和方位信息上与甘草驿基本一致。

另据《沙州都督府图经卷》，长亭驿，西南距沙州城 120 唐里 (约 64.8km)，东去甘草驿 25 唐里 (约 13.5km)，置于长亭烽之下，因烽而得名。今从 XSW-1、XSW-2 古城遗址出发，向东绕行西沙窝北端至甘草驿的路程约 13km，又经东碱墩到达沙州城的路程约66.6km，与《沙州都督府图经卷》中的记载基本吻合。XSW-1、XSW-2 古城遗址的方位信息与唐代长亭驿的方位信息基本一致，至少可以得出该区域汉唐时期存在连续的人类活动，很有可能上述两处新发现的汉代古城遗址沿用至了隋唐时期。对于长亭驿的准确位置信息、XSW-1 古城遗址与 XSW-2 古城遗址的时空关联性，需要后期开展深入的研究。

对于白亭驿遗址，根据我们的研究，在 WV-2 高分辨率影像上发现了疑似遗址，其呈正方形，单边墙长约 30m，西北角疑似有一烽燧遗址 (图 7.7)。该疑似遗址西南距沙州故城遗址的直线距离约为 40km，东北与 XSW-1 古遗址的直线距离约 22km，均与《沙州都督府图经卷》中记载的 "白亭驿，右在州东北八十里，东北 (去) 长亭驿卌里，……，为置白亭烽下……" 基本一致。但由于该疑似遗址位于东碱墩腹地的沙窝地带，地形地貌极其复杂，考察队在几次尝试进入失败后，放弃了对该疑似遗址的现场考证工作。

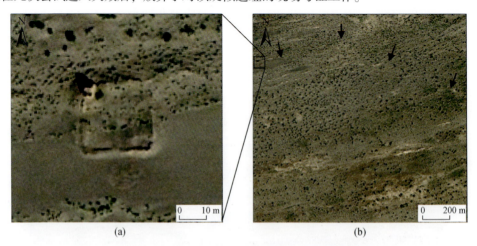

(a)　　　　　　　　　　　　　　　　　　　　(b)

图 7.7　疑似白亭驿遗址位置的 WV-2 遥感图像

(b) 为位于汉长城遗址南侧疑似白亭驿遗址，黑色箭头指向汉长城遗址据《沙州都督府图经卷》，唐代瓜沙二州间的驿道曾在今三危山—十工山以南，唐高宗永淳二年（公元 683 年）改移山北，至武后天授二年（公元 691 年），"以旧路石碛山险，迂曲近贼，奏请近北安置"，于旧道之北奉敕置新道，由常乐驿西行至阶亭驿，又西北行经甘草、长亭两驿，再西行至白亭驿，最后东南行经横涧、清泉两驿到达沙州城。在北道新置七驿中，常乐驿位于六工城遗址内，阶亭驿位于巴州古城遗址西南 2.3km 处，横涧驿在今咸水沟附近的古烽燧处，清泉驿位于今敦煌市城湾农场二站队以东 1km 的故城遗址。基于《沙州都督府图经卷》等资料提供的线索，借助 3S 技术，发现了甘草、长亭两驿的遗址所在。至此，本书基本完整恢复了《沙州都督府图经卷》中所描述的公元 691 年之后瓜沙二州间的新驿道及诸驿（图 7.8）。

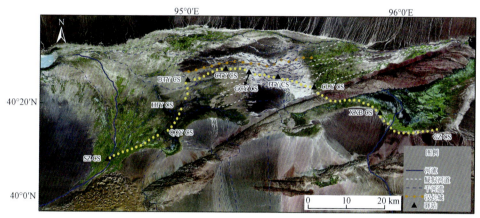

图 7.8　武后天授二年（公元 691 年）后瓜沙二州间新驿道及诸驿分布遥感图

GZCS—州城驿（瓜州）；XXBCS—悬泉堡驿；CLYCS—常乐驿；JTYCS—阶亭驿；GCYCS—甘草驿；CTYCS—长亭驿；BTYCS—白亭驿；HJYCS—横涧驿；QQYCS—清泉驿；SZCS—州城驿（沙州）

根据 GIS 空间分析结果提供的遗址存在疑似区，结合高分辨率卫星影像，在芦草沟古绿洲上新发现 5 处古城遗址；并对其规模、形制以及周围环境等进行了较详细的勘测与考证。采集到了磨制石器、陶片、瓷片、砖瓦残片、铁器残片和 1 枚王莽时期的"契刀五百"钱币。这 5 处古城遗址的发现与证实，较准确地确定了汉、唐时期瓜沙二州间的交流通道，并揭示了芦草沟古绿洲的部分原貌，对于研究长城防御系统、古丝绸之路的线路走向、古绿洲变迁、环境演变等均具有重要意义。

同时，基于卫星影像、历史文献、考古调查资料等多元数据，借助空间信息技术，结合实地考察，实现对研究区快速、准确、广泛的考古调查和研究，并可对研究区的未知遗迹进行一定程度的空间预测。遥感技术与考古学、历史学、地学等的有效结合，为丝绸之路古绿洲、古城镇、古水系、古道路等，以及区域社会经济文化发展变迁的研究，提供了科学的手段与方法，在华夏文明传承创新区建设、丝绸之路申遗、文化遗产监测预警和预防性保护中发挥重要作用。

瓜沙二州间芦草沟古绿洲空间考古新发现，不仅可据此揭开长期以来瓜沙史地研究中的一些问题，而且对于今天敦煌、瓜州两地，乃至整个河西走廊地区的绿洲开发与利用、经济可持续发展与新型城镇化建设具有重要的参考价值，可为河西地区积极响应国家建设丝绸之路经济带的倡议提供切实的历史借鉴。

第二节　大运河空间考古

京杭大运河是活着的大遗址，它肇始于春秋时期吴王夫差开凿邗沟。隋朝时以洛阳为中心的大运河修建完成，唐宋时极为繁盛，元朝截弯取直，形成贯通南北的京杭大运河。明朝和清朝前、中期，京杭大运河成为漕运通道，屡加疏通。京杭大运河连缀了海河、黄河、淮河、长江、钱塘江五大水系，纵贯华北平原、淮海平原和杭嘉湖平原，在沿线与支线网附近崛起一大批如扬州这样的繁华城镇，极大地促进了中国东部和中部地区的发展。作为中国的一条搏动不息的大动脉，京杭大运河一直承担着沟通中国南北方经济文化，维护国家统一和社会进步的重任。开展京杭大运河沿线湖泊变迁遥感分析与探测，具有深远意义。

京杭大运河近代变迁大致可以分为两个阶段，一是 1949 年以来到 20 世纪 70 年代末；二是 1978 年以来的 40 余年时间。因此选择 3 期遥感数据：第一期是 20 世纪 30 年代至 60 年代拍摄的航空摄影照片，也是我国最早的遥感数据；第二期是 20 世纪 70 年代末 80 年代初的 Landsat MSS 或者航空摄影数据；第三期是近期获取的 Landsat TM/ETM 数据或者 QuickBird、SPOT-5 数据。分别提取这 3 个时期京杭大运河遗址的空间分布信息，并通过空间分析获得这两个历史时期京杭大运河的变化，从而为保护规划提供决策支持。同时，还收集到 1907 年天津、济宁两地的实测军事地图。根据这些地图，可以准确还原京杭大运河原貌。由于部分京杭大运河已经废弃干涸，从多光谱遥感影像上可能难以识别，需要通过特征增强，并引入雷达遥感数据，以增强对运河故道的探测和识别能力。

一、京杭大运河沿线湖泊变迁遥感分析

本节在实况调查与多时相 TM/ETM+遥感图像湿地表征分析的基础上，探讨并研究天津湖泊、山东北五湖、山东南四湖等湖泊信息自动提取的技术方法，通过不同时期遥感图像对湖泊变迁的性质、频度、强度、变化方向与变化范围进行分析，为京杭大运河沿线湖泊保护提供相关的科学依据（聂跃平等，2014）。

（一）天津湖泊

历史上，天津曾经分布着很多湖泊洼淀，平原地区的水面面积远比今天大。这些湖泊洼淀的广泛分布，与纵横交错、常年流水的河网一起，形成了与今日明显不同的水环境面貌。后来在气候变化、黄河河道变迁等自然因素作用下，特别是随着人类活动对自然环境影响的不断加深，如围湖造田、人为排除洼地积水、乱砍滥伐造成水土流失等，湖泊洼淀的分布状况逐步发生了重大变化。有些从平原上消失了，有些则逐渐萎缩，至今仍然部分存在。

天津湿地如图 7.9 所示，分别是 1907 年测绘地图、1979 年 5 月 29 日成像的 Landsat MSS 图像、1993 年 6 月 15 日成像的 Landsat TM 影像和 2001 年 5 月 12 日成像的 Landsat ETM+影像。可以发现，MSS、TM 与 ETM+三者的成像季节基本一致。其中 1907 年测绘地图是由 4 幅地图拼接而成的，故地图上色调不一致。1907 年测绘地图和 Landsat 影像相互之间经过严格的几何配准，确保了不同时期生成的湿地分布具有可比性。

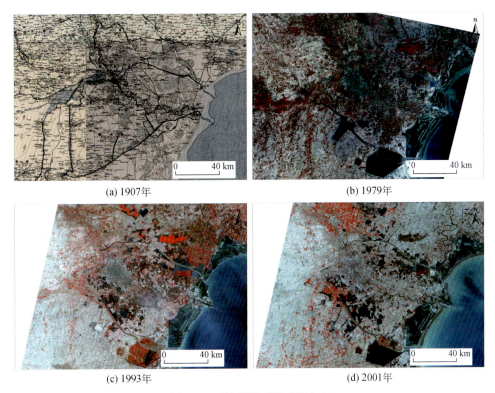

(a) 1907年　　　　　　　　　　　　(b) 1979年

(c) 1993年　　　　　　　　　　　　(d) 2001年

图 7.9　天津湿地不同时期分布

　　1907 年测绘地图有完整的比例尺、图例等地图要素，且图上地形地貌要素清晰，很适合直接在 ArcGIS 平台下进行湿地的目视解译，并进行数字化。MSS、TM、ETM+影像是通过密度分割的方法进行湿地信息提取的。在进行密度分割之前，先要确定选定参与密度分割的波段。这里通过比较对湖泊的探测效果，确定 MSS19790529、TM19930615、ETM+20010512 参与密度分割的波段分别是其第一主成分、第 5 波段与第 3 波段差值、缨帽变化湿度分量（图 7.10）。确定了参与密度分割的波段以后，分析其统计特征，在分析统计特征的基础上，确定密度分割的阈值范围。以此范围分别对各图像的相应波段进行密度分割，并进行动态调整，直至确定最佳阈值。最终，确定最佳阈值分别是 12、210、7。

　　确定最佳阈值以后，就可以对选定的波段进行密度分割了。密度分割结果可以突显湖泊及湿地，并实现其分布制图。各时期湿地总面积时空变化及对应面积统计，分别如图 7.11 和图 7.12 所示。可以看出，近百年来，天津湿地总面积在 1907～1979 年减少了1/3以上，1979～1993 年湿地面积增加较快，而在 1993～2001 年天津湿地面积加速减少。

　　结合天津湿地的特点，根据解译将天津湿地分成河流湿地（代码 2）、湖泊湿地（代码 3）、沼泽湿地（代码 4）、人工湿地（代码 5）、其他等类型。经 ArcGIS 统计得到天津湿地 4 个时期数量特征统计表，见表 7.1，不同时期各湿地类型所占比例如图 7.13 所示，从图中可以看出，各湿地类型所占比例变化很大，其中，在 1907 年占绝对数量的是沼泽湿地，而到了 1979 年人工湿地就已占据湿地总量的绝大多数。可见，近百年来天然湿地锐减，而人工湿地迅速增加是天津湿地时空变化的总体特征。

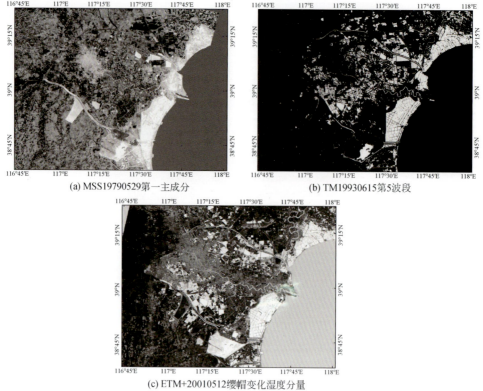

(a) MSS19790529第一主成分   (b) TM19930615第5波段

(c) ETM+20010512缨帽变化湿度分量

图 7.10　MSS、TM、ETM+影像密度分割波段或成分当量选取

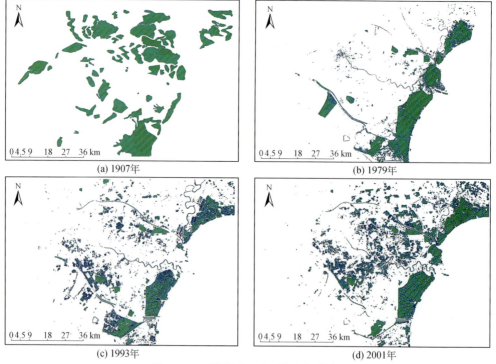

(a) 1907年   (b) 1979年

(c) 1993年   (d) 2001年

图 7.11　天津湿地 4 个时期空间分布

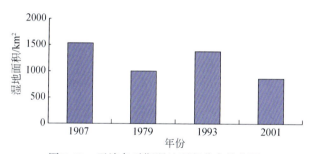

图 7.12　天津各时期湿地面积分布柱状图

表 7.1　天津湿地 4 个时期数量特征统计

时间	变化量	天然湿地			人工湿地	天然湿地面积	总面积
		河流湿地	沼泽湿地	湖泊湿地	人工养殖		
1907 年	面积/km²	44.3	1378.0	82.5	30.0	1504.8	1534.8
1979 年	面积/km²	59.7	45.6	272.0	625.5	377.3	1002.8
1993 年	面积/km²	14.6	172.4	43.8	1148.2	230.8	1379
2001 年	面积/km²	23.2	30.9	70.8	738.6	124.9	863.5
1907~1979 年	变化面积/km²	15.4	−1332.4	189.5	595.5	−1127.5	−532
	变化率/%	0.21	−18.51	2.63	8.27	−15.67	−7.4
1979~1993 年	变化面积/km²	−45.1	126.8	−228.2	522.7	−146.5	376.2
	变化率/%	−3.22	9.06	−16.30	37.34	−10.46	26.88
1993~2001 年	变化面积/km²	8.6	−141.5	27	−409.6	−105.9	−515.5
	变化率/%	1.08	−17.69	3.38	−51.20	−13.23	−64.43
1907~2001 年	变化面积/km²	−21.1	−1347.1	−11.7	708.6	−1379.9	−671.3
	变化率/%	−0.22	−14.33	−0.12	7.54	−14.67	−7.14

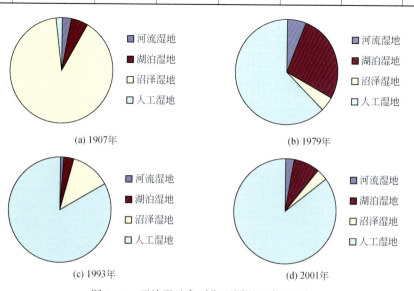

图 7.13　天津湿地各时期不同湿地类型比例

为了进一步分析近百年来天津湿地各类型的转化关系，计算出 1907～1979 年、1979～1993 年、1993～2001 年以及 1907～2001 年 4 个时期的各类型湿地转移矩阵与转化图（转移矩阵见表 7.2～表 7.5；转化图如图 7.14～图 7.17 所示）。由此可见，天然湿地向人工湿地转化明显，人工湿地所占的比例越来越高，湿地分布越来越向沿海集中。

表 7.2　1907～1979 年天津湿地转移矩阵　　　　　（单位：km²）

1907 年	1979 年			
	河流湿地	湖泊湿地	沼泽湿地	人工湿地
河流湿地	6.06	0.00	0.00	0.22
湖泊湿地	0.00	0.00	0.00	2.68
沼泽湿地	6.04	58.37	32.68	229.02
人工湿地	0.07	0.00	1.45	4.05
非湿地	47.54	213.63	11.49	392.43

表 7.3　1979～1993 年天津湿地转移矩阵　　　　　（单位：km²）

1979 年	1993 年			
	河流湿地	湖泊湿地	沼泽湿地	人工湿地
河流湿地	9.22	0.00	0.00	39.36
湖泊湿地	0.00	43.44	118.58	17.41
沼泽湿地	0.00	0.00	37.05	4.23
人工湿地	0.03	0.00	2.15	448.79
非湿地	5.31	0.37	15.29	639.39

表 7.4　1993～2001 年天津湿地转移矩阵　　　　　（单位：km²）

1993 年	2001 年			
	河流湿地	湖泊湿地	沼泽湿地	人工湿地
河流湿地	10.65	0.00	0.00	0.95
湖泊湿地	0.00	35.25	0.00	0.95
沼泽湿地	0.00	33.09	30.70	9.48
人工湿地	4.38	0.05	0.00	572.87
非湿地	8.17	2.68	0.22	150.96

表 7.5　1907～2001 年天津湿地转移矩阵　　　　　（单位：km²）

1907 年	2001 年			
	河流湿地	湖泊湿地	沼泽湿地	人工湿地
河流湿地	5.58	0.00	0.00	0.67
湖泊湿地	0.00	0.00	0.00	4.28
沼泽湿地	2.08	28.42	21.08	261.26
人工湿地	0.00	0.00	1.06	2.65
非湿地	15.52	42.41	8.77	469.13

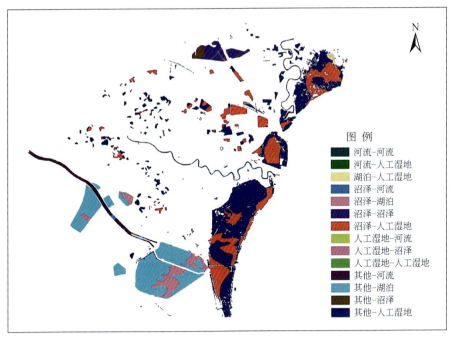

图 7.14　1907～1979 年天津湿地各类型转化图

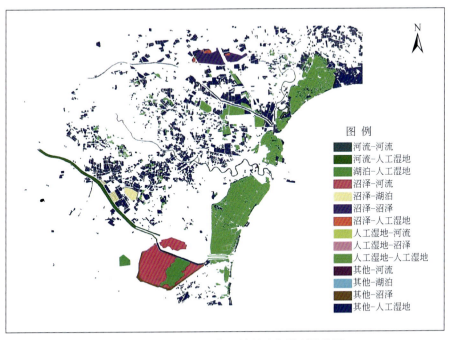

图 7.15　1979～1993 年天津湿地各类型转化图

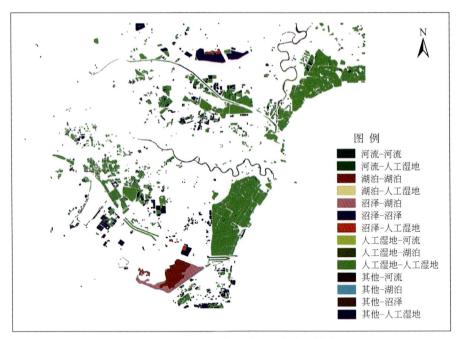

图 7.16　1993 ~ 2001 年天津湿地各类型转化图

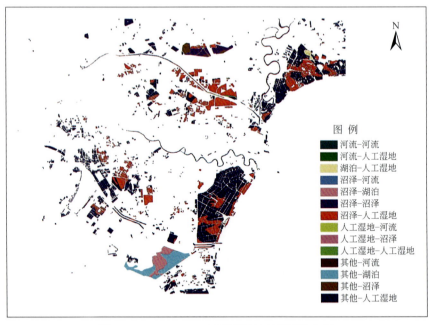

图 7.17　1907 ~ 2001 年天津湿地各类型转化图

　　综上分析，天津湿地面积的减少分为两个不同阶段，第一阶段是 20 世纪初至 70 年代，此阶段湿地减少的主要原因是淤积造田、挖渠引水入海和流域上游大范围兴修水库；第二阶段是 20 世纪 70 年代至今，湿地减少的主要原因是经济高速发展所带来的对各类湿地的占用以及环境破坏。天津湿地面积发生了较大变化，结合半个世纪以来湿地生态环境变化的特点，可以得出以下结论。

（1）在现阶段全球气候变暖的趋势下，处于华北平原的天津市的气候，年际之间虽有波动，但总的趋势是变干、变暖。在干暖气候背景的影响下，蒸发加剧，促使湿地蒸发量加大，这是导致湿地减少的自然因素。

（2）河流改造、大范围修建水库堤坝等人工设施，使区域外来水量急剧减少，导致河流断流、地下水过量开采、地下水位下降，筑堤、分流等切断改变了湿地的水分循环过程，大片湿地因得不到水源补给而干涸。

（3）经济发展使城市的土地利用更加紧张，城市的拓展、工农业生产及交通占用湿地、开发区建设及石油开采占用湿地等是现代湿地减少的主要原因。

（4）湿地类型空间变化内在过程表现为天然湿地向人工湿地转换（如天然湿地转换成水田或坑塘），人工湿地向城镇和工业用地转换（如水田或坑塘转换成居民区或工厂和交通用地）。

（二）北五湖

北五湖指山东境内运河沿线分布着的一系列狭长的湖泊，自北而南分别为安山湖、马踏湖、南旺湖、蜀山湖、马场湖（图7.18），相对于南四湖而得名。北五湖源于古代大野泽，本是梁山泊的一部分，随着梁山泊的逐步干涸而形成于元、明时期，成为大运河开发利用的水柜，起着蓄水济运、调节运河水量的作用。清代咸丰五年（公元1855年），黄河北徙，夺大清河入海，将大运河在十里堡村北拦腰截断。至清代光绪二十六年（1900年）漕运停罢，南运河弃置不用，具有济运功能的北五湖逐渐干涸为农田。

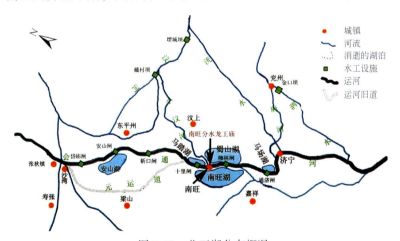

图7.18 北五湖分布概况

1. 多源空间数据的获取与处理

收集到的覆盖这一地区的数据有1907年测绘地图、1954年航片、1975年Landsat MSS影像，以及1987年、2001年两期Landsat-5 TM影像、2005年SPOT-5 XS影像，如图7.19所示。1907年测绘地图比例尺为1∶200000，具有完整的地图要素和详尽的地物类型，有极高的参考价值。1954年航片真实记录了当时的地表形态、植被覆盖、自然景观和环境状况，是研究这些地区演化、变迁的珍贵资料。通过对不同时段影像资料的对比分析，可得到该地区地表覆盖的变化情况，对该地区地表覆盖历史状况、变化范围、变化速度、变化规律等进行定量分析。Landsat MSS 影像成像于 1975 年 8 月 21 日（依此，该影像命名为MSS1975），分辨率为 57m。两期 Landsat TM 影像分别成像于 1987 年 5 月 14 日和 2001 年 5 月 12 日（依此，两影像分别命名为 TM1987 和 TM2001），分辨率为 28.5m。这两期数据成像季节比较一致，确保了同类地物光谱特征一致或近似一致，减少了在分析水量的过程中由成像季节（丰水期与枯水期）不一致带来的误差。Landsat-5 TM 由于第 6 通道为热红外通道，且分辨率较低，不予采用。另外，TM1987 第 7 通道已经损坏，其实际可用通道为1～5。为了使得数据以及由此提取的信息具有可比性，TM2001 影像只采用 1～5 通道，与TM1987 保持一致。两景 SPOT-5 XS 影像是 4 通道多光谱影像，分别成像于 2005 年 5 月 22日、2005 年 5 月 6 日（据此，该影像命名为 SPOT2005），分辨率为 10m，优于 Landsat MSS 与 Landsat TM。

(a) 1907年测绘地图

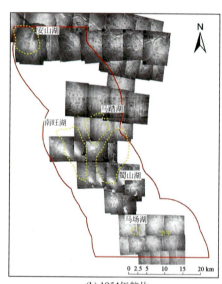

(b) 1954年航片

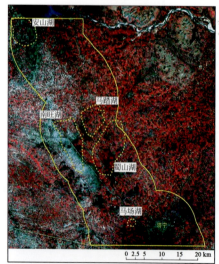

(c) 1975年Landsat MSS影像(标准假彩色合成，
图上红色代表植被，黑色代表水体)

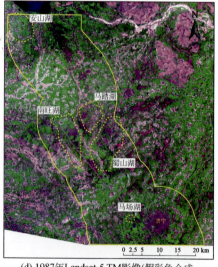

(d) 1987年Landsat-5 TM影像(假彩色合成，
图上绿色代表植被)

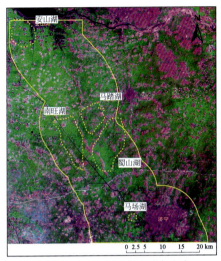 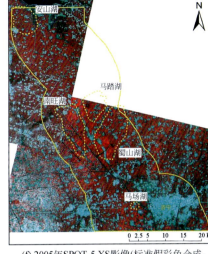

(e) 2001年Landsat-5 TM影像(假彩色合成,
图上绿色代表植被)

(f) 2005年SPOT-5 XS影像(标准假彩色合成,
图上红色代表植被,黑色代表水体)

图7.19 各种数据类型及北五湖在图上的范围

图中着色虚线代表1907年北五湖分布范围

　　数据处理如图7.20所示,具体有几何校正、相对辐射校正、监督分类、分类后处理、ArcGIS解译、ArcGIS检验与修正等。

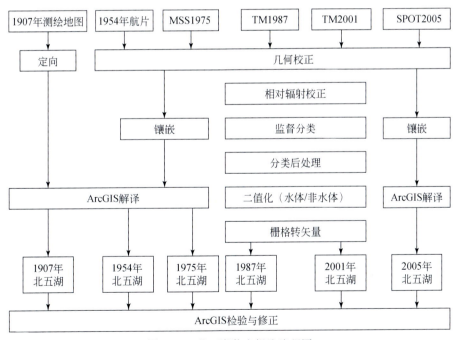

图7.20 北五湖信息提取流程图

对 1907 年测绘地图、1954 年航片、MSS1975、TM1987、TM2001 与 SPOT2005 等影像资料进行了几何校正（其中，对 1907 年测绘地图几何校正的具体过程是地图定向与重投影），消除了几何畸变和比例尺差异。几何校正所采用的投影均系 UTM 投影（北半球 50 号带），采用的椭球体为 WGS-84 椭球体，消除了在计算面积时由于投影关系、参考椭球体等参数不一致而引入的误差。采用统计回归的方法，以 TM2001 为参考影像对 TM1987 进行相对辐射校正，减小了两成像时期辐射水平不一致而引入的分类误差。

2. 北五湖近百年变化信息提取

北五湖近百年变化信息提取是利用遥感技术多层次、多时相的动态监测功能获得及时可靠的数据，通过地理信息系统对这些数据进行空间分析，可得到湖泊动态变化情况。

解译是一种人工提取信息的方法，是使用眼睛目视观察，凭借人的经验、知识和手头的相关资料，通过分析、推理和判断，提取航片上有用的信息。其包括准备工作，解译内容及其直接和间接解译标志的建立，发现目标、描述目标、识别和鉴定目标，以及清绘和评价目标等过程。依据影像资料的特点以及感兴趣目标（水体）的分布状况，对 1907 年测绘地图、1954 年航片、MSS1975、SPOT2005 等影像资料进行了目视解译。所有解译工作均在 ArcGIS 平台下完成，边解译边进行数字化，保证了解译效率和质量。

目前，可用来探测湖泊动态变化的方法主要有：①不同时相图像的算术运算法；②图像分类后比较法；③图像与辅助数据比较法；④基于知识的计算机视觉系统法。这里我们采用的是图像分类后比较法。监督和非监督分类法相比，监督分类法的精度高些，准确性要好一些，但是需要采样，工作量要大得多。研究采用的分类方法是基于最大似然分类准则的监督分类，所用到的分类工具是 ENVI。为了剔除在分类过程中引入的细碎分类图斑，本书对分类图进行了窗口为 3×3 的均值滤波，整体上改善了分类效果。滤波后的处理就是栅格图转矢量图。将栅格格式的分类图转换成矢量格式，其好处是可以将矢量图导入 ArcGIS 中，并进行分类结果的检验与修正。

经 ArcGIS 检验与修正后，北五湖地区 1907 年、1954 年、1975 年、1987 年、2001 年、2005 年 6 个时期的分布范围如图 7.21 和表 7.6 所示。

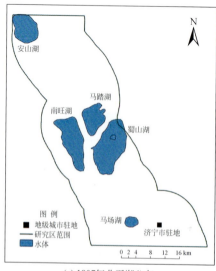

(a) 1907年北五湖分布

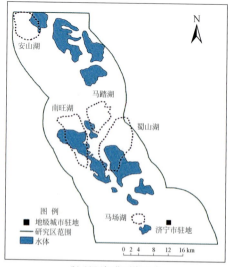

(b) 1954年北五湖分布

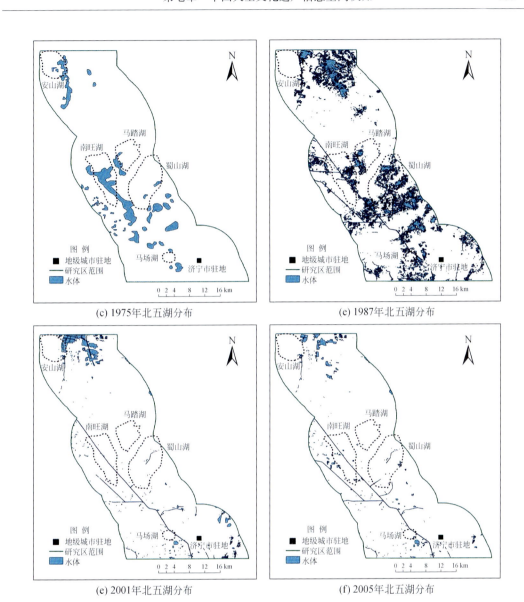

(c) 1975年北五湖分布

(e) 1987年北五湖分布

(e) 2001年北五湖分布

(f) 2005年北五湖分布

图 7.21 北五湖 6 个时期分布图

图中着色虚线代表 1907 年北五湖分布范围

表 7.6 北五湖 6 个时期分布范围 （单位：km²）

名称	安山湖	马踏湖	蜀山湖	南旺湖	马场湖	北五湖总面积
1907 年面积	42.65	36.10	88.31	66.35	8.20	241.61
1954 年面积	16.54	7.28	48.54	56.32	4.23	132.91
1975 年面积	8.40	6.54	18.78	50.09	3.70	87.51
1987 年面积	0.00	5.11	19.17	9.64	3.27	37.19
2001 年面积	0.00	0.00	0.00	0.00	1.16	1.16
2005 年面积	0.00	0.00	0.00	0.00	1.40	1.40

　　北五湖总面积变化如图 7.22 所示，可以看出，北五湖在过去近百年的时间总体上面积呈现减少趋势，从 1907 年的 241.61km² 减少到 1954 年的 132.91km²，1975 年减少到 87.51km²，1987 年减少到 37.19km²，2001 年减少到 1.16km²，2005 年减少到 1.40km²；从 1907 年的五湖俱在，均有一定规模，到 2001 年、2005 年的五湖消亡，仅马场湖及新开的梁济运河残存少量水体。

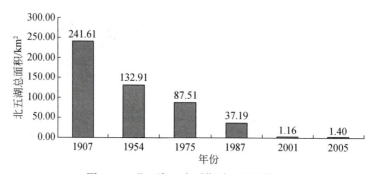

图 7.22　北五湖 6 个时期总面积柱状图

　　从北五湖总面积变化速度上看，从 1907 到 1954 年，面积变化率为 -2.31km²/a，从 1954 到 1975 年，面积变化率为 -2.16km²/a，从 1975 到 1987 年，面积变化率为 -4.19km²/a，从 1987 到 2001 年，面积变化率为 -2.57km²/a，从 2001 到 2005 年，面积变化率为 0.06km²/a，也就是说，1907～2005 年近百年中，总体上北五湖以大于 2km²/a 的速度消亡，而其中 1975～1987 年北五湖消亡速度最大。

　　北五湖各湖不同历史时期分布范围如图 7.23 所示，可以看出，五湖中除马场湖犹有残存外，其余四湖均已消亡，其中，安山湖消亡最早，其消亡的时间应该是在 1987 年以前；马场湖面积从 1907 到 1954 年有比较明显的减少，而从 1954 到 2001 年没有大的变化；南旺湖、马踏湖和蜀山湖等三湖从 1907 年开始就一直呈急剧减少态势，至 2001 年完全消亡（实际消亡时间或许更早，因为 1987～2001 年没有其他数据可以补充，有可能在 2001 年前北五湖已呈 2001 年的状态）。

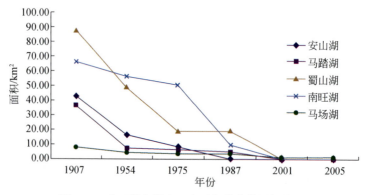

图 7.23　北五湖各湖在 6 个时期分布范围折线图

根据以上分析，总结出北五湖消亡幅度、消亡速度、消亡时间等三个方面的特征如下。

（1）北五湖消亡幅度。北五湖近百年来面积减少，除马场湖尚有残存外，其他诸湖均已消亡。1907年北五湖面积尚有241.61km²，至1954年面积减少到132.91km²，至1975年面积减少到87.51km²，至1987年面积减少到37.19km²，至2001年面积减少到1.16km²，至2005年北五湖面积略有增长。总之，至1975年，除南旺湖还维持一定规模（马场湖相对自身消亡无几）外，其他诸湖都已消亡十之八九。然而，南旺湖1975~1987年即以北五湖中最快的速度消亡，这一阶段，北五湖的消亡主要体现在南旺湖个体的消亡，其他诸湖（安山湖除外）在这一阶段反而大致维持稳定。

（2）北五湖消亡速度。北五湖在过去近百年的时间里呈现锐减趋势，其消亡速度按照目前掌握的资料可以分成四个阶段，其一是1907~1975年迅速减少阶段，减少速度约2.3km²/a；其二是1975~1987年加速减少阶段，减少速度约4.2km²/a，几乎是第一阶段的2倍；其三是1987~2001年持续减少阶段，减少速度约2.6km²/a（实际减少速度或更快）；其四是2001~2005年，北五湖总水域面积基本上维持在同一个水平。从个体上分析，蜀山湖应该是北五湖中消亡最缓慢的湖泊，尤其是在1975~1987年这12年里蜀山湖水域面积几乎维持不变，其原因一方面是其规模属五湖中最大，另一方面也应该是有相对保护的因素。

（3）北五湖消亡时间。北五湖中，安山湖消亡最早，消亡的时间应该是在1987年以前；马场湖面积在1907~1954年有比较明显的减少，而在1954~2001年这一阶段没有大的变化，是北五湖中变化最小、至今犹存的一个湖泊；南旺湖、马踏湖和蜀山湖等三湖从1907年开始就一直呈迅速减少态势，至2001年完全消亡（实际消亡时间或更早）。要确定北五湖个体消亡的具体时间，针对安山湖，至少需要1975~1987年的数据，而对于其他四湖，至少需要1987~2001年的数据。

北五湖消亡原因，总体说来有气候变化、河道变迁以及人类活动等三方面因素。

（1）气候变化。气候变化是北五湖消亡的大背景。政府间气候变化专门委员会（Intergovernmental Panel on Climate Change，IPCC）的系列报告表明，在20世纪的100年中，全球地面空气温度平均上升了0.4~0.8℃。在全球变暖背景下，中国的气候也发生了显著变化，主要表现在温度变化和降水变化。温度变化体现在近百年来中国地表年平均气温明显增加，升温幅度为0.5~0.8℃，比同期全球平均值（0.6℃±0.2℃）略强。降水变化体现在1956~2000年，我国华北、西北东部、东北南部等地区年降水量出现下降趋势，其中黄河、海河、辽河和淮河流域平均年降水量减少了50~120mm，而黄河流域的降水减少，直接关系到北五湖的来水总量，但气候变化这一因素所带来的影响不是第一位的，毕竟气温升高及降水量的减少等因素不会让北五湖如此快速消亡，倘若如此，地球上诸多的江河湖海都会如北五湖一样经历消亡了。

（2）河道变迁。河道变迁是北五湖消亡最根本的原因。咸丰五年（1855年），黄河在河南铜瓦厢决口，从此结束了其长达700年的"夺淮入海"的历史，在今阳谷张秋镇将运河拦腰截断，从而也截断了张秋以北到临清河的水源。光绪年间，清政府虽采取了各种措施以"通漕保运"，但由于各种原因，终未奏效，只好罢漕。这次黄河决溢改道不仅造成毁灭性的灾害，而且黄河洪水及所挟带的大量泥沙，也破坏了梁山一带的自然水系，河湖淤浅，削弱了河湖的蓄泄能力，北五湖一带洼地长期遭受黄河洪水泛滥，和大量泥沙淤积，部分洼地扩大为积水面积，也有部分积水区变为良田。安山湖、南旺湖日益缩小，大部分都成了可耕之地。正是河道的变迁（黄河北徙），导致运河漕运无以为继，这一直接后果是漕运时代运河及包括北五湖在内的运河水利泉源设施的中央集权式管理废止，加速了北五湖的消亡。

（3）人类活动。人类活动加速了北五湖的消亡。京杭大运河流域曾是历史上最繁华的经济带，随着该流域城镇、聚落的不断兴起，以及人口的增多，围湖造田成为必然趋势，其结果是进一步加剧京杭大运河流域湿地的消亡。20世纪50年代该地区常年积水，一般年份水面还保持在6万亩以上，仅苇田占地就近5万亩。1959年6月小汶河堵塞，截断了汶水的水源补给。60年代中期以后，时逢枯水年，雨量显著减少。由于在治水思想上接受60年代初期以蓄为主造成的土地盐碱化和水患频繁的教训，提出以排为主，大搞挖河排水，加之全面发展井灌，过量开采地下水，地下水位普遍降低8m左右，地表积水已基本消失，大片湖面逐渐被垦为农田。人类活动在北五湖消亡的后期，其影响可能已经演变成北五湖消亡的主导因素。

1907～2005年近百年来，从总体上分析，北五湖的消亡是一个多种因素作用的过程；从个体上分析，每个湖的消亡又自有其特点。如果需要进一步分析这一时间段北五湖消亡的数量特征及消亡的原因，还需要收集更多在这一段时间内成像或者成图的数据，尤其是1907～1954年以及1987～2001年的数据，并辅以相关历史文献资料，分析北五湖本体与其他土地利用类型的相互转化关系。拟在未来的工作中引入更多的遥感数据与其他空间信息数据，并辅助如年平均气温、蒸发总量、降水总量、地表平均温度等气象数据，进一步分析在这一时间段里北五湖消亡的准确趋势与原因。

（三）南四湖

南四湖是微山湖、昭阳湖、独山湖、南阳湖等四个相连湖的总称（由于微山湖面积比其他三湖较大，习惯上统称微山湖），介于34°27′N～35°20′N，116°34′E～117°21′E，位于山东省西南部济宁市，邻接江苏省徐州市，现属微山县管辖。南四湖全湖面积1266km²，是山东第一大湖，也是中国大型淡水湖泊之一。梁济运河将黄河、东平湖与南四湖、中运河相连，沟通了黄淮水系，成为南北水上交通的咽喉。南岸是南四湖的出口，通过韩庄节制闸及蔺家坝节制闸，经韩庄运河、伊家河、不牢河而汇入中运河，再泄入江苏境内的骆马湖和洪泽湖，南四湖是淮河水系的一个组成部分。山东与江苏交界处的南四湖是京杭大运河重要的航道，包括了若干大型、超大型船闸和供水、泄洪河流，其中复新河是南四湖北侧最重要的河流和航道（图7.24）。

南四湖呈北北西-南南东方向延伸，形如长带状，南北长126km，东西宽5～25km，平均水深1.46m，最大湖容量53.6×10⁸m³，是华北地区最大的浅水淡水湖泊。湖滨东依山峦，西接平原，南连苏北富庶之地，北靠孔孟圣贤之乡，流域面积达31700km²，入湖主要河流有47条，其中流域面积1000km²以上的主河道有泗河、梁济运河、白马河、洙赵新河等11条，出湖口设有山东省微山县境内的韩庄节制闸、伊家河闸以及江苏境内的蔺家

图 7.24　复新河上待行的船舶

坝节制闸。京杭大运河纵贯全湖南北，把南北江河水系交汇贯通。

　　湖区位于暖温带半湿润大陆性季风气候区，多年平均气温 13.7℃，年平均日照 2530h，湖西年均降水量约 700mm，湖东 750～850mm，湖内平均降水量为 620～740mm。降水年内分配不均匀，有 60%～70% 集中于汛期，往往形成春旱、夏涝、晚秋旱的特点。大的降水变化率使得湖区周围河流丰枯变化显著，湿地水位升降明显。南四湖累年平均储水量为 16.06 亿 m^3，其中上级湖 8.89 亿 m^3，下级湖 7.17 亿 m^3。湖泊水源补给主要是流域内的河川径流和天然降水，1970 年以后，湖西地区大规模实施引黄灌溉，一部分引黄河尾水注入南四湖。累年平均入湖径流量 29.6 亿 m^3，其中汛期 23.76 亿 m^3，7、8 月径流量占全年径流量的 60%～70%。湖泊补给系数为 24.1，水位最大变幅 3.2m，小于长江中游的洞庭湖、鄱阳湖，大于长江下游的巢湖、太湖，其换水周期长达 503 天，居长江流域湖泊之上，说明入湖径流不甚丰富，湖水一经利用或污染，其补充恢复能力较低。

　　整个南四湖湖体平均水深只有 1.46m，根据湿地的定义，整个湖泊湖面都属湿地的范围。另外湖泊高水位和平水位之间的滩地植被与土壤状况均已经具有湿地生态系统的特征，所以湿地的边界范围是以高水位统计的。

　　南四湖的数据有 MSS、TM、ETM+，其成像时间分别是 1979 年 5 月 19 日、1987 年 6 月 15 日、2000 年 9 月 14 日。三期数据总的时间跨度是 21 年，不足以覆盖 100 年的时间尺度，因此南四湖演变分析需要参考更多的方志等资料。南四湖各时期空间分布如图 7.25 所示，可以直观地发现，南四湖在近 20 年中有较大的变化。关于变化的数量关系，需要进一步通过湿地信息提取的方式获得。

　　湿地信息提取方法与本节天津湖泊相同，都是采用密度分割。不同的是所选择的参与密度的波段不一致，MSS1979 采用主成分变换第 1 主成分；TM1987 与 ETM+2000 采用缨帽变换湿度分量。参与密度分割的各波段及湿地提取结果如图 7.26 和图 7.27 所示。

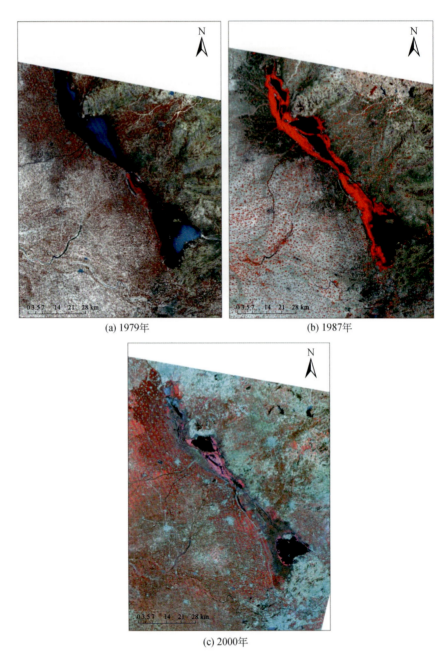

(a) 1979年　　　　　　　　　　　(b) 1987年

(c) 2000年

图 7.25　三个时期南四湖 Landsat 影像

　　将提取结果导入 ArcGIS，对属性表进行统计分析，得出南四湖 3 个时期湿地分布数量统计表（表 7.7）和南四湖 3 个时期湿地面积柱状图（图 7.28）。可以看出，南四湖湿地数量呈增长趋势，湿地最大斑块的面积锐减。这说明南四湖湿地在这 21 年来湿地单元越来越破碎，符合南四湖湿地总体数量锐减的趋势。

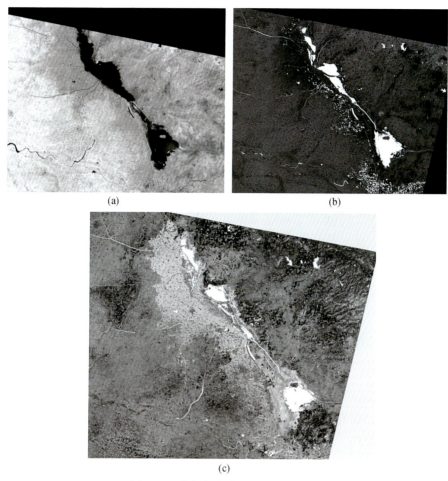

(a)　　　　　　　　　　　　　(b)

(c)

图 7.26　参与密度分割的各波段图像

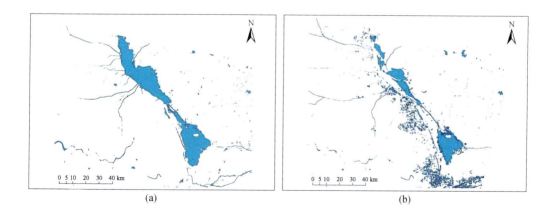

(a)　　　　　　　　　　　　　(b)

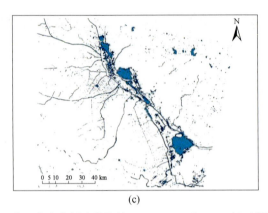

(c)

图 7.27　基于密度分割法提取的 1979、1987 和 2000 年三期湿地分布

表 7.7　南四湖 3 个时期湿地分布数量统计表

年份	数量	最小值	最大值	求和	平均值	标准差
1979	1402	3249	1033737579	1151926452	821630	27600146
1987	4546	3249	255091173.8	763943055.8	168047	4521230
2000	6658	3249	174736093.5	541179432	81282	2366485

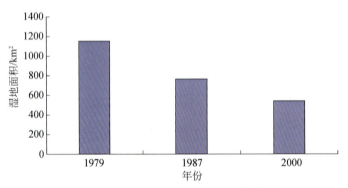

图 7.28　南四湖 3 个时期湿地面积柱状图

二、南旺湖遗迹遥感探测

（一）南旺湖与京杭大运河

京杭大运河，依据其流经的地区和自身的沿革历史，分段取名，从济宁到东平段称为济州河。济州河开凿于至元二十年（1283 年）。据《济宁州志·河渠》记载，至元二十年，都漕副使马之贞建议，可利用汶泗天然河道连通北京和江淮。于是便兴工疏导了济宁以南的泗水航道，又开凿了一条从济宁向北，越穿南旺湖到东平长 150 里的济州河。为了

解决济州河的水量问题，至元二十六年（1289 年），又在济宁天井闸分水济运。但是，从济宁到南旺一段，地势渐高，因而倒坡引水，水流不畅，及至南旺，则常常断流，船只也就往往搁浅，只有靠牛、马等畜力在两岸帮拽前行，这就表明了济宁分水工程的失败。

到了明朝永乐年间，朝廷命工部尚书宋礼发丁夫 10 万治理济州河和会通河，宋礼巧用"白英策"，引汶济运，在南旺分水成功。"遂使三千年已废之大野复为圣世利涉之用，盖亘古今而再现者也。向非南旺，则防通难开亦枯渎耳，乌能转万里之舳舻，来四海之朝献，以供亿万年之国计也哉！"由此可见，宋礼、白英在南旺分水成功，和南旺湖的作用有密切关系。明朝嘉靖时期河道都御史王廷在《修复南旺湖奏略》中说："宋礼、陈瑄经营河漕既已成绩，乃建议请设水柜以济漕渠，在汶上曰南旺湖，在东平曰安山湖，在济宁曰马场湖，在沛县曰昭阳湖，名为四水柜。水柜即湖也，非湖之内别有水柜也。"在提到南旺湖作为水柜的作用时，王廷又说："漕河水涨则减水入湖，水涸则放水入河，各建闸坝以时启闭。"在宋礼治理运河前，南旺湖只是一天然潴水洼地，既无岸坝，又无界堤。明朝永乐以后，由于南旺湖被用作水柜，为贡道之要会处，便使南旺湖升格为"官湖"，并在湖周围竖立界石，筑起界堤或栽种封界高柳，且立有禁碑，设有管湖和治湖的湖官及湖夫。

（二）历史资料

历史资料主要有我国著名水利史专家姚汉源编写的关于京杭大运河史的鸿篇巨制《京杭运河史》（中国水利水电出版社 1998 年出版），乾隆五十五年的《九省运河泉源水利情形图》及光绪年间的《清代京杭大运河全图》。前者系统地论述京杭大运河兴建、发展直至衰败的历史过程，史料丰富，论证严谨；后两者系清朝河道官员实地绘制的运河形势图，均有重要的参考价值。

（三）南旺湖居民点分布与背景环境的差异分析

密度制图主要根据输入的已知点要素的数值及其分布，来计算整个区域的数据分布状况，从而产生一个连续的表面。它主要是基于点数据生成的，以每个待计算格网点为中心，进行环形区域的搜寻，进而来计算每个格网点的密度值。

密度制图从本质上讲，是一个通过离散采样点进行表面内插的过程，根据内插原理的不同，可以分为核函数密度制图（kernal）和简单密度制图（simple）。

（1）核函数密度制图：在核函数密度制图中，落入搜索区内的点具有不同的权重，靠近格网搜寻区域中心的点或线会被赋予较大的权重，随着其与格网中心距离的加大，权重降低。它的计算结果分布较平滑。

（2）简单密度制图：在简单密度制图中，落在搜寻区域内的点或线有同样的权重，先对其进行求和，然后用其合计总数除以搜索区域的大小，从而得到每个点的密度值。

根据相关的人口统计数据空间分布的核心估计方法，进行如下处理。

（1）每个区域确定一个中心点，作为人口分布重心。中心点的确定，通过 MapInfo Professional 软件的坐标提取工具，提出多边形中心坐标，然后转换为 shp 格式。

（2）将研究的区域划分为一定分辨率的格网，并使用核心估计把中心点上的人口内插到格网，形成人口分布密度图表面。其主要通过 ArcView 中的 Calculation Density 完成内插。与之相关的分析范围为城市建成区，网格单元取 500m×500m，搜索半径取 5000m，模型计算方法采用 simple 核心估计。

最终可输出人口密度分布图。本工作中，没有人口数据，暂且用城市建成区与居民点的面积代替城镇人口数量，故以此方法估算得到居民点分布密度。在这里，城市建成区与居民点面积的计算主要通过对 RADARSAT-1 图像进行密度分割（图 7.29），然后采用形态学滤波的方法对密度图进行处理，并利用 ENVI 分类后处理的方法对结果图进行 Clump/Sieve 等处理，得到的结果图能较好地反映城市建成区的大小。将结果图和 RADARSAT-1 图像以及 Landsat ETM+图像导入 ArcGIS 中进行目视检验，发现该方法进行城市建成区与居民点面积提取的结果是可以接受的。

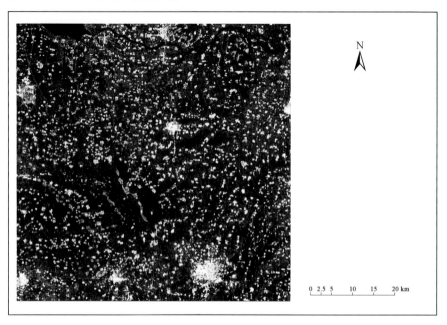

图 7.29　南旺湖 RADARSAT-1 SAR 图像

从图 7.30 可以看出，城区居民点密度最大，密度向外围逐渐递减，比较符合实际状况；但是在图 7.31 城镇的中心部分，有一较大的区域居民点密度相对于周边区域明显偏小。通过分析 RADARSAT-1 图像，发现在同一区域土壤水分含量及居民点等人造目标分布与周围地区存在明显差异。

通过查阅《京杭运河史》等历史资料得知，这一地区在历史上曾是调剂运河水量、保证运河畅通的重要水源工程——水柜，分别是南旺湖、马踏湖、蜀山湖、马场湖以及安山湖。为了进一步验证这一结论，获取了南旺湖地区 20 世纪 50 年代的老航片，分析发现在当时该地区确为湖泊。通过雷达图像、老航片以及历史资料的综合分析与验证，绘制了水柜范围图，对南旺湖、马踏湖和蜀山湖等水柜的考古调查发挥了重要作用。随后，又应用了其他的方法，如主成分分析、缨帽变换，对该区域 TM 影像进行了处理，同样也能探测到该区域的异常特征。

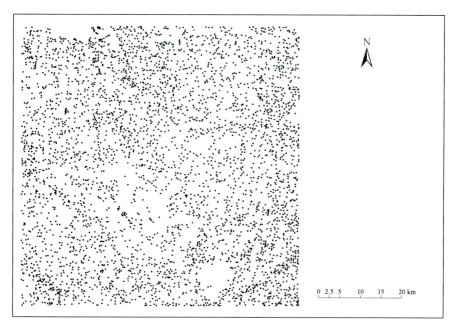

图 7.30　从 RADARSAT-1 SAR 图像提取的居民点分布图

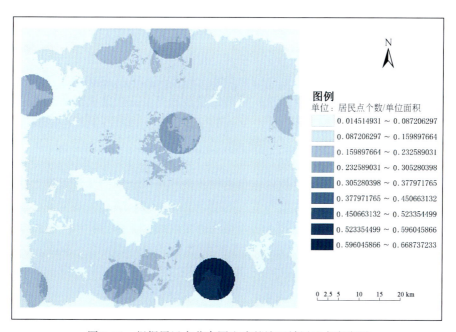

图 7.31　根据居民点分布图生成的该区域居民点密度图

主成分分析（PCA）是一种多元统计技术，它是在统计特征基础上的多维正交线性变换。其算法为计算多波段图像数据的统计特征参数，得到反映各波段间关系的协方差矩阵，然后求其特征值和特征向量。这些特征值就是各主成分的方差信息，而对应的特征向量即主成分变换的系数（载荷因子），变换前后方差总和不变，但把原来的方差不等量地分配到新的组分图像中，且第一组分往往占有方差的绝大部分（80%～90%），信息量最大，其余各组分所得方差依次减少。主成分分析并不制造新信息，也不改变图像几何形状，只是将图像信息重新分配，突出了前几个分量信息数据占有量。

但也存在一种情况，排序靠后的主成分所占的方差比例相对很小，却往往包含了一些所要提取的目标信息，这时可进行特征主成分分析。Crosta 和 Moore 于 1989 年首次提出特征主成分分析方法，该法根据地物的波谱特性和主成分分析后产生的特征向量矩阵中各波段的载荷因子的大小评价各波段对各主成分的信息贡献量，从而确定目标地物信息所在的主成分。这一技术不需要对数据进行大气或辐射校正，只需用标准的主成分分析软件就能完成，以其功能强大、运算速度快、结果可靠而备受青睐。

主成分变换的结果与图像区域大小有关，由于不同区域存在着地物种类、土地利用等信息的差异，尤其是不同区域的植被类型及构成比例、利用状况等有很大的差异，在分析过程中选取的区域大小影响分析的结果。为了更好地突出目标地物间的差异，可分区进行主成分变换，从而达到特定地物信息增强的目的。此外，主成分变换后的各分量经过一定处理后，还可利用逆变换（inverse principal component analysis）返回到原始的波段空间。

我们对该区域的 Landsat TM 图像进行主成分分析发现第四分量图像能较好指示消失古湖区域（图 7.32）。一幅多波段图像的不同波段之间往往存在着很高的相关性，这说明有相当一部分数据是冗余的。主成分变换的目的就是把原来各波段中的有用信息集中到数目尽可能少的新的主成分图像中，并使这些主成分图像之间互不相关，即各自包含不同的地物信息，同时使得原始图像的信息量损失最小。主成分分析是均方差最小意义上的最佳正交变化，亦可以看作以均方差最小为投影指标的投影寻踪，在几何意义上相当于进行空间坐标的旋转，第一主成分是波谱中数据散布最集中的方向，第二主成分是与第一主成分正交且数据散布次集中的方向，以此类推。它能使变换后产生的新分量正交或者不相关，均方差最小且能量最集中。主成分分析中，靠前的分量往往与均质区域相联系，而靠后的分量往往与有地表异常的区域相联系，因此主成分分析中靠后的分量往往可用来作为局部区域地表异常探测。RADARSAT-1 图像能集中反映土壤水分的差异以及居民点的分布情况，这对于考古研究来说，都是很重要的本体信息和背景信息，尤其是在考古异常区域的确定与疑似考古目标的发现上能提供重要参考；而对于 Landsat TM 进行主成分变换后逐一分析各分量图像，在探测和识别消失古湖上可以提供重要信息，但对于疑似考古目标的发现显不足。

缨帽变换（K-T 变换）是由 Kauth 和 Tomas 两位学者首先提出的一种经验性的多光谱图像正交变换，主要是针对植被、土壤和水分等波段特征而进行波谱增强的一种处理方法。缨帽变换也是通过一组特征向量对图像进行变换，但与主成分分析的向量不同。主成分分析的向量是通过依次按照最大方差的分布方向确定特征向量；而缨帽变换是利用经验的分析确定一组正交向量。针对不同的传感器，缨帽变换提供了不同的特征向量，其中包括亮度、绿度和湿度 3 个主要的分量。

以 TM 遥感图像为例（缨帽变换不需要 6 波段），可以把 6 个波段的图像看作一个 6 维空间，每个像元都是 6 维空间上的一个点，其位置取决于像元在各个波段上的数值大小。同主成分分析一样，缨帽变换也是对 6 维空间的坐标轴进行旋转。

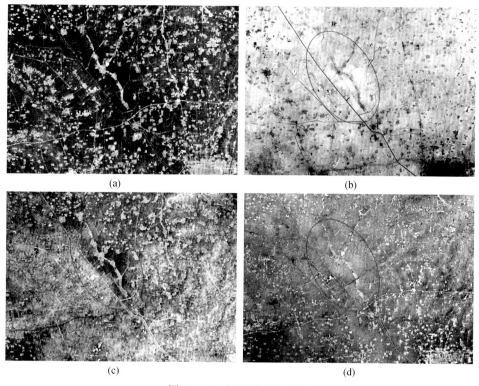

(a)　　　　　　　　　　　　　　　(b)

(c)　　　　　　　　　　　　　　　(d)

图 7.32　PCA 变换探测结果

缨帽变换的特征向量与当地的土壤和植被类型、含水量有密切关系，不同区域的特征向量不可能一样，需要根据当地的土壤、植被条件建立专门的特征向量。因而在一地区应用缨帽变换时，虽可借鉴其他区域的经验数据，但如没有专门的特征向量试验数据，绿度和湿度两个分量并不准确，一般很难得到理想的数据处理结果。该区域的 K-T 变换探测结果如图 7.33 所示。

（四）南旺考古实践验证

经过调查，确定了南旺湖、马踏湖、蜀山湖三个水柜的位置，发现了马踏湖、蜀山湖部分湖堤，大部分湖堤有遗迹可考，多演化为村内道路，或成为田间地头。目前，保存最好的湖堤是从汶上南站镇曹村东至大沟村西的一段蜀山湖北堤，基本保存原貌。该段湖堤呈倒"U"形，蜿蜒曲折，残长约 2000m。考古人员利用 GPS 对这段湖堤进行了详细的测绘，并制作出三维模拟图。此次考古发掘面积超过 3000m²，发掘清理了运河古河道、河堤、分水龙王庙建筑群等遗迹。对龙王庙建筑遗迹进行了清理和发掘，已基本搞清龙王庙建筑遗址三组建筑的平面布局。这是一次多学科、多单位、多层次合作进行文化遗产研究的成功尝试。

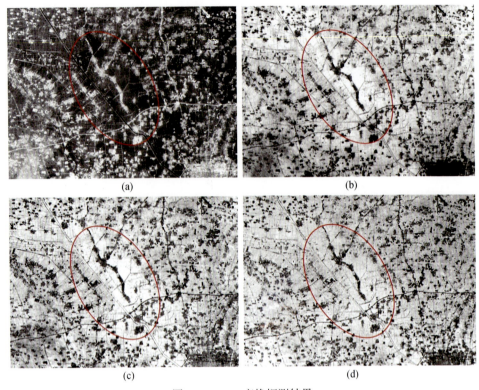

图 7.33　K-T 变换探测结果

第三节　长城空间考古

　　长城是中华民族精神的物化，是中华民族伟大力量的象征。中国是有着 5000 多年历史的文明古国，其文物古迹遍及各地。长城在我国所有古迹古遗址中的地位首屈一指，是世界古代建筑工程的伟大奇迹，是世界上最宝贵的历史文化遗产之一。长城是由烽火台和列城等单体建筑发展起来，初建时是彼此相望的烽火台，或是防御城堡，而后用城墙把它们联系起来，便成了长城。长城是我国现存体量最大、分布最广的文化遗产，以其上下两千年、纵横数万里的时空跨度，成为人类历史上宏伟壮丽的建筑奇迹和无与伦比的历史文化景观。做好长城保护对于展示中华民族灿烂文明，坚定文化自信，弘扬社会主义核心价值观，促进经济社会发展，见证和促进"一带一路"相关国家和地区的复兴和繁荣，具有十分重要的意义。1961 年 3 月 4 日，长城被国务院公布为第一批全国重点文物保护单位。1987 年 12 月，长城被列为世界文化遗产。2019 年 1 月 22 日，经国务院同意，文化和旅游部、国家文物局联合印发《长城保护总体规划》。

一、长城时空分布特征

（一）时间分布特征

长城修筑的历史可上溯到西周时期，著名典故"烽火戏诸侯"就与长城有关。春秋时期列国争霸，互相防守，长城修筑进入第一个高潮，但此时修筑的长度都比较短。战国时期，北方民族诸侯争霸，相互兼并，出现了秦、楚、齐、燕、韩、赵、魏等几个大国。它们彼此之间为了防御，利用原来的大河堤防或附近的山脉，逐段构筑城墙和关塞并将其联系起来，构成长城这一古代军事防御工程体系，但规模较小，互不连贯。约公元前 7 世纪，楚国最早修筑长城。其后，公元前 6 ～公元前 4 世纪，齐、燕、赵、秦、魏、韩各国也相继修筑了互防长城。公元前 221 年，秦灭六国后，建立起第一个多民族统一的中央集权制封建制国家，秦始皇连接和修缮战国长城，始有"万里长城"之称。汉代为防御匈奴侵扰，大规模修筑长城。以后，北魏、北齐、北周、隋、辽、金、明各代，均大规模修筑或增筑长城。明代是长城修筑史上最后一个朝代，其修筑规模之宏大，防御组织之完备，所用建筑材料之坚固，都大大超越以前各个朝代。

（二）空间分布特征

长城东、西、南、北纵横交错绵延起伏于中国辽阔的土地上，沿途经过 15 个省区市，具有一定的空间差异性，其位置选择大多在中土与周边游牧民族互相争夺的农牧交错带上，因此该地区的生态环境也十分脆弱。其中陕西省是中国长城资源最为丰富的省份，其境内长城长度达 1838km。根据文物和测绘部门的全国性长城资源调查结果，明长城总长度为 8851.8km，秦汉及早期长城超过 1 万 km，总长超过 2.1 万 km。

春秋战国时期长城主要分布区域包括河北、山西、内蒙古、辽宁、山东、河南、陕西、甘肃、宁夏等省（区）。现存墙壕 1795 段，单体建筑 1367 座，关、堡 160 座，相关遗存 33 处，长度 3080.14km。以土石或夯土构筑为主。秦朝将燕、赵、秦三国的北部长城连为一体，"延袤万余里"。汉代长城东起辽东，西至甘肃玉门关，主要分布区域包括河北、山西、内蒙古、辽宁、甘肃、宁夏等省（区），总体呈东西走向。秦汉长城现存墙壕 2143 段，单体建筑 2575 座，关、堡 271 座，相关遗存 10 处，长度 3680.26km。玉门关以西至新疆阿克苏市，连绵分布有汉代烽火台遗迹。秦汉长城以土筑、石砌为主，甘肃西部等地以芦苇、红柳、梭梭木夹砂构筑方式较常见，烽火台除黄土夯筑外，还有土坯或土块砌筑做法。

明长城资源保存相对完整、形制类型丰富，主要分布区域包括北京、天津、河北、山西、内蒙古、辽宁、陕西、甘肃、青海、宁夏 10 个省区市。其主线东起辽宁虎山，西至甘肃嘉峪关，在河北、山西、辽宁、陕西、甘肃、宁夏等地还出现多处分支。现存墙壕 5209 段，单体建筑 17449 座，关、堡 1272 座，相关遗存 142 处，长度 8851.8km。东部地区明长城以石砌包砖、黄土包砖或石砌为主，西部地区则多为夯土构筑。

历史上北魏、北齐、隋、唐、五代、宋、西夏、辽等时代均以不同程度修筑过长城，或在局部地区新建了具备长城特征的防御体系，在选址、形制、建造技术等方面都对后期长城的修筑产生了影响。现存墙壕 1276 段，单体建筑 454 座，关、堡 119 座。此外，金朝在今黑龙江甘南县，经河北至内蒙古四子王旗一线，修筑了以壕沟为防御工程主体的界壕体系，称为"金界壕"。现存墙壕 1392 段，单体建筑 7665 座，关、堡 389 座，长度 4010.48km。

二、长城防御体系概述

　　长城，是中国古代的军事防御工程，是一道高大、坚固而连绵不断的长垣，用以限隔敌骑的行动。长城不是一道单纯孤立的城墙，而是以城墙为主体，同大量的城、障、亭、标相结合的防御体系。虽然世界上其他国家也有类似于长城的防御体系，如古希腊长城、英国哈德良长城、德国境内的古罗马长城等，但其经历时期、建筑规模和长度均不能与我国长城相媲美。长城整个布局有主干，有分支，沿线设立许多障、堡、敌台、烽火台等不同等级、不同形式和不同功能的建筑物，构成一个完整的防御体系。这个体系中每一个小据点都通过层层军事与行政机构和中央政权机构相联系。从防御角度，通常把长城沿线分成几个防区。例如，秦始皇时期，在长城沿线上设立了陇西、北地、上郡、九原、云中、雁门、代郡、上谷、渔阳、右北平、辽西、辽东 12 个郡，以管辖长城沿线各地方，进行分段防御。而明朝为便于对长城沿线的防守，划分成九个防守区段，称为"九边"，每边设镇守（总兵官），即辽东、蓟、宣府、大同、太原、延绥、宁夏、固原、甘肃九镇，谓之九边重镇。九边九镇之外，为了加强京城的防务和保护帝陵（今明十三陵）的需要，于嘉靖三十年（1551 年）又在北京的西北增设了昌镇和真保镇，共为十一镇，构成了九边十一镇的防御布局。

三、长城遗址目标识别与提取

　　遥感技术为长城这样的大型线性考古遗址提供了快速探查与监测的手段。20 世纪 80 年代，北京和宁夏文物部门分别利用航空遥感技术开展境内明长城资源普查工作；郭华东（1997）利用航天飞机成像雷达数据发现了陕西和宁夏交界处干沙掩埋的隋、明两代长城；天津大学科研团队进行了基于遥感和 GIS 技术的明长城九边防御体系研究（张玉坤和李严，2005）；2017 年中国科学院利用空间考古技术再现了由 200 多座烽燧、古戍堡遗址组成的新疆古长城。2006~2010 年，国家文物局会同国家测绘局采用人工地面勘测和遥感相结合的方法，完成了我国长城资源的全域调查。

　　汉长城是中国长城的重要组成部分，对汉长城遗址现存状态进行快速调查与定量评价是开展遗址监测保护与督察执法的重要前提。敦煌，地处河西走廊西端，作为古代中西交通的枢纽，通往西域之南、北两道的交汇点，在政治上、军事上、经济上均具有极其重要的地位。敦煌地区在历史上曾是我国东部通往新疆、中亚、西亚及非洲和欧洲的必经之地，是闻名于世的丝绸之路最为重要的城镇之一，但地处河西走廊偏远地区。为维护该地区的稳定和丝绸之路的畅通，西汉在敦煌郡修建了塞墙（长城）防御工事，并建立了一套完整的军事聚落体系。今敦煌—瓜州一线的汉长城及沿线的城障、烽燧,是汉代河西完整的军事防御体系的重要组成部分,也是西汉王朝构建河西乃至整个北方防御工程的历史缩影。虽经千百年来的风雨剥蚀,汉长城仍然巍然屹立在戈壁荒漠中,堪称中国保存最为完好的长城之一。

(一) 敦煌郡与汉长城

敦煌历史悠久,古为羌戎所据,秦汉之际为月氏、乌孙驻牧,后被匈奴占据,汉武帝时期纳入中国版图,成为"河西四郡"之一。由于地处东西方交通要道,扼据"两关",雄视西域,是丝绸之路之咽喉。《汉书·地理志》注释:敦,大也;煌,盛也。敦煌郡是由酒泉郡分置而来,其建郡的时间应在汉武帝元封五、六年(公元前106～公元前105年)。据《汉书·地理志》,汉敦煌郡有6个属县,即敦煌、冥安、效谷、渊泉、广至与龙勒。汉代的敦煌郡,包括今敦煌、瓜州两县和阿克塞哈萨克族自治县、肃北蒙古族自治县的部分地区,面积8万余平方千米。

汉武帝通过漠北、河西之战,尽得河西之地,据四郡(武威、张掖、酒泉、敦煌)、列两关(玉门关、阳关),开通了古丝绸之路,并开始迁徙内地居民进行屯田戍边,修筑亭障烽燧,烽燧间筑起长墙加以连接,叫作塞墙,也叫作长城。据《史记》《汉书》等有关记载,汉长城修筑于汉武帝元狩二年(公元前121年)。汉武帝收复河西地区后,为加强西北边防,积极经营西北,兴筑了三段长城及亭燧。首先在元鼎六年(公元前111年)从令居(今甘肃永登县)至酒泉修筑边塞,又在元封四年(公元前107年),"酒泉列亭障至玉门矣",最后在天汉元年(公元前100年),"自敦煌西至盐泽,往往起亭",亭燧遗迹东自玉门关,向西沿疏勒河,直至今新疆罗布泊北岸、孔雀河下游尾闾。至此,经过10多年的修筑,西汉完成了河西走廊汉长城防御体系的构建,开始守卫丝绸之路的畅通与繁荣。

敦煌郡内的边塞长城(图7.34),是从东边酒泉郡延伸而来的,从今玉门市起,向西延伸到今敦煌西湖湿地地区,东西长约300km,横亘于今敦煌—瓜州一线。英籍考古学家斯坦因发现以及进行过发掘的共115座烽燧,仅在今芦草沟古绿洲内调查发现并编号的烽燧就有30多座,为今天开展丝绸之路空间考古研究留下了珍贵的研究对象。

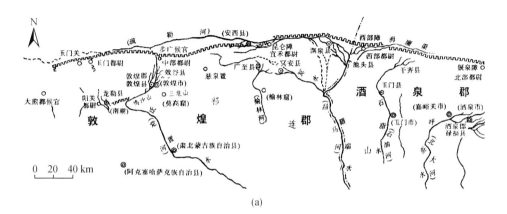

(a)

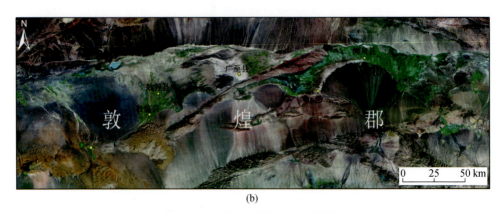

(b)

图 7.34　西汉敦煌郡位置示意图

(a) 摘自《敦煌学大辞典》；(b) 为 Landsat ETM+影像

　　据敦煌地区出土的汉简资料，汉长城防御体系以"都尉—候官—烽燧"作为基本建制。汉敦煌郡长城烽警防御体系由宜禾都尉、中部都尉、玉门都尉和阳关都尉组成，下共设有美稷、鱼泽、广汉、昆仑、宜禾、万岁、步广、破胡、吞胡、平望、玉门和大煎都十二个候官（图 7.35）。后又增设了阳关都尉用于管辖玉门关与阳关之间的汉长城。西汉时期不仅在敦煌郡设置了玉门关、阳关等关隘，而且修筑了城障、烽燧、塞墙、天田等严密的军事防御设施和候望、通信系统。

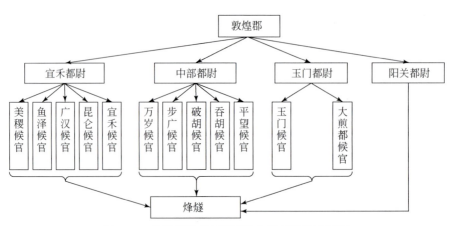

图 7.35　敦煌郡汉长城军事防御体系结构示意图

　　今敦煌—瓜州一线汉长城并非砖石结构，其建造在当时是因地制宜，就地取材。汉代敦煌郡北境一带，生长着大片红柳、芦苇、罗布麻、胡杨树等植物，修建长城时，就用这些植物的枝条为地基，上铺土、砂砾石再夹芦苇层层夯筑而成，便形成了不同地理环境下不同类型的长城片段。基于笔者对近年来三次野外调查的总结，本书归纳出敦煌汉长城的三类典型的修筑结构类型：芦苇+土–砂砾石，红柳+土–砂砾石，胡杨+土–砂砾石。

　　由于 2000 多年来的全球气候变化，加之近代以来人为拆毁墙体取材当薪柴等破坏活动，今敦煌—瓜州一线的汉长城墙体基本上被风沙侵蚀掩埋或人为拆毁推倒，大部分长城片段在地面上已无明显墙体，但仍有150多座烽燧依然挺立在沙漠戈壁之上（图7.36）。

图 7.36　风沙侵蚀作用下的汉长城遗址残存墙体照片（拍摄于今瓜州县西湖乡）

（二）敦煌汉长城线性考古遗址[①]的影像特征

遥感技术已广泛应用于我国的长城整体研究中，尤其在全国长城资源的调查中取得了令人鼓舞的成绩，但存在自动化水平不高、遥感数据源单一等问题。目前长城遗址的监测保护与文物保护督察执法以周期性的人工地面巡视为主（尤其是在经济、科技落后的偏远地区），存在周期长、行动滞后、成本高等不足。虽然在个别重点保护段建设有文物保护监控系统，但这相对于大范围的长城遗址保护而言是远远不够的。同时，长城资源专项调查工作已对汉长城遗址现存状况进行了图文记录（文字、照片、视频），但多为定性或半定量的描述，缺乏系统的定量评价。选择国产高分一号（GF-1）影像数据作为设计汉长城线性考古目标自动提取方法的基础数据，WV-2 与 Google Earth 高分影像数据作为对比与互补数据。GF-1 影像数据来源于高分应用综合信息服务共享平台，WV-2 与 Google Earth 高分影像数据为 DigitalGlobe 公司提供。

高分一号（GF-1）卫星搭载了 2m 分辨率全色和 8m 分辨率多光谱相机，四台 16m 分辨率多光谱相机。GF-1 卫星具有高、中空间分辨率对地观测和大幅宽成像结合的特点，2m 分辨率全色和 8m 分辨率多光谱影像组合幅宽优于 60km，16m 分辨率多光谱影像组合幅宽优于 800km。在分析汉长城线性考古遗址影像特征之前，为改善地物目标的识别精度，提高解译效果，对 GF-1 影像数据进行了预处理。首先，在 ENVI 中利用 FLASSH 模块对多光谱数据（multispectral，MS）和全色波段数据（panchromatic，PAN）进行辐射校正；其次，利用 GF-1 影像数据自带的有理多项式系数（rational polynomial coefficient，RPC）文件对辐射校正后的影像数据进行正射校正等处理；最后，利用 Gram-Schmidt 算法，进行 MS 数据［图7.37（a）］与 PAN 数据［图7.37（b）］的图像融合，获得 2m 分辨率的彩色融合数据［图7.37（c）］。

---

① Great Wall Linear Archaeological Sites，GLASS。

(a) MS波段组合图像

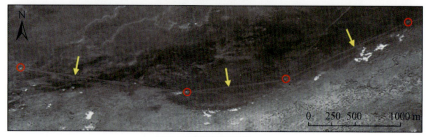

(b) PAN波段灰度图像

(c) MS与PAN融合彩色图像(RGB432彩色合成)

图 7.37　GLASS 片段的 GF-1 影像数据

黄色箭头指向汉长城墙体遗址，红色圆圈为烽燧遗址

资源三号、WorldView-2 高分影像数据的预处理同 GF-1 影像数据的预处理过程。Google Earth 高分图像保存于 Google Earth Pro 软件，最高分辨率可达 4800dpi×3280dpi。所有的高分图像在预处理结束后，都以 GF-1 数据为参考图像进行几何校正，以确保汉长城线性遗址影像特征空间位置信息的一致性与准确性。

1. 汉长城线性考古遗址的影像特征

基于预处理后 GF-1 MS 数据，首先利用 M-统计［式（7.1）］对目标特征及其周边地物的光谱特征进行分离度比较分析。一个大值的 M-统计量表示两种地物类别在某一光谱波段或波段运算上的类内方差最小化且类间方差最大化，因此两种地物类别可以在该波段或波段运算上被较好地分离开来。

$$M = \frac{\mu_1 - \mu_2}{\sigma_1 - \sigma_2} \tag{7.1}$$

式中，μ_1、μ_2 为不同地物类别的光谱均值；σ_1、σ_2 为不同地物类别的光谱标准差。

一般而言，$M>1.0$（$M<1.0$），表示较好（差）的光谱分离度，即在单波段影像上较

易（难）将目标类别从其他类别中分辨出来。本书多次对不同区域 GF-1 MS 数据进行 M-统计运算发现，今敦煌—瓜州一线 GLASS 的光谱分离度指数均为 $M<1$（表 7.8）。从表 7.8 可以看出 GLASS 与周边背景环境仅在 PAN 波段和近红外/红波段比值指数（B4/B3）上 $M>0.5$，即对于 GLASS 而言，很难利用光谱信息将其从背景中区分出来。

表 7.8　汉长城遗址线性考古目标光谱分离度 M-统计量结果表

波段/波段运算	$\mu_1-\mu_2$	$\sigma_1+\sigma_2$	M
蓝波段（B1）	1.54	6.24	0.25
绿波段（B2）	2.53	9.13	0.28
红波段（B3）	3.76	9.02	0.42
近红外（B4）	3.92	10.88	0.36
PAN 波段	2.86	5.55	0.52
NDVI	1.01	11.34	0.09
B4/B3	3.22	5.32	0.61
PCA1	3.45	8.57	0.40
PCA2	2.93	18.11	0.16
PCA3	3.38	14.96	0.23
PCA4	3.67	18.33	0.20

　　绝大部分的 GLASS 均被来源于周边环境的砂砾石或沙子掩盖，造成汉长城的光谱信息与背景环境（戈壁、荒漠等）几乎一致，故基于 GF-1 MS 数据 GLASS 的自动识别与提取是极其困难的。通过分析 GF-1 PAN 图像可以发现，高空间分辨率使得汉长城遗址线性特征在图像上很明显，这为开展汉长城线性遗址的自动识别与提取提供了新的思路。同时，为全面了解和分析研究区内汉长城线性考古遗址的影像特征，遴选了分布在敦煌—瓜州一线的 12 个典型 GLASS 片段进行 GF-1 PAN 影像特征分析（表 7.9）。这 12 个典型片段分为地面有墙体残存和无墙体残存两大类，背景环境依次为沙漠–戈壁均匀背景（G1）、沙漠–戈壁不均匀背景（G8）、戈壁均匀背景（G5、G9）、戈壁不均匀背景（G2）、沟壑均匀背景（G3）、沟壑不均匀背景（G6、G11）、雅丹均匀背景（G4、G10）、雅丹不均匀背景（G7、G12）。

　　在小尺度下，敦煌—瓜州一线的地貌类型多样且复杂（草地、湿地、戈壁、沙漠、雅丹等），因此形成了多种地貌背景下的 GLASS 片段。在分析 12 个典型片段的影像特征的基础上，基于野外考察情况，给出了与 GF-1 PAN 影像对应的 GLASS 实物照片，并列举了汉长城墙体残存情况，后文将据此设计 GLASS 的检测算法，实现它们的自动识别和提取。

表 7.9　典型片段汉长城遗址在 GF-1 PAN 数据上的影像特征图谱

片段编号	GF-1 PAN 影像	墙体残存	野外照片
G1		无	
G2		有	
G3		无	
G4		无	
G5		无	
G6		有	
G7		无	

片段编号	GF-1 PAN 影像	墙体残存	野外照片
G8		有	
G9		无	
G10		有	
G11		无	
G12		无	

2. 汉长城线性考古遗址（GLASS）自动识别与提取的检测算法

目前，图像分割算法有很多种，归纳起来主要可以分为下面几大类：基于边缘的图像分割算法（Sobel 算子、Laplacian 算子、Prewitt 算子等）、基于阈值的图像分割算法（双峰法、迭代法、最大类间方差法）、基于区域的图像分割算法（种子区域生长法、区域分裂合并法、分水岭法等）、基于图论的图像分割算法（如 Graph Cut 法、GrabCut 法、Random Walk 法）、基于能量泛函的图像分割算法（如 ACM 模型、Chan-Vese 模型等）。基于对 2m 分辨率 GF-1 PAN 影像数据的分析发现，由于汉长城遗址相邻两座烽燧之间的墙体遗址呈几乎直线型的线性特征，且边缘清晰度高；同时，在低太阳高度角的成像条件下，地面残存有墙体的汉长城遗址具有明显的考古阴影标志特征。针对汉长城遗址的这个共同点，可以得到一种汉长城自动检测的方法，即利用灰度阈值分割法对图像进行分割，将每一段汉长城墙体抽象为与之一一对应的分割前景，并利用直线提取算法来执行后续的提取操作。

　　对于直线检测而言，目前被广泛应用的方法有 Hough（霍夫）变换及其改进算法和基于线探测器（line segment detector，LSD）法等。LSD 法主要用于检测遥感图像中几何形状明显的目标特征，它可以快速地检测图像中的直线段，然后根据目标的几何特征设计快速算法，以快速确定疑似目标区域。Hough 变换是将目标曲线转换到参数空间进行自动检测，它的优势是不受图像旋转的影响，易于进行几何图像的快速变换。基于 Hough 变换的改进方法也很多，其中一个重要的方法是广义 Hough 变换，可以用来检测任意形状的曲线。根据上述汉长城线性考古遗址在 GF-1 PAN 影像上的几何特征和亮度特征的分析结果，研究基于灰度阈值的图像分割算法和 Hough 变换直线检测算法，设计检测方法来实现 GLASS 自动识别和提取。

　　这里研究了基于灰度阈值分割法和 Hough 变换直线检测算法的 GLASS 自动识别与提取方法。首先，对 GF-1 PAN 数据进行平滑滤波处理，以去除图像自身存在的局部噪声对 GLASS 灰度特征分析的影响。其次，基于灰度直方图统计分析结果，利用阈值分割算法对目标影像进行分割（图 7.38），通过图 7.38 的比较可以发现，Otsu 法更适用于 GLASS 的图像分割研究。再次，对 Otsu 分割的结果进行数学形态学处理，去除非提取目标的噪声斑块（多为不规则形状大斑块）。最后，基于 Hough 变换直线检测算法，获得目标图像中指示线性特征的 Hough 峰值点（图 7.39），利用峰值点的 (ρ, θ) 坐标实现 GLASS 的自动提取（图 7.40）。

(a) GF-1 PAN数据原图(白色箭头指向GLASS)

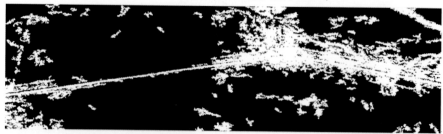

(b) 基于双峰法分割结果图

(c) 基于迭代法分割结果图

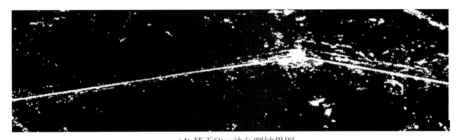

(d) 基于Otsu法分割结果图

图 7.38　GLASS 图像阈值分割结果图

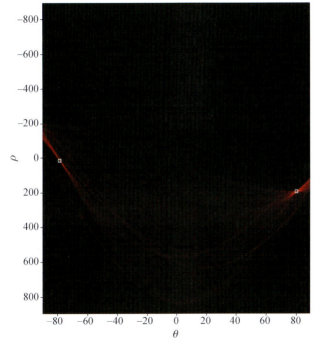

图 7.39　Hough 变换检测峰值点显示图

图中显示有 2 个峰值点，表示在原图中有两条直线段

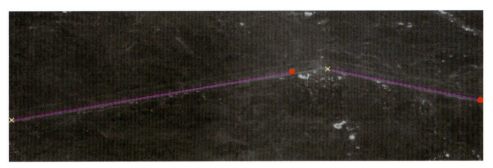

图 7.40　基于 Hough 变换方法的 GLASS 自动提取结果

品红色代表提取的汉长城遗址片段，黄点和红点分别代表自动提取线段的起点和终点

为了验证算法的适用性，表 7.9 中列举出的 12 个 GLASS 典型片段自动识别与提取的实验结果，如图 7.41 所示。

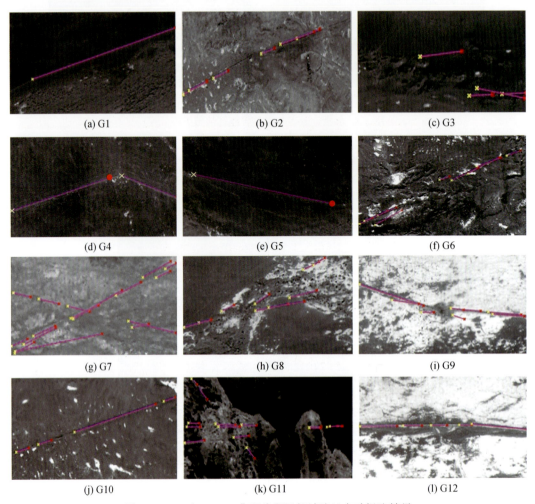

图 7.41　12 个 GLASS 典型片段汉长城遗址自动提取结果

同时，对考古遗址提取算法的精度评价需要一个客观而统一的标准，但可惜的是由于考古遗址本身的复杂性、多解性和差异性，很难在像元尺度上实现分割与提取结果的准确评价。研究借鉴 Tarantino 和 Figorito 提出的关于考古遗址自动提取算法精度评价的思想，基于 GLASS 的影像解译特征，建立 GLASS 完整性（高、中、低）、GALSS 可见性（高、中、低）、背景环境复杂性（高、中、低）的打分标准（表 7.10），同时结合提取结果的目视效果（好、中、差）来定性评价本次的算法精度（表 7.11）。同时，基于提取过程中 shp 格式文件，在 ArcGIS 10.1 中计算自动提取出长城遗址片段长度，并与手动提取长度进行比较，辅助进行算法精度和可靠性的定量评价，评价结果见表 7.11。这里定义 GLASS 提取算法检测正确长度（A_1）或虚假长度（A_f）与手动提取长度（M_1）的比值为正确率（$A_1/M_1 \times 100\%$）或虚假率（$A_f/M_1 \times 100\%$）来进一步衡量算法的精度与适用性。基于阈值分割和 Hough 变换的检测方法对于手动检测结果的精度达到80%以上。

表 7.10　GLASS 完整性、可见性与背景环境复杂性的打分标准

标准	GLASS 完整性	GLASS 可见性	背景环境复杂性
高	不多于1个断点	与背景环境差异巨大	复杂背景
中	有 2~3 个断点	与背景环境差异适中	多背景
低	多于3个断点	与背景环境无明显差异	单一背景

表 7.11　GALSS 的影像解译特征与提取算法精度定性评价分析表

编号	GLASS 完整性	GLASS 可见性	背景环境复杂性	提取效果	A_1/m	A_f/m	M_1/m	正确率/%	虚假率/%
1	高	高	低	好	805	0	1 000	80.5	0
2	中	中	高	中	620	0	1000	62.0	0
3	低	低	中	差	350	720	1000	35.0	72.0
4	高	高	低	好	1080	0	1200	90.0	0
5	高	高	低	好	810	0	1000	81.0	0
6	低	低	高	差	685	315	1000	68.5	31.5
7	低	低	高	差	790	2050	1000	79.0	205.0
8	中	中	高	中	535	505	1000	53.5	50.5
9	中	中	高	中	800	395	1000	76.5	39.5
10	中	高	中	中	830	0	1000	83.0	0
11	低	低	高	差	300	605	1000	30.0	60.5
12	高	高	高	好	855	0	1000	85.5	0

　　对于背景环境简单或低复杂性的 GLASS 片段而言，基于阈值的图像分割算法和 Hough 变换的检测方法可以很好地实现自动识别与提取。但对于高复杂性背景环境下的 GLASS 片段而言，在 GF-1 影像上往往存在与其线性纹理特征相近甚至一致的地物目标，因此在图像阈值分割后，得到的二值图像存在一定量的非感兴趣目标，这在一定程度上增加了 GLASS 的背景噪声。同时，在对 GLASS 的轮廓进行 Hough 变换检测提取时，由于受 GLASS 本身完整性的影响，会存在一定量的虚假检测，需要在后期考古综合制图中结合实际生产需要进行人工辅助删除，以提高制图效果。

　　受 GF-1 PAN 影像数据分辨率的限制，GLASS 在影像上的线性遗痕并不能真实而客观地反映汉长城遗址的实际特征。基于阈值的图像分割算法和 Hough 变换的检测方法会将一些白色线状噪声或线状背景目标识别为 GLASS。这就表示，图像的对比度导致了目视不易辨认的 GLASS。

　　手动可提取出的而自动检测方法却未提取到的 GLASS，基本都是在图像上呈现灰度变化不大，边缘模糊且存在多个断点，导致一个 GLASS 片段可能被提取出多个直线线段，即 GLASS 边缘特征没有被有效地识别。由于对 GLASS 近似直线的假设造成提取检测结果的位置信息和尺寸大小与野外调查得到的汉长城实际尺寸存在微小的偏差，这些问题还需要改善。同时，非直线型 GLASS 片段的检测将对提取方法提出更大的挑战。

四、敦煌郡汉长城防御体系空间认知与分析

（一）汉代敦煌郡长城防御体系

据史料记载，汉代敦煌郡长城烽警防御体系由宜禾都尉、中部都尉、玉门都尉组成，后期加入阳关都尉，以便于开展玉门关至阳关汉长城的军事防务管理工作。英籍考古学家斯坦因基于他 1906～1908 年第二次中亚考古探险工作，出版了 *Innermost Asia*（《亚洲腹地考古图记》），包括敦煌地区汉长城遗址。

在敦煌郡汉长城烽警防御体系下辖的 4 个都尉中，玉门、阳关都尉由于大量的史料记载，其防区是古丝绸之路通往西域的咽喉要地，历来交通便利，考古人员很容易结合文献记载开展调查与考证研究，因此人们对玉门、阳关两都尉的认知已趋近历史原貌。中部都尉，其防区在今敦煌市北部，靠近乡镇地区，交通较便利，故已开展一定量的考古调查研究，人们对中部都尉的认知也比较贴近历史。但宜禾都尉的考古调查研究尚不足，主要原因是宜禾都尉的防区在今天敦煌与瓜州间的戈壁荒漠地带，远离城镇，几乎没有交通设施，人迹罕至，地面考古调查难以开展。

宜禾都尉自东向西由广汉、美稷、昆仑、鱼泽与宜禾 5 个候官构成，东联酒泉郡西部都尉，西接敦煌郡中部都尉，都尉治昆仑候官。目前，考古调查已发现并证实了宜禾都尉下辖的广汉、美稷、昆仑、鱼泽 4 个候官治所的遗址所在，尚缺乏对宜禾候官治所的考古发现。根据敦煌地区出土的汉简资料和《汉书》等史书记载，首先，基于 GIS 空间缓冲区分析功能，开展候官治所遗址的空间预测分析，用于确定宜禾候官治所遗址的潜力区；其次，基于高分辨率的 WV-2 卫星影像数据，对潜力区进行人机交互处理与解译，确定存在的可疑遗址；最后，借助 GPS 技术开展野外精确勘测，并结合文物考古与文献考证，确定可疑遗址的性质。

斯坦因在其著述的 *Innermost Asia*（《亚洲腹地考古图记》）中详细记载了他在宜禾候官辖区内调查发现并编号的烽燧，大约共有 11 座。但由于地面调查受地形地貌、物资、运输工具等诸多条件的影响，至今尚无学者在该区域内发现并证实宜禾候官治所的遗址。

在 Google Earth 上，通过对已知都尉、候官治所遗址的空间考古调查研究发现，都尉、候官作为汉长城卫戍管理机构，基本上都紧靠长城且位于长城墙体的南侧，距离不超过 2km。同时，根据李正宇、李并成等基于汉简资料对汉长城的考证研究结果，发现敦煌郡各个都尉下辖候官管理的长城塞墙长度大约为 30km。因此，这里根据上述文字描述信息，利用 GIS 的空间缓冲区分析功能建立卫戍机构的潜力区。主要步骤如下。

首先，在室内基于 GF-1 影像数据提取的 GLASS 片段信息连接在一起形成一条完整的汉长城遗址，以便后面开展路径分析；由于先前的考古研究已经摸清了宜禾候官东、西两相邻候官（鱼泽、步广候官）所辖烽燧情况及其候官治所遗址，这里只需要通过 GIS，分别从鱼泽、步广候官治所遗址出发，沿汉长城遗址每隔 30km 路程各确定一个疑似点，再以疑似点为圆心，以 2km 为半径，在汉长城遗址南侧进行缓冲区分析，获得遗址存在的潜力区。

其次，基于 GIS 缓冲区分析确定了两个宜禾候官治所遗址潜力区，为使人机交互解译方便，获取了缓冲区外接正方形区域内的 ZY-3 PAN 影像数据。通过对潜力区 WV-2 高分影像进行人机交互解译，包括图像增强，纹理分析，边缘检测等，在两个疑似区内各发现了一个形状呈方形的可疑目标。

最后，利用 GPS 定位技术，于 2013 年 8 月和 10 月前后两次对巴州古城遗址以北，汉长城以南，敦煌绿洲以东，瓜州绿洲以西的雅丹地貌群进行野外考察和实地调查。野外考察发现并证实这两处遗址的存在，遗址的初步年代由同行的文物考古、田野考古、历史考古等多领域专家根据遗址地表残存的器物信息及遗址规制等给出。

（二）敦煌郡汉长城防御系统空间结构分析

在汉长城的防御体系中，障城、塞墙、烽燧是其最为主要的三类防御设施，也是基本的军事建制单元。本研究从空间信息技术应用的角度出发，重点对前两者进行了空间考古研究，分别是基于 GF-1 PAN 影像数据的汉长城塞墙线性遗址自动提取和基于遥感、GIS、GPS 的汉长城候官遗址空间预测与发现。对于汉长城防御系统而言，烽燧是其最基本的军事单元、最灵活的防御设施、最前哨的预警机构。因此，开展烽燧遗址的空间考古研究对于厘清整个汉长城防御空间结构至关重要。

烽燧遗址的空间尺寸小，且大都损毁严重，故在目前已有的高分遥感影像中很被难识别出来。因此，使用的烽燧遗址信息基本上是基于 GE 的高分图像的目视解译来实现空间考古的调查与发现，同时利用 GPS 支持下的田野考古获得的烽燧遗址数据库对目视解译结果进行比较验证。

基于 GE 的烽隧遗址野外调查结果发现，汉代敦煌郡烽燧大约有两类：一类是汉长城遗址一线的烽隧，主要作用在于传递险情和保卫边境，这里称为塞烽；另一类是瞭望烽隧，主要作用在于刺探并及时向郡府传递军事情报，这里称为警烽。塞烽布列在汉长城一线，其主要任务是防御警备与巩固边塞，当然也兼有一定的瞭望预警作用。警烽以敦煌郡府为中心向四边关卡呈辐射状展开布列，主要任务是瞭哨报警（图 7.42），基本上不承担军事战斗任务。

在瓜州县“三普”数据的文物登记名录中，已经明确了宜禾都尉下辖的广汉、美稷、昆仑 3 个候官治所的遗址所在。其中，小宛破城遗址（昆仑障城）被考证为昆仑候官，亦为宜禾都尉的治所。历史上的鱼泽候官位于今瓜州县内部灌溉绿洲，强烈的人类农业生产活动已使其治所遗址无迹可寻。独有宜禾候官治所遗址至今仍湮没在芦草沟古绿洲的雅丹地貌群中，由于人迹罕至，可能在一定程度上被保存下来，这为其空间考古发现提供了历史依据和理论可能。

汉长城遗址沿线空间考古新发现的 BZ-1、BZ-2 两处遗址，由于强烈的风蚀作用，均无墙体遗存，但残存的墙基轮廓特征与地表古代遗物，反映了它们的年代与形制特征，其与古代中国西北防御系统密切相关。汉代在构建长城军事防御工程时，特别重视障、塞、亭、燧的建设并建立了严密的烽燧制度。据斯坦因制作的该地区考古调查图，结合前人的研究成果，并与小宛破城遗址对比，BZ-1、BZ-2 遗址应为下一级别的候官治所，位置信息与宜禾都尉下辖的宜禾候官治所基本一致。对 BZ-1、BZ-2 两处新遗址之间汉长城遗址

图 7.42　敦煌郡汉长城宜禾都尉防区烽燧布列遥感图

黄色和红色分别代表塞烽和警烽

的调查表明，烽燧一般相距 1.3~1.5km。无论新发现的 BZ-1、BZ-2 遗址哪个是宜禾候官治所，它们的发现都将为古代河西地区汉长城防御系统、屯田戍边政策与丝绸之路的深入研究，提供重要线索和实物证据，其意义毋庸置疑。基于前人的研究结果，结合空间考古新发现的候官遗址，基本厘定了汉敦煌郡宜禾都尉下辖的候官及其治所遗址的空间位置。同时，基于 GIS 的数字化功能，初步绘制了汉代敦煌郡长城防御系统空间结构。

在汉长城中，河西走廊段的意义最为重大。西汉在河西长城沿线，修筑了一系列烽燧亭障，重要关隘还置军驻守，保证了古丝绸之路河西段的安全通畅，大大促进了东西方之间的贸易往来及文化交流。更为重要的是，河西汉长城是在中国封建社会中第一次进行西部大开发的重要历史见证。这也为此后在新疆建立西域都护府、畅通丝绸之路奠定了重要的历史基础。

首先，基于野外考察对敦煌地区的汉长城的构筑类型进行了分类研究，结合 GLASS 在 GF-1 数据上的影像特征，建立了适合于线性考古遗址自动提取的算法，实现了不同环境背景下典型 GLASS 片段的自动提取，并对提出的算法进行了定性和定量的精度评价。其次，根据自动提取的 GLASS 信息，利用 GIS 空间缓冲区分析，获得了候官遗址的考古目标潜在区，结合高分辨率卫星影像，在汉长城沿线南侧上新发现两处古城遗址，并对其规模、形制以及周围环境等进行了较详细的勘测与考证，采集到了磨制石器、陶片、瓷片、砖瓦残片、铁器残片和五铢钱残币等。最后，结合前人对汉敦煌郡长城防御系统的研究基础，本章从空间考古的角度出发，系统地分析了汉长城在敦煌地区的空间防御结构。

基于遥感、GIS、GPS 技术，结合地面勘测数据与史料信息，发现并证实了与汉长城防御系统相关的两处古城遗址，较准确地揭开了汉长城宜禾都尉防区的空间结构，也在一定程度上揭示了敦煌古绿洲的原貌。同时，基于数字地球平台 GE 的烽燧遗址的空间考古研究，为低成本、快速、有效的考古遗址调查提供了新的思路，特别适用于边远或不稳定地区。汉敦煌郡长城防御系统的揭示为进一步精细认知河西走廊的汉长城防御系统、古代边疆开发策略、古绿洲与丝路变迁以及区域环境演变等提供了重要的学术论据和科学参考。

参 考 文 献

郭华东. 1997. 航天多波段全极化干涉雷达的地物探测. 遥感学报, 1 (1)：32-39.

颉耀文，陈发虎，王乃昂. 2004. 近 2000 年来甘肃民勤盆地绿洲的空间变化. 地理学报, 5：662-670.

李明伟. 2005. 丝绸之路研究百年历史回顾. 西北民族研究, 2：90-106.

聂跃平，杨林，邓飚. 2014. 京杭大运河——遗产保护中的遥感技术应用. 北京：电子工业出版社.

王永兴，阚耀平. 1992. 塔里木盆地南部 2000 年来的环境变迁. 干旱区地理, 3：36-43.

新疆维吾尔自治区地方志编纂委员会. 2007. 新疆通志. 乌鲁木齐：新疆人民出版社.

张玉坤，李严. 2005. 明长城九边重镇防御体系分布图说. 华中建筑, 23 (2)：116-119.

俎瑞平，高前兆，钱鞠，等. 2001. 2000 年来塔里木盆地南缘绿洲环境演变. 中国沙漠, 2：122-128.

Luo L, Wang X, Liu C, et al. 2014. Integrated RS, GIS and GPS approaches to archaeological prospecting in the Hexi Corridor, NW China：a case study of the royal road to ancient Dunhuang. Journal of Archaeological Science, 50：178-190.

Luo L, Wang X, Guo H, et al. 2019. Airborne and spaceborne remote sensing for archaeological and cultural heritage applications：a review of the century (1907-2017). Remote Sensing of Environment, 232：111280.

第八章　展望空间考古学

第一节　考古学的发展思考

考古学通过研究古代人类社会留下的实物遗存（包括器物、建筑等）及其相关的生活环境与文化景观来分析与重建过去人类活动（王心源和郭华东，2015；Luo et al.，2019）。近代考古学首先在欧洲迅速发展，不久就建立了从旧石器时代、新石器时代、青铜时代到铁器时代完整的史前历史体系，并在其他大陆相继发现史前遗存。由于欧洲的历史与古代埃及和西亚的历史有着千丝万缕的联系，由考古学开创的埃及学、亚述学、东方学等新的学科因考古的不断发现而成为近代历史学的重要研究领域。一些失落的古代文明如印度河流域和古代中美洲文明等也在这个时期被重新发现，从根本上改变了人类对自己历史的认识，也改变了世界各民族对本民族历史的认识。随着第二次世界大战后世界各地区民族国家的纷纷建立，考古学成为世界各民族国家论证国家合法性的重要工具，进而演变为研究和保护民族遗产，弘扬民族文化的重要学科。同时，人文和社会科学飞速发展，各种理论不断涌现，各学科不断扩大自己的研究领域，边缘学科纷纷成为学科发展的前沿和生长点。考古学遂成为各学科索取资料、扩大研究领域、拓展研究视野的前沿之一。更为重要的是，第二次世界大战后自然科学技术的飞速发展，化学、物理、生物、地质、环境、数学、地球物理、地球化学、分子生物学、医学、农学等科技方法成为考古调查、发掘、断代以及提取各方面信息的重要手段。考古学也在同其他学科的互动中不断完善学科的理论与方法，成为人文科学中发展最迅速的一个学科。

考古学正是通过利用自然科学技术手段研究人类历史，大大拓展了此前文献史学的研究空间、时间和内容，甚至改变传统史学的某些基本观念和理论，成为近现代史学研究的最重要的推动力，也使得考古学的研究从单纯理想化的全面复原古代社会转入对古代物质文化遗存的形成和埋葬藏过程的研究。美国人类学体系下的考古学在学科理论和方法的发展中独树一帜，在第二次世界大战后率先出现反传统的新考古学（又称过程主义考古学）派，倡导以科学考古探索人类社会发展的普遍法则，并在20世纪60～70年代成为美国考古学研究的主流，极大地影响了当代世界考古学的发展方向。可以说，新考古学从其影响和意义而言，完全称得上是一场考古科学的革命。新考古学一个很重要的方面就是建立考古遗存和历史信息进行沟通桥梁的"中程理论"。20世纪80年代，从欧洲史学传统中生发出来的"后过程主义考古学"，弥补了美国新考古学的缺陷，成了20世纪最后20年考古学的新潮流。目前，这两个学派呈现一种合流之势，新的考古学学科独立于历史学的趋势越来越明显，其作为一个独立研究领域转向对人类自身历史和社会发展历程的科学探索（张弛，2009）。

当前，考古工作越来越追求工作的效率、科学性和系统性的统一。考古研究是一个广大的时空问题研究，而过去一线考古主要做的是小空间研究。今天，考古学不仅需要借助地质学、生命科学、建筑学、城乡规划学、风景园林学、土木工程学、冶金学、地理与环境科学、物理学、化学、信息科学等学科的技术与方法，进行多学科融合的综合分析与考古研究，还需要为科学认知人类的过去、现在和未来提供基础性服务。由此，考古学发展的新需求驱动了考古学从田野调查技术到实验分析技术再到空间信息技术的创新发展，从而满足考古学家寻找诠释古代社会和文化特征的物证的技术需求，更有助于促进实现文化遗产多元价值的深度挖掘与综合评估。空间考古可以更好地应对自然或人类因素对文化遗产造成的危害并促进相应保护与协调策略的拟定，并为开展公众教育提供服务。当然，要满足这些需求，空间信息保障是关键。

考古学需要放弃个人的偏见和克服一己的爱憎（陈淳，2003），要从研究任务、科学方法上进行重构。作为考古学新方向的空间考古学，将为重构新考古学贡献力量并发展成为一门真正的考古学分支学科。

第二节　从考古到空间考古

从欧美各国、日本和中国考古学的发展现状可以看出，考古学不仅正在越来越多地与其他人文社会学科发生交叉，不断地拓展研究的领域，就连过去被认为考古几乎无法涉足的哲学意识形态领域也开始成为考古学的研究领域；考古学也正在和越来越多的自然科学、工程技术与农医学科发生交叉，考古学研究的现代化，要求考古从业人员必须具备相当的自然科学知识，还需要有经过专业训练的自然科学、工程或农医的研究人员参与其中，这也意味着会有不同学科出身的研究人员参与到考古学研究当中，所以考古学研究中文理学科的界限正在变得模糊。正如严文明所指出的，考古学的发展不但依赖于考古工作的开展和资料的积累，以及相关理论和方法论的探索，更依赖于现代科学技术的广泛应用。所以，不管现在还是将来，现代科技总是考古学的发展动力之一。

一、遥感考古的兴起与转变

过去的田野考古仅凭借肉眼或简单的工具去获取人类活动的物质遗存信息存在着局限，因为大范围或细小的或被覆盖的遗存用肉眼或简单工具难以发现。遥感考古则是通过解译地上甚至地下遗迹和遗物的遥感影像特征来发现分布于田野的考古遗存。在现代考古工作中，从空中寻找古迹，是一种效果明显，且已经被普遍实施的方法（曹兵武，2012）。遥感考古的工作原理是建立在遗存或现象的物理属性、电磁波波谱特征和影像特征三者的紧密关系上，遥感影像的解译就是通过影像的色调、纹理、图案的形状、大小及其空间分布特征，并根据遗存或现象的波谱特征，来确定遗存或现象的属性与空间位置。但是，单纯的电磁波遥感考古具有局限性，有的地下埋葬遗迹不能或难以发现，因而需要遥感结合地球物理等方法的广义的遥感考古（Childe，1948；聂跃平等，2005；王心源等，2005；邓飚和郭华东，2010）。广义的遥感考古具有覆盖范围大、波段范围广、时空分辨率高以及对考古对象无损探测等特点，在山区、雨林、戈壁、荒漠、沙漠等人迹罕至地区的考古发现与调查具有独特优势（郭华东和王心源，2000；Wang et al.，2004；Conolly and Lake，2006；Wiseman and El-Baz，2007；吕厚远等，2008；聂跃平和杨林，2009）。

　　遥感技术不仅是人眼睛这个"遥感器"的延伸，更是分析判断的有力助手。目前遥感技术应用于考古学和文化遗产管理可大致归纳为两个大的方面：①古代遗存的探测与发现，主要是借助于考古遗存的物理化学特性，应用各种遥感手段对地上、地表、地下的遗存进行辨别，区分其性质、形状、大小、结构等特征；②区域性综合研究，主要是借助于各种遥感手段对区域内的环境变化、景观变迁等进行研究，服务于环境考古和景观考古的研究需求。需要指出的是，遥感作为一种成熟的空间技术在国民经济的许多领域都得到了深入的应用，如农业生产监测与评估、灾害监测、矿产资源调查等，但在考古和文化遗产管理方面仍有诸多不足之处，这主要是因为考古对象的特殊性，以及遥感考古对这种特殊性的认识不够。目前，遥感考古相当大的一部分精力被放在了对古代遗存的发现方面，尝试使用各种方法提高发现古代遗存的效率，但对古代遗存本身的特性的研究却明显不足。

　　对于能提供丰富信息源的遥感，仅局限于"发现遗存"是一种资源浪费与信息的损失。遥感应用于考古在欧美地区已有百年历史。今天，在西方田野考古调查遥感技术的应用中，遥感技术已不再是单纯地用来寻找和发现古代遗迹或现象，而是已经实现了与GIS、GPS以及地球物理方法等其他相关技术的交叉整合，综合服务于以景观考古学为理论支持的考古学研究和以文化遗产学为理论支持的文化遗产管理或文化资源管理（Luo et al.，2019）。例如，通过多光谱遥感的技术分析，能提取出不同重要矿产资源的分布范围（如制作石器所用特殊石料的分布）、提取出不同的地貌类型的空间分布状况（如河流阶地）、提取出地表植被的覆盖状况（如归一化植被指数）。此外，还为GIS空间分析建立考古遗址预测模型和土壤侵蚀模型提供数据，支持景观考古学的研究，评估考古遗址遭受水流等侵蚀的危害状况，为考古学研究和文化遗产管理服务（Lasaponara and Masini，2012；Luo et al.，2014）。

二、中国遥感考古的发展与存在的问题

　　中国遥感考古，虽然肇始于20世纪30年代，但是在20世纪90年代之前，一直处于零星地开展遥感影像的考古目标目视解译工作阶段。20世纪90年代～21世纪初，遥感在考古领域才得到较广泛应用与研究。自2005年以来，逐渐进入多源数据、多维的综合研究阶段。

　　20世纪90年代初，国内先后针对东北地区古遗址、中原地区古遗址、四川盆地古城址、长江三峡古遗址、西北沙漠明长城、北京老山汉墓等进行遥感考古研究，取得了一些重要的发现以及文化遗产与环境关系的证据。在遥感考古理论与方法研究方面，开展了对遥感考古理论与技术体系的研究、遥感考古解译标志分析、古河道与典型遗址遥感影像特征研究等。从学科发展看，环境遥感、地理信息系统、全球定位系统、虚拟现实与田野考古相结合，空间技术与考古结合成为考古研究和文化遗产保护的发展趋势。

　　2005年之后，国内开展了遥感考古在地表显性目标的观测以及地表不明显（弱/隐性）目标和地下埋藏目标的探测、发现的应用。针对大遗址的遥感考古研究得到国家重

视，如对秦始皇陵的遥感考古研究（863 计划），开展了高光谱与物探技术相结合的无损伤探测，并利用三维信息推断秦始皇陵地宫大致的边界、形状、结构、埋藏深度以及是否坍塌等信息；空间信息技术在京杭大运河保护中的应用研究（国家科技支撑计划项目），则基于遥感和虚拟现实技术开展历史文化遗产保护中的调查、规划、管理、监测、研究和展示宣传。遥感考古在诸多方面都在发生变化，在研究目标方面，遥感从应用于考古勘探走向空间技术应用于文化遗产的研究与保护；从学科发展看，遥感考古从方法和案例研究拓展到理论和科学问题探索。

21 世纪初以来，我国建立了若干全国性的遥感考古研究机构，并开展一系列活动，取得了丰硕成果，对推动遥感考古的发展和队伍建设有着至关重要的作用。围绕文化遗产空间观测，这些机构开展了频繁的国际、国内交流和科学活动，充分显示出我国在该领域的重要地位与作用。

近十年来，我国空间技术发展迅猛且已具备一定规模，初步形成了国家航空航天对地观测重大科技基础设施与空天地一体化技术体系。国内的文化遗产空间技术应用在经历了初级应用、拓展应用之后，面对亟待解决的文化遗产空间观测的基础性科学问题，正在开始进入深入探索与研究阶段。

但是，总体而言，中国遥感考古起步晚，基础研究尚较薄弱，遥感与考古"两张皮"现象尚存在，探测技术的信息供给与考古科学产生的需求既不能满足又融合不够，完整的人才队伍没有建立，学科体系建设没有形成，文化遗产保护措施的科学依据不足，仍显薄弱无力，这与我国的文化遗产大国的地位远远不匹配，也不能满足国家对该学科的需求。

三、走向空间考古——空间考古学的对象、性质及方法和任务

今天，遥感考古已经从航空走向航天，从可见光波段向更长与更短的电磁波段延伸。不仅如此，还从考古现场研究走向实验室虚拟研究，以及遥感技术与 GIS、GPS 和地球物理、地球化学及其他相关技术的整合，这均是空间考古技术方法的特点。

空间考古学既是遥感考古的继承与发展，又是扬弃与飞跃。这表现在空间考古学的对象、性质、方法和任务上。

空间考古学是新考古学的一个分支，正如遥感考古是传统考古学的历史需要。空间考古学在为重构新考古学贡献力量中发展并成为一门考古学分支学科。诚如 Keith Richards 所说，科学方法作为一种模式，就像其他任何模式一样，是要受到批评、检验和重建的（Kvamme，1990）。传统的考古学研究模式遵循着点—线—面的路径，这种认识路径不符合人的认识规律。我们需要建立符合人对地物认识规律的研究思想路线——从整体到局部、从宏观到微观的认识路线。其表现在空间考古学的研究对象、性质与方法和任务具有自身的特征方面。

（一）空间考古学的研究对象

考古学的研究对象为文化遗存，包括遗迹和遗物两大部分。遗迹是古代人类活动所遗留下来的不可移动的文化遗存。它包括房屋、村落、道路、运河、墓葬等古代人类建筑和

设施，以及矿坑、作坊、窖藏等与古代人类生产活动有关的遗迹和洞穴、聚落（村落）、城堡等与古代人类生活活动有关的遗迹。遗物，即古代人类活动留下来的有可移动性的器物。按用途，它可分为生产工具、武器、生活用具和礼器等；按质料，则可分为石器、玉器铜器、铁器、金银器、陶器、瓷器、骨器、角器、牙器、贝器、竹器、木器、漆器和丝棉织品等（高立兵，1997）。如果我们撇开人类社会角度，或者把人类社会一切活动放在地球演化的历史进程看，考古学与地质学的研究方法非常相似。考古学是以研究地球演化最新阶段的人类历史部分特殊情况下的人类形成的固体地球最表层的特殊"沉积层"——文化层为对象，从而了解、认知人类过去的历史进程以及过去人与环境关系的一门学问。固体地球最表层的特殊"沉积层"所蕴含的不仅是认知失落的古代文明，而且是古代物质文化遗存的形成和埋藏的自然与人为过程。

作为考古学分支的科技考古学，研究对象与考古学相同，即实物资料，但具有其侧重点（萨拉等，2008）。空间考古学的研究对象也应当与考古学研究对象相关。但是，古代人类活动留下来的可移动性的器物不是（起码目前不是）空间考古学的研究对象，而古代人类活动所遗留下来的不可移动的文化遗存是但不全是空间考古学的研究对象。空间考古学的研究对象现在首先是地球表层特殊的"残积与沉积层"，这是人类活动的残存物、堆积（堆砌）物或它们接受自然作用再改造的沉积物及其周围的生活环境（地貌、水文、植被、土壤乃至地质矿产）的总和，即包含人类活动遗存与生活环境的人文–自然综合体。

空间考古学研究对象与考古学既有联系，又有区别；与遥感考古既有继承，又有发展，体现出作为独立学科的新时代考古学对其分支空间考古学的需求。

（二）空间考古学的研究方法与性质

要回答空间考古学的研究方法，首先必须回顾考古学的研究方法。科学考古学的发端是以年代学方法的突破为标志，之后，进化思想成为19世纪下半叶考古学的主要特点。20世纪初，文化历史考古学兴起，类型学分析结合考古学文化概念成为20世纪上半叶考古学的研究范例。20世纪60年代诞生的新考古学认为，传统考古学将简单的经验与常识性推断作为研究方法，对结论缺乏任何严格的检验手段。有学者提倡考古应当采用自然科学的演绎法，以考古材料来检验各种不同假说与理论，从而避免传统方法中过多的主观因素（段小强和杜斗城，2007；张弛，2009；Luo et al.，2019）。

虽然关于考古学方法论问题尚存有不同的看法，但是一般认为考古地层学和考古类型学两种方法论是考古学得以成立和存在的基本条件。考古地层学、考古类型学、考古科技学、考古文化学，被认为是目前考古学界经常使用的四种基本方法（赵丛苍和郭妍利，2006）。当前，考古学学术领域在研究尺度上正在向宏观和微观两个方向不断拓展，在研究程度上向精交与综合的方向不断发展，进一步促使科技方法与考古学实践的结合，并将考古科技学作为考古学基本方法论给予重视和建设。近年来，运用科技方法开展文化生态、陶瓷考古、玉器考古、冶金考古、贸易考古、行为考古等方面的研究方兴未艾，这种对遗存的"微观研究"大大拓展了考古资料的信息内涵和学术价值；而始于20世纪初的遥感考古为田野考古对遗存及其环境的宏观认知更是起到重要作用。但是，考古科技学（萨拉等，2008）这个新的方法论体系尚待建立，需要进一步促使科技方法与考古学实践的结合，并将考古科技学作为考古学基本方法论给予重视和建设。空间考古方法是科技考古的一个方面，它的建设也必然会给科技考古学做出贡献。

由于空间考古学研究对象是地球表层包含人类活动遗存与生活环境的人文-自然综合体，这个复杂的研究对象需要综合的研究方法。一个具体的人文-自然综合体就是某个区域的景观考古对象与目的地。以区域景观历史为核心的空间考古，不再仅仅局限在航天、航空以及地面平台的遥感空间观测技术上，而要综合其他不直接接触探测对象而获得信息的广义遥感考古方法，包括地球物理技术以及地理信息系统空间分析、卫星导航定位系统、虚拟显示等各种空间信息技术（Binford，1968；聂跃平等，2005；贺云翱，2011），并结合考古埋藏学、环境生态学、景观考古学、环境考古学等交叉学科开展多学科的综合应用研究、技术集成与研究方法的创新。

形成空间考古技术方法体系，要建立以区域景观历史为核心的、针对不同环境背景而展开研究的技术体系与方法，包括不同环境背景条件下重点的空间观测对象是什么，不同种类遗存的空间可观测特征是什么，最适宜观测的波谱组合或探测技术组合是什么，最有效的观测和分析步骤是什么，等等。总之，以区域景观历史为核心的空间考古方法是一套多学科、跨学科综合研究和技术体系集成创新性研究的方法。

如果说遥感考古是技术与方法，空间考古就是一种范式——关于信息技术应用于考古科学的一套技术与方法。空间考古方法是在有效继承遥感考古以及多元技术集成与综合分析基础上，形成的空间信息技术在考古领域应用中有关遗存信息获取、解释与重构的一个创新性过程，并通过虚拟现实技术实现考古遗存三维动态的研究。空间考古的目标不仅仅是帮助我们发现更多遗址，而且是加大我们对过去认识的深度与广度。空间考古只有能加大考古学研究的深度与广度，并有一套自己的方法，才能称得上空间考古学，否则还是遥感或广义的遥感考古。所以说，空间考古不仅能在寻找遗存上发挥令人称道的作用，更能在复原文化当时所适应的整个生态系统的研究中发挥作用；有时需要与环境考古相结合，这就是过去提倡的遥感环境考古的思想（聂跃平等，2005）；而现在应当把遥感环境考古思想统一到空间考古中。空间观测的客观性、宏观性，使得空间考古理应对考古遗存研究有更加客观的深刻认识，理应对考古遗存现象提出更加合乎实际的推理与阐释。当然，这些假设与阐释必须有实际的检验，这是与田野考古能很好合作的交叉地带。

因此，作为现代考古学分支的空间考古学，它的性质是用当代先进的技术和自然科学方法来综合研究人类活动的物质遗存，把文物考古与地球空间信息科学综合在一起，融合自然科学、社会科学以及信息技术的交叉学科。

（三）空间考古学的任务与研究内容

空间考古绝不是仅仅"发现"遗存就可以。空间考古学任务是通过认知古代人类活动文化遗存所蕴含的有关于人文与自然的丰富信息，揭示过去人类活动的历史、特征、模式，以及人与环境关系的演变过程，并促进空间信息技术以及社会、经济与文化的发展。

空间考古学的研究内容主要包括以下两个方面。

（1）来自地球表层包含人类活动遗存与生活环境的人文-自然综合体的信息观测的相关研究内容。地球表层圈层之间或圈层内部的物质流、能量流及人类活动信息流（记载在人类活动遗迹与环境上），形成了反映它们存在与运动的信息，这为对地观测技术获取地球表层多种信息提供了可能。地球表层系统空间信息具有复杂性、不确定性、全息性以及多尺度性、可存储性、可识性和可反演性特征（刘树人，1998）。这就构成空间考古学在技术方面的重要研究内容。

（2）来自考古学的相关研究内容。随着考古研究工作的扩展，考古学家们从个别考古遗址对文化的了解上升到对某一地区、某一国家，或者是更大范围的时空去认识人类文明的发展时，需要宏观的空间视野；另外，虽然每一次考古发掘都有收获，但对一个遗址不仅要研究其本身的文化，还要进一步去研究它产生和湮灭的原因，研究当时的自然环境和社会因素及其关系等。从更加广泛的科学角度去研究其历史文化时，传统考古显出诸多的不足。诚如赵辉研究员在第 487 次香山科学会议上所言，随着考古资料的积累丰富，中外考古学都逐渐转向更复杂的古代社会的研究，对考古遗存空间结构的研究成为考察聚落形态，以及探讨社会组织、结构的重要内容。通过区域考古调查和单个遗址勘察，探讨考古遗存空间结构的方法体系逐步建立并不断满足各种需求，促进基于现代科技尤其现代空间观测技术建设空间考古学学科体系的诉求提上日程。

传统考古学在有关方面不能做或做得不足部分，可能成为空间考古学的新生长点与重要研究内容，可以归纳为以下几点。

（1）遗址无损探测技术与方法研究。遗址无损探测是空间考古学的"起源"，也是最基本的特征。现在，不仅要进行遗存的电磁波谱特征以及电磁波与遗存之间相互作用的机理研究，更加需要强调诸多技术（遥感、地球物理、地球化学及其他探测）的协同组合方法与有效的观测应用分析。

（2）空间信息与文化遗产保护和监测研究。数字化文化遗产保护实现了遗产永久保存。而空间技术对文化遗产保护的监测快速、高效。深入研究空间信息与文化遗产保护和监测的有效方法是一项重要内容。

（3）古环境数字化重建研究。这是空间考古学重要的研究内容。融合多元考古信息，数字化重建文化遗产空间位置与几何形态的时空演化，定量化、数字化研究考古区域古环境及其时空变化，挖掘遗产本体与环境的深刻关系。

（4）文化遗产空间数据存储与挖掘研究。在数据存储方面，如何更好地实现多源海量异构文化遗产信息的集成化存储与管理将是一个长期的研究课题。未来的研究重点将不仅要建立统一的数据存储标准和实现多源海量异构数据的网络化共享发布，还要发展对文化遗产空间数据与属性数据结合体的数据挖掘，从而达到应用的更高层次。

（5）虚拟考古、虚拟再现与公众展示系统。虚拟考古是 20 世纪 90 年代发展起来的一项基于计算机平台的新技术。利用虚拟考古技术，人们可以通过基于过去曾遭受破坏的某个文化遗址的历史资料，结合该地的地貌、水系、地形高程等景观特征，恢复和重建古遗址原貌，为文物保护提供一份可用计算机存档的历史资料。完成古遗址的四维数字虚拟再现，实现文化遗产信息的空间观测信息的可视化表达，实现公众的广泛参与和互动，是新时期文化遗产保护与宣传的迫切要求。

（6）"数字文化遗产圈"科学平台建设。这是一个来自天-空-地（地上与地下）的空间观测数据，以及文档、音像数据，文化层的钻孔、文化层剖面综合，与全新世地层钻孔、剖面等多元数据进行关联的数字文化层（digital cultural stratum）的科学分析平台。建立这样一个"透明的"文化层（glass cultural layers），从而实现在区域、全国甚至全球尺度上，对文化层的叠压、打破、共存以及对比进行分析。

这些研究内容，可以归纳为在第487次香山科学会议上提出的6个重大科学问题：文化遗产信息的空间探测机理与方法；文化遗产探测、研究与保护的空间技术组合；空间考古技术的适用性研究；自然与人类活动影响文化遗产的时空认知；文化遗产古环境重建与人地关系研究；空间考古学科学内涵与研究范畴。

如同考古学的研究内容繁杂，空间考古学的研究内容同样众多。在空间信息技术快速发展的驱动下，空间考古研究正逐步进入信息化、网络化阶段，并逐步向空间信息的集成化、智能化方向迈进。然而空间信息技术在考古领域的应用是一项长期复杂的工作，由于技术上的限制，其应用效果在目前尚不尽如人意，需要现代空间信息技术，配合田野考古共同研究，不断发展完善学科体系建设。

第三节　空间考古学研究体系

正处于探索与建立过程中的空间考古学，其研究体系表现在技术层面与研究层面有不同的问题需要解决。

一、文化遗产空间观测的技术瓶颈问题

文化遗产是地球表层覆盖中一种特殊的人工-自然复合性质的地物，它具有特殊的物化特性，因而具有辐射特征与几何特点。文化遗产本体与赋存环境的相互作用又使得遗产特征发生变化，文化遗产物化特征（光谱）和几何特征（形状、大小）会不同程度地被削弱、改变或与赋存环境融为一体。这些变化信息在用空间技术给予回答时会遇到不同程度的难题，从而增加了文化遗产空间数据处理和信息挖掘的难度。归纳起来主要有以下3点。

（1）遥感考古定性有余而定量不足问题。早期的航空可见光胶片摄影，仅仅可供观赏以及目视解译，后来的多平台、多传感器，多时间分辨率、多（高）光谱分辨率，全天时、全天候以及精确定位与综合空间信息分析功能，为定量遥感考古奠定基础。但是，由于定量遥感考古理论与实践不够，目前尚存在定性有余而定量不足的问题。

（2）地下无损探测与多解性问题。应用地球物理方法（如探地雷达、高密度电阻率法、磁法勘探等）进行考古调查具有远大的前景和应用价值，但其技术在目前还不能完全达到考古调查的需求，有许多的限制因素和方法局限，如环境干扰、多解性等，需要一种全新的、综合的技术与分析办法——空间观测技术集成应用体系来解决这个问题。

（3）提取的信息与考古需求存在差距的问题。考古学是一门非常综合的学问，涉及许许多多的学科知识。遥感图像是对地面事物的忠实记录。对遗址信息的发现、知识的挖掘既需要技术的帮助也需要知识与经验。而目前的信息提取方法与信息供给不能满足考古学家的需求，这需要一种能包括专家知识在内的更加完善的信息技术系统来帮助进行信息提

取、知识挖掘。

二、文化遗产空间认知的关键科学问题

当今的考古学不仅正在越来越多地与其他人文社会学科发生交叉，并且也正在与自然科学、工程技术和农医学科发生交融。考古学研究正在模糊文理的科际学科界限。建立在考古学基本理论研究基础之上的文化遗产的保护和研究同样具有广泛的学科交叉与融合性，表现在其关键科学问题涉及多学科性。从文化遗产空间认知角度看，存在以下 4 个关键科学问题。

（1）文化遗产空间观测的特性与可观测的指标体系。针对文化遗产的空间可观测特性，提出文化遗产新的要素分类与空间技术可观测的新的指标体系，开展文化遗产空间观测与认知信息体系的基础科学理论问题研究。

（2）面向文化遗产对象的多源协同探测的机理与原理。建立地面–浅地表–地下的典型文化遗产多源（光学、微波、激光，地球物理、地球化学等）多平台（天–空–地）协同探测方法，揭示地面–浅地表–地下文化遗产探测、发现的原理与机理。

（3）聚落与景观考古的空间信息观测与科学认知。基于区域景观类型的文化遗产空间观测模式与科学认知方法，面向过去社会生活、文化特征与景观生态环境以及现代需求，开展文化遗产聚落–景观空间认知的信息挖掘、本体与环境演化关系以及虚拟重建研究。

（4）文化遗产空间观测与认知的理论体系架构。基于文化遗产原真性、完整性考虑，搭建文化遗产空间观测与认知的理论框架与关键技术组合，进而实现文化遗产空间观测的科学研究、管理、宣传与教育的有机统一。

三、实施的研究方案

理论的提出需要实践的升华。基于中国气候、地形、文化、生产与生活以及时代的差异与文化遗产空间分布特征的考虑，建议选择如下 3 个典型区域展开研究。①西北旱地景观背景下的人类活动遗迹空间观测与认知。主要针对西北干旱–半干旱地区环境特点，进行环境和景观考古研究。重点是研究古水系、古绿洲的变迁与古遗址兴废之间的关系，通过集成空间观测技术研究遗址变迁与环境变化耦合的历史过程。②中原河谷景观背景下的聚落遗址空间解析与认知。针对中原地区农业活动历史悠久，文化遗存遭后期扰动严重的情况，研究河谷景观背景下地貌演变、环境变迁与人类土地利用状况的变化对古代遗存保存状况的影响及其相应的空间观测机理。并在此基础上探索不同时代、等级状况下的区域聚落空间体系，进一步讨论中原地区聚落变迁与文明演化关系，同时探索解决快速城镇化、旅游开发与古聚落保护的协调问题。③南方（古）湿地（良渚与凌家滩遗址区）景观背景下的史前城址空间发现与认知。借助多种空间信息技术以及分析方法，重点分析古代河、湖的演变以及海岸线的变迁对湿地环境、不同时代的耕地（圩田）、各聚落景观要素如城镇、港口等的影响，研究环境变迁、湿地开发与区域聚落空间结构的关系，进而探讨（古）湿地景观背景下古文明兴衰的动因，并探索解决由于要增加建设用地而大规模毁

坏古代文化堆积及地貌背景的问题。

四、空间考古学发展需求与培育

(一) 我国文物考古事业对于空间考古学的期望

我国的考古学从 20 世纪 70 年代发展以来，已经形成了一门完整的学科。但是考古学科在应用现代科学技术方面，明显地落后于其他的学科，目前考古学科的主体仍然依靠比较原始的手工劳动进行，科技含量比较少，虽然有的也使用了一些仪器，但主要还是从加强工作效率方面着手，没有形成利用先进科学技术手段的工作方式。近年来，在考古工作中科技应用最多的，则是在文物保护方面。而文物保护中各种科技手段的应用，实际上已经脱离考古学科本身的手段与方法论。因此，考古学要进一步发展，就需要空间考古学的产生。首先是随着考古研究工作的扩展，考古学家们从个别的考古遗址对文化的了解上升到对某一地区、某一国家，或者是更大范围的一个时空去认识人类文明的发展，需要更大范围与空间。这样仅依靠地面的考古资料就显得不足，而且也很难使资料收集完整。它虽然在每一次考古发掘都有收获，但从更加宏观的角度去研究其历史文化时，就显出有太多的不足了。对一个遗址不仅要研究其本身的文化，还要进一步去研究它产生和湮灭的原因，研究当时的自然环境和社会因素。史书中记载的西域三十六国、尼雅、楼兰、西域都护府、成吉思汗陵等，今天大多数都已经湮灭于无边无际的沙漠和荒原之中，按现代地面考古的办法，要将其找出来，除了一些偶然因素下可能发现湮灭于地下的文物遗址外，总体来说，要系统地将地下的遗址发现出来是非常困难的，而在广大的无人区要对过去遗址有全面系统的认知，几乎是不可能的。除此之外，目前考古学界的一些热门话题，如文明探源工程、西周王陵的探寻、秦始皇陵的遥感探测，都需要利用空间考古这一新的学科。因此要在更大的范围内去研究人类文明，要获取更多的考古资料，就只能从"不识庐山真面目"的"庐山"中脱离出来，在一个新的视点，采用新的方式去认识、了解和研究我们所需的资料。另外，这样为数众多的人类文明遗址本身产生与消亡的原因等又需要从社会科学与自然科学两个方面来共同地研究，如历史学、社会学、人类学、民族学，环境学、沉积学、古生态学、孢粉学、地层年代学、地貌学等学科。因此无论是进一步地寻找地下遗址，还是通过多方面的手段去进行研究，都可利用现有的遥感技术手段，都有赖于空间考古事业的进一步发展。

(二) 空间考古学发展亟待解决的问题

早在第 216 次香山科学会议上，陈述彭先生、朱凤瀚先生、刘树人先生等发表了许多高瞻远瞩的真知灼见，现在仍然闪烁着智慧的光芒，具有重要的指导意义。空间考古学发展亟待解决的问题如下几点。

(1) 我国遥感考古尚未摆脱较浅层的应用局面。虽然我国遥感考古开展数十年，但至今尚处于较浅层的应用。这种"两张皮"现象，阻碍了学科的发展。应加强基础研究，充分融合文博领域和空间技术领域的优势，促使并推进遥感考古在文化遗产中的应用走向成熟。

（2）遥感考古机理研究必须先行。从空间信息技术角度，需要深入研究全波段电磁波与典型遗产综合性目标的相互作用机理，从源头探寻针对文化遗产探测的电磁波波段，以需求牵引、项目推进的方式来研制面向文化遗产的对地观测系统。

（3）需要新的研究范式。要转换研究方式，形成新的学科研究范式。要实现从关注遗址点到区域面的思想转换，实现地面调查、勘察与地下探测、推测的有机统一，实现由采用多源遥感数据与包含文本、图等在内的多元数据的有机融合，实现从三维考古空间到四维的动态研究，实现从仅仅对于遗址本体的关注到对本体-环境的共同关注，从遗址的数值统计分析向数学模型的开发与建立方向发展，从注重遗址的发现向遗址预测与推理目标发展。

（4）抓紧空间技术与文化遗产研究的学科布局。从学科体系看，当前空间技术在文化遗产的研究方面尚缺乏总体性布局。虽然国家科技支撑计划、863 计划、国家自然科学基金等也都已经布置了文化遗产相关项目；但是，这些项目主要集中于空间信息技术对文化遗产本体的研究，而关于文化遗产的空间观测特性、机理，以及遗产赋存环境变化（如来自全球变化、自然灾害的影响等）基础研究缺乏。尤其是大型文化遗产，不仅本体的组成结构复杂，而且其赋存的环境类型多样，面临诸多破坏与威胁的问题，空间技术研究对象广泛、环节众多，亟须从全局出发，构建文化遗产空间观测与认知体系，把文物考古与地球空间信息科学综合在一起，创新出一门空间考古学。

（5）抢占学科制高点。国际上考古科学研究范式正在经历嬗变，多学科交叉融合与创新方兴未艾，应发挥我国遗产大国及空间技术、人才优势，进行多学科的交融，加强和完善文化遗产保护领域、空间信息技术领域的学科体系建设，创造性地开拓新的研究领域，创新一门空间考古学，抢占空间技术与文化遗产多平台、多传感器、多波段有机结合研究的制高点，形成中国在国际该领域的优势。

要加强推进自然科学、人文科学和社会科学以及与信息技术的交叉、渗透和融合，要积极地战略部署文化遗产与空间观测交叉学科研究，推进学科建设，抢占学科制高点，推进文化与科技融合，为文化遗产可持续发展服务。

第四节　空间考古学科建设与培育

随着我国经济建设速度的加快和自然环境的变化，大量的文化遗产正面临着日趋严重的破坏。提前预测和加快保护这些古遗存的任务越来越紧迫。空间考古以其独有的空间优势，在古遗址探测、文物保护和监测、古环境重建方面将发挥重要作用。空间考古是自然科学技术与社会人文科学的交叉学科，学科融合是自然科学与社会科学发展的必然趋势。目前构建一个以空间信息技术为主的有中国特色的空间考古体系的条件已趋成熟。中国科学院、教育部、国家文物局遥感考古联合实验室、国际自然与文化遗产空间技术中心在国际、国内的地位和影响，已为开展空间考古工作奠定了很好的基础。针对我国空间考古研究现状，目前亟待开展理论基础研究并建立一套成熟的技术体系和标准体系。

一、空间考古学的教育基点

大众对于"考古"的兴趣点总是在"发现"上，特别是"宝物"上，其越珍贵表示考古的收获越大。对于大众而言，这无可厚非。但是，专业人员不能仅专注于"发现"和发现的"宝藏"。对于"发现"的兴趣并无可厚非，科学研究的动力本身在于"发现"的兴趣，考古研究也需要"发现"的动力，但是考古工作不能仅仅局限于"宝藏"的"发现"，否则仅仅关注的是"发掘"，而不是发掘过程中揭示的古人曾经的社会、生活、交往、文化特征及其当时生态环境的信息，这些是当今考古需要研究的重要内容。过去考古探宝性的发掘必须加以改变，科学探索性的发掘要伴随着空间考古而到来。为此，空间考古的教育任重而道远。

科学的教育就是人们主观上掌握科学，在生活上利用科学和使科学纳入人的性格。对空间考古学教育的基点必须给予高度重视。从空间考古学发展的过程可以看出，空间考古学与遥感考古存在千丝万缕的联系。学术上的空间考古概念远不如遥感考古含义直接、简单与明了。因此，从大众教育而言，我们首先向大众介绍的是遥感考古的教育，然后到不同层次的关于空间考古的教育。为了培养具有考古学知识的现代素养的公民，以及培养现代考古学专门研究人才，需要进行学科体系设计以及课程教学规划。

二、空间考古学教学体系探讨

21 世纪以来，人类面临的能源、环境、生态、人口问题越来越突出。21 世纪又是信息化的时代，知识的增长与传播在以前所未有的速度裂变，高等教育正在面对第三次浪潮的冲击做出反应，面临着结构调整和改革发展的新机遇。中国高等教育的核心思想是培养具有创新能力的高素质人才。中国高等教育想要适应时代的需要，做到适应创新素质教育的要求，实现大众教育的理念，达到培养现代人才的目的，就应对传统的教育理念、教学体系与教学内容做出新的改革。

高校考古专业的"空间考古学"学科体系需要怎样的课程设计？一门"空间考古学"课程，需要怎样的内容？

首先，需要明确空间考古学教学的目标。思考如下问题：空间考古学的教育方向是什么？空间考古学的教育价值是什么？考古、技术、数字技术与当代价值观的关系是什么？学校的空间考古学专业的教育设置如何进行？学校的空间考古学专业放在哪个学科下开展课堂教学？课程如何设置？空间考古学是一门通识教育还是包含科学基础课、专业基础课、专业课系列课程设置的专业教育？空间考古学放在考古学专业，是一门分支学科，还是新的考古一级学科？空间考古学的教育内容，教学设施是什么？

作为新时代的考古学的一个分支，空间考古学学科体系设计必须体现上述现代教育理念，实现国家教育目的。

该专业学科体系主要内容包含：当代考古学思潮、文物考古学方法与技术；空间信息科学概论；各门空间信息技术基础，主要是遥感概论、卫星图像（光学、微波、高光谱、激光）处理方法、考古遥感解译、环境考古概论、野外实践等课程。

　　诚如前述，遥感考古开展数十年，但至今尚处于较浅层的应用，"考古"与"遥感"这种"两张皮"现象，阻碍了学科的发展。空间考古学要打破传统考古的按照时间划分的考古学研究方向，开展横断面的综合课程教学，培养不同以往的考古专业人才，才能够与文物考古专业人才形成有效衔接，打破目前"两张皮"的尴尬局面。空间考古学完全可以承担这份教育责任，再融合文博领域和空间技术领域的优势，足以配得起为当今教育的需求和教育理念实现所担负的责任，促使并推进遥感考古在文化遗产中的应用走向成熟。

　　对于空间考古学专业学生，应当强调现代考古具有普遍存在的现象以及关于第四纪以来人类出现后的环境变化导致人类活动、生存特点以及迁移、变化研究中所需要的基础知识与基本技能。在进行"空间考古学"教材体系与教学内容建设时，应关注以下几个问题。

　　（1）指导思想上要以培养学生创新意识为目标，以适应社会需求与发展为目的，造就与时俱进的合格人才。教学体系创新正是高校培养创新型人才的根本途径。

　　（2）教学体系与教学内容改革上，要与整个专业相配套，不能单科独立行事，一要考虑一本书的完整性，二要考虑与相关科目的衔接。

　　（3）要加强多媒体辅助教学的实施与野外实践的结合。积极引进信息技术到教学与野外考察之中。

　　（4）建立空间考古学课程网站，把相关内容与图像、图片材料展示上去，引导学生自主学习。

　　（5）高质量的教材建设问题长期困扰教育界，至今尚未走出"围城"。要积极努力、与时俱进，尽快出版高质量的"空间考古学"教材。

第五节　文化遗产信息空间观测发展趋势与展望

　　空间信息技术经过长期的发展，在文化遗产领域的应用已初具规模，但现阶段的空间信息技术自身发展还不够完善，在文化遗产研究中尚存更广阔的发展空间。在空间考古探测方面，当前对遗址信息尤其是细小遗存的识别还存在较大的不确定性，以高光谱遥感为主的小尺度遗址探测技术正逐步成为遗产研究的热点。尽可能多地利用多种探测数据建立有效可靠的自动或半自动考古信息提取流程，整合传统考古数据资源，如田野考古试验挖掘和历史文档及其他多种科学性检验手段是未来空间考古探测的主要发展方向。在数据存储方面，如何更好地实现多源海量异构文化遗产信息的集成化存储与管理将是一个长期的研究课题，未来的研究重点将不再局限于建立统一的数据存储标准和实现多源海量异构数据的网络化共享发布，还会发展对文化遗产空间数据与属性数据结合体的数据挖掘，从而达到应用的更高层次。由于受到源数据精度处理流程与网络传输效率等因素的影响，目前的文化遗产可视化效果还不够理想，未来将朝着信息获取的高精度化、可视化处理的高性能并行化与虚拟表达的网络化等方向发展，从而满足动态、实时和三维可视化的需求，获得更好的交互性与沉浸感效果。随着研究的深入，传统的分析功能无法满足文化遗产领域的发展需求，基于智能体和元胞自动机的可视域分析技术在计算效率影响因素分析等方面仍需进一步加强。另外，遗址预测模型与古代人地关系研究中对探测尺度环境因子的考虑尚不够全面，引入传统建筑学、美学以及风水学说的思想对遗址的预测将会有较大帮助。

随着数字地球、智慧地球等概念的提出，在未来的文化遗产研究中空间信息技术的集成化趋势会越来越明显。目前在文化遗产领域的集成化应用中各项技术还处于分散独立运行状态，软硬件平台不统一，需要进一步整合。建立一种高效管理各类文化遗产信息资源和提供各种应用与服务的数字遗产信息基础平台，在信息高度集成化的基础上开展多学科综合的文化遗产研究将是未来学科发展的一个显著特征。

受到物联网、移动导航定位及人工智能等新技术的影响，空间信息技术的网络化和智能化的发展趋势也毋庸置疑，空间信息技术将能够通过利用物联网技术实现对文化遗产信息的网络化、智能化管理，解决分布式异构网络环境下多元、多维、多尺度、多时态遗产空间数据的管理问题。基于网络服务实现文化遗产信息的共享与数据互操作，未来的文化遗产研究还将从基于云计算和智能的空间信息服务向着数据共享化、平台网络化、系统智能化和应用社会化的方向发展。

空间信息技术在文化遗产研究中的应用遍及信息的获取、分析处理、存储管理与可视化表达等多个方面，并已经取得了诸多成果，在当前空间信息技术快速发展的驱动下，文化遗产研究正逐步进入信息化、网络化阶段，并向空间信息的集成化、智能化方向迈进。然而空间信息技术在文化遗产中的应用是一项长期复杂的工作，由于技术上的限制，其应用效果还不尽如人意，仍需要各相关行业专家学者的积极参与和共同努力。在未来的发展过程中，空间信息技术将作为文化遗产研究的技术基础与核心，而受到更加广泛的关注。空间信息技术在文化遗产研究领域将发挥更大的作用。

针对我国文化遗产信息空间观测研究现状，目前亟待开展理论基础研究并建立一套成熟的技术体系和标准体系。鉴于此，提出如下建议：①开展电磁波与古遗址之间相互作用的机理研究，建立统一标准的文化遗产信息空间观测波谱数据库，是确定不同古遗址有效探测波段的重要基础；②认识和研究不同条件下的古遗址类型特性，建立古遗址信息、古环境信息系统，是文化遗产信息空间观测的前提；③通过对各种遥感数据的综合研究，分析已知古遗址的遥感数据特征，以分析文化遗产信息空间观测目标的信息特点和古目标背景场的信息特点为主，增强与提取考古目标的弱信息；④融合多元考古信息，数字化重建四维古遗址的空间位置与几何形态，定量化、数字化研究考古区域古环境及其时空变化，完成古遗址的四维数字虚拟，实现文化遗产信息空间观测信息的可视化；⑤技术集成研究，文化遗产信息空间观测实际上是以遥感技术为主，并涵盖了不直接接触探测对象而获得信息的各种技术手段，如地球物理技术、虚拟现实技术等，在不同地域、不同遗址类型、不同条件和不同研究阶段，其应用的程度各不相同，应通过综合研究，集成一套适合于中华文明探源的文化遗产信息空间观测技术系统。

参 考 文 献

曹兵武. 2012. 考古与文化续编. 北京：中华书局.

陈淳. 2003. 考古学的理论与研究. 上海：学苑出版社.

邓飚，郭华东. 2010. 遥感考古研究综述. 遥感信息，1：110-116.

段小强，杜斗城 . 2007. 考古学通论 . 兰州：兰州大学出版社 .

高立兵 . 1997. 时空解释新手段——欧美考古 GIS 研究的历史，现状和未来 . 考古，（7）：89-95.

郭华东，王心源 . 2000. 航天成像雷达对阿拉善高原次地表古水系探测与古环境分析 . 中国科学（D 辑），30（1）：88-96.

贺云翔 . 2011. 考古学方法与理论 . 南京：南京大学 .

刘树人 . 1998. 我国遥感考古回顾及展望 . 国土资源遥感，（2）：18-23.

吕厚远，夏训诚，刘嘉麒，等 . 2008. 罗布泊新发现古城与 5 个考古遗址的年代学初步研究 . 科学通报，3：237-245.

聂跃平，杨林 . 2009. 中国遥感技术在考古中的应用与发展 . 遥感学报，（5）：940-962.

聂跃平，杨林，王长林，等 . 2005. 遥感考古学——一门极具发展潜力的新兴交叉学科 . 中国科学院院刊，20（6）：459-465.

萨拉·L. 霍洛韦，斯蒂芬·P. 赖斯，吉尔·瓦伦丁 . 2008. 当代地理学要义——概念、思维与方法 . 黄润华，孙颖，译 . 北京：商务印书馆 .

王心源，郭华东 . 2015. 空间考古学：对象，性质，方法及任务 . 中国科学院院刊，30（3）：360-367.

王心源，陆应诚，高超，等 . 2005. 广义遥感环境考古的技术整合 . 安徽大学学报（自然科学版），2：40-44.

张弛 . 2009. 关于在教育部学科分类中增设"考古学"为一级学科的建议 . 南方文物，（2）：1-6.

赵丛苍，郭妍利 . 2006. 科技考古学初论 . 西北大学学报（哲学社会科学版），6：87-93.

Binford L R. 1968. Archaeology Perspectives. Chicago：New Perspectives in Archaeology.

Childe V G. 1948. Man Makes Himself. London：Watts.

Conolly J，Lake M. 2006. Geographical Information Systems in Archaeology. London：Cambridge University Press.

Kvamme K L. 1990. The Fundamental Principles and Practice of Predictive Archaeological Modeling//Voorrips A. Mathematics and Information Science in Archaeology：A Flexible Framework. Bonn：Holo-verlag.

Lasaponara R，Masini N. 2012. Satellite Remote Sensing, A New Tool for Archaeology. New York：Springer.

Luo L，Wang X，Guo H，et al. 2019. Airborne and spaceborne remote sensing for archaeological and cultural heritage applications：a review of the century（1907-2017）. Remote Sensing of Environment，232：111280.

Luo L，Wang X，Liu C，et al. 2014. Integrated RS，GIS and GPS approaches to archaeological prospecting in the Hexi Corridor，NW China：a case study of the royal road to ancient Dunhuang. Journal of Archaeological Science，50：178-190.

Wiseman J，El-Baz F. 2007. Remote Sensing in Archaeology. New York：Springer.

Xinyuan W，Huadong G，Yueming C，et al. 2004. On paleodrainage evolution in mid-late Epipleistocene based on radar remote sensing in northeastern Ejina Banner，Inner Mongolia. Journal of Geographical Sciences，2：235-241.

附录1 空间考古相关的国际重点机构

一、联合国教科文组织国际自然与文化遗产空间技术中心

联合国教科文组织国际自然与文化遗产空间技术中心（HIST）于2009年10月获联合国教科文组织第35届大会批准，并于2011年4月获我国国务院正式批准。随后，中国科学院院长白春礼代表中国政府与联合国教科文组织总干事Bokova分别在北京和巴黎签署了共建中心的协议。2011年7月24日，HIST成立大会在北京圆满召开，标志着HIST在全球范围内宣告正式成立，这是联合国教科文组织在全球设立的第一个基于空间技术的世界遗产研究机构，依托中国科学院遥感与数字地球研究所建设。HIST是一个非营利学术组织，旨在利用空间技术，协助联合国教科文组织及其成员开展对世界自然和文化遗产、生物圈保护区及世界地质公园的监测与保护工作，并针对全球环境变化和自然灾害进行研究，建立世界遗产空间技术研究示范基地，提供网络咨询、技术信息和人员培训等服务，为人类自然与文化遗产的可持续发展做出独特的贡献。

HIST主要有以下研究方向。①自然与文化遗产空间影像与环境数据库建设：以卫星和航空遥感数据为基础，与地球、环境科学相关联，以网络为支撑，构建全球世界遗产地的遥感影像与环境数据库，实现对遗产地空间数据的一体化管理。②典型遗产地变化的空间动态监测研究：以天-空-地多尺度、多源遥感数据为基础，对具有代表性的世界自然与文化遗产地进行监测和评估，为国内外世界遗产地管理部门提供决策参考。③全球变化与自然灾害对遗产地的影响研究：对极端气候地区和灾害地区的遗产地进行监测和评估，分析气候变化、自然灾害等对遗产地的影响。④大型遗产地的情景模拟与重建：对柬埔寨吴哥、丝绸之路、长城、京杭大运河等大型遗产地的三维可视化展示。

二、意大利国家研究理事会文化遗产科学研究所

意大利国家研究理事会文化遗产科学研究所（ISPC-CNR）的研究活动主要包括以下几个领域。①城市，定居点和聚落遗址：理解、保护和实现聚落遗址与景观的工具、方法及技术，包括通过历史照片、卫星图像，利用GIS和Web GIS平台的数据管理，实现古老景观的制图、解释和重建。②文物：文物与图像的研究、分析和解释的过程，如生物考古学，考古测量学等。③诊断和保存：研究方法，诊断技术和仪器。④沟通、介绍和利用：利用最先进的数字化技术、虚拟重建、增强现实技术、计算机动画、身临其境的摄影等方式，为考古和纪念性遗产提供新的认识和经验。

其研究活动的重点是理解古代景观的创新方法，在古代、中世纪和近代，研究和分析定居点和聚落遗址变化的综合方法的应用和发展；对地中海地区考古学领域的多学科研

究，特别是关于意大利南部、西西里岛、阿尔巴尼亚、土耳其和克里特岛的研究；开发用于分析古代文物的综合多学科方法（从生产到流通和使用）；通过情景化调查和生产与消费过程的社会经济分析，开发和测试物质世界的时间类型和考古分析（陶瓷、玻璃、金属器皿和建筑系统）；历史建筑和考古遗产的天然与人造材料的矿物学、岩相学和物理力学表征方法学；在建筑和考古遗产的保存和修复过程中，在原地和实验室中对材料和产品进行诊断的综合方法或调查；选择和监测保护表面与结构干预措施的方法；先进的无创诊断和遥感技术，用于鉴定和重建考古学兴趣的结构，以及研究和修复历史建筑；用于三维重建和纪念碑及景观远程欣赏的虚拟现实先进技术；基于卫星的遥感和航空照片解释历史和/或最近的考古学图像的研究和应用；对现代退役工厂的研究和文化验证；确定与保护意大利南部考古遗址有关的自然和人类风险因素；与历史建筑环境有关的方法和物理技术，特别涉及室内环境和历史–艺术兴趣的文物；关于通过历史重建景观和气候的现场及实验室地质学应用。

2013 年，意大利国家研究理事会考古与古建筑研究所和 UNESCO 国际自然与文化遗产空间技术中心启动了"基于对地观测的中意文化遗产地智能管理与试点应用研究"合作项目，研发内容及目标是通过对认知的提升、方法的创新和技术的开发，中意合作项目共同开展文化遗产地智能管理应用研究，以支持文化遗产地持续监测和完整性保护。本项目主要关注中意双方遥感、地球物理和诊断工具在文化遗产科研中的交流和训练，进而实现优势互补和共同进步。

三、美国国家航空航天局

美国国家航空航天局（NASA）于 2009 年发布报告《空间和地球科学研究机遇——面向支撑 NASA 科学任务理事会的应用研究》。报告包括了遥感研究的各个方向，也重点提出了空间遥感考古计划，其目标是利用天基遥感数据，以帮助确定目标区域进行考古研究，并促进遥感科学家和考古学家之间的互动，使他们能够更好地利用现有的数据、工具和技术，以支持研究考古学。

NASA 遥感考古计划能使我们更加有力地使用太空设备和功能，进一步加深我们对过去人类的居住模式、与自然环境相适应的文化的理解，发展对古代时间和空间尺度上的研究。NASA 考古计划的主要目标是利用从卫星遥感和航空遥感获得的遥感数据，分析和理解考古现象，通过促进多学科的协作关系使遥感技术与考古研究更紧密结合。

古代人类文明一般遵循"出现—发展—高潮—衰落—消亡"的演化过程，考古研究有助于更好地理解古代人类文明的演化过程，同时对于揭示过去全球变化及其区域响应具有深远意义。目前，随着社会努力应对不断变化的自然环境，先进的空间观测和数字图像分析技术、GIS、GPS 技术和计算机建模的发展，为考古学理解和保护正在受到威胁的文化提供了重要的技术手段。

遥感技术应用于考古学一直是 NASA 的重要研究方向之一，遥感一直被考古学家用来调查潜在的考古遗址和更好地了解其文化特色与自然环境的空间关系。美国考古学家利用卫星遥感影像发现了早已沉没海底数千年的古埃及名城亚历山大；欧洲的考古学家根据早期照片发现了多处古罗马的建筑遗址和著名的"罗马大道"；NASA 艾姆斯研究中心的科学家利用遥感技术揭开玛雅文明荣枯盛衰的奥秘，成功地识别出了古玛雅遗址的特点等。目前，NASA、ESA 等国际空间机构都发起了卫星遥感技术考古应用计划，定期提供大量卫星数据用于考古研究。NASA 太空考古学计划纳入遥感观测的重点领域有：探索和识别过去人类居住模式的程度和性质；区域景观分析及人居模式和生存策略；遥感（如气候、地形、水文、植被等）衍生的环境因素的模型，以及保护和保存文化遗产规划的文化资源的可持续发展。

结合自身和其他国际空间机构提供的多源遥感数据及反演产品，NASA 同考古学家合作，完善并验证了主动和被动遥感在考古的应用价值。位于美国密西西比州的斯坦尼斯航天中心一直是 NASA 考古研究的领导者。戈达德太空飞行中心、马歇尔太空飞行中心和喷气推进实验室（JPL）也一起发展并利用空间技术探测文化遗产。其中，斯坦尼斯航天中心为考古学家们提供有用的图像和复杂的处理流程，已成为考古学研究的前沿技术之一。

四、德国考古研究院

德国考古研究院（Deutsches Archäologisches Institut，DAI）成立于 1829 年，是当今世界上历史最悠久的考古研究机构之一，隶属于德国外交部。经过近两百年的发展，目前德国考古研究院已拥有 11 家分所，以及分布在全球 14 个国家的代表处或工作站，在世界范围内开展大量的考古研究项目，包括位于秘鲁的纳斯卡-帕尔帕考古计划、"玛雅考古 3D"（MayaArch 3D）计划、土耳其东南哥贝克力石阵的发掘项目、南高加索库拉河流域新石器时代人地关系研究等。纳斯卡-帕尔帕项目从 1997 年开始，得到了瑞士列支敦士登海外考古研究基金会的赞助。3D 复原等数字技术在帕尔帕遗址发掘和研究中成为虚拟考古的成功范例。"玛雅考古 3D"计划旨在建立一个全世界大型废墟遗址都可投入使用的系统，并为建立集视觉化与分析为一体的工具做出范例。例如，通过结合洪都拉斯的联合国世界文化遗产科潘（玛雅文化最重要的中心之一）的数据及 3D 网络平台，各类工作小组能够在国际合作中分析复杂的科潘考古时空要素，进而实现对玛雅文化社会政治框架的新认识。2013 年 8 月 23 日在上海开幕的首届世界考古论坛揭晓了由世界各大地区考古学术权威和专家评选的 10 项世界重大田野考古发现和 9 项重大考古研究成果，德国考古研究院的土耳其东南哥贝克力石阵"巨石神庙和新石器革命"和"南高加索库拉河流域新石器时代人地关系研究"分别位列其中。

五、法国国家科学研究中心

法国国家科学研究中心（Centre National de la Recherche Scientifique，CNRS）成立于 1939 年，是法国最大的科学技术研究机构，也是欧洲最大的基础研究机构之一，目前隶属于法国国民教育、研究与技术部。考古相关的研究单元包括上新世及更新世技术、空间与地域人类学实验室（UMR7041）、近东考古研究所（UMR7192）、中世纪考古研究中心（UMR6577）、中世纪文明高等研究中心（UMR6589）等。这些研究单元每年在世界各地开展考古工作，包括玛甸沙勒（Madâin Sâlih）考古工作、拉利贝拉（Lalibela）城中世纪遗址项目、古希腊-罗马城阿波罗尼亚（Apollonia）遗址研究等。在沙特阿拉伯的玛甸沙勒（Madâin Sâlih），一座遗失在沙漠中的古代堡垒式城市占地 1400hm²，CNRS、巴黎第一大学、中东地区法国考古研究所的科学家同沙特阿拉伯旅游和文物委员会的成员一道开展考古研究工作。这个公元前 3 世纪的纳巴泰遗址被列入联合国教科文组织《世界遗产名录》。这一考古项目获得了法兰西学院西蒙娜与奇诺·德尔杜卡基金会颁发的考古大奖，许多相关讲座、学术研讨会、展览会和出版物也由此诞生。在埃塞俄比亚，拉利贝拉中世纪遗址则是另一个挑战，这实际上是凿刻在岩石中的教堂群，其中一些教堂至今仍是人们经常去的场所。这一考古研究项目由 CNRS 设在亚的斯亚贝巴研究中心的两位研究员领导。埃塞俄比亚合作伙伴和多家法国科研机构积极参与了这一项目，其中有法国科研署资助下的法国预防性考古研究院。

六、卢特维格波茨曼考古勘探暨虚拟考古研究所

卢特维格波茨曼考古勘探暨虚拟考古研究所（Ludwig Boltzmann Institute for Archaeological Prospection and Virtual Archaeology，LBI-ArchPro）成立于 2010 年，位于维也纳，由 50 多名经验丰富的研究人员、熟练的技术人员和高效的后勤团队组成。研究所致力于景观考古学新技术和方法论的推广。其研究项目采用地球物理、航空成像、计算机科学与测绘学等相结合，在景观考古领域开展有效且普适的方法研究进行遗产的无损检测、文档化、可视化、分析与诠释。LBI-ArchPro 下设 3 个跨学科研究单元，分别是考古遥感（archaeological remote sensing）、考古地球物理勘察（archaeological geophysical prospection）和考古解释、空间分析与虚拟考古（archaeological interpretation，spatial analysis and virtual archaeology）。

参与了多个国家和国际考古研究计划，包括隐藏的巨石阵景观工程（Stonehenge Hidden Landscape Project）、古罗马城市 Carnuntum 景观考古、维京时代 Birka-Hovgården 地区考古工作等。其中，2018 年在英国巨石阵所在地区发现另一个用于举行仪式的纪念碑——巨木阵，当时被誉为 50 年来最重大的发现。LBI-ArchPro 利用探地雷达创建了数字模型，复原了古罗马城市 Carnuntum 的一所角斗士学校，被《美国考古学杂志》评为 2011 年世界十大考古发现之一。

七、日本奈良文化财研究所

奈良文化财研究所是日本的国立考古学研究机构，隶属于日本文部科学省文化厅，成立于 1952 年。该研究所主要负责对日本飞鸟时代的都城藤原京和奈良时代的都城平城京的调查与发掘。在对飞鸟时代遗址石雕进行全方位整体立体摄影基础上，该研究所生产了该遗址数字复原模型。该所自 20 世纪 90 年代以来与中国社会科学院考古研究所建立了友好合作关系，先后合作进行了汉长安城桂宫遗址、唐长安城大明宫太液池遗址的考古发掘与研究，并采用了气球高空摄影与遗迹摄影方法。

八、伦敦大学学院考古研究所

伦敦大学学院考古研究所成立于 1937 年，目前是欧洲考古学教学和研究的中心之一，也是欧洲规模最大的高校考古研究机构。研究所共设有 5 个研究室（环境与文化研究室、遗产研究室、复杂与有文字社会研究室、社会与文化动力学研究室、物质文化与科学数据研究室），以及一个大型综合实验室和数个专业实验室。综合实验室（沃富森考古学科学实验室）为各类不同材质考古学资料的不同分析提供了各种可能，是英国乃至欧洲各国门类最为齐全的科学考古学实验室。此外，研究所为辅助研究而设的 GIS 实验室，提供从图片、影像、数据库、数字化、遥感和航空图片释读、三维建模到景观可视化处理等各方面的设备与技术支持。伦敦大学学院考古研究所、土库曼斯坦文化部和古代梅尔夫国家历史文化公园长期以来共同合作开展"古代梅尔夫项目"（The Ancient Merv Project），目的是研究、保护和保存丝绸之路上最具历史意义的城市之一——梅尔夫的遗存。

九、锡耶纳大学考古与景观遥感实验室

锡耶纳大学考古与景观遥感实验室（Laboratorio di Archeologia dei Paesaggi e Telerilevamento）成立于 2003 年，目的是尝试新的技术和方法进行诊断、分析和监测环境与考古景观。多年来，在两个场地的实验室开展以下方面的研究：考古与规划；遥感方法和考古景观的分析；考古地图制图学与地理信息系统；考古创新技术；晚期古代和中世纪景观；信息和通信技术（尤其是泛在的计算系统）应用于文化遗产；近古和中世纪早期的乡村聚落发展；地球物理探测技术；空中探测与摄影、LiDAR 系统以及激光扫描仪和摄影测量集成的考古与历史建筑重构技术等。

十、伯明翰大学考古与古迹研究所可视化与空间技术中心

伯明翰大学考古与古迹研究所可视化与空间技术中心（The Visual and Spatial Technology Centre，VISTA）支持学术研究和应用开发的空间分析，为采用先进设备技术建设的一个可视化与成像实验室。VISTA 专注于地理考古发现、文化资源管理、环境分析和影响评估，机载 LiDAR 和高光谱遥感考古是其特长。该中心在中东和北非示范地研究采用高分辨率卫星遥感，特别是利用 CORONA 解密情报卫星图像开展考古景观重建研究。VISTA 遥感实验室的遥感考古工作站可提供一整套软硬件设备，包括标准的地理信息系统和计算机图像处理应用系统、机载激光雷达探测与数据处理系统、机载高光谱成像系统。

十一、美国考古学会

美国考古学会（Archaeological Institute of America，AIA，也称美国考古研究所）是北美洲成立时间最长、规模最大的世界性考古组织。该学会是一个非营利组织，成立于 1879

年，在 1906 年为美国国会所批准。AIA 拥有近 30 名专职与兼职工作人员，办公地点在纽约和波士顿，有一个董事会来管理学会，学会的年度运营资金预算大约是七百万美元。AIA 拥有 25 万会员和用户，这些会员和用户分属于美国、加拿大和海外的 104 个团体。学会的专业会员活跃在非洲、亚洲、欧洲、大洋洲、南美洲、北美洲等世界各地的田野上考古。在 7 个国家建立了研究中心和学校，并促进这些机构（包括美国在雅典和罗马的古典研究学院、美国的东方研究学院等）紧密联系并推进考古探索工作。AIA 还致力于对世界各地历史遗迹的保护，包括危地马拉圣巴托罗（San Bartolo）的前古典时期玛雅壁画、柬埔寨卜迭色玛寺（Banteay Chhmar）、智力复活节岛的巨石像等。

附录 2　空间考古相关的重要会议

　　世界上遥感考古的发展方兴未艾，国际学术会议频繁，包括遥感考古在内的科技考古国际学术会议，基本上每两年召开一次。1990 年由法国国家空间研究中心、NASA、欧洲太空署、日本宇宙航空研究开发机构等遥感机构共同筹备了第 30 届科技考古国际学术会议，在美国伊利诺伊大学召开，70 篇会议报告中有 33 篇应用了遥感考古技术。1997 年 3 月，第一届遥感考古应用会议在美国的明尼苏达州举行，会议讨论了卫星和航空遥感在考古、考古资源管理、居民地分布格局识别及环境考古研究中的优势及重要作用；1998 年第 31 届会议确定在匈牙利布达佩斯召开；1998 年 4 月在美国波士顿大学也召开了遥感考古会议；2000 年第 32 届会议在我国召开。此外，1992 年在法国召开了首届空间考古国际会议，1994 年底在日本古都奈良召开了第 2 届空间考古国际学术会议（日本译作宇宙考古）。另外，1997 年 5 月底在美国圣·克劳德大学召开正式以"遥感考古"命名的国际学术会议。2001 年由意大利文化遗产应用技术研究所和美国波士顿大学考古研究中心、遥感中心和考古系与 NASA 合作举办了意大利–美国遥感研讨会：数字技术重建古地形，主要目的是针对 GIS、空间分析和遥感技术开展古地形重建，以及把考古景观作为重要且丰富的文化资源进行评价和展示；同年 11 月，在希腊雅典召开了 VASTZOO1：虚拟现实，考古及历史文化遗产会议。鉴于我国对遥感考古的需求，于 2001 年 11 月在北京成立了中国科学院、教育部、国家文物局遥感考古联合实验室，并在浙江、河南、安徽、陕西、江苏、内蒙古、云南正式成立了该实验室的遥感考古工作站。这种跨部门、跨行业的遥感考古联合实验室以国家需求为目标，通过与地方考古界及遥感机构网络式的广泛合作，旨在推动我国遥感考古事业的发展。2002 年 4 月，在希腊召开了考古学中计算机应用和定量方法大会，其会议主题"考古的数字遗产"，讨论了空间信息技术在考古领域上的独特作用，评价和分析了空间信息在世界遗产的监测、管理、制图、保护等方面取得的成果。2002 年 10 月，在法国举办的联合国教科文组织世界遗产空间应用会议，讨论了空间信息在考古领域中的独特作用，评价和分析了空间信息在世界遗产的监测、管理、制图、保护等方面取得的一些成果。2003 年 5 月，在主题为"数字时代的考古学"的第五届世界考古大会上，环境遥感考古是其中一项重要内容，反映出以数字化为主题的考古学发展已成为当今多学科交叉发展的主流。2003 年召开了"人类文化遗产的空间认识"香山科学会议；2004 年 10 月在北京召开了主题为"空间信息技术与文化遗产保护"的第一届国际遥感考古大会，与会的国内专家倡导多学科交叉的遥感考古研究，会议的论文与报告已经反映出遥感考古从解决考古勘察向环境考古综合研究发展的趋势，使之成为交流空间信息考古应用的大舞台。2005 年 4 月 14 日，在联合国教科文组织总部，中国与联合国教科文组织签署了一份协议，内容是中国将加入开放式行动，该行动旨在使用空间技术协助世界文化遗产的保护。中国科学院、教育部、国家文物局遥感考古联合实验室将与阿根廷空间局、加拿大空间局、黎巴嫩遥感中心、摩洛哥皇家遥感中心和 NASA 一起，协助联合国教科文组

织用卫星监测世界遗产。2009 年 8 月在印度召开的第三届国际遥感考古大会会议主题为
"遥感和数字技术在记录、分析和解释考古学和人类学问题的应用领域、方法和理论", 会
议议题包括航空考古学、3D 遥感技术与考古解释、低空航空摄影（气球、无人机等）、地
面遥感考古、集成遥感技术与景观生态学解释、遥感考古数据的考古学判读原理、虚拟考
古和 3D 景观可视化等内容。这些会议在全球范围内推动了空间考古技术的研究。以 2011
年联合国教科文组织国际自然与文化遗产空间技术中心的成立为标志, 中国启动了空间观
测在全球的世界自然和文化遗产领域方面的应用。

一、国际遥感考古会议

（一）第一届国际遥感考古会议

2004 年 10 月 18～21 日, 由中国科学院、科技部、教育部、国家文物局和国家自然科
学基金委员会主办, 遥感考古联合实验室承办, 中国科学院遥感应用研究所、中国国家博
物馆、华东师范大学、国家遥感中心及中国国土资源航空物探遥感中心协办的第一届国际
遥感考古会议在北京召开。

各国学者对诸种遥感技术的特征及应用方法做了广泛的探讨, 包括利用高光谱航空遥
感、多光谱卫星遥感、地面物理探测以及航空摄影等手段对古代遗迹的探寻, 并与土壤化
学或 GIS 系统等相结合对遗迹信息进行综合研究, 对已知地上遗迹、遗物也利用遥感手段
进行三维虚拟复原, 从而使遥感技术在考古学研究领域得到广泛的应用。本次会议期间,
来自世界各地的学者分别介绍了各自在遥感考古领域里的研究成果, 除上述技术应用的典
型实验外, 多数是基于诸种遥感影像对不同地区的古代遗迹的探索和保护。本次会议较为
全面地探讨了遥感考古学的发展历程和广阔前景, 展示了遥感技术在考古学领域应用的重
要性和极大潜力, 并对将来的国际合作与信息交流起到了积极的推动作用。

（二）第二届国际遥感考古会议

第二届国际遥感考古会议于 2006 年 12 月 4～7 日在意大利罗马召开, 大会主题是
"从空间到遗址"（From Space to Place）。由罗马文化遗产应用技术研究所虚拟遗产实验
室、锡耶纳大学考古与景观遥感实验室主办。会议安排了遥感、考古、景观、环境、生态
系统、图像处理、虚拟现实、三维可视化、保护、地球物理、摄影、开源 Web GIS 等
分会。

（三）第三届国际遥感考古会议

2009 年 8 月 17～21 日在印度蒂鲁吉拉伯利召开第三届国际遥感考古大会。本届会议
主办方有印度巴拉迪大学（Bharathidasan University）、加利福尼亚大学伯克利分校和默西
迪分校、意大利锡耶纳大学, 以及印度金奈研究基金的支持, 由法国远东学院协办。会议
安排了航空考古、三维遥感、近景航空摄影、遥感考古场地、综合遥感技术的景观生态系
统的解释、遥感数据的考古解释、网格和三维景观可视化、考古遥感质量框架、考古遥感

经验、数字时代考古学文化和遗产管理、数字地图集、文化和自然遗产资源管理、遗产地的可持续发展使用和管理等分会。

(四) 第四届国际遥感考古会议

2012 年 10 月 24～26 日，由中国科学院和联合国教科文组织（UNESCO）主办，住房和城乡建设部、国家文物局、国家自然科学基金委员会协办，中国科学院对地观测与数字地球科学中心和国际自然与文化遗产空间技术中心承办的第四届国际遥感考古会议在北京友谊宾馆召开，会议主题为"自然文化遗产对地观测的新纪元"。会议重点探讨了应用于文化与自然遗产监测与保护、数据记录与存档等领域的前沿空间技术，为文化与自然遗产管理和保护领域的专家、决策者和学者提供了一个权威的国际学术交流平台。

(五) 第五届国际遥感考古会议

第五届国际遥感考古会议于 2014 年 10 月 13～15 日在美国杜克大学召开，主题为"从空间到遗址：主动感知时代"（From Space to Place Initiative：the Age of Sensing）。会议安排了遥感、集成技术、虚拟现实与三维建模、GIS 与感知、激光雷达、地球物理、文化资源管理、航空摄影与无人机等技术分会，以及 ECAI、NASA 等研讨分会。

二、计算机应用与考古学定量方法会议

计算机应用与考古学定量方法（Computer Applications and Quantitative Methods in Archaeology，CAA）会议于 1973 年在英国创办，是国际计算机技术在考古学应用领域的顶级会议，每年召开一次，其创建旨在促进考古、计算机、数学和艺术等多学科之间的交流融合，推动数字考古领域的研究与合作，鼓励数字考古技术向纵深发展。2011 年 4 月 12～16 日，第 39 届 CAA 会议在北京举行，这也是该会议自 1973 年于英国召开以来首次在亚洲举行，会上国际学者展示了最新研究成果。比利时根特大学等其他欧洲研究队伍共同参与了在意大利、葡萄牙和法国的 6 个废弃的罗马古镇的数字化建设，项目通过高分辨率的田野测绘和文物测绘，实现包括原始地形和罗马城市的整体重建。2013 年 3 月 25～28 日，第 41 届 CAA 会议在澳大利亚珀斯举行，会议以"跨越时空"（Across Space and Time）为主题，主要议题包括地理信息系统的应用、数据库、语义网、景观考古学三维可视化、海洋考古学、历史考古、岩石艺术以及文化遗产管理等。

三、虚拟考古国际会议

2012 年 6 月 2～4 日，第一届虚拟考古国际会议在俄罗斯圣彼得堡冬宫博物馆召开。来自奥地利、澳大利亚、波斯尼亚和黑塞哥维那、英国、西班牙、意大利、塞浦路斯、荷兰、俄罗斯、罗马尼亚、美国、乌克兰、法国、德国、瑞典和日本等 16 个国家的专家参加了会议。会议讨论了现代计算机技术在考古研究中的应用、数据处理、建模、考古重建和可视化等问题。会议包括以下一些主题报告与研讨会：历史遗产的多维建模技术、自然

和历史进程的 GIS 建模、监测文化遗产和虚拟现实设计等。

四、欧洲考古与文化遗产遥感应用研讨会

欧洲遥感实验室联合会（EARSeL）考古与文化-自然遗产遥感应用特别小组（Special Interest Group（SIG）on Remote Sensing for Archaeology，Cultural and natural Heritage（ReSeArCH））发起的 Advances in Remote Sensing for Archaeology and Cultural Heritage Managemen 会议已经成为国际性遥感考古会议之一（http：//research. ibam. cnr. it/）。通过该国际会议的交流与影响，遥感作为一种非破坏性考古研究工具的重要性得到了众多国家和国际空间机构、考古科学界和遥感科学界的公认。

多年来其组织的国际会议和研讨会，探讨在遥感技术在考古领域的新兴能力和战略挑战。2008 年 9 月 30 日，第一届欧洲考古与文化遗址遥感研讨会在罗马召开，参会代表由考古学家、地球物理学家、空间考古专家组成，会议论文集由 Springer 出版，中文译名为《遥感卫星：考古的新工具》。

2011 年由 EARSeL 与 Aerial Archaeology Research Group（AARG）联合举办的遥感考古会议是遥感科学界和考古科学界的一次对话和整合，具有划时代的意义。

五、国际景观考古学大会

2010 年在阿姆斯特丹召开了第一次景观考古学大会。2012 年 6 月在柏林召开第二届国际景观考古学大会（2nd International Landscape Archaeology Conference），有世界各地的参与者 200 名，为考古学家、地理学家对地理和景观考古学领域的广泛讨论提供了一个平台。

六、英国遥感与摄影测量学会考古会议

英国遥感与摄影测量学会考古研究小组旨在鼓励遥感科学和考古学研究方法论，尤其是那些关注现场考察和新型技术应用的方法之间的交流。

会议集中讨论案例研究和方法论，包括以地面为基础的方法、摄影测量、LiDAR、激光扫描、地球物理勘探以及航空摄影和热成像。会议的目标是促进遥感技术在考古勘探的开发与利用；鼓励遥感对研究点的定位和解译研究，提供信息和思想交流。其主要关注的研究方向有卫星数据解读、空中摄影分析、数字图像处理、高清晰度的摄影技术、雷达、热线扫描、地理信息系统、无人机遥感等。

七、空间考古与世界遗产研讨会

NASA 空间考古与世界遗产研讨会（Space Archaeology Workshop on Research and World Heritage）于 2011 年 10 月召开。本次研讨会对特定类型的文化资源和考古遗址进行了处

理，并尝试回答了如何利用航空和航天遥感技术来促进《世界遗产公约》目标的实现。

八、遥感考古研讨会

2011 年 9 月 21～24 日，由航空考古联席会和欧洲遥感实验室协会主办的第 31 届遥感考古研讨会在波兹南召开。参加此次会议的有联合国教科文组织、欧盟文化遗产委员会及来自世界 25 个国家的 100 多名专家学者，向大会提交论文 37 篇，50 位学者在大会上发表了学术演讲。遥感考古研讨会是迄今国际遥感考古研究领域规模最大的国际学术研讨会之一。会议交流了近年来世界各国遥感考古、航空摄影考古、虚拟现实复原及数字化技术在文化遗产保护及考古调查发掘中的应用和最新成果。此次遥感考古研讨会以 "遥感考古的现状与前景" 为主题，内容主要包括遥感及相关学科技术在考古学研究及文化遗产调查、保护、管理等方面的应用；会议主要学术成果可归纳为以下三个方面：①回顾与展望多种遥感技术在考古学领域的应用与研究；②推广遥感技术在考古学研究领域的应用；③报告了多项古代遗址、遗迹的遥感考古学专题研究成果。

九、香山科学会议

（一）"历史文化遗产信息的空间认识" 香山科学会议

2003 年 11 月 4～6 日，以 "历史文化遗产信息的空间认识" 为主题的香山科学会议第 216 次学术讨论会在北京召开。该会议设置了 4 个中心议题：空间信息在探测历史文化遗产上的独特作用；空间信息与中国古代文明研究；空间技术与古人类遗址和环境重建；历史文化遗产综合研究面临的科学技术问题。会议旨在通过学术报告交流和自由讨论，了解空间信息在探测历史文化遗产上的独特作用，遥感技术在考古领域应用的现状与发展趋势，并从我国国情和发展需求出发，深入讨论空间技术与考古学融合的发展趋势，该领域未来的发展目标、学科内涵，面临的科学技术问题，以及新的科学理念和研究思路。会议达成共识：①随着我国经济建设速度的加快和自然环境的变化，大量的文化遗产正面临着日趋严重的损坏，提前预测和加快保护这些古遗存的任务越来越紧迫，遥感考古以其独有的空间优势将在古遗址探测、文物保护和监测、古遗址无损探测、古环境重建方面发挥独特的作用；②遥感考古是自然科学技术与社会人文科学的交叉学科，是自然科学与社会科学发展的必然趋势，对我们来说也是一个良好的机遇，构建一个以空间信息技术为主的有中国特色的 "国家遥感考古体系" 的条件已趋成熟；③在中国科学院、教育部、国家文物局的大力支持下，于 2001 年成立了由中国科学院遥感应用研究所、国家博物馆、华东师范大学共同组建的遥感考古联合实验室，为开展遥感考古工作奠定了很好的基础；④目前亟待开展理论基础研究，摸索和建立一套成熟的技术系统和标准体系。

（二）"文化遗产空间观测与认知" 香山科学会议

2014 年 4 月 2～4 日，"文化遗产空间观测与认知" 第 487 次香山科学会议在北京召开。该会议围绕"文化遗产遥感探测理论与方法""文化遗产多源探测技术与环境重建""历史时期环境变化与人类活动空间信息科学认知""空间信息技术与文化遗产监测管理"4个中心议题进行了研讨。会议认为，空间考古学的构建需回答6个重大科学问题：①文化遗产信息的空间探测理论与方法。从空间技术角度，需要深入研究全波段电磁波与典型遗产目标的相互作用机理，从源头探寻针对文化遗产研究的电磁波波段，并研究面向文化遗产的空间探测理论与方法。②文化遗产发现与保护的空间技术。由于文化遗产赋存环境的复杂性，需建立地面–浅地表–地下典型文化遗产多源（光学、微波、激光，地球物理、地球化学等）多平台（天–空–地）协同探测方法，揭示地面–浅地表–地下文化遗产勘察的原理与机理，给出文化遗产发现与保护集成方案。③空间考古技术的适用性研究。针对文化遗产的空间可观测特性，提出文化遗产新分类，建立面向文化遗产的空间技术观测指标体系，开展文化遗产空间观测与认知的适用性研究，解决空间技术与考古一直处于"两张皮"的状况。④自然与人类活动影响的文化遗产时空认知。目前，全球变化和人类活动对文化遗产的影响机制尚不明确，亟须进一步开展响应机制研究与时空过程模拟，揭示典型遗产地潜在物理病害和几何形变的时空演化模式，实现自然灾害和人类活动对大型遗产地影响的定量评估和动态模拟。⑤文化遗产古环境重建与人地关系研究。基于区域景观类型的文化遗产空间观测模式与科学认知方法，面向过去社会生活、文化特征与景观生态环境，开展文化遗产聚落–景观空间认知的信息挖掘、本体与环境演化关系的虚拟重建研究，实现从关注遗址点到区域面的思想转换，实现地面与地下的有机统一，从注重遗址的发现向遗址预测与推理目标发展，转换研究方式，形成新的学科研究范式。⑥空间考古学科学内涵与研究范畴。空间考古学的研究对象是地球表层包含人类活动遗存与人类生活生产环境的自然–人文综合体，其研究方法是在空间信息技术应用于这个复杂研究对象信息提取的创新性过程中建立的。空间考古学属于自然–人文交叉领域的边缘学科，其任务就是揭示过去人类活动的历史、特征，以及人与环境相互作用的时空过程。空间考古在新考古学重构的历程中逐渐发展成为一门考古学分支学科，将有效促进空间技术、社会经济与文化的可持续、协调化发展。